周易图像汇编

第二册

陈居渊 刘舫 编撰

复旦大学出版社

钱义方

生卒年不详，字子宜，元江浙行省湖州人。其仕履不详。著有《周易图说》二卷。现存有《周易》图像二十五幅。

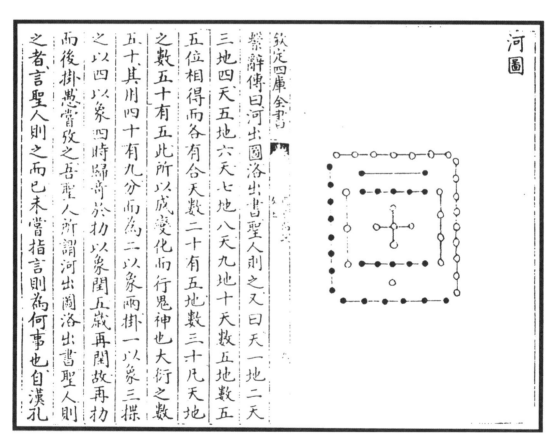

图1　河图
（钱义方《周易图说》）

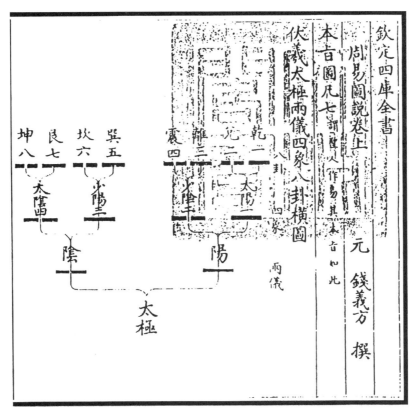

图 2　伏羲太极两仪四象八卦横图
（钱义方《周易图说》）

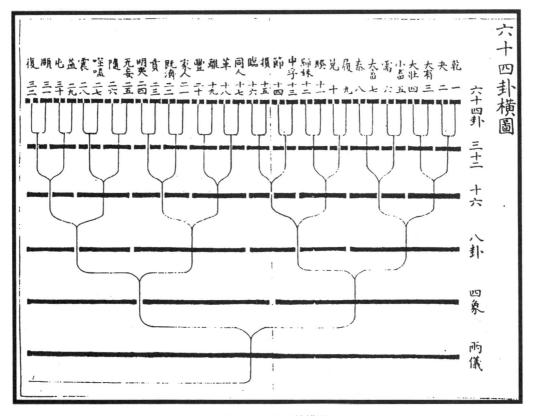

图 3-1　六十四卦横图
（钱义方《周易图说》）

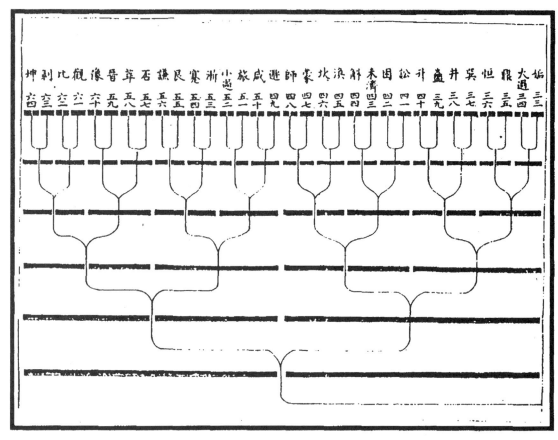

图 3-2 六十四卦横图
（钱义方《周易图说》）

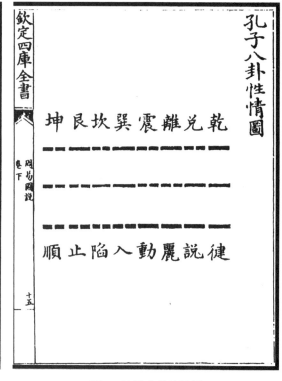

图 4 邵子六十四卦方图
（钱义方《周易图说》）

图 5 孔子八卦性情图
（钱义方《周易图说》）

图6 八卦帝出乎震圆图
（钱义方《周易图说》）

图7 八卦天地定位圆图
（钱义方《周易图说》）

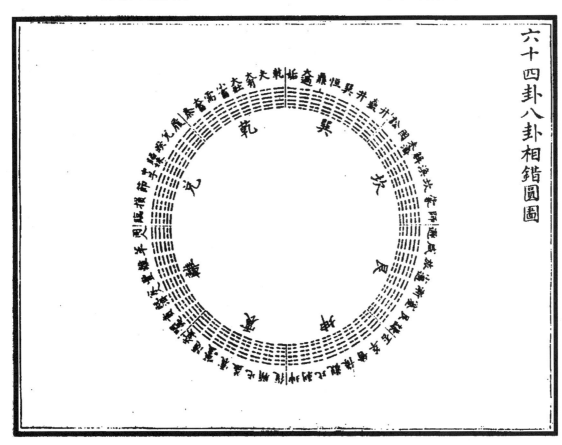

图8 六十四卦八卦相错圆图
（钱义方《周易图说》）

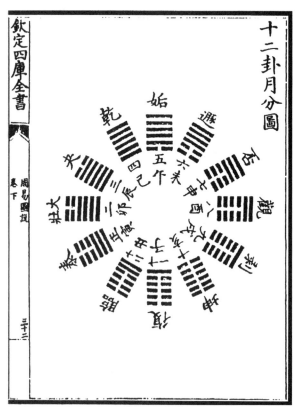

图 9 十二卦月分图
（钱义方《周易图说》）

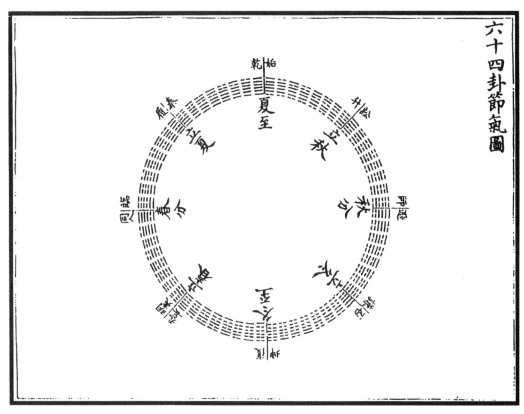

图 10 六十四卦节气图
（钱义方《周易图说》）

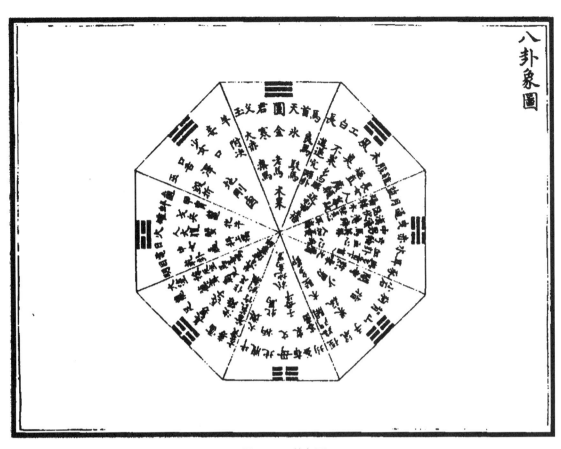

图 11　八卦象图
（钱义方《周易图说》）

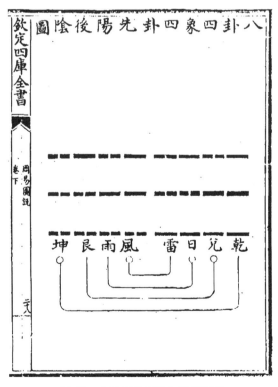

图 12　八卦父母生六子图
（钱义方《周易图说》）

图 13　八卦四象四卦先阳后阴图
（钱义方《周易图说》）

图 14 六卦乾坤之神图
（钱义方《周易图说》）

图 15 文王上下经六十四卦次序图
（钱义方《周易图说》）

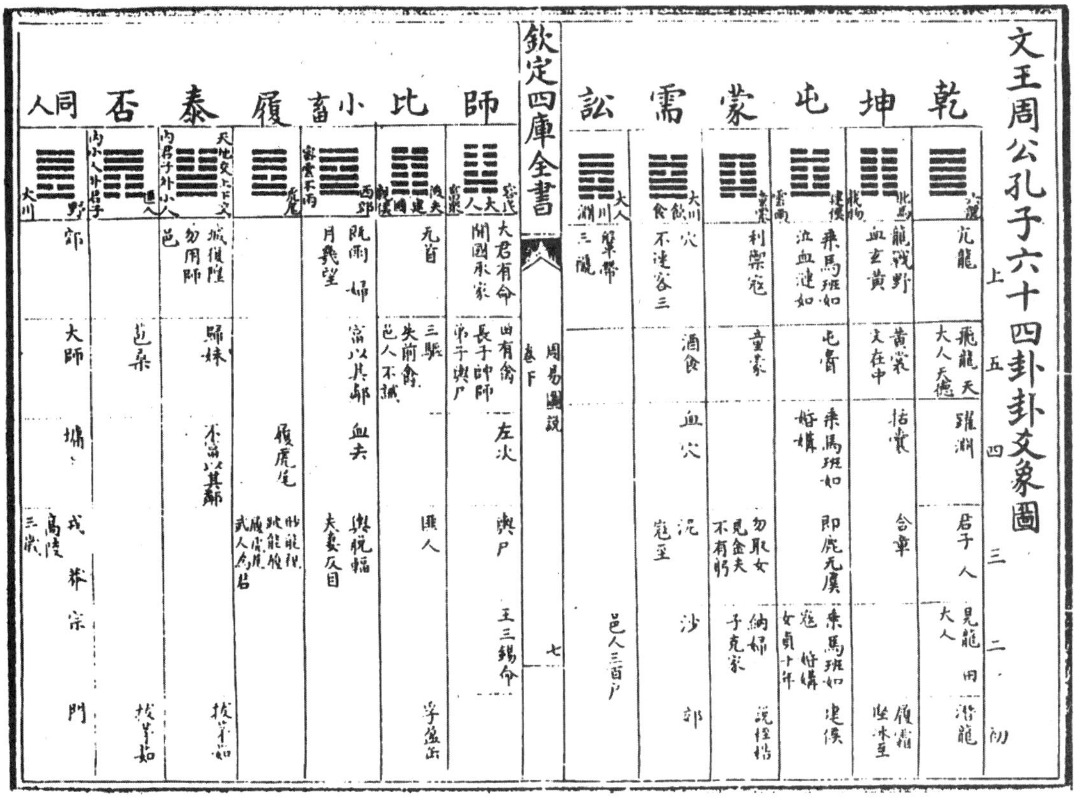

图16-1 文王周公孔子六十四卦卦爻象图
（钱义方《周易图说》）

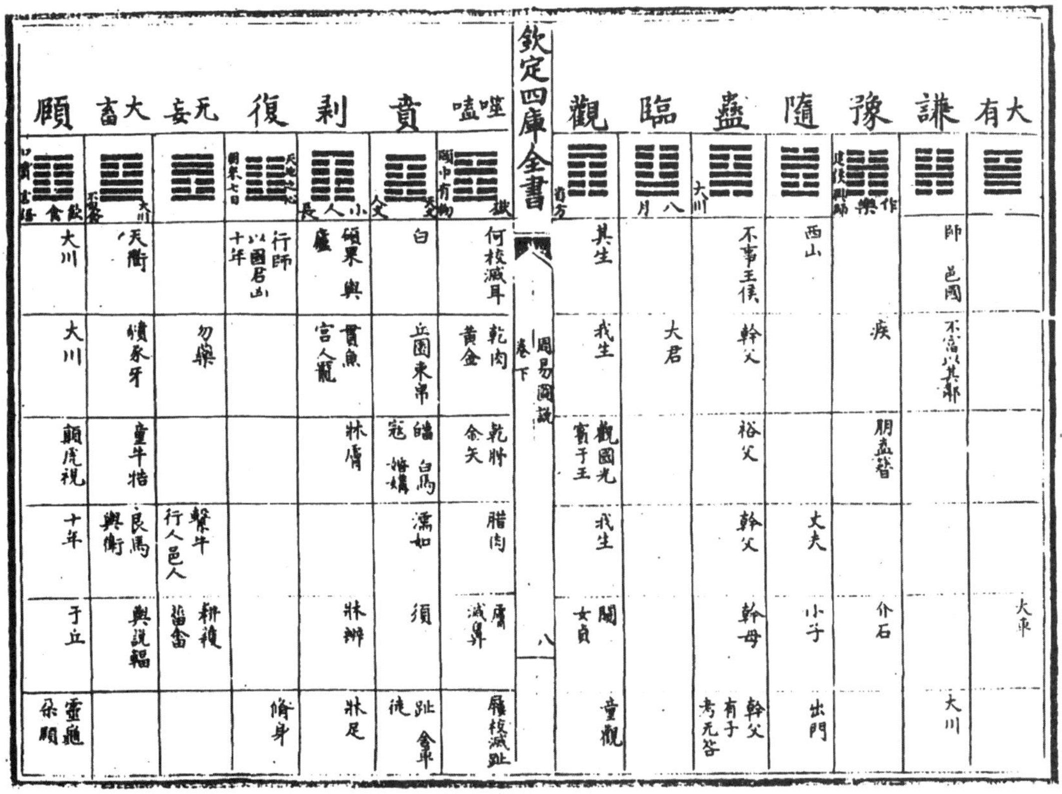

图16-2 文王周公孔子六十四卦卦爻象图
（钱义方《周易图说》）

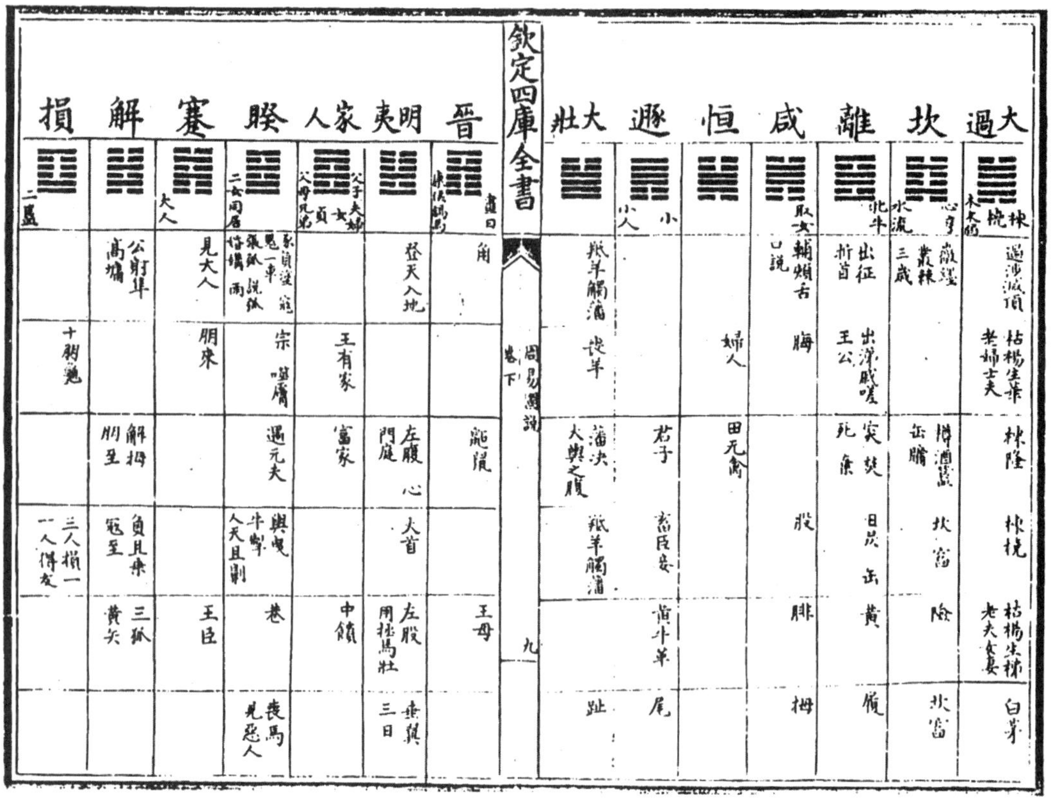

图16-3　文王周公孔子六十四卦卦爻象图
（钱义方《周易图说》）

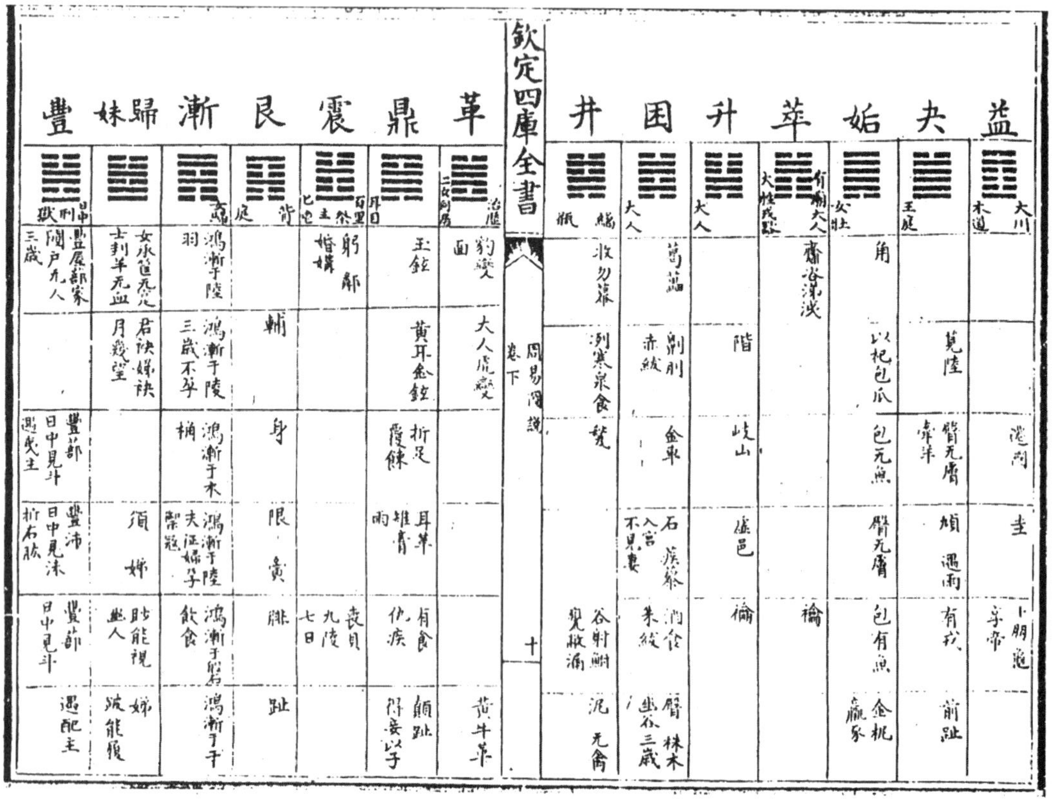

图16-4　文王周公孔子六十四卦卦爻象图
（钱义方《周易图说》）

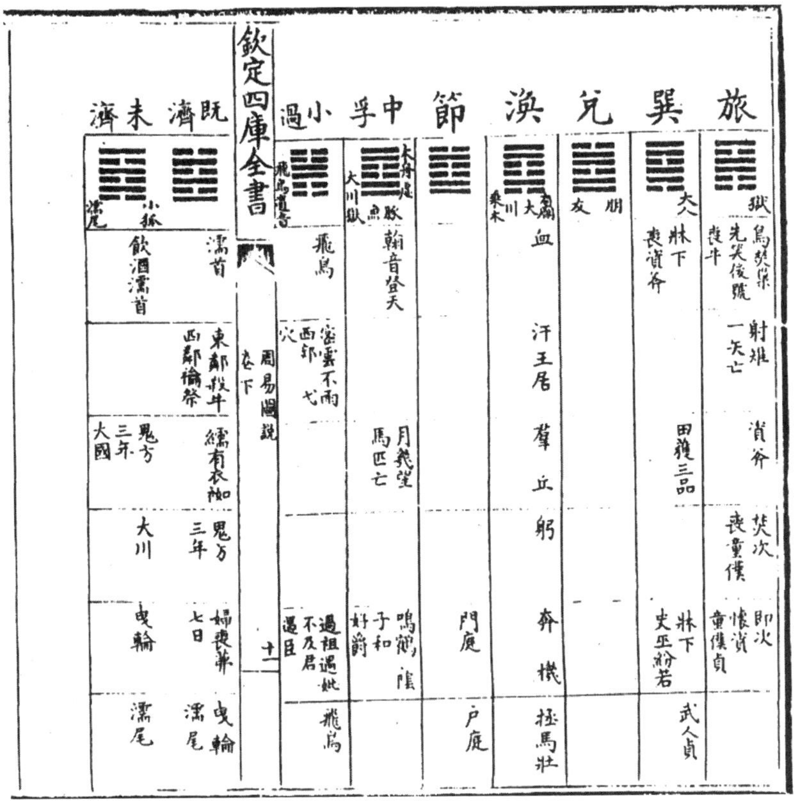

图 16-5　文王周公孔子六十四卦卦爻象图
（钱义方《周易图说》）

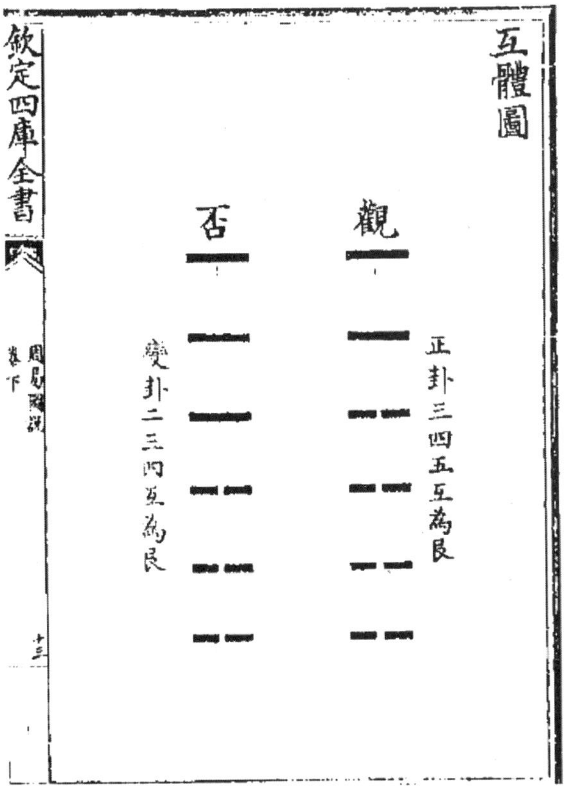

图 17　互体图
（钱义方《周易图说》）

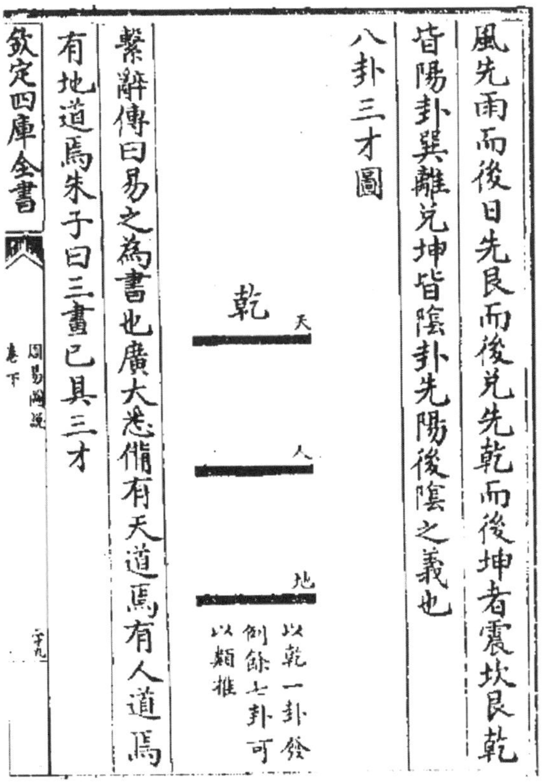

图 18　八卦三才图
（钱义方《周易图说》）

六十四卦三才圖

繫辭傳曰六爻之動三極之道也又曰兼三才而兩之故六六者非他三才之道也說卦傳曰立天之道曰陰與陽立地之道曰柔與剛立人之道曰仁與義兼三才而兩之故易六畫而成卦朱子曰六爻初二為地三四

（乾卦圖：天、人、地，標註陰陽義仁柔剛）

以乾一卦發例餘六十三卦可以類推

图19 六十四卦三才圖
（钱义方《周易图说》）

六虛分陰陽圖

（圖：上五四三二初，標註陰陽陰陽陰陽，此六者爻之虛位）

為人五上為天三才各一太極也又曰初剛而二柔三仁而四義五陽而上陰兩之言加一倍本是一箇加一箇為兩又曰陰陽以氣言柔剛以質言仁義以理言又曰陰陽成象天道之所以立也剛柔成質地道之所以立也仁義成德人道之所以立也三才之別而於其中又各有體用之分焉其實見故有

則一太極也

繫辭傳曰易之為書也不可遠為道也屢遷變動不居周流六虛說卦傳曰分陰分陽迭用柔剛故易六位而成章愚按未揲蓍時卦爻未辨自初至上皆為虛位然初三五奇數而為陽二四上偶數而為陰已有定而成文矣既揲著後卦爻已著則或以剛居陽或以剛居陰

图20 六虛分陰陽圖
（钱义方《周易图说》）

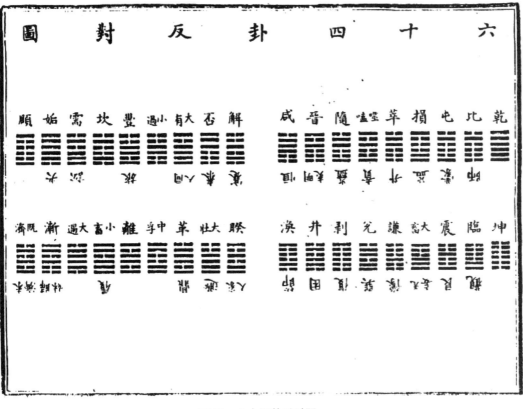

图 21　六十四卦反对图
（钱义方《周易图说》）

图 22　六卦阳君阴民图
（钱义方《周易图说》）

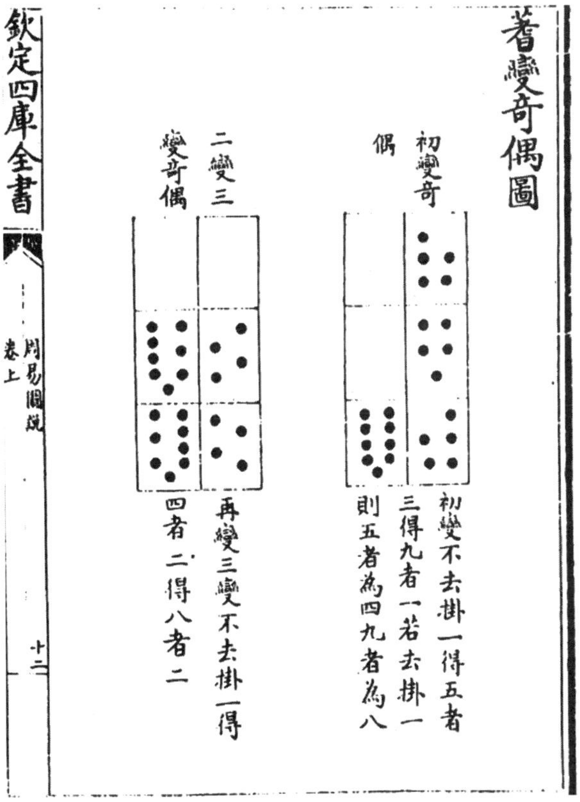

图 23　蓍变奇偶图
（钱义方《周易图说》）

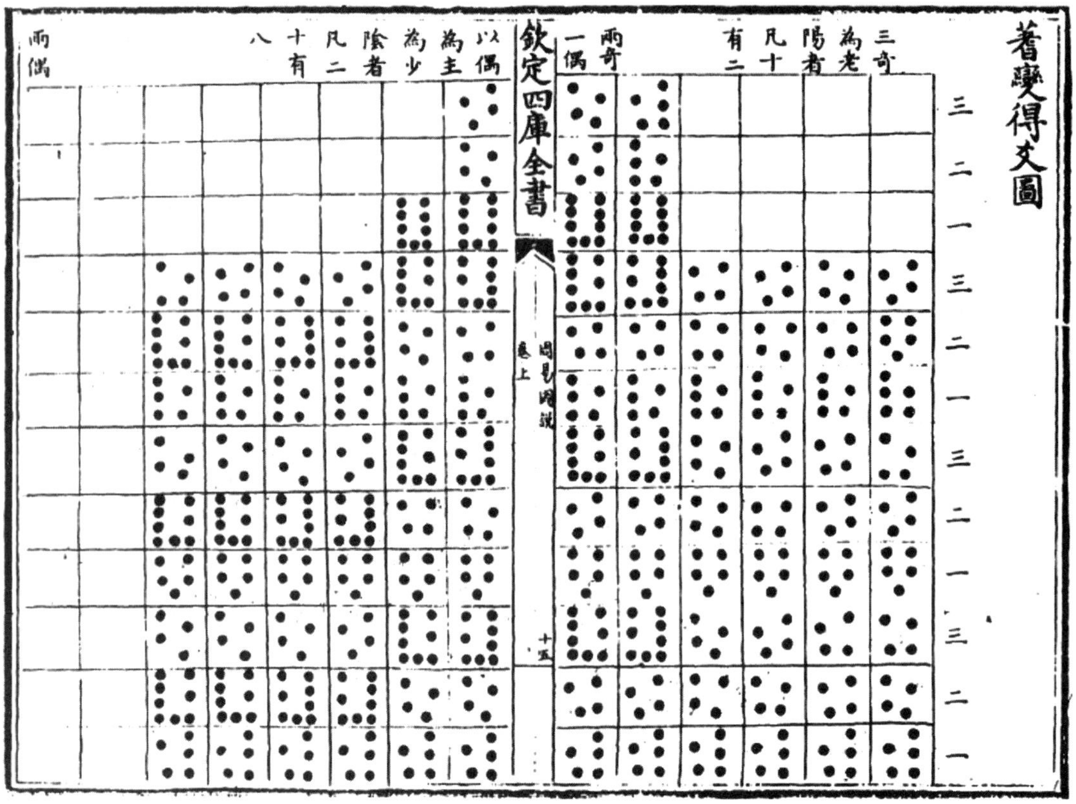

图 24-1 蓍变得爻图
（钱义方《周易图说》）

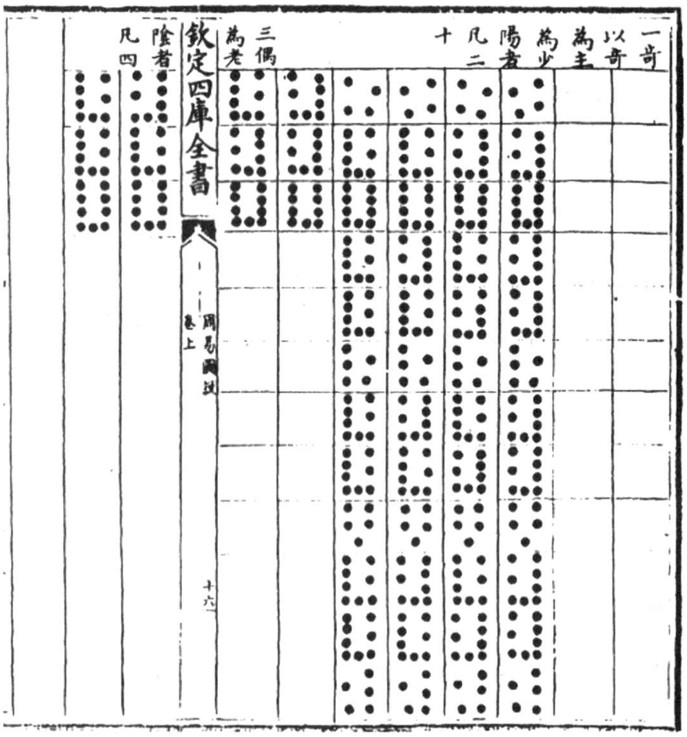

图 24-2 蓍变得爻图
（钱义方《周易图说》）

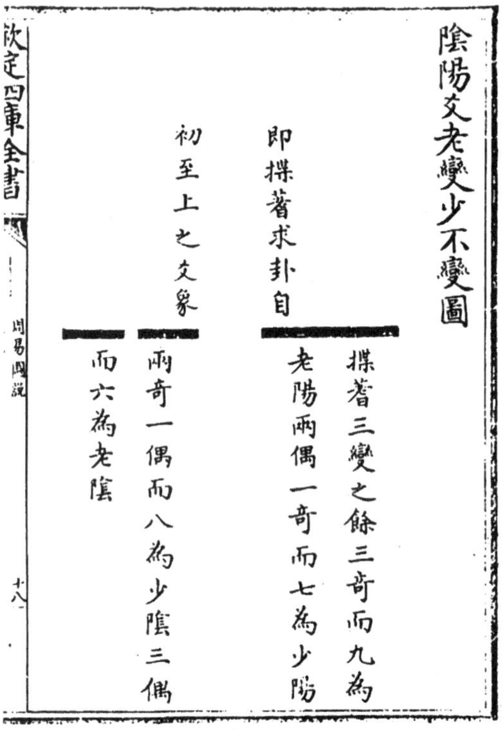

图 25 阴阳爻老变少不变图
（钱义方《周易图说》）

朱升（1299—1370）

字允升，号枫林，元江浙行省休宁（今安徽休宁）人。元至正四年（1344）登乡贡进士，后授池州路学正。师承陈栎，深受胡炳文、胡一桂等人的影响。著作除后人编纂的《朱枫林集》外，有《书旁注》《诗经旁注》《周易旁注》《周官旁注》《仪礼旁注》《礼记旁注》《大学中庸旁注》《论语孟子旁注》《道德经旁注》等。现存有《周易》图像十八幅。

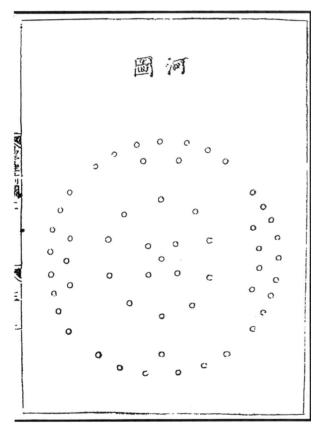

图1 河图
（朱升《周易旁注》）

图2 洛书
（朱升《周易旁注》）

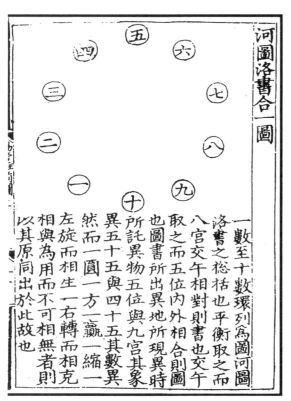

图 3　河图洛书合一图
（朱升《周易旁注》）

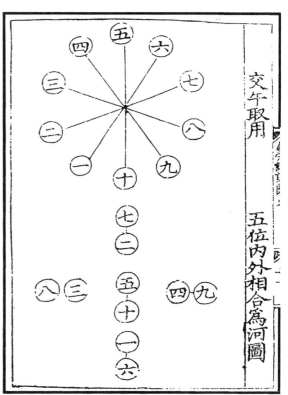

图 4　交午取用图
图 5　五位内外相合为河图
（朱升《周易旁注》）

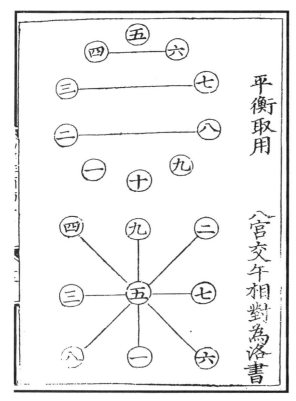

图 6　平衡取用图
图 7　八宫交午相对为洛书图
（朱升《周易旁注》）

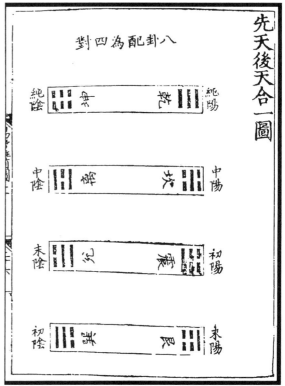

图 8　先天后天合一图
（朱升《周易旁注》）

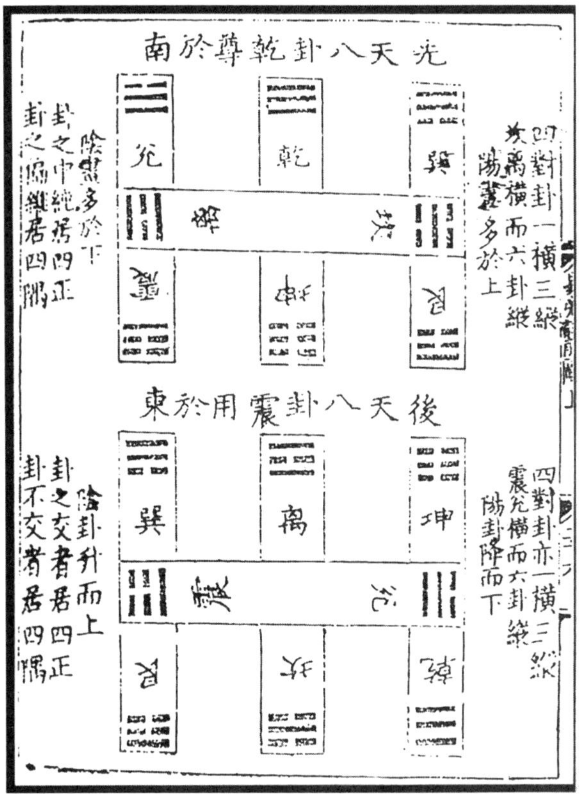

图 9　先天后天尊用图
（朱升《周易旁注》）

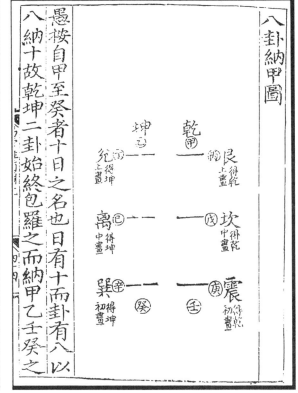

图 10　八卦纳甲图
（朱升《周易旁注》）

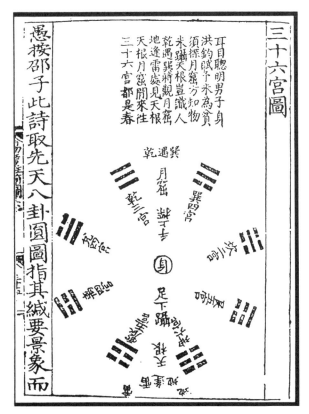

图 11　三十六宫图
（朱升《周易旁注》）

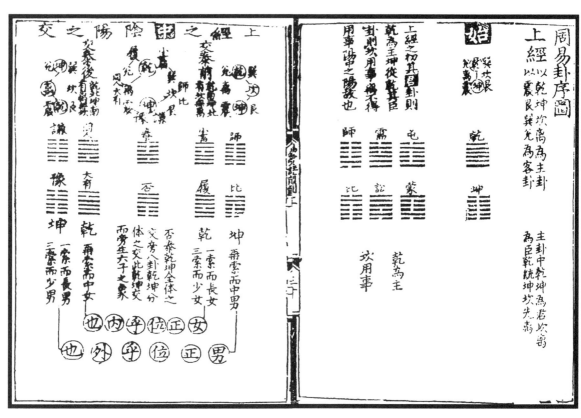

图 12-1　周易卦序图
（朱升《周易旁注》）

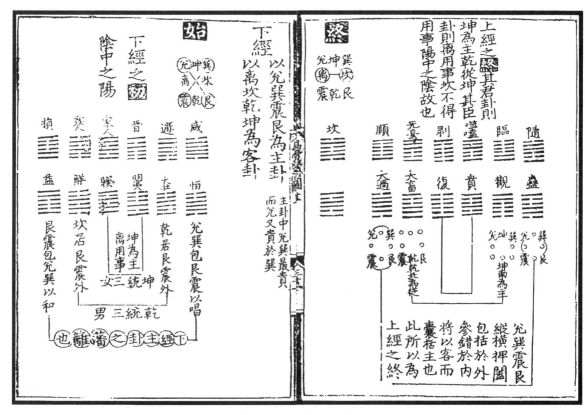

图 12-2　周易卦序图
（朱升《周易旁注》）

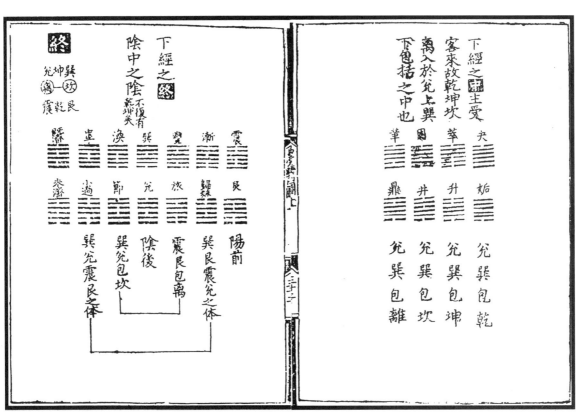

图 12-3 周易卦序图
(朱升《周易旁注》)

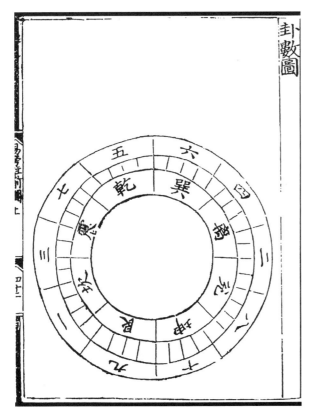

图 13 卦数图
(朱升《周易旁注》)

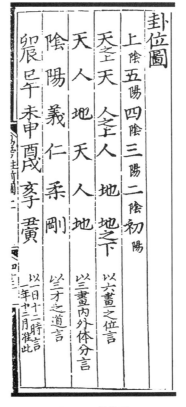

图 14 卦位图
(朱升《周易旁注》)

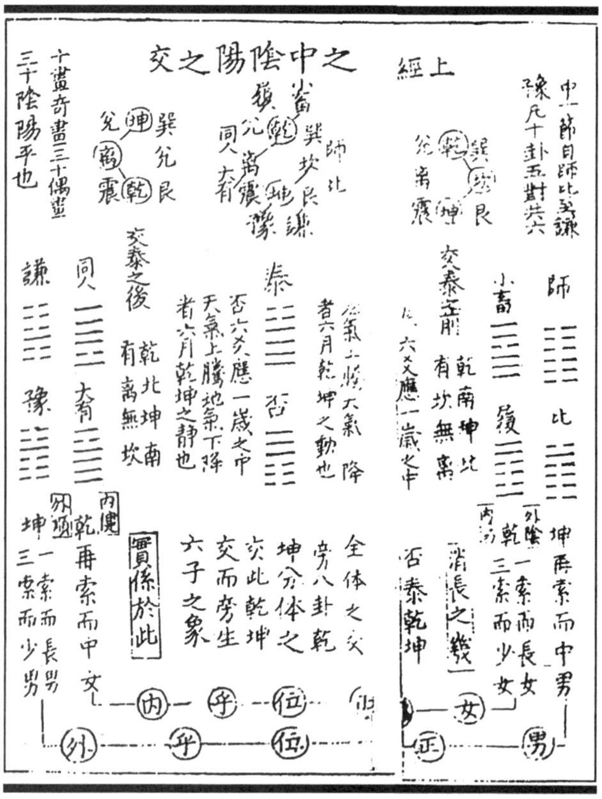

图15-1　上经下经阴阳交会图
（朱升《周易旁注》）

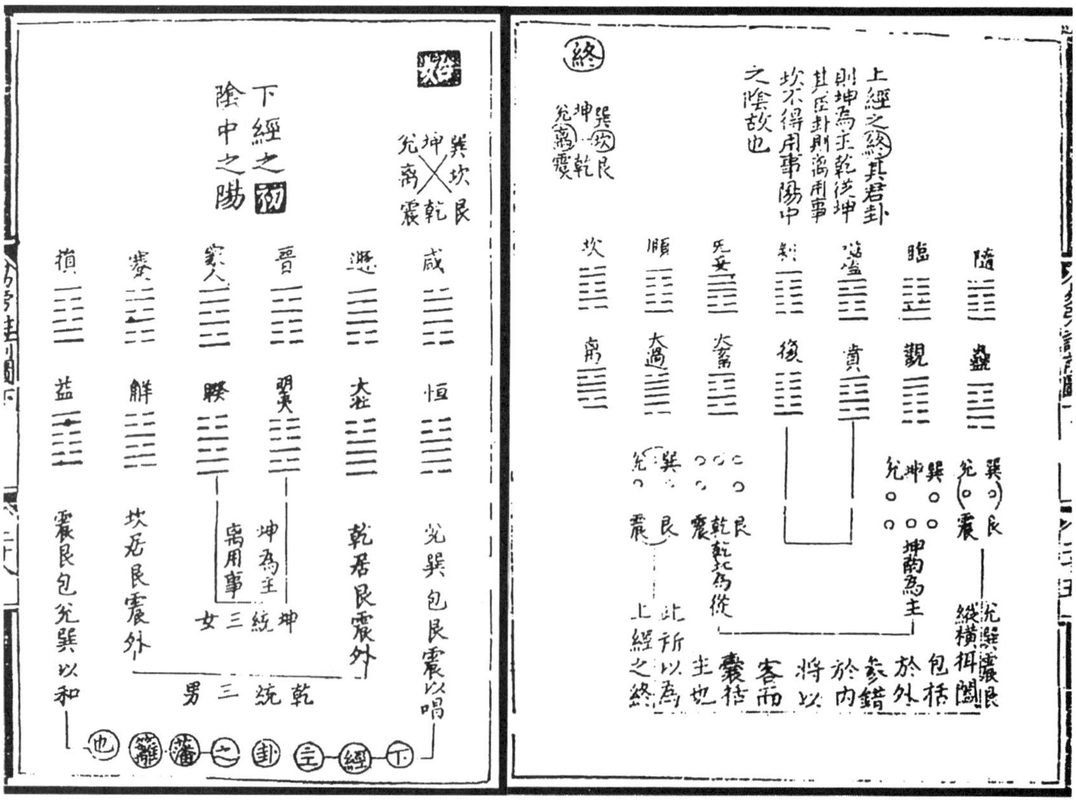

图15-2　上经下经阴阳交会图
（朱升《周易旁注》）

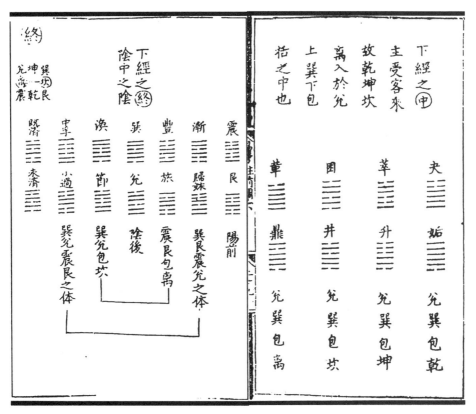

图 15-3 上经下经阴阳交会图
（朱升《周易旁注》）

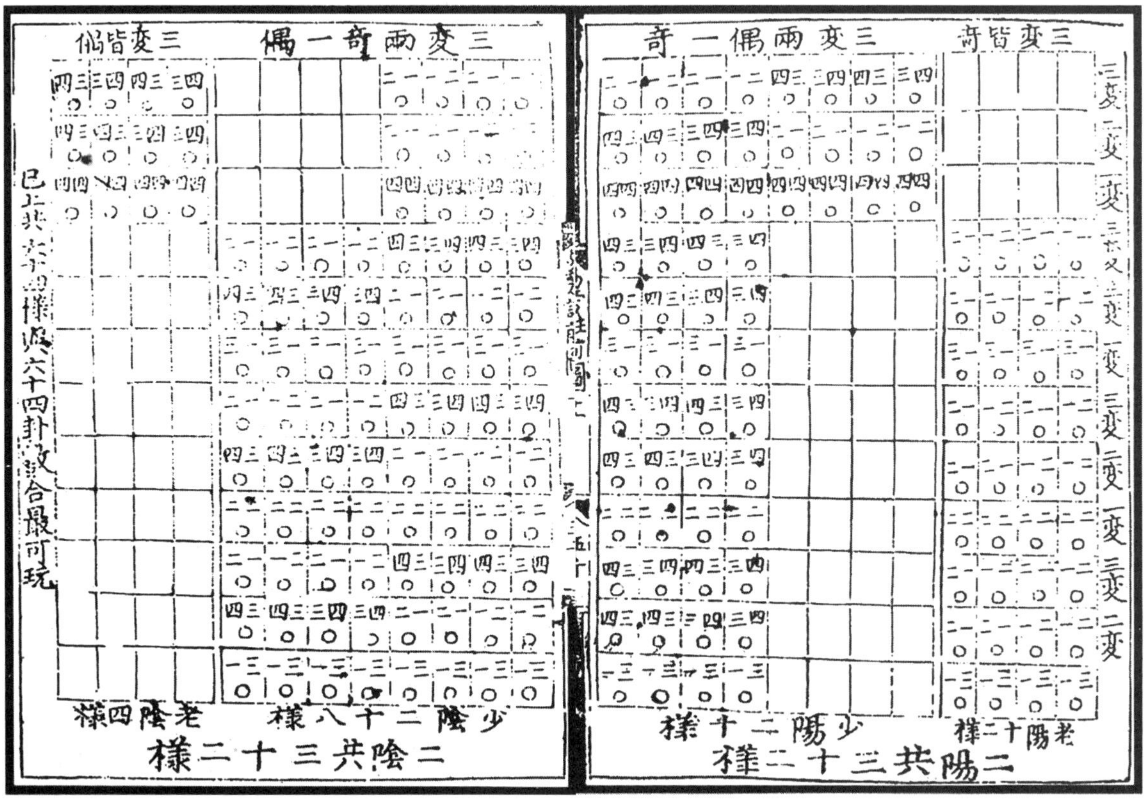

图 16-1 揲蓍求卦用策用变占图
（朱升《周易旁注》）

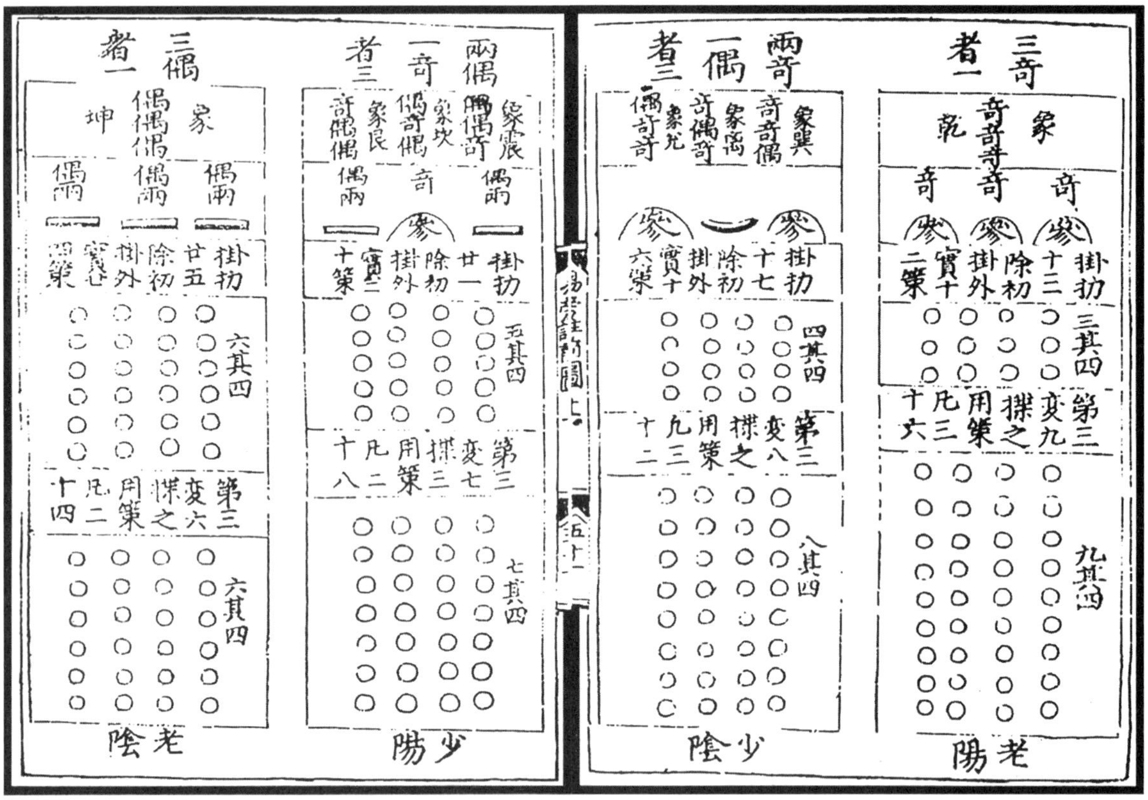

图 16－2 揲蓍求卦用策用变占图

（朱升《周易旁注》）

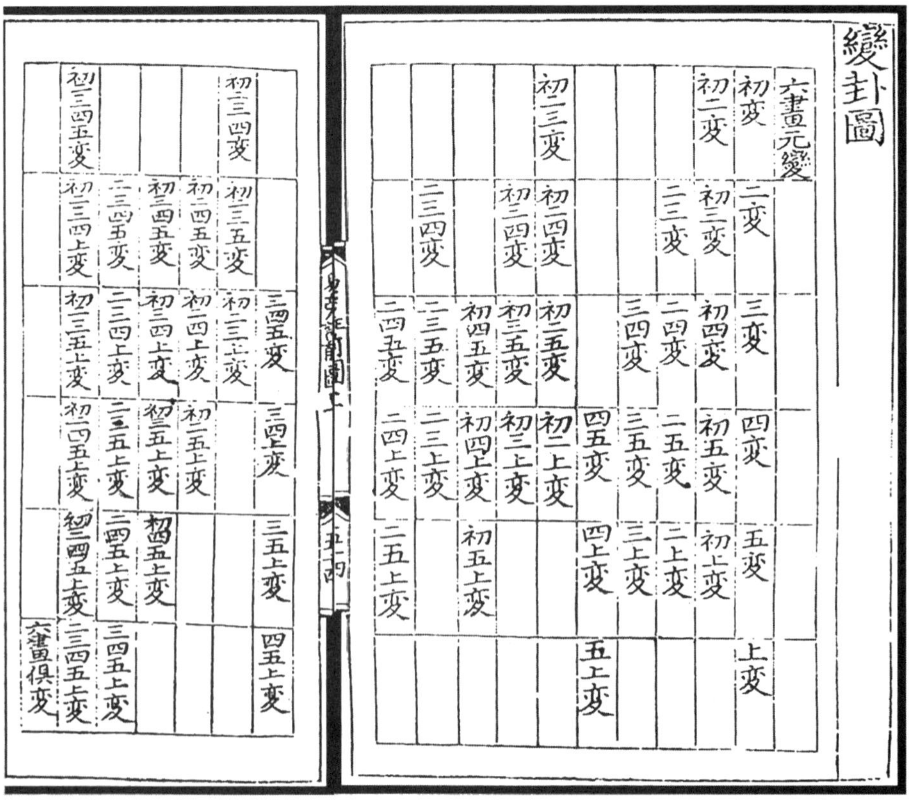

图 17 变卦图

（朱升《周易旁注》）

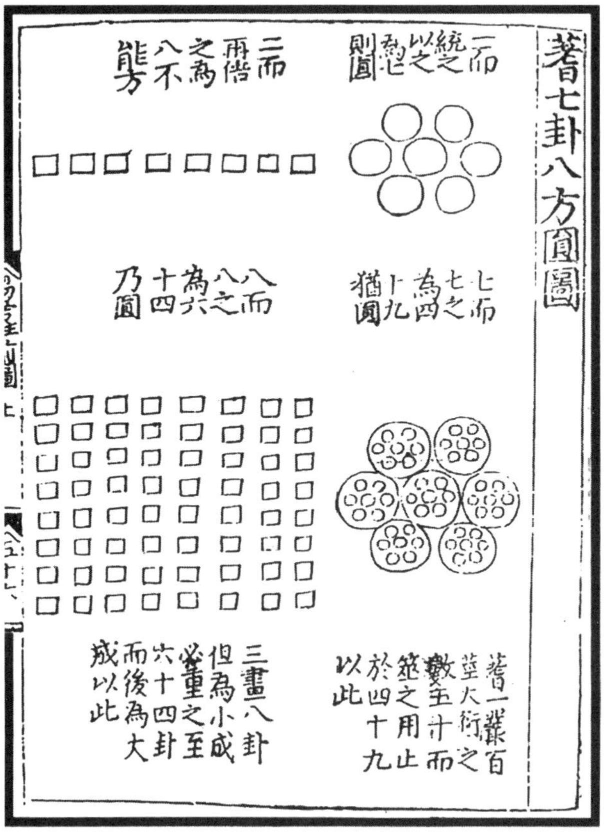

图 18　蓍七卦八方圆图
（朱升《周易旁注》）

王国端

生卒年不详,元江浙行省婺源(今江西婺源)人。善针灸,著有《扁鹊神应针灸玉龙经》。现存有《周易》图像二幅。

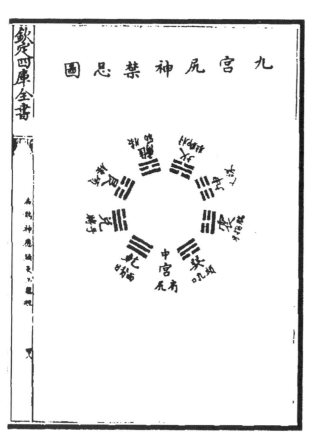

图1 九宫尻神禁忌图
(王国端《扁鹊神应针灸玉龙经》)

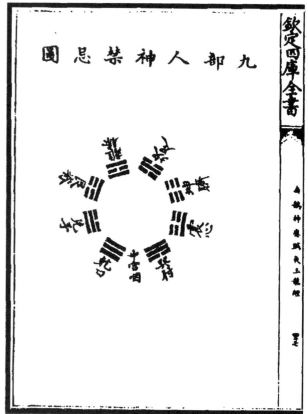

图2 九部人神禁忌图
(王国端《扁鹊神应针灸玉龙经》)

刘惟永

生卒年不详,字月屋,元道士。曾任常德路玄妙观提点。著有《道德真经集义》三十一卷、《道德真经集义大旨》三卷等。现存有《周易》图像五幅。

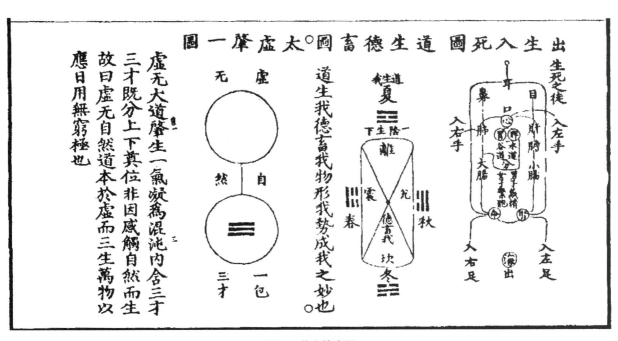

图1 道生德畜图
图2 太虚肇一图
(刘惟永《道德真经集义大旨》)

浩浩為青光元生昊昊為綠光昊昊生景景為黃光景生遊遊為白光玄生融融為紫光融生炎炎為碧光炎生演演為烏光又從此分東華南極西靈北真四天每天生八天即太皇黃曾等天是也四八三十二合上九天成八十一太玄方州部家取此中羅合七十二以應天地之數七十二候天為三界也合上四天共三十六天大羅中羅合七十二以應天地之數七十二候數也

四始圖

金從申起燕至巳為包故金得七燕

水火從戌起燕至巳為包故水火得五燕

木從寅起燕至申為包故得九燕

火從酉起燕至亥為包故得三燕

艮 申 坎 兌

土得五數乃本數也又土得四數兼水之一共為五土應坤艮分為十二亦曰一燕故開光十二人以包為始

图3　四始图
（刘惟永《道德真经集义大旨》）

應為心用圖

王真人訣想二十八宿周徧形體次輔七政依此法數之宿凡十三度存想象一年之有閏計兩度交互數之一十二處皆存兩宿惟心存四宿共二十八此無他正指道生玄鄉應心為用故標四中主始於虛

道生一圖

宿　五行八卦
中主　萬物三一
寶瓶宮　黃鍾
虛

氣候生死

天之所以列三辰命萬物皆有道也道無終始而生於玄鄉按二十八宿子當虛宿一燕反於黃宮復而後散散而後生萬物皆受命於此也故虛無是道道生於虛无

图4　道生一图
（刘惟永《道德真经集义大旨》）

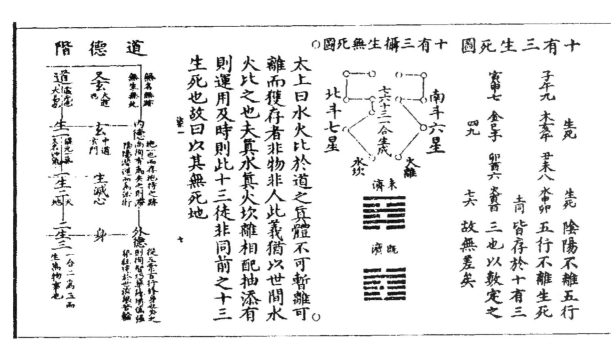

图5 十有三摄生无死图
（刘惟永《道德真经集义大旨》）

王惟一

生卒年不详，号景阳子，元神霄派道士。著有《道法心传》一卷、《明道篇》一卷。现存有《周易》图像五幅。

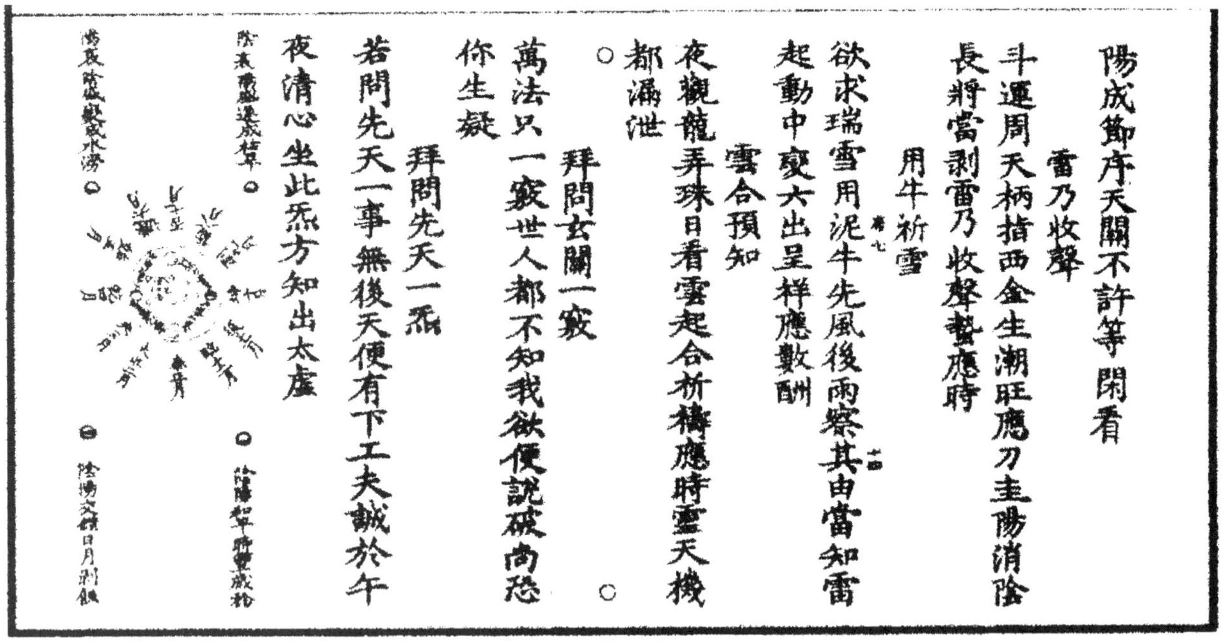

图1　先天一炁图
（王惟一《道法心传》）

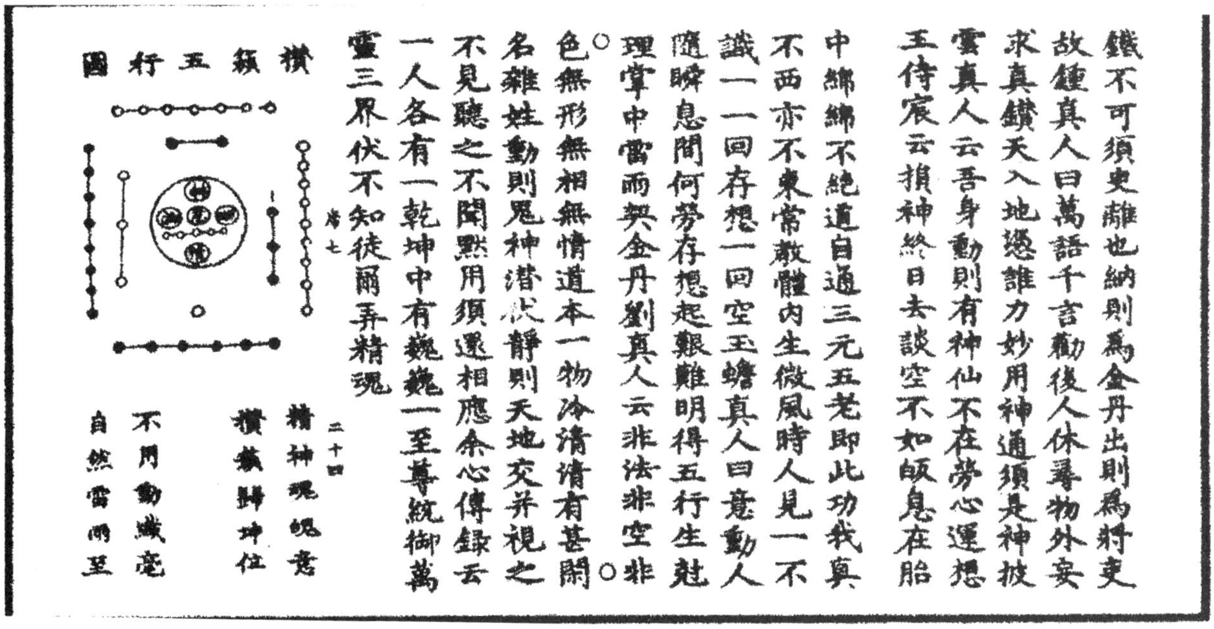

鐵不可須臾離也納則為金丹出則為將吏故鍾真人曰萬語千言勸後人休尋物外安求真鑽天入地懇誰力妙用神通須是神披雲真人云吾身動則有神仙不在勞心運想玉侍宸云損神終日去談空不如飯息在胎中綿綿不絕道自通三元五老即此功真不西亦不東常教體內生微風時人見一不識一一回存想一回空玉蟾真人曰動人隨瞬息間何勞存想起眼離明得五行生尅理掌中雷而契金丹劉真人云非法非空非色。無形無相無情道本一物冷淸淸有甚閒名雜姓動則鬼神潛伏靜則天地交并視之不見聽之不聞黙用須還相應余一至尊統御萬一人各有一乾坤中有魏相吾云靈三界伏不知徒爾弄精魂

攢簇五行圖

精神魂魄意
攢簇歸坤位

不用動纖毫
自然雷門至

二十四

图 2 攢簇五行圖
（王惟一《道法心傳》）

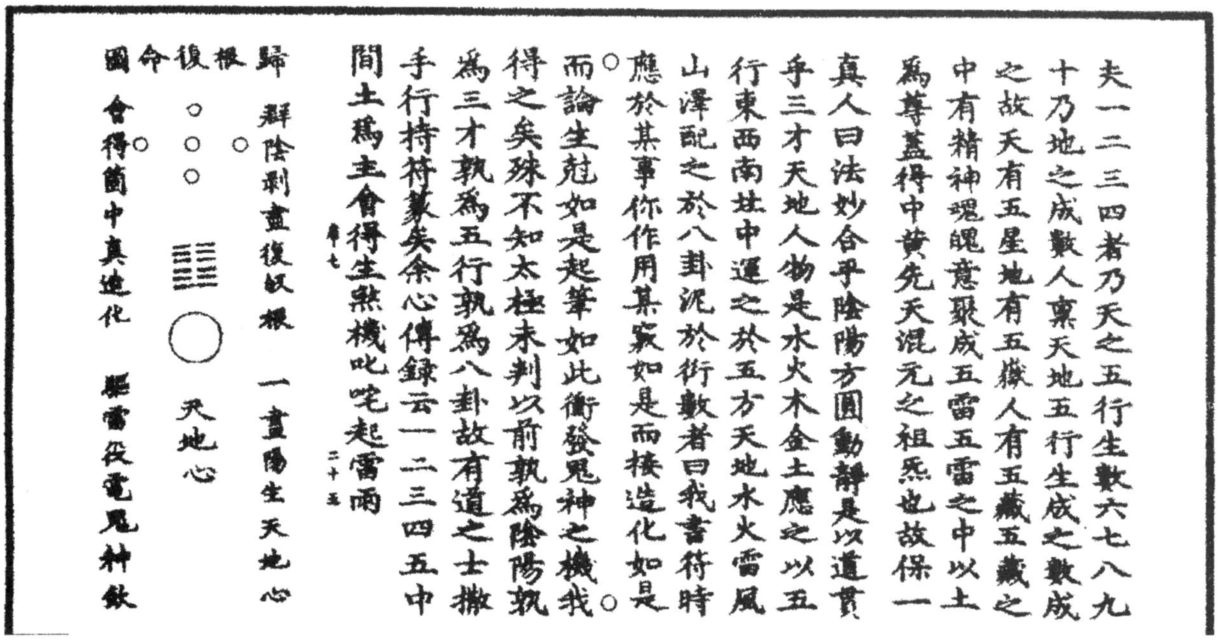

夫一二三四者乃天之五行生數六七八九十乃地之成數人稟天地五行生成之數故天有五星地有五嶽人有五藏之中有精神魂魄意聚成五雷五藏之中為尊蓋得中黃先天混元之祖炁也故保一真人曰法妙合乎陰陽方圓動靜是以道貫乎三才天地人物是水火木金土應之以五行東西南北中運之於衍數人天地水火雷風山澤配之於八卦泥於衍數者曰我書符時應於其事你作用莫寞如是而接造化為三才執為五行執為八卦故有道之士手行持篆會得生殺機叱咤起雷雨間土為主會得坐熟機叱咤起雷雨而論生尅如是起筆如此衝發鬼神之機我得之矣殊不知太極未判以前執為陰陽執為三才執為五行為八卦撒手為道為心傳錄云一二三四五中

歸根復命

群陰剝盡復奴根　一畫陽生天地心

○○○
○○
○
天地心

國令會得簡中眞造化　驅雷役電鬼神欽

二十五

图 3 歸根復命圖
（王惟一《道法心傳》）

夫東三之木生南二之火西四之金生北一之水中央之土合戊巳之造化若非金木相尅水火相剋則風雲雷電而不能發也故保一真人云莊子曰尸居而龍見淵默而雷聲知此道者可以言動靜之機邵子曰一動一靜之間乃天地人至妙蓋動靜之際以陰陽極處為用易曰極則變變則通非力學者孰能曉此余心傳錄云
一炁還來運去須見陰陽勝處還他一遍和平此理與誰共語

雷霆造化得其中
天地三才則一同
學者若能通得此
新晴搏雨達蒼穹

夫八卦範圍天地之間縱橫十五數不離乎中宮之五所以雷霆得天地之中炁故號五雷要在行雷之士虛其心而實其腹凝其神而守其中斡旋造化策役雷霆遍施甘雨以救兆民功達于天皇曰小補哉余心傳錄云

图4 雷霆得中图
（王惟一《道法心传》）

造化包含太極中自從剝復下種功六陽數足歸坤位激搏雷霆起坎龍水火激剝其要妙不用書符行秘號

夫日月一坎離也水火也水火即一炁也一炁即物也在南曰火在北曰水火炎太盛而旱水太旺成潦水火激剝成雷電水火交而早水兩變為晴爽為太和兩來生水水兩變為晴炎為火和天清炁朗然為晴炎火之盛水之旺不可調故余心傳錄云火到離宮旺水在坎方生水火要均平才勝便無情

學人曉得這機關許石雷雨立時到

動靜不息
還歸太極
不下工夫
如何曉得

夫一炁運動有清有濁清升為陽濁降為陰陰陽變化其理不一故陰陽凝流而成雷陰陽舒和陽激搏而成電陰陽凝流而為雲陰盛陽弱而為雨陰陽不和而為雪陰陰陽泰陽散而為露陰否陽凝而為霜

图5 阴阳变化图
（王惟一《道法心传》）

陆森

生卒年不详,字茂林,元江浙行省平江路(治今江苏苏州)人。天历间(1328—1330)任阴阳学教谕。著有《玉灵聚义》,专论龟卜之法。现存有《周易》图像四幅。

图1　伏羲作卦图
（陆森《玉灵聚义》）

图2　大禹治水神龟负文图
（陆森《玉灵聚义》）

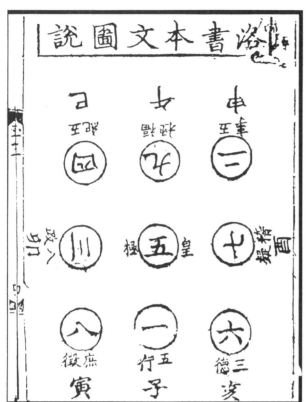 

图 3　洛书本文图　　　　　　　　图 4　八风龟图
（陆森《玉灵聚义》）　　　　　　（陆森《玉灵聚义》）

王玠

生卒年不详,字道渊,号混然子,元末明初江西南昌人。全真南宗道士。著有《还真集》《道玄篇》,注释有《太上升玄说消灾护命经》《太上老君说常清静妙经纂图解注》《崔公入药镜注解》《黄帝阴符夹颂解注》《青天歌注释》,校正《三天易髓》等。现存有《周易》图像一幅。

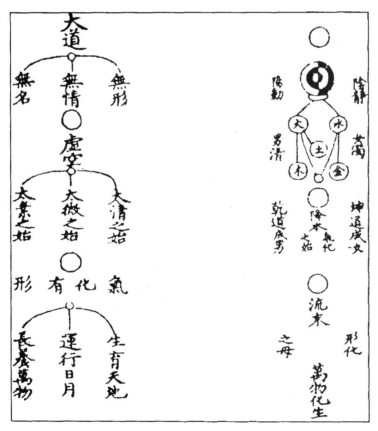

图1 大道化生二图
(王玠《太上老君说常清静妙经纂图解注》)

熊良辅(1310—1380)

字季重,一作任重,号梅边居士,元江西行省南昌(今江西南昌)人。举延祐四年(1317)乡贡,应进士不第。早年受业于同乡熊凯,终身研《易》。著有《周易本义集成》十二卷、《小学入门》、《风雅遗音》等。现存有《周易》图像十二幅。

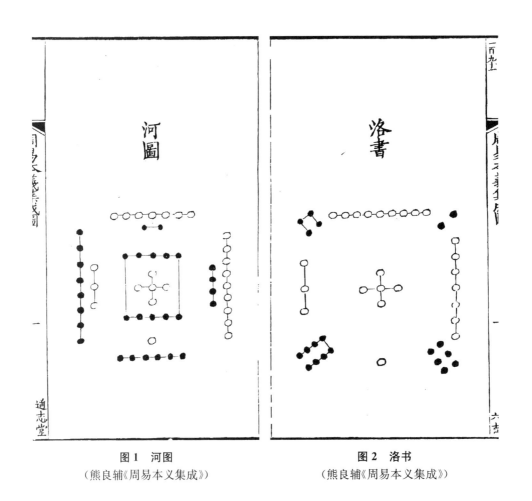

图1　河图　　　　　　　　　　　图2　洛书
(熊良辅《周易本义集成》)　　　(熊良辅《周易本义集成》)

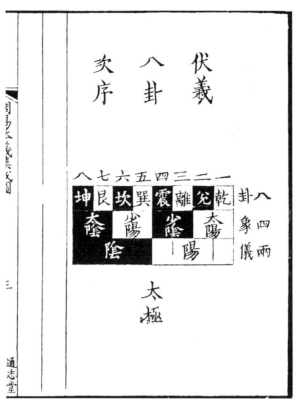

图 3 伏羲八卦次序图
（熊良辅《周易本义集成》）

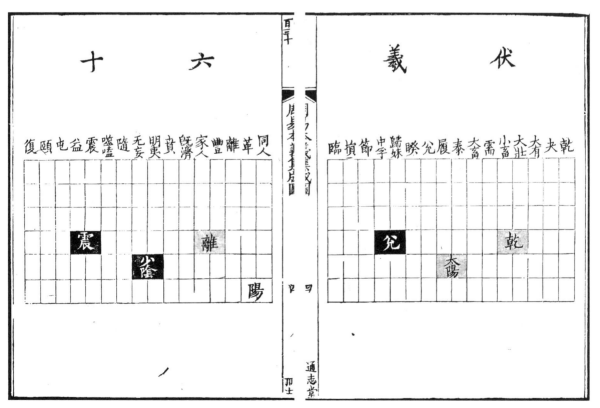

图 4-1 伏羲六十四卦次序图
（熊良辅《周易本义集成》）

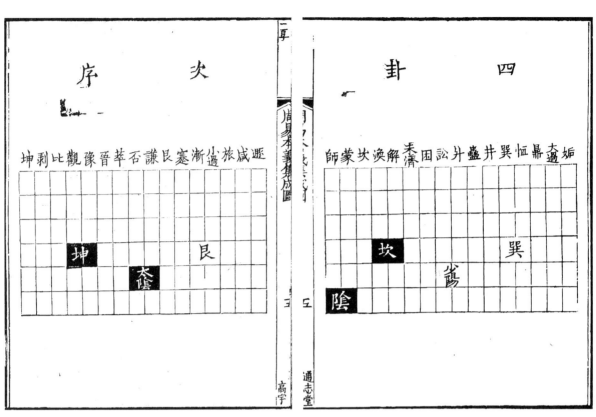

图 4-2 伏羲六十四卦次序图
（熊良辅《周易本义集成》）

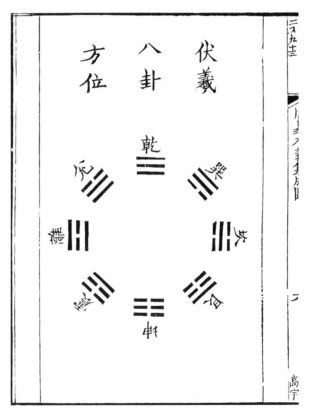

图 5 伏羲八卦方位图
（熊良辅《周易本义集成》）

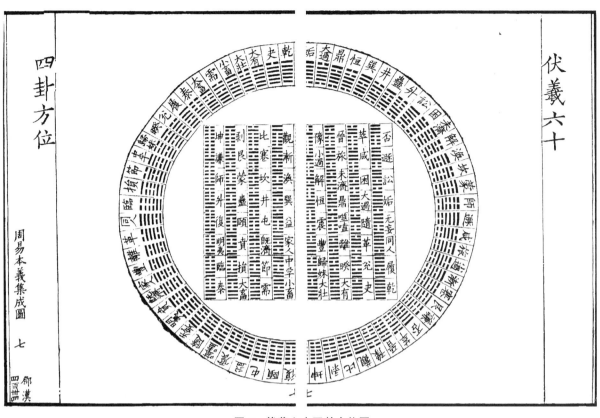

图 6 伏羲六十四卦方位图
（熊良辅《周易本义集成》）

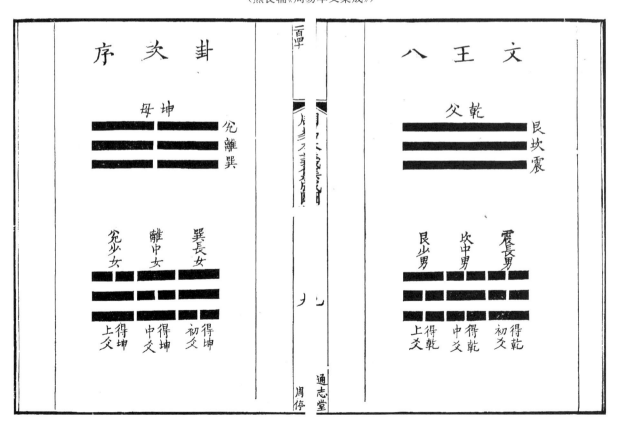

图 7 文王八卦次序图
（熊良辅《周易本义集成》）

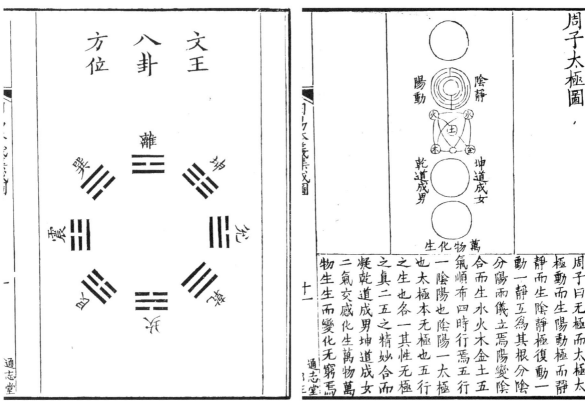

图8　文王八卦方位图
（熊良辅《周易本义集成》）

图9　周子太极图
（熊良辅《周易本义集成》）

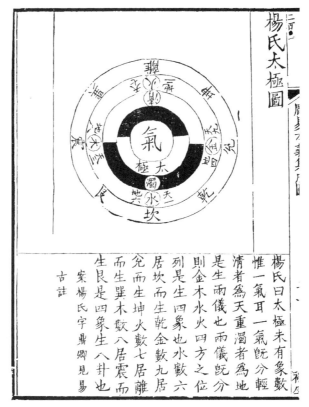

图10　杨氏太极图
（熊良辅《周易本义集成》）

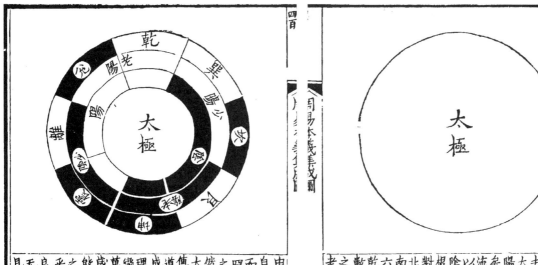

图 11　熊氏太极图
（熊良辅《周易本义集成》）

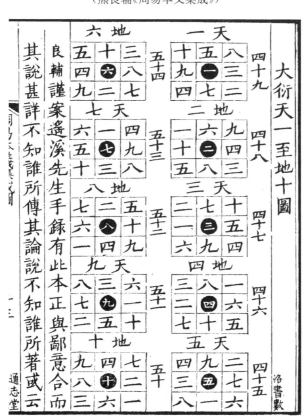

图 12　大衍天一至地十图
（熊良辅《周易本义集成》）

张宇初（1361—1410）

字信甫，又字子璿，号无为子，别号耆山，明江西贵溪人。张道陵四十三世孙，有"道门硕儒"之称。张宇初子承父业，曾师从刘渊然。洪武十年（1377）任第四十三代天师，建文时尝坐不法夺印诰，永乐四年（1406）命其编修道藏以进，永乐八年（1410）卒。其融合佛家和儒家思想，主张"三教合一"。著有《岘泉集》《道门十规》等。现存有《周易》图像三幅。

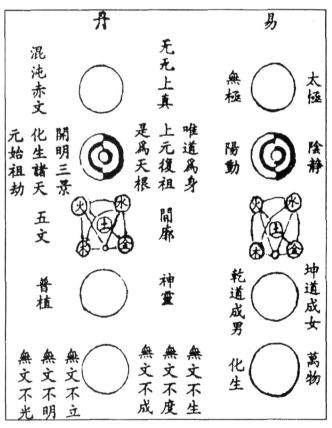

图1 太极妙化神灵混洞赤文图
（张宇初《元始无量度人上品妙经通义》）

图2　河图象数之图
图3　雷霆一窍之图
（张宇初《元始无量度人上品妙经通义》）

附：题太乙真人正传《内传天皇鳌极镇世神书》

《内传天皇鳌极镇世神书》三卷，现存有《周易》图像二幅。

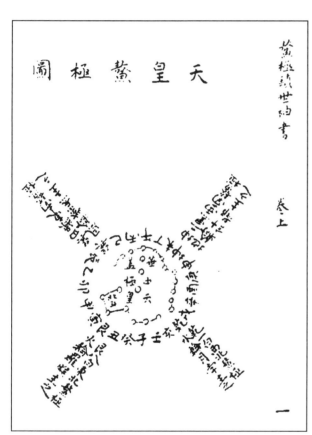 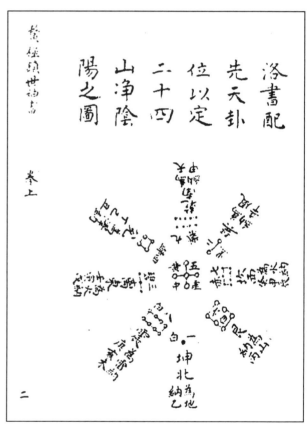

图1　天皇鳌极图　　　　　　　　图2　洛书配先天卦位定二十四山净阴阳之图
（《内传天皇鳌极镇世神书》）　　　　　（《内传天皇鳌极镇世神书》）

周·易·图·像·汇·编

明清时期

赵谦（1351—1395）

字㧑谦，原名古则，后更名谦，学者称其为"考古先生"，明浙江余姚人。洪武十二年（1379）任国子监典簿，洪武二十二年任琼山县学教谕。著有《周易图说》《易学提纲》《历代谱赞辨略》《南宫续史断》《字学源流》《六书指南》《六书本义》《声音文字通》《造化经纶图》《学范》《考古文集》《考古遗集》《考古续集》等。现存有《周易》图像二幅。

图1　天地自然河图
（赵谦《六书本义》）

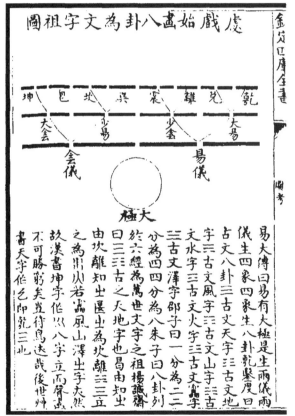

图2　伏羲始画八卦为文字祖图
（赵谦《六书本义》）

胡广（1370—1418）

字光大，号晃庵，明江西吉水人。建文二年（1400）庚辰科状元，赐名胡靖。永乐时，累官翰林学士兼左春坊大学士、至文渊阁大学士，又得明成祖信赖而与闻军机。永乐十六年（1418）卒，赐谥文穆。著有《周易大全书》二十四卷、《胡文穆集》二十卷。现存有《周易》图像三十四幅。

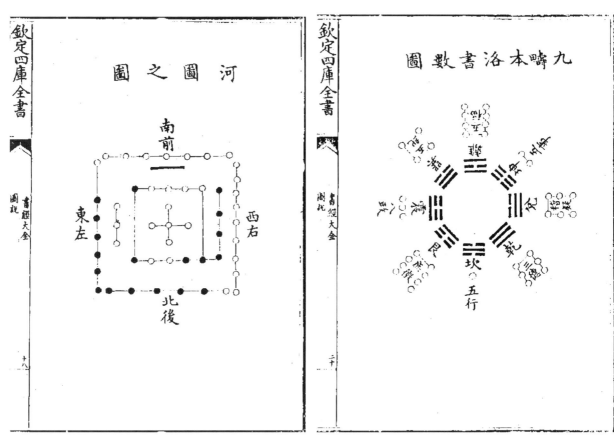

图1　河图之图
（胡广《书经大全》）

图2　九畴本洛书数图
（胡广《书经大全》）

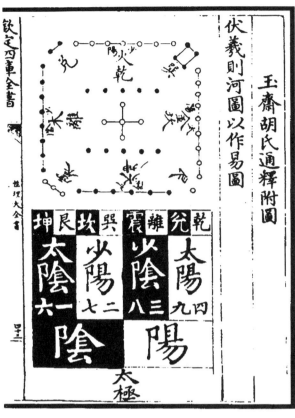

图 3　伏羲则河图以作易图
（胡广《性理大全书》）

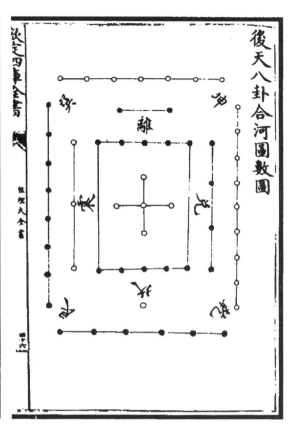

图 4　后天八卦合河图数图
（胡广《性理大全书》）

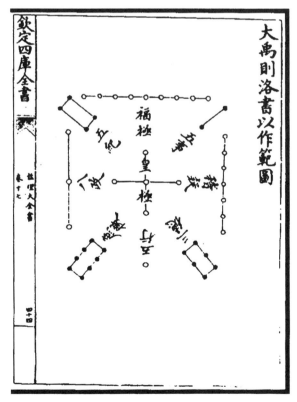

图 5　大禹则洛书作范图
（胡广《性理大全书》）

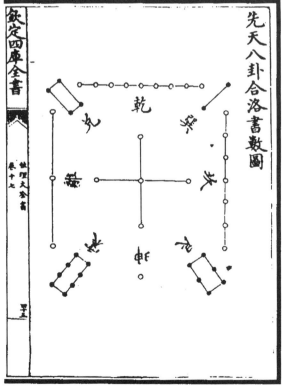

图 6　先天八卦合洛书数图
（胡广《性理大全书》）

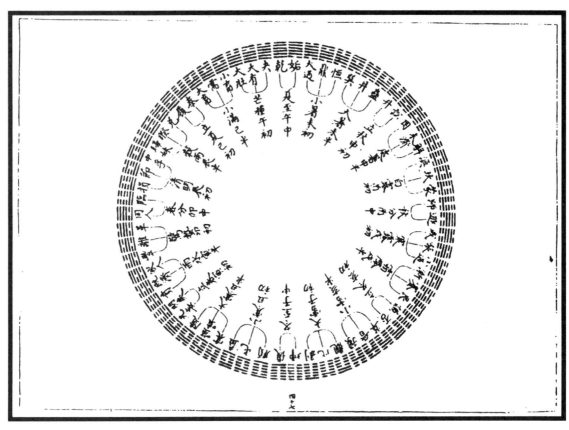

图 7　先天卦气图
（胡广《性理大全书》）

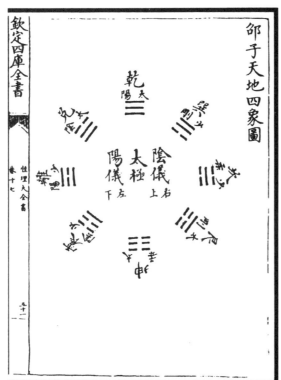

图 8　邵子天地四象图
（胡广《性理大全书》）

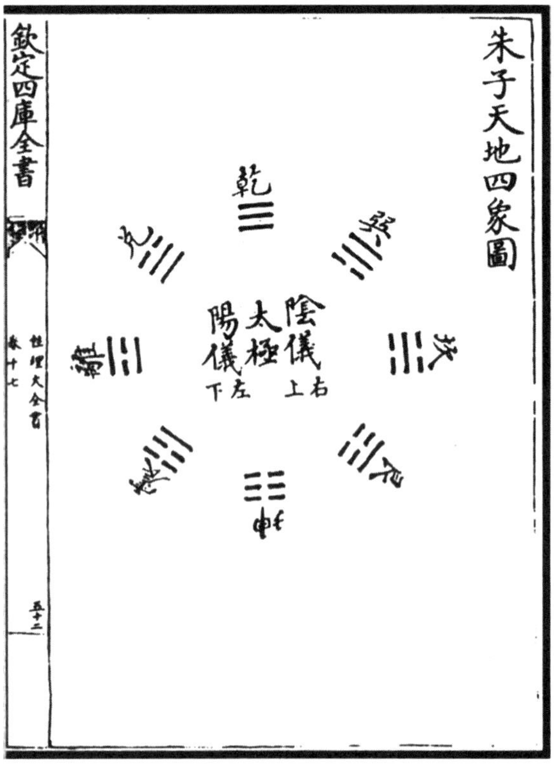

图 9　朱子天地四象图
（胡广《性理大全书》）

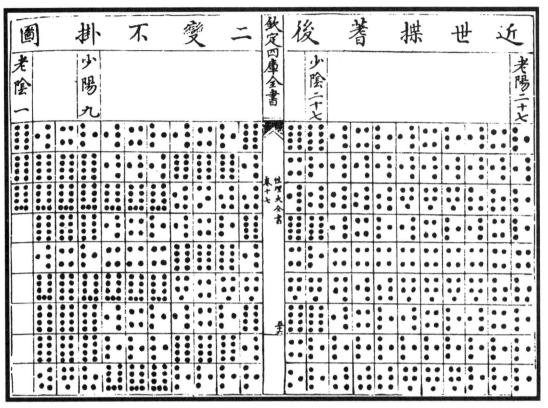

图 10 近世揲蓍后二变不挂图
（胡广《性理大全书》）

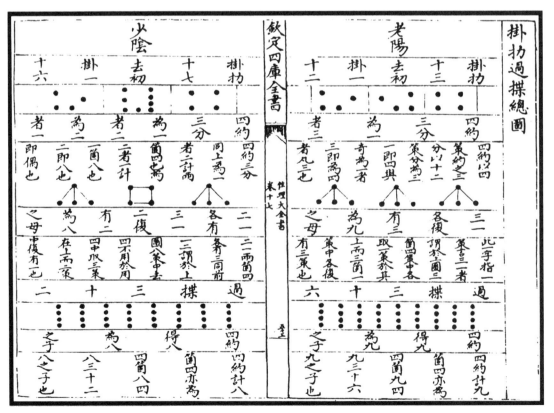

图 11-1 挂扐过揲总图
（胡广《性理大全书》）

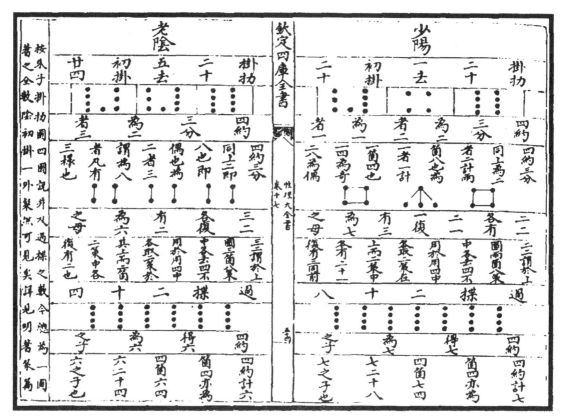

图 11-2　挂扐过揲总图
（胡广《性理大全书》）

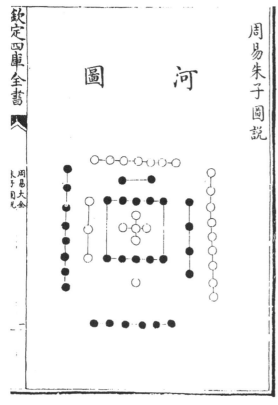

图 12　河图
（胡广《周易大全》）

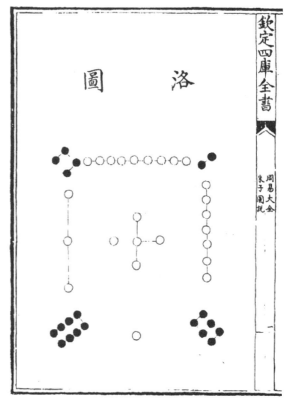

图 13　洛图
（胡广《周易大全》）

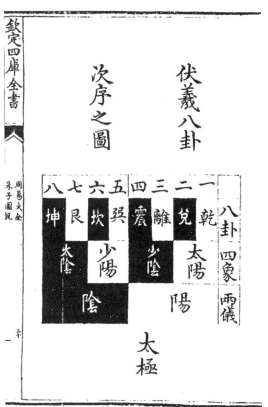

图 14　伏羲八卦次序之图
（胡广《周易大全》）

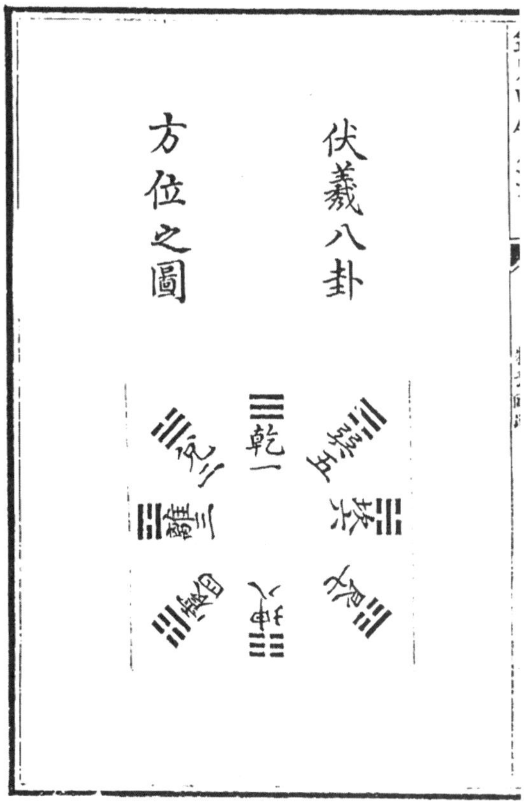

图 15　伏羲八卦方位之图
（胡广《周易大全》）

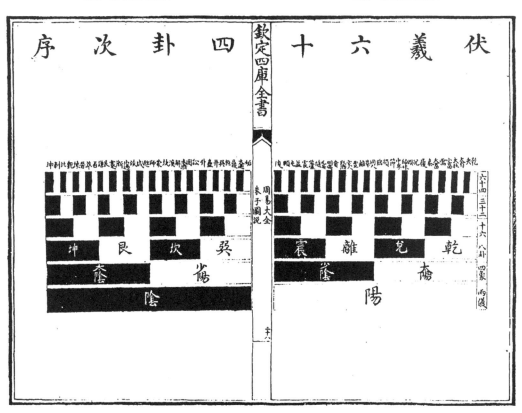

图 16　伏羲六十四卦次序图
（胡广《周易大全》）

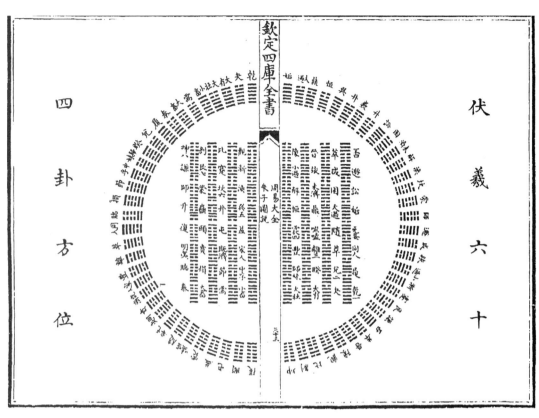

图 17　伏羲六十四卦方位图
（胡广《周易大全》）

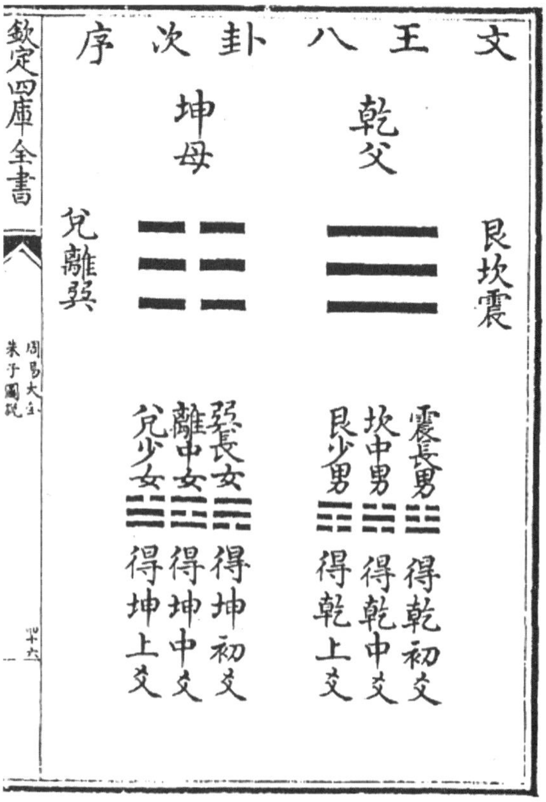

图 18　文王八卦次序图
（胡广《周易大全》）

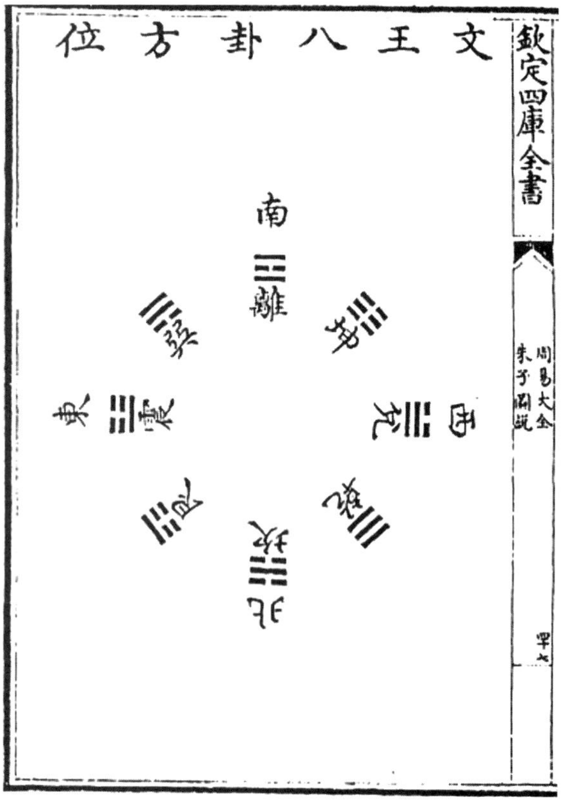

图 19　文王八卦方位图
（胡广《周易大全》）

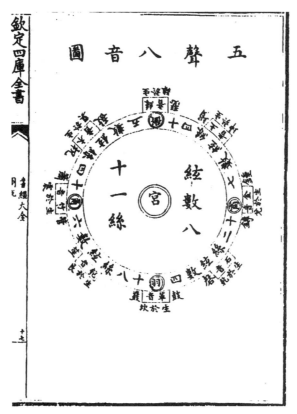

图 20　五声八音图
（胡广《书经大全》）

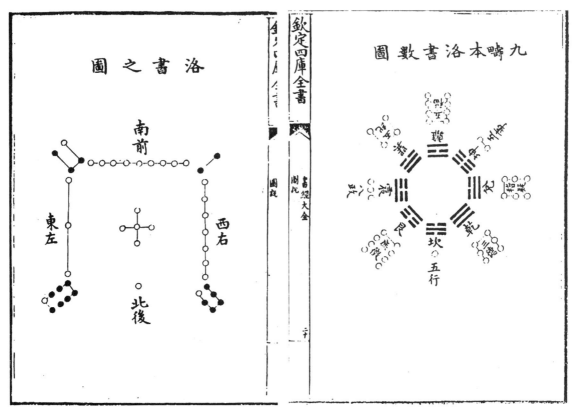

图 21　洛书之图
（胡广《书经大全》）

图 22　九畴本洛书数图
（胡广《书经大全》）

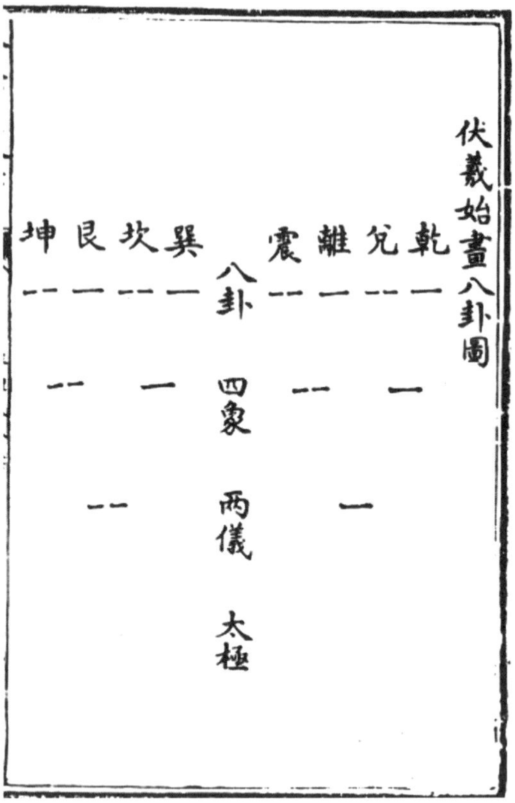

图23 伏羲始画八卦图
（胡广《性理大全书》）

图24 八卦正位图
（胡广《性理大全书》）

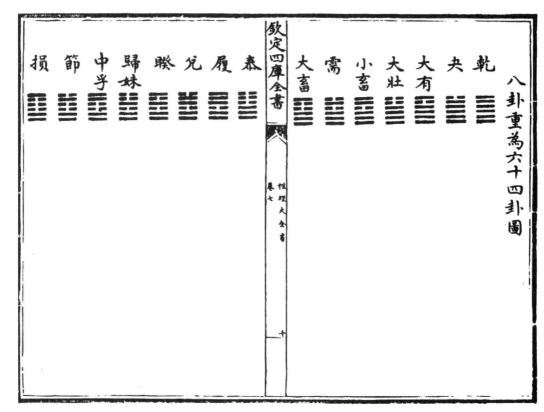

图25-1 八卦重为六十四卦图
（胡广《性理大全书》）

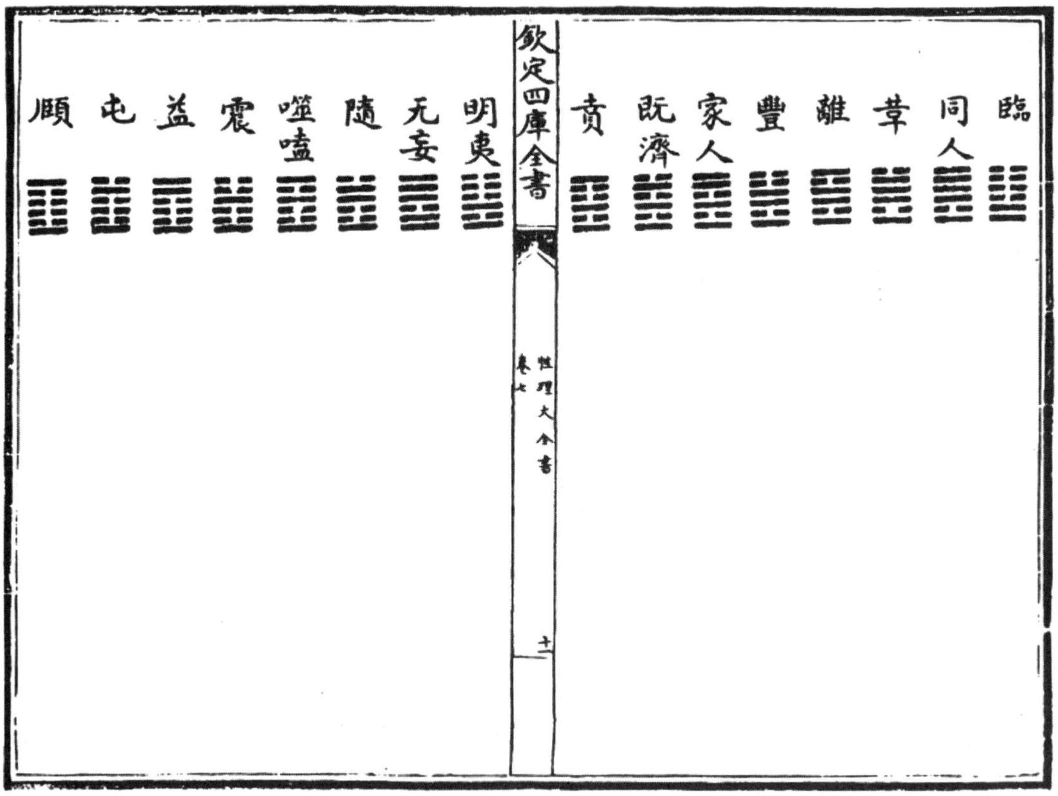

图 25-2　八卦重为六十四卦图
（胡广《性理大全书》）

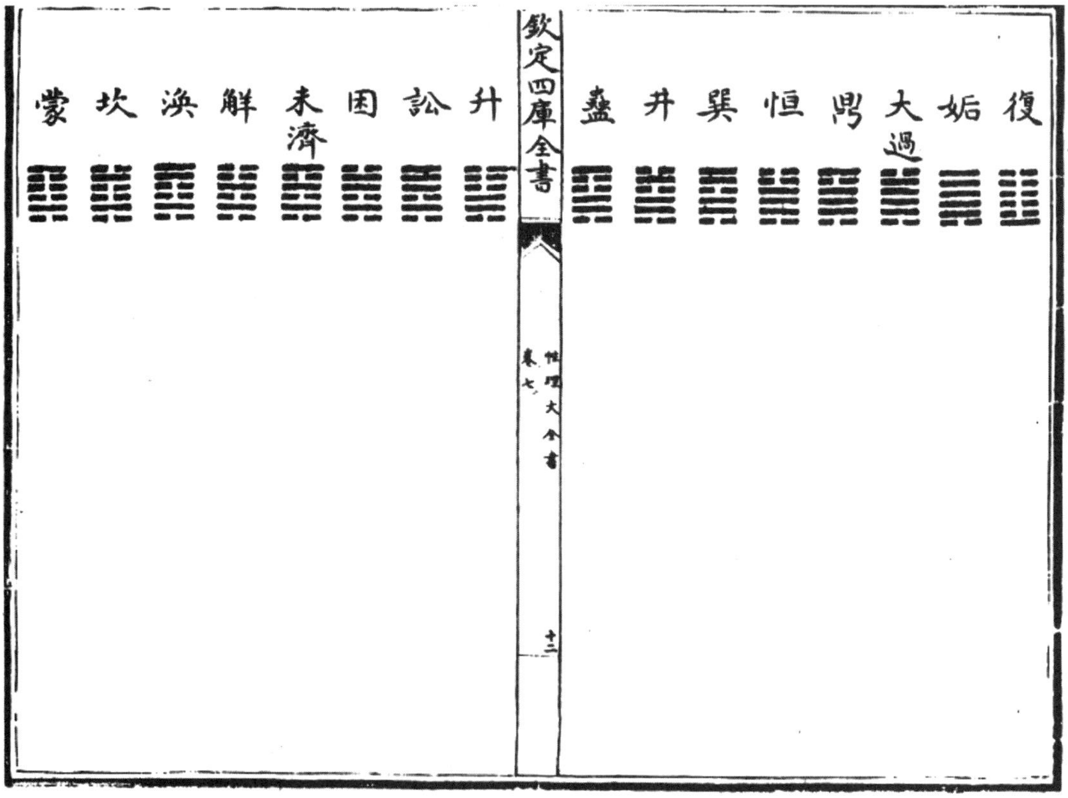

图 25-3　八卦重为六十四卦图
（胡广《性理大全书》）

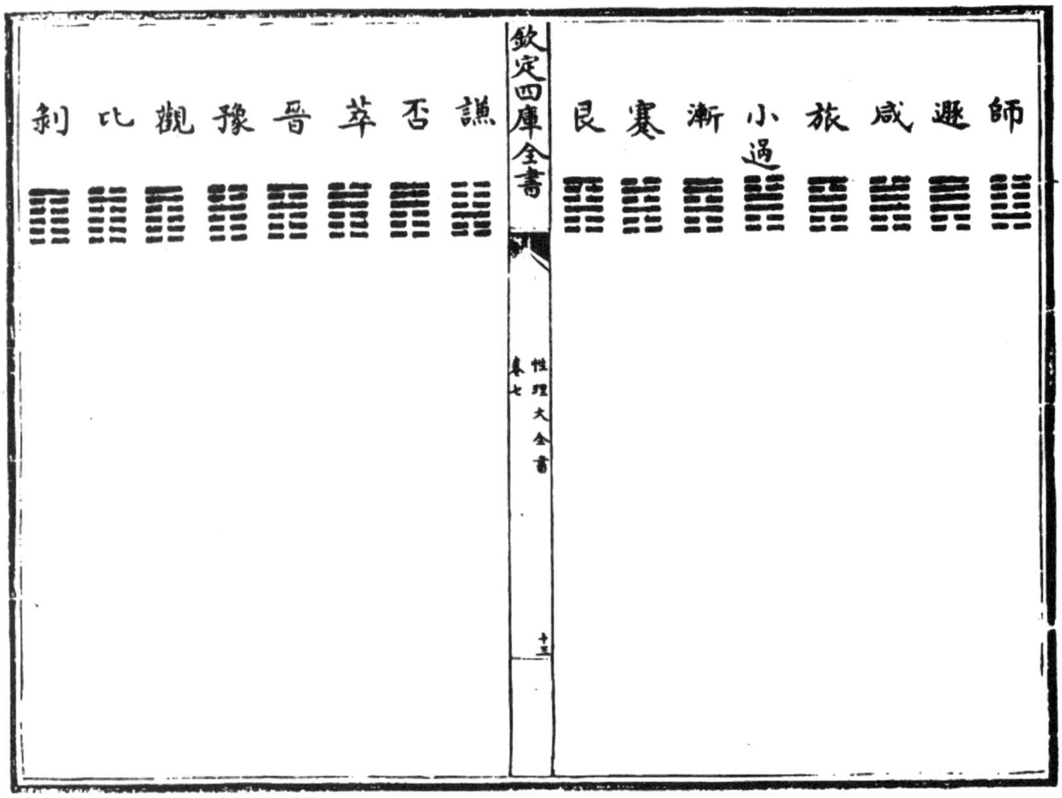
欽定四庫全書

師 遯 咸 旅 小過 漸 蹇 艮

謙 否 萃 晉 豫 觀 比 剝

性理大全書 卷七

十五

图 25－4　八卦重为六十四卦图

（胡广《性理大全书》）

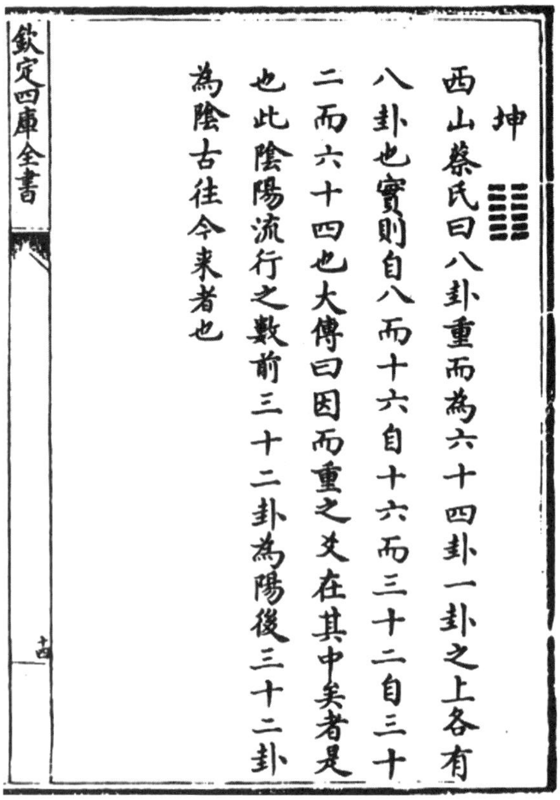
欽定四庫全書

坤

西山蔡氏曰八卦重而為六十四卦一卦之上各有八卦也實則自八而十六自十六而三十二自三十二而六十四也大傳曰因而重之爻在其中矣者是也此陰陽流行之數前三十二卦為陽後三十二卦為陰古往今來者也

十四

图 25－5　八卦重为六十四卦图

（胡广《性理大全书》）

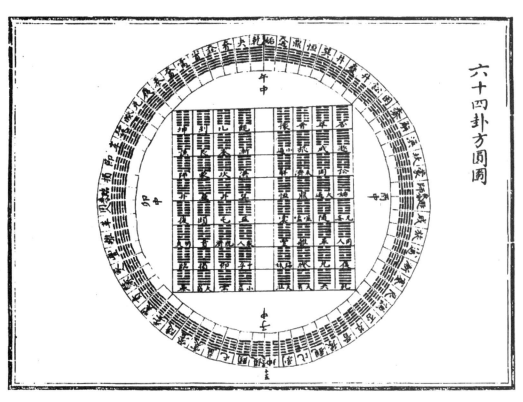

图 26　六十四卦方圆图
（胡广《性理大全书》）

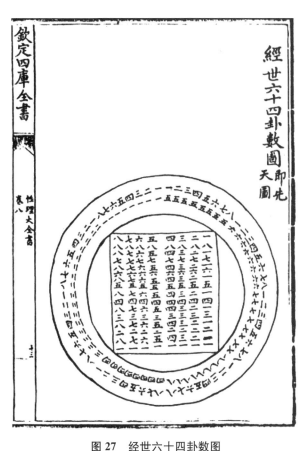

图 27　经世六十四卦数图
（胡广《性理大全书》）

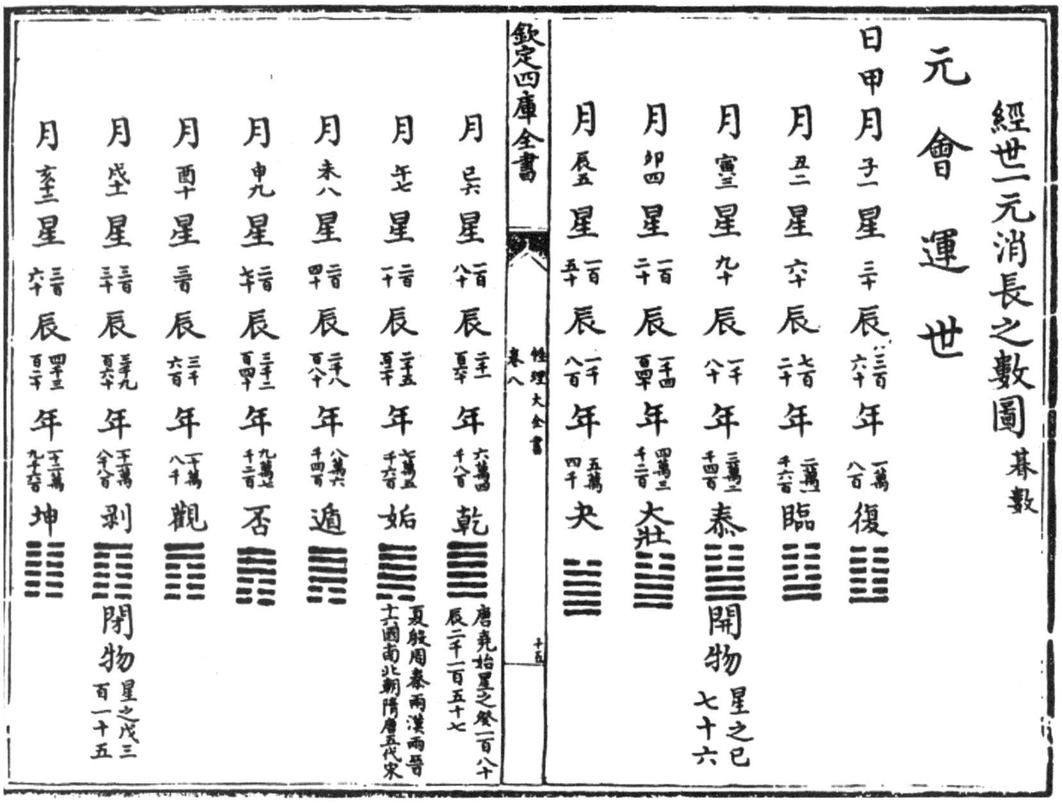

图28　经世一元消长之数图
（胡广《性理大全书》）

图29　伏羲八卦图
（胡广《性理大全书》）

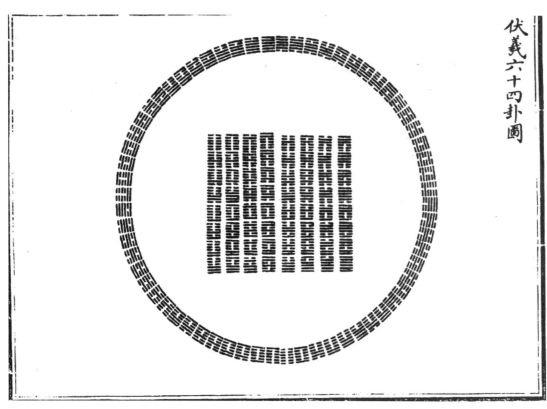

图 30　伏羲六十四卦图
（胡广《性理大全书》）

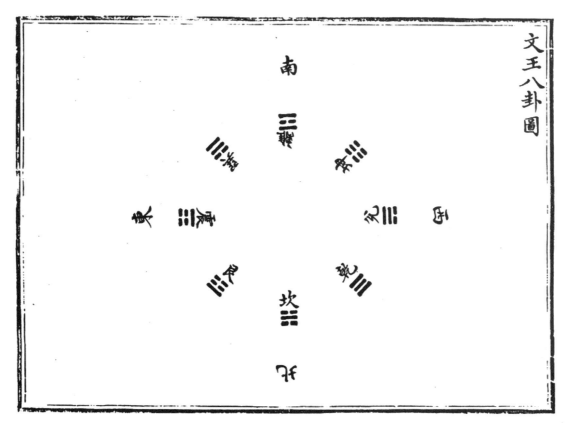

图 31　文王八卦图
（胡广《性理大全书》）

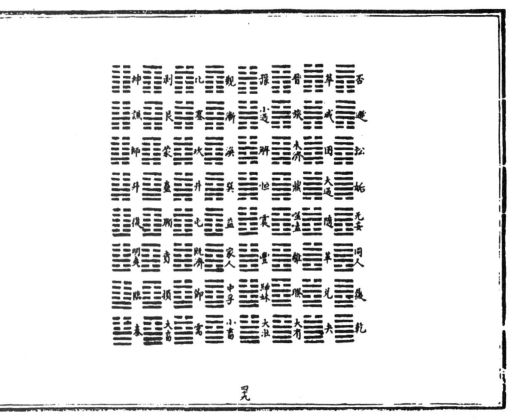

图 32　六十四卦方图
（胡广《性理大全书》）

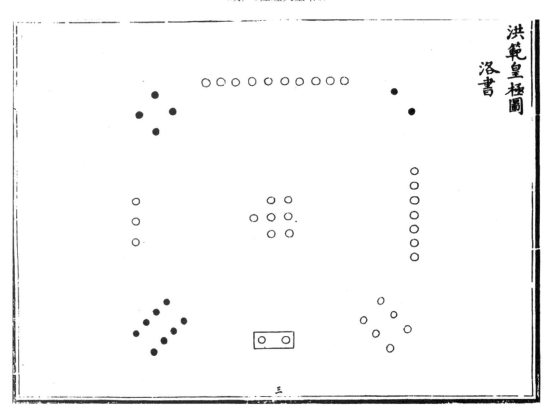

图 33　洛书
（胡广《性理大全书》）

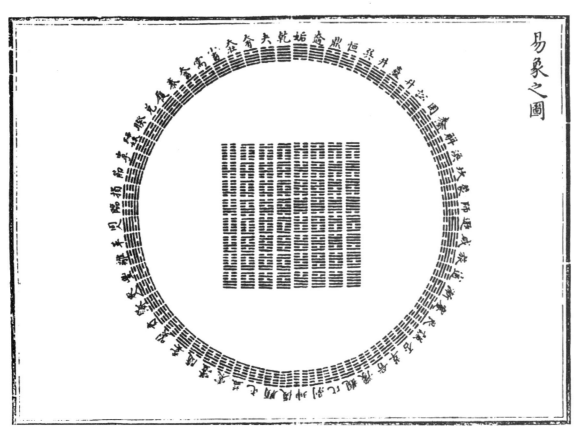

图34　易象之图
（胡广《性理大全书》）

曹端（1376—1434）

字正夫，自号月川子，学者称其为"月川先生"，明河南渑池人。永乐七年（1409）举人，授山西霍州学正，后双担任山西蒲州学正。著有《四书详说》《存疑录》《儒宗统谱》等。现存有《周易》图像一幅。

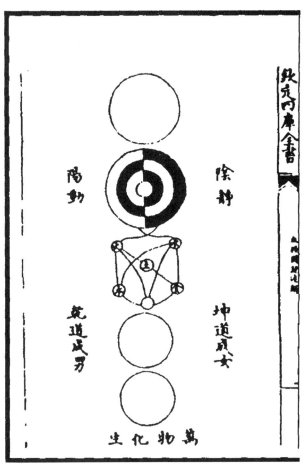

图1　太极图
（曹端《太极图说述解》）

王一宁

生卒年不详。著有《王文通集》八卷、《节斋文集》三十六卷等。现存有《周易》图像九幅。

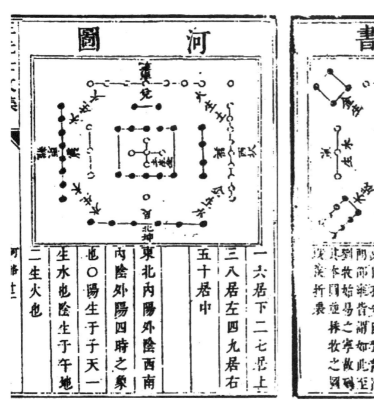

图1 河图
（王一宁《王元士文集》）

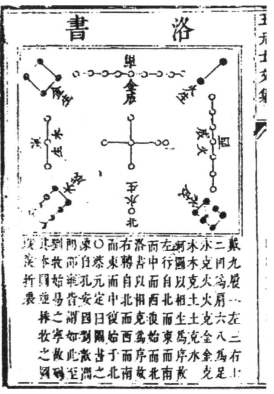

图2 洛书
（王一宁《王元士文集》）

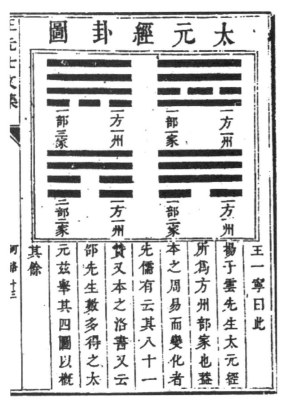

图3 太元经卦图
（王一宁《王元士文集》）

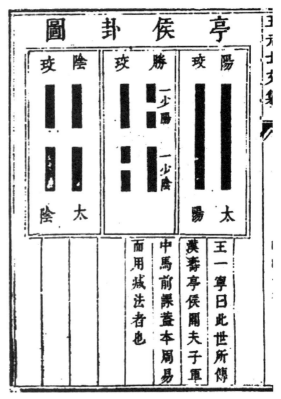

图4 亭侯卦图
（王一宁《王元士文集》）

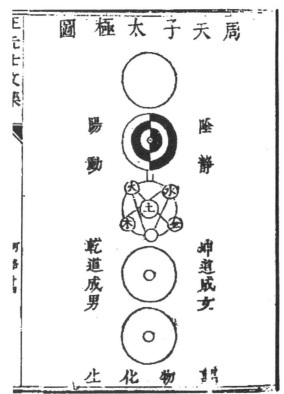

图5 周天子太极图
（王一宁《王元士文集》）

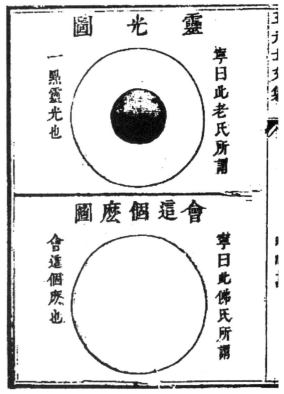

图6 灵光图
图7 会这个么图
（王一宁《王元士文集》）

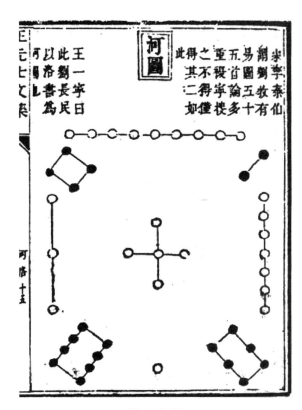

图8　河图
（王一宁《王元士文集》）

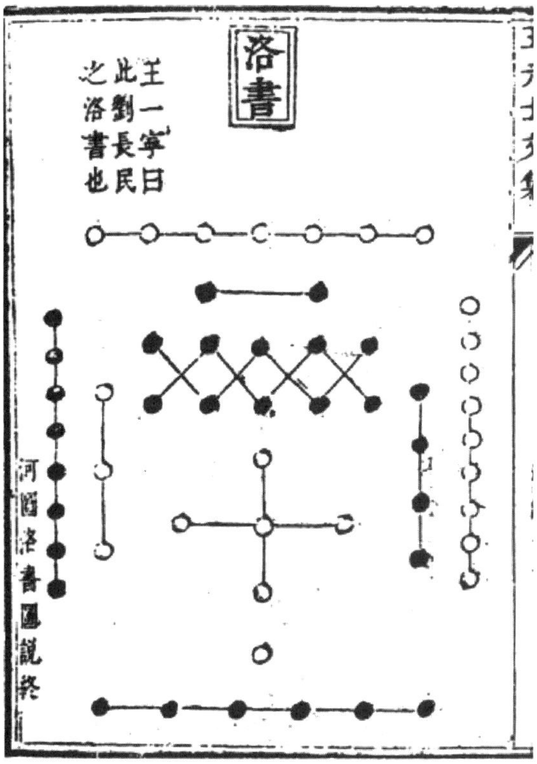

图9　洛书
（王一宁《王元士文集》）

刘定之(1409—1469)

字主静,号呆斋,明江西永新人。正统元年(1436)进士,授编修。历官太子洗马、工部右侍郎兼翰林学士,迁礼部左侍郎。谥文安。著有《呆斋集》四十五卷,《易经图释》十二卷、《宋史论》三卷、《否泰录》一卷、《六安策略》十卷、《出使录》一卷等。现存有《周易》图像一幅。

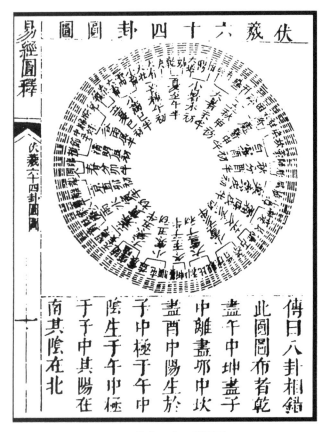

图1 伏羲六十四卦圆图
(刘定之《易经图释》)

熊宗立(1409—1482)

字道宗,号道轩,又号勿听,明福建建阳人。一生嗜学,袭祖父之医学,精于医术,又从刘剡校勘刻书,编著医书二十余部。著有《洪范九畴数解》八卷、《黄帝内经素问灵枢运气音释补遗》一卷、《素问运气图括定局立成》一卷等。现存有《周易》图像十七幅。

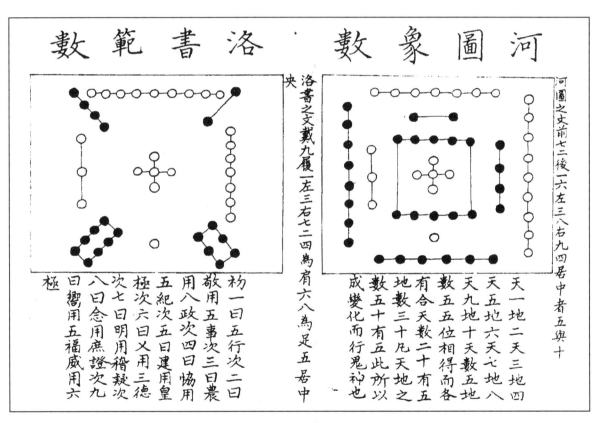

图1 河图象数图
图2 洛书范数图
(熊宗立《洪范九畴数解》)

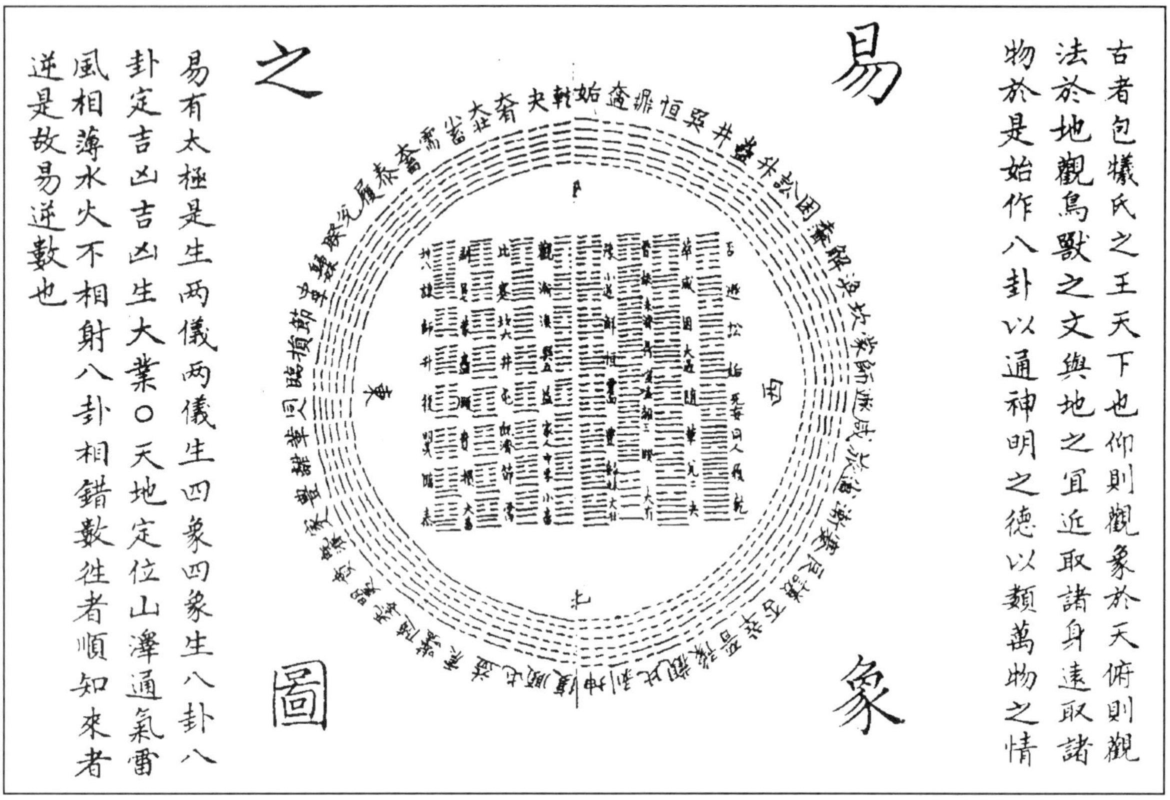

易象之圖
古者包犧氏之王天下也仰則觀象於天俯則觀法於地觀鳥獸之文與地之宜近取諸身遠取諸物於是始作八卦以通神明之德以類萬物之情
易有太極是生兩儀兩儀生四象四象生八卦八卦定吉凶吉凶生大業〇天地定位山澤通氣雷風相薄水火不相射八卦相錯數往者順知來者逆是故易逆數也

图 3　易象之图

（熊宗立《洪范九畴数解》）

範數之圖
昔者天錫禹洪範九疇彝倫攸叙一者九之祖也九者八十一之宗也圓之而天方之而地行之而四時天之所以覆物也地之所以載物也四時所以成物也散之無外卷之無内體謂造化而不可遺者乎
冲漠無朕萬象具矣動静無端後則先矣器根於道道著器矣一實萬分萬復一矣混兮闢兮其無窮矣是故數者計乎此者也疇者等乎此者也行者運乎此者也微而顯費而幽神應不測所以妙乎此者也

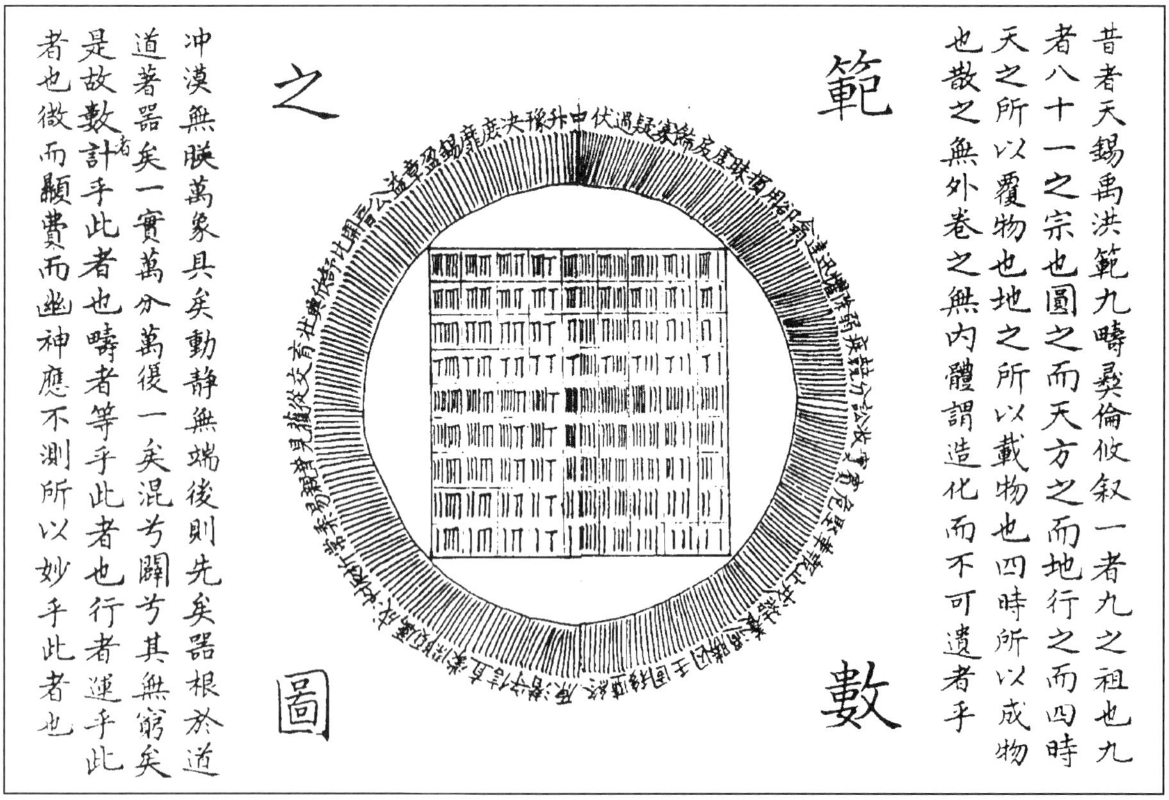

图 4　范数之图

（熊宗立《洪范九畴数解》）

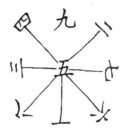

图5　大衍洪范数图
图6　九畴吉凶悔吝图
（熊宗立《洪范九畴数解》）

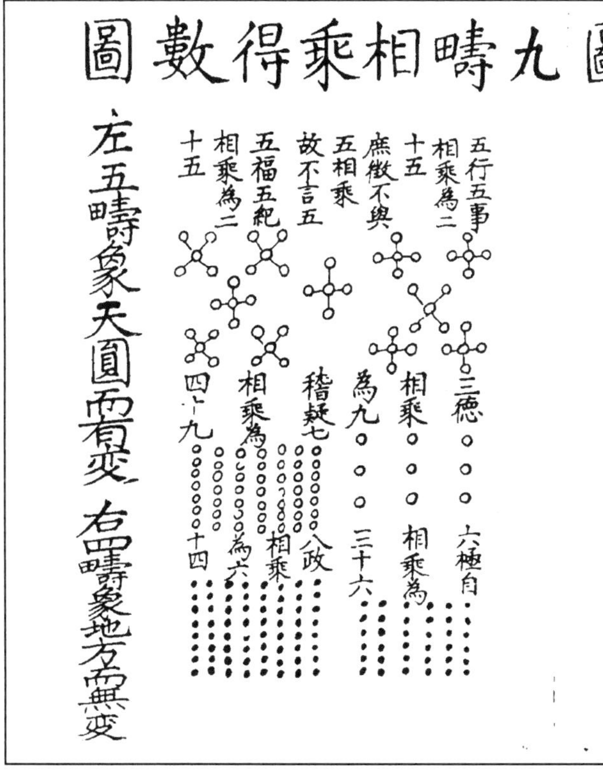

图7　九畴本洛书数图
图8　九畴相乘得数图
（熊宗立《洪范九畴数解》）

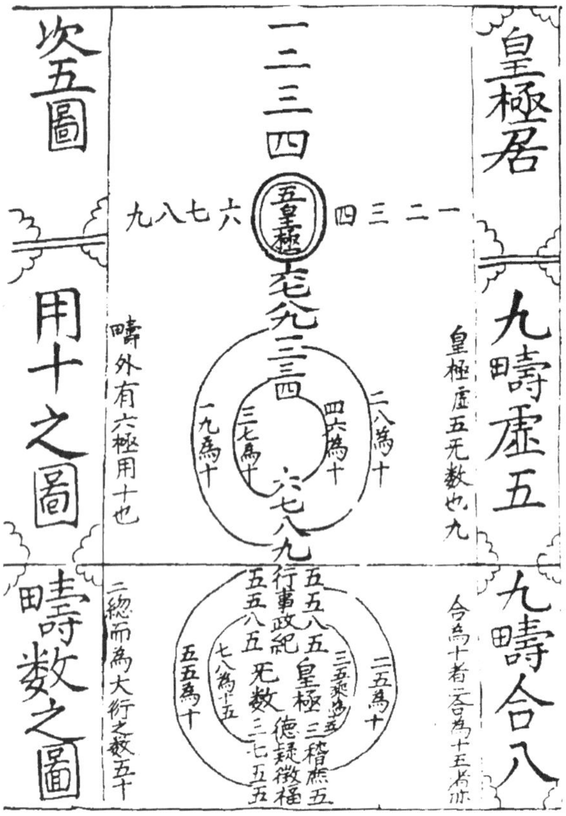

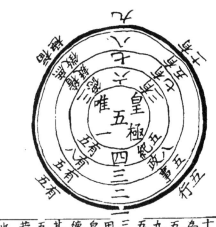

图 9　皇极居次五图
图 10　九畴虚五用十之图
图 11　九畴合八畴数之图
（熊宗立《洪范九畴数解》）

图 12　大衍洪范本数图
（熊宗立《洪范九畴数解》）

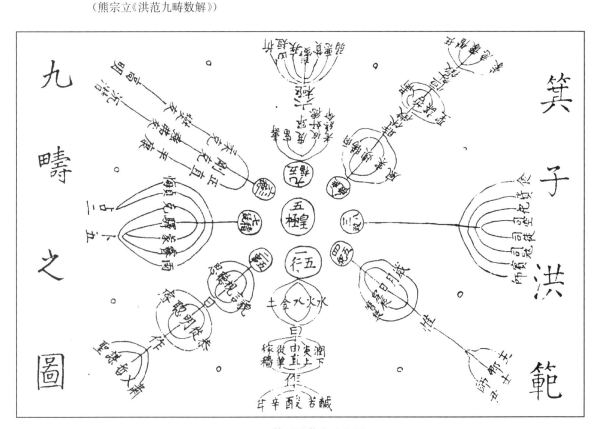

图 13　箕子洪范九畴之图
（熊宗立《洪范九畴数解》）

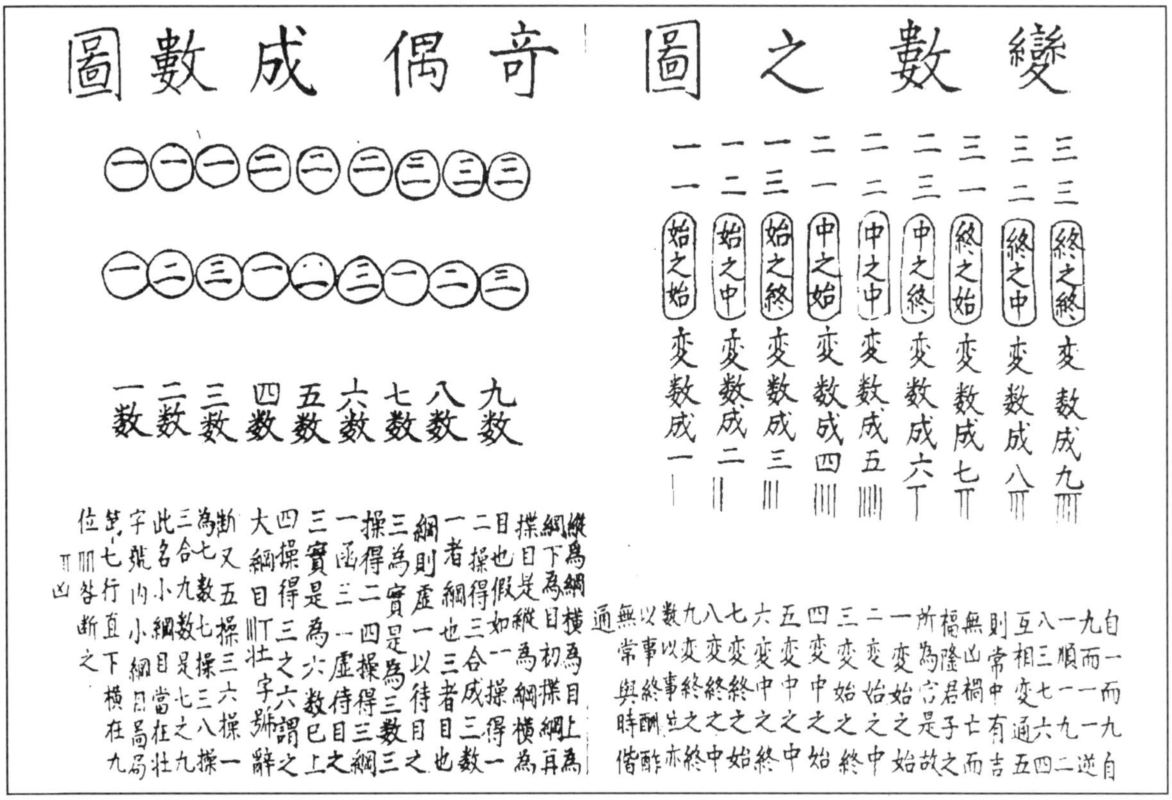

图14　变数之图
图15　奇偶成数图
（熊宗立《洪范九畴数解》）

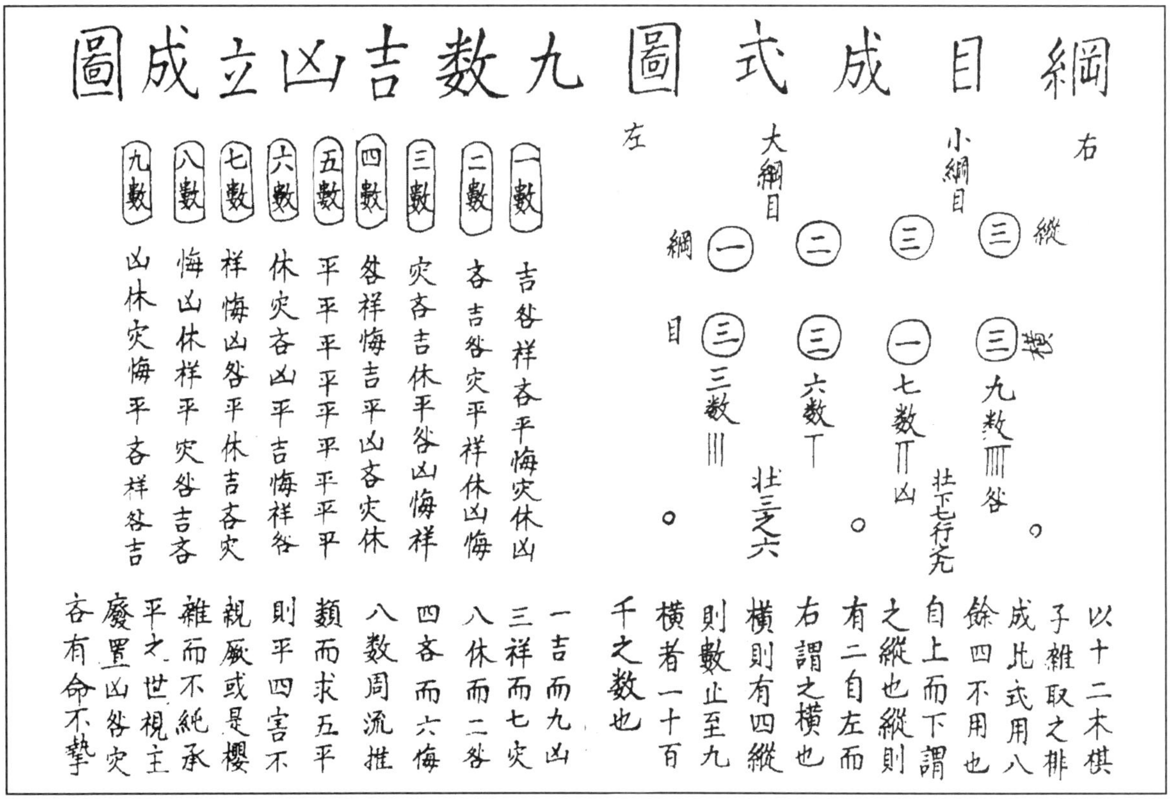

图16　纲目成式图
图17　九数吉凶立成图
（熊宗立《洪范九畴数解》）

陈真晟（1411—1474）

字晦德，一作晦夫，后改字剩夫，自号漳南布衣，明福建泉州人，后徙漳州镇海卫。年十七，即自拔于流俗。应试至福州，闻防察过严，乃辞归，不复应举，自力于学。天顺间，诣阙上书，并献所撰《程朱正学纂要》，不收。又上书及所撰《正教正考会通》，亦不省而罢。晚年，居漳之玉洲，又作《学校正教文庙配享疏》，拟诣阙再上，未及行而卒。著有《陈剩夫集》四卷。现存有《周易》图像二幅。

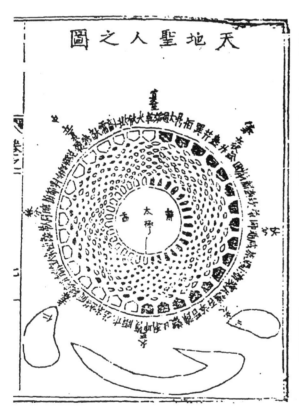

图1 天地圣人之图
（陈真晟《陈剩夫集》）

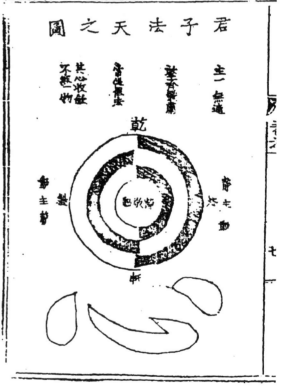

图2 君子法天之图
（陈真晟《陈剩夫集》）

韩万钟

生卒年不详,字天爵,明湖北蕲春人。曾为颍川学政。永乐中官修《性理大全》,韩纂图释之,作《新编性理三书》九卷、《象纬汇编》二卷等。现存有《周易》图像二十五幅。

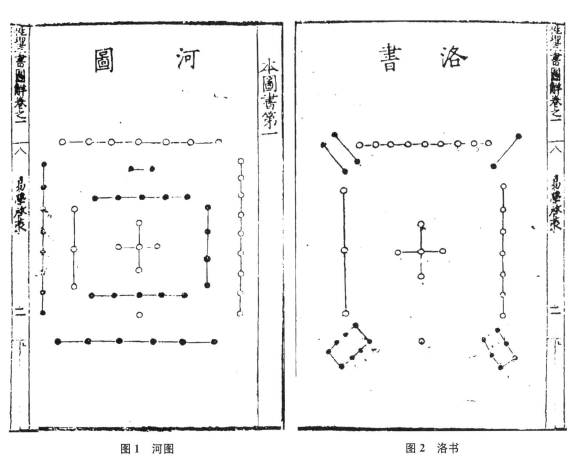

图1 河图
(韩万钟《新编性理三书图解》)

图2 洛书
(韩万钟《新编性理三书图解》)

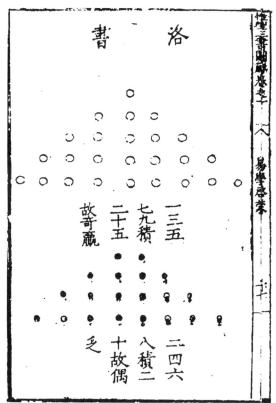

图3 河图
（韩万钟《新编性理三书图解》）

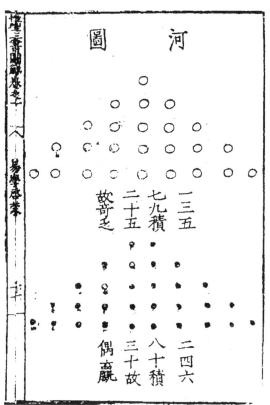

图4 洛书
（韩万钟《新编性理三书图解》）

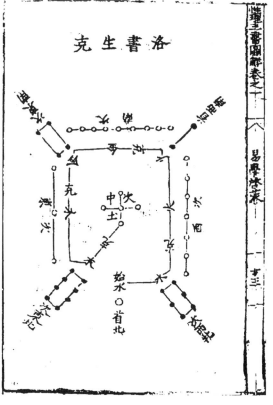

图5 河图生克图
（韩万钟《新编性理三书图解》）

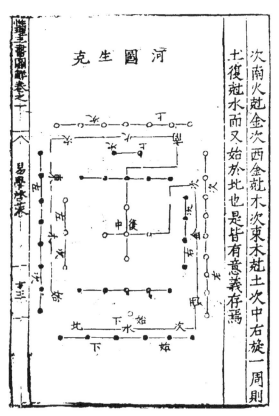

图6 洛书生克图
（韩万钟《新编性理三书图解》）

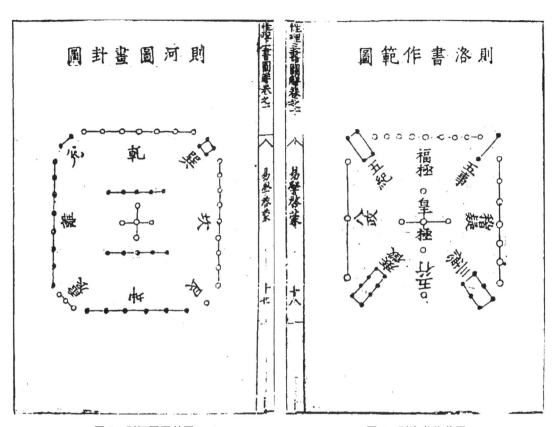

图7 则河图画卦图
（韩万钟《新编性理三书图解》）

图8 则洛书作范图
（韩万钟《新编性理三书图解》）

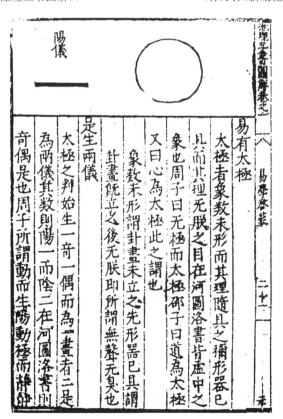

图9-1 易有太极、是生两仪、两仪生四象、四象生八卦、八卦分奇偶图
（韩万钟《新编性理三书图解》）

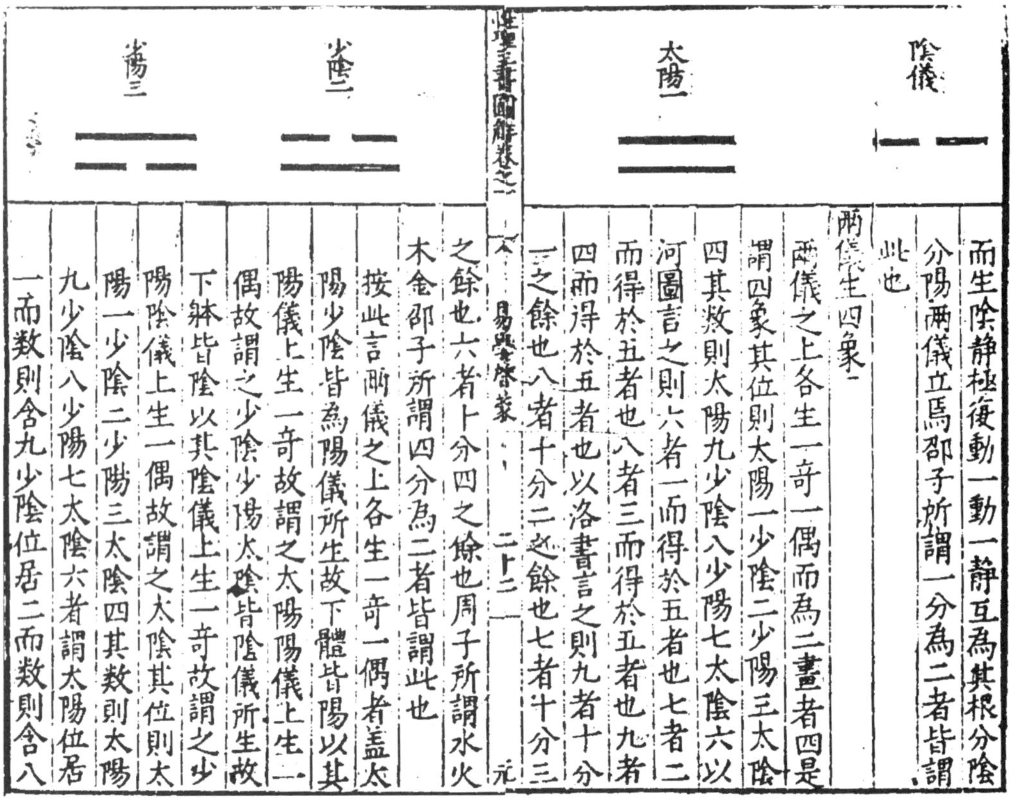

而生陰靜極復動一動一靜互為其根分陰分陽兩儀立焉邵子所謂一分為二者皆謂此也

兩儀生四象

兩儀之上各生一奇一偶而為二畫者四是謂四象其位則太陽一少陰二少陽三太陰四其數則太陽九少陰八少陽七太陰六以河圖言之則六者一而得於五者也七者二而得於五者也八者三而得於五者也九者四而得於五者也以洛書言之則九者十分一之餘也八者十分二之餘也七者十分三之餘也六者十分四之餘也周子所謂水火木金邵子所謂四分為二者皆謂此也

按此言兩儀之上各生一奇一偶者蓋太陽少陰皆為陽儀所生故下體皆陽以其陽儀上生一奇故謂之太陽陽儀上生一偶故謂之少陰少陽太陰皆陰儀所生故下躰皆陰以其陰儀上生一奇故謂之少陽陰儀上生一偶故謂之太陰其位則太陽一少陰二少陽三太陰四其數則太陽九少陰八少陽七太陰六者謂太陽位居一而數則含九少陰位居二而數則含八

图 9－2　易有太极、是生两仪、两仪生四象、四象生八卦、八卦分奇偶图
（韩万钟《新编性理三书图解》）

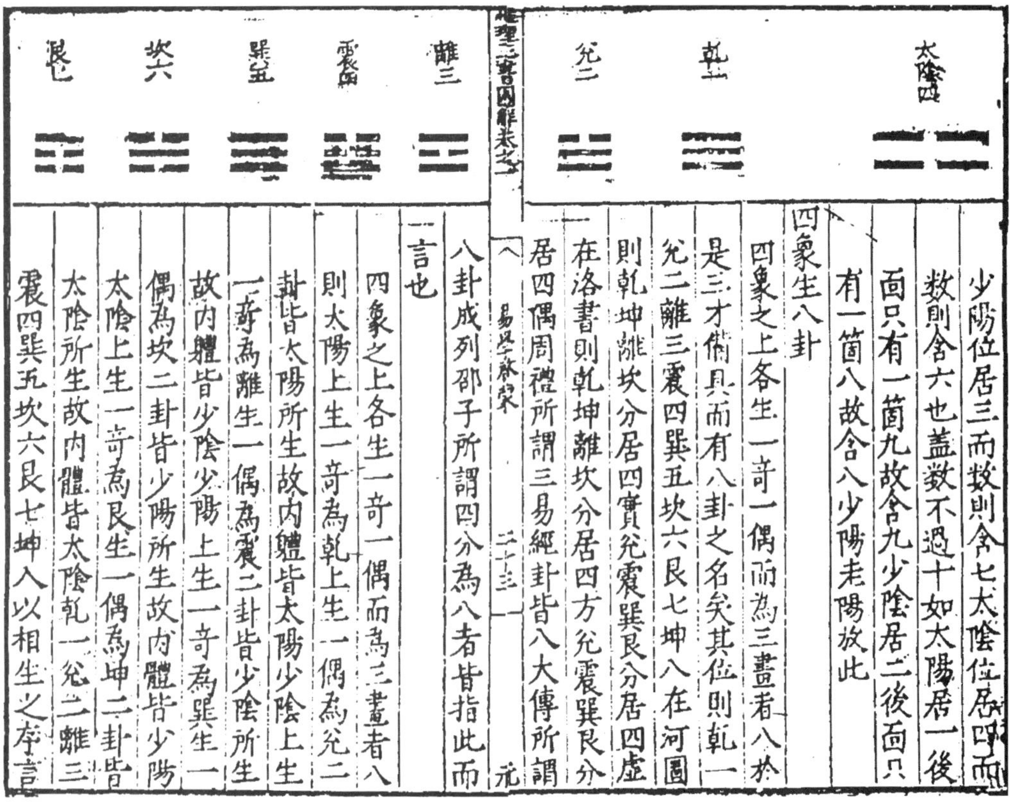

少陽位居三而數則含七太陰位居四而數則含六也蓋數不過十如太陽居一後面只有一箇九故含九少陰居二後面只有一箇八故含八少陽老陽放此

四象生八卦

四象之上各生一奇一偶而為三畫者八於是三才備具而有八卦之名矣其位則乾一兌二離三震四巽五坎六艮七坤八在河圖則乾坤離坎分居四實兌震巽艮分居四虛在洛書則乾坤離坎分居四方兌震巽艮分居四偶周禮所謂三易經卦皆八大傳所謂八卦成列邵子所謂四分為八者皆指此而言也

四象之上各生一奇一偶而為三畫者八則太陽上生一奇為乾上生一偶為兌二卦皆太陽所生故內體皆太陽少陰上生一奇為離生一偶為震二卦皆少陰所生故內體皆少陰少陽上生一奇為巽生一偶為坎二卦皆少陽所生故內體皆少陽太陰上生一奇為艮生一偶為坤二卦皆太陰所生故內體皆太陰乾一兌二離三震四巽五坎六艮七坤八以相生之序言

图 9－3　易有太极、是生两仪、两仪生四象、四象生八卦、八卦分奇偶图
（韩万钟《新编性理三书图解》）

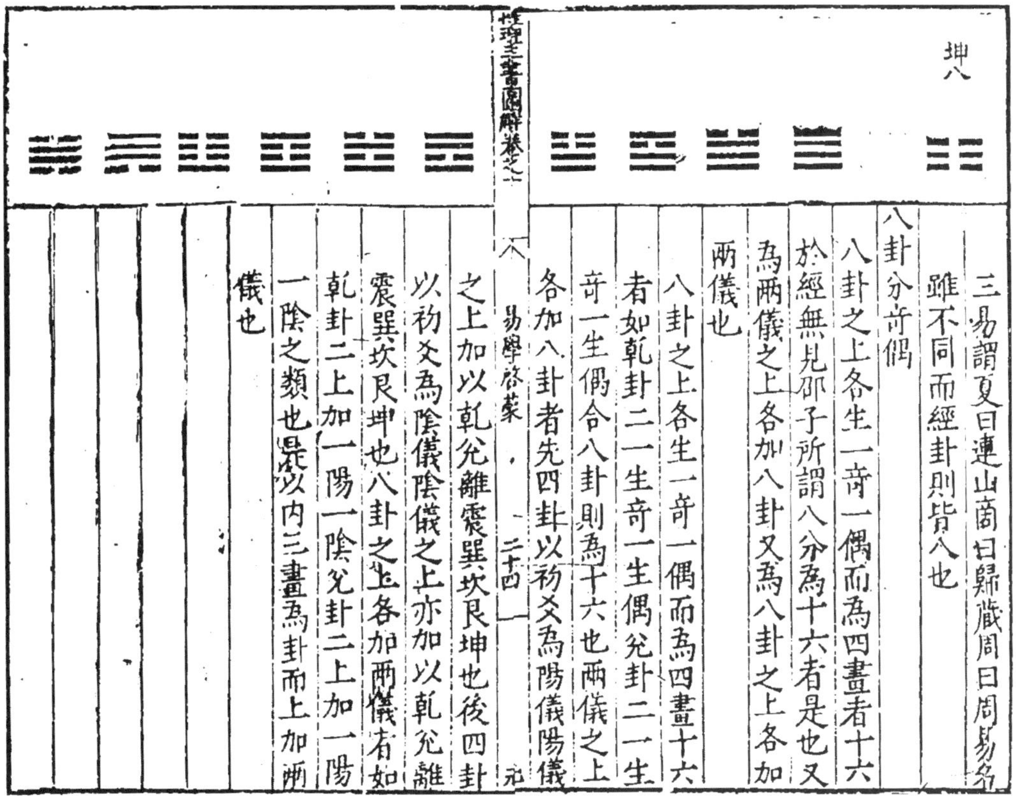
坤八

三易謂夏曰連山商曰歸藏周曰周易名
雖不同而經卦則皆八也

八卦分奇偶

八卦之上各生一奇一偶而為四畫者十六
於經無見邵子所謂八分為十六者是也又
為兩儀之上各加八卦又為八卦之上各加
兩儀也

八卦之上各生一奇一偶而為四畫十六
者如乾卦二一生奇一生偶兌卦二一生
奇一生偶合八卦則為十六也兩儀之上
各加八卦者先四卦以初爻為陽儀陽儀

性理三書圖解卷之一　易學啓蒙　二十四

之上加以乾兌離震巽坎艮坤也後四卦
以初爻為陰儀陰儀之上亦加以乾兌離
震巽坎艮坤也八卦之上各加兩儀者如
乾卦二上加一陽一陰兌卦二上加一陽
一陰之類也是以內三畫為卦而上加兩
儀也

图 9－4　易有太极、是生两仪、两仪生四象、四象生八卦、八卦分奇偶图

（韩万钟《新编性理三书图解》）

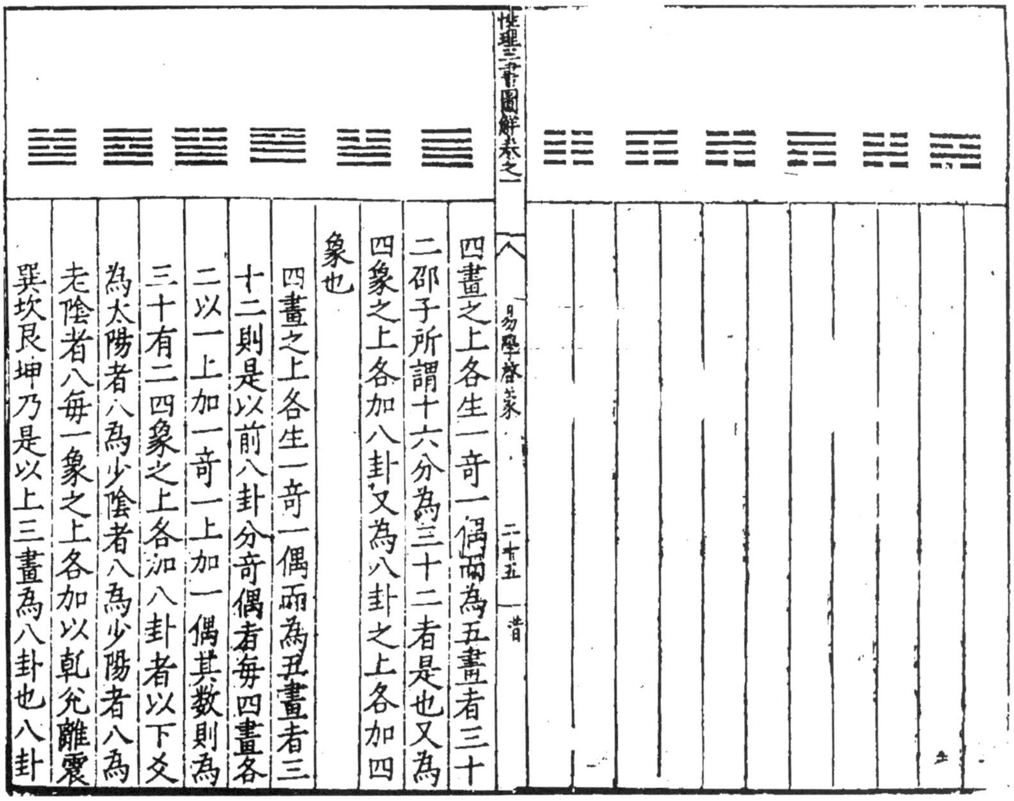
性理三書圖解卷之一　易學啓蒙　二十五

四畫之上各生一奇一偶而為五畫者三十
二邵子所謂十六分為三十二者是也又為
四象之上各加八卦又為八卦之上各加四
象也

四畫之上各生一奇一偶而為五畫者三
十二則是以前八卦分奇偶者每四畫各
二以一上加一奇一上加一偶其數則為
三十有二四象之上各加八卦者以下爻
為太陽者八為少陰者八為少陽者八為
老陰者八每一象之上各加以乾兌離震
巽坎艮坤乃是以上三畫為八卦也八卦

图 9－5　易有太极、是生两仪、两仪生四象、四象生八卦、八卦分奇偶图

（韩万钟《新编性理三书图解》）

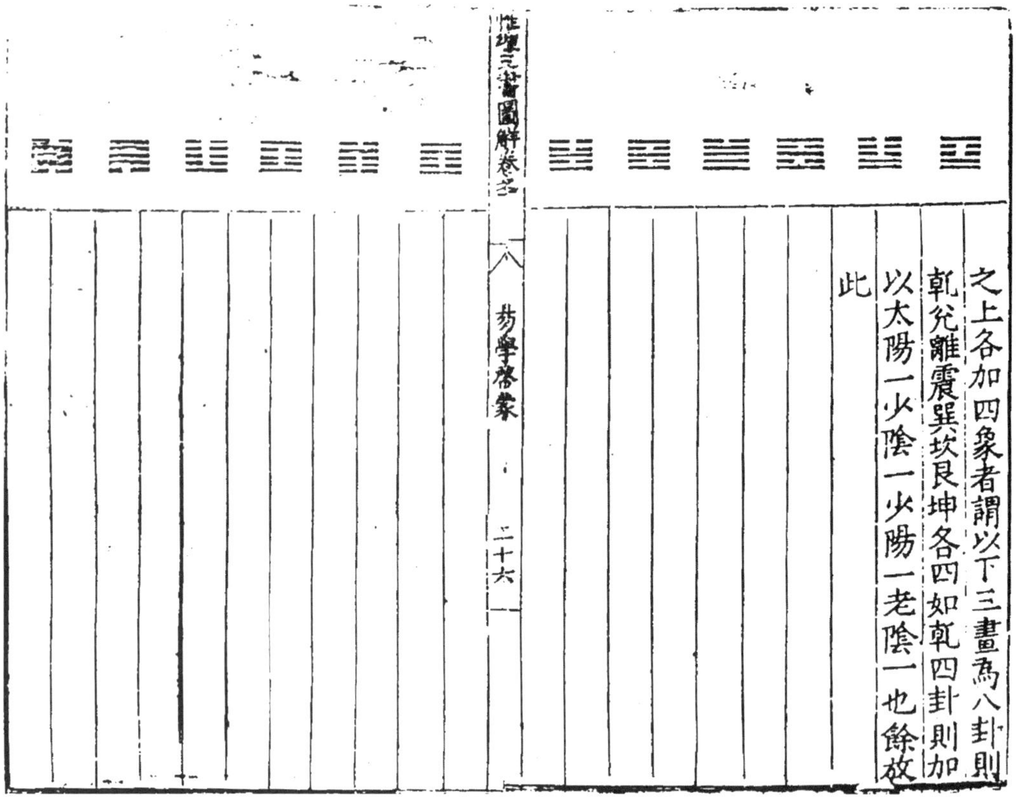

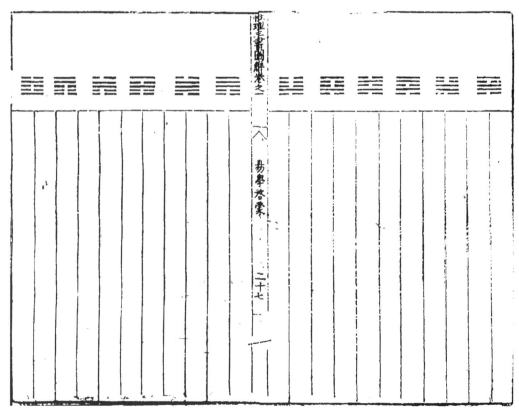

图9-6 易有太极、是生两仪、两仪生四象、四象生八卦、八卦分奇偶图
（韩万钟《新编性理三书图解》）

图9-7 易有太极、是生两仪、两仪生四象、四象生八卦、八卦分奇偶图
（韩万钟《新编性理三书图解》）

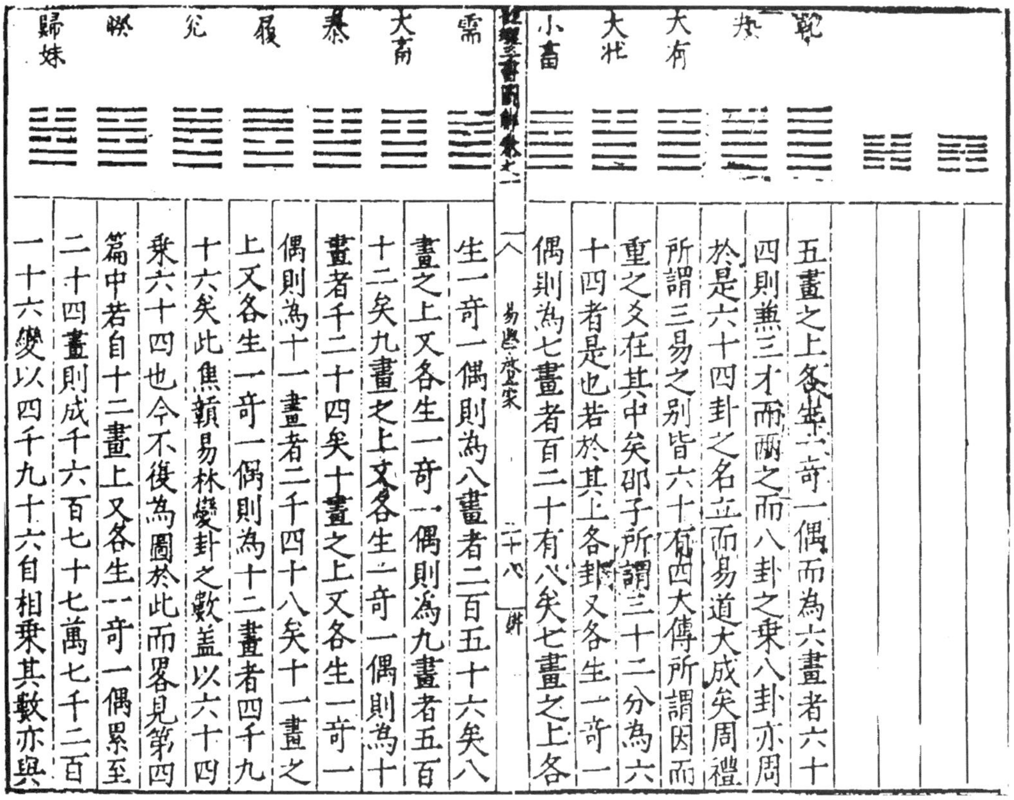

歸妹	睽	兌	履	泰	大畜	需	小畜	大有	大壯	夬	乾

五畫之上各生一奇一偶而為六畫者六十
四則無三才兩之而八卦之乘八卦亦周
於是六十四卦之名立而易道大成矣周禮
所謂三易之別皆六十有四大傳所謂因而
重之爻在其中矣邵子所謂三十二分為六
十四者是也若於其上各卦又各生一奇一
偶則為七畫者百二十有八矣七畫之上各

八 易學啟蒙 二十八 附

生一奇一偶則為八畫者二百五十六矣八
畫之上又各生一奇一偶則為九畫者五百
十二矣九畫之上又各生一奇一偶則為十
畫者千二十四矣十畫之上又各生一奇一
偶則為十一畫者二千四十八矣十一畫之
上又各生一奇一偶則為十二畫者四千九
十六也此焦贛易林變卦之數蓋以六十四
乘六十四也今不俟為圖然此而略見第四
篇中若自十二畫以上又各生一奇一偶累
二十四畫則成千六百七十七萬七千二百
一十六變以四千九十六自相乘其數亦與

图9-8 易有太极、是生两仪、两仪生四象、四象生八卦、八卦分奇偶图
（韩万钟《新编性理三书图解》）

| 頤 | 元妄 | 明夷 | 賁 | 既濟 | 家人 | 豐 | 離 | 革 | 同人 | 臨 | 損 | 節 | 孚 |

八 易學啟蒙 二十九 原

此合引而伸之蓋未知其所終極也雖未見
用處然亦足以見易道之無窮矣
此又五畫而為三十二者各加一奇一
而為六十四也蓋以每卦各八而各重
以乾兌離震巽坎艮坤為六十四也其為
七畫者百二十八也以八畫一偶倍者為
百二十八也八畫重之為二百五十六者各
奇一偶而重之為二百五十六也各生一
之類而重為二百五十六者各以上各生一
九畫五百一十二者則自乾之類而重為八
畫者各八以上各生一奇一偶倍之為五
十六也則自乾之類而重為九畫者
各二以上各加一奇一偶倍之為千二
十四也則自乾之類而重為十畫者
各四以上各加一奇一偶倍之為二千四十
八也則自乾之類而重為十一畫者各加
一奇一偶倍之為四千九十六也則自乾
之類而重為十二畫者各加一奇一偶倍之
也又自十二畫而重之則為十三畫者八千

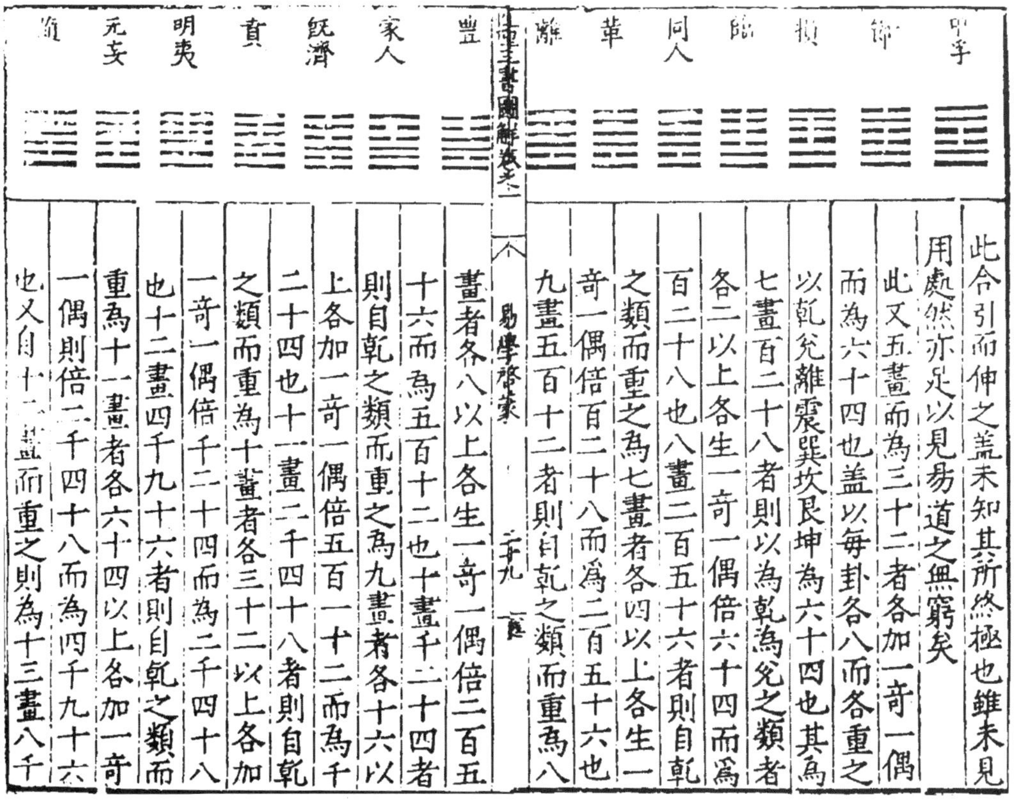

图9-9 易有太极、是生两仪、两仪生四象、四象生八卦、八卦分奇偶图
（韩万钟《新编性理三书图解》）

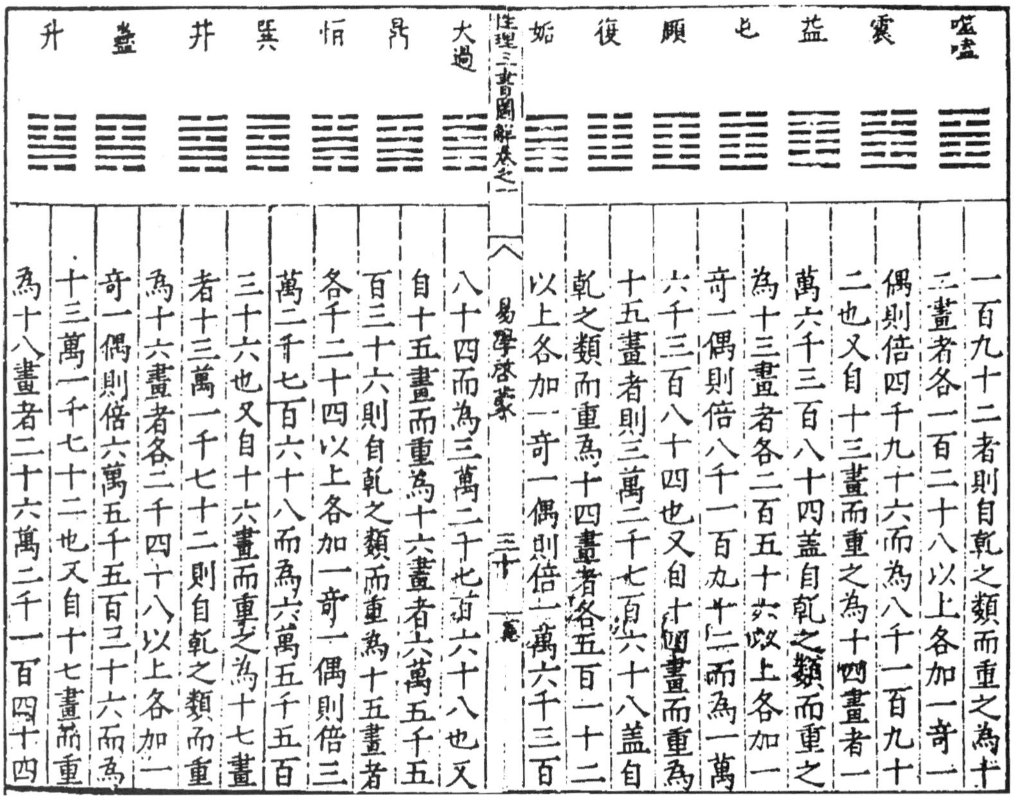

噬嗑　震　益　屯　頤　復　姤

一百九十二者則自乾之類而重之為十三畫者各一百二十八以上各加一奇一偶則倍四千九十六而為八千一百九十二也又自十三畫而重之為十四畫者一萬六千三百八十四蓋自乾之類而重之為十三畫者各二百五十六以上各加一奇一偶則倍八千一百九十二而為一萬六千三百八十四也又自十四畫而重為十五畫者則三萬二千七百六十八蓋自乾之類而重為十四畫者各五百一十二以上各加一奇一偶則倍一萬六千三百

性理三書圖解卷之二　易學啓蒙　三十

大過　鼎　恒　巽　井　蠱　升

八十四而為三萬二千七百六十八也又自十五畫而重為十六畫者六萬五千五百三十六則自乾之類而重為十五畫者各千二十四以上各加一奇一偶則倍三萬二千七百六十八而為六萬五千五百三十六也又自十六畫而重之為十七畫者十三萬一千七十二則自乾之類而重為十六畫者各二千四十八以上各加一奇一偶則倍六萬五千五百三十六而為十三萬一千七十二也又自十七畫而重為十八畫者二十六萬二千一百四十四

图 9 - 10　易有太极、是生两仪、两仪生四象、四象生八卦、八卦分奇偶图

（韩万钟《新编性理三书图解》）

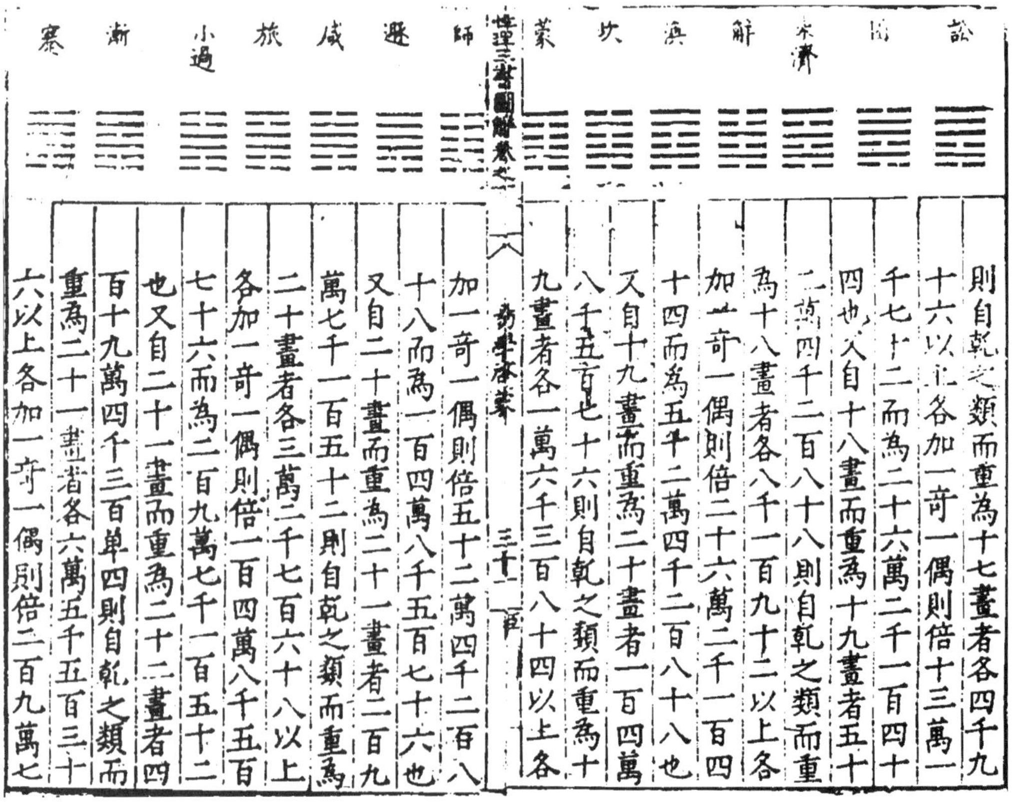

訟　困　未濟　解　渙　坎　蒙

則自乾之類而重為十七畫者各四千九十六以上各加一奇一偶則倍十三萬一千七十二而為二十六萬二千一百四十四也又自十八畫而重為十九畫者五十二萬四千二百八十八則自乾之類而重為十八畫者各八千一百九十二以上各加一奇一偶則倍二十六萬二千一百四十四而為五十二萬四千二百八十八也又自十九畫而重為二十畫者一百四萬八千五百七十六則自乾之類而重為十九畫者各一萬六千三百八十四以上各

性理三書圖解卷之二　易學啓蒙　三十一

師　遯　咸　旅　小過　漸　蹇

加一奇一偶則倍五十二萬四千二百八十八而為一百四萬八千五百七十六也又自二十畫而重為二十一畫者二百九萬七千一百五十二則自乾之類而重為二十畫者各三萬二千七百六十八以上各加一奇一偶則倍一百四萬八千五百七十六而為二百九萬七千一百五十二也又自二十一畫而重為二十二畫者四百十九萬四千三百單四則自乾之類而重為二十一畫者各六萬五千五百三十六以上各加一奇一偶則倍二百九萬七

图 9 - 11　易有太极、是生两仪、两仪生四象、四象生八卦、八卦分奇偶图

（韩万钟《新编性理三书图解》）

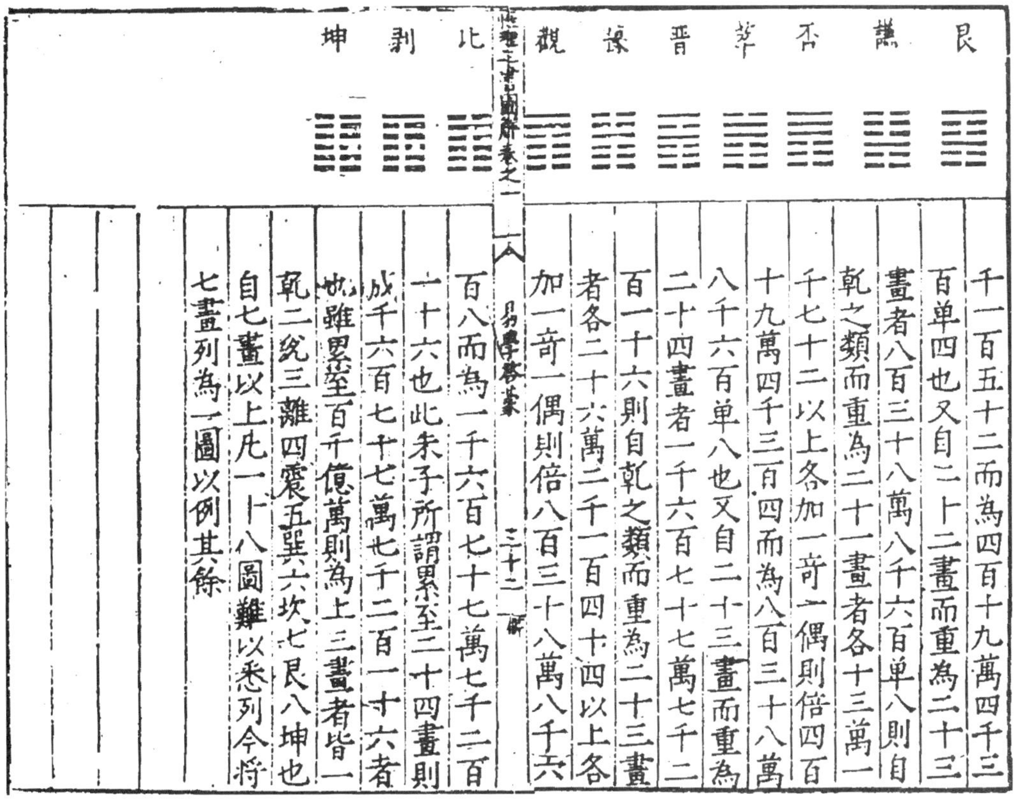
艮　謙　否　萃　晉　豫　觀　比　剝　坤

性理三書圖解卷之一　易學啓蒙　三十二

千一百五十二而為四百十九萬四千三百单四也又自二十二畫而重為二十三畫者八百三十八萬八千六百单八則自乾之類而重為二十一畫者各十三萬一千七十二以上各加一奇一偶則倍四百十九萬四千三百四而為八百三十八萬八千六百单八也又自二十三畫而重為二十四畫者一千六百七十七萬七千二百一十六則自乾之類而重為二十三畫者各二十六萬二千一百四十四以上各加一奇一偶則倍八百三十八萬八千六百八而為一千六百七十七萬七千二百一十六也此朱子所謂累至二十四畫則成千六百七十七萬七千二百一十六者也雖累至百千億萬則為上三畫者皆一乾二兌三離四震五巽六坎七艮八坤也自七畫以上凡一十八圖難以悉列今將七畫列為一圖以例其餘

图 9－12　易有太极、是生两仪、两仪生四象、四象生八卦、八卦分奇偶图

（韩万钟《新编性理三书图解》）

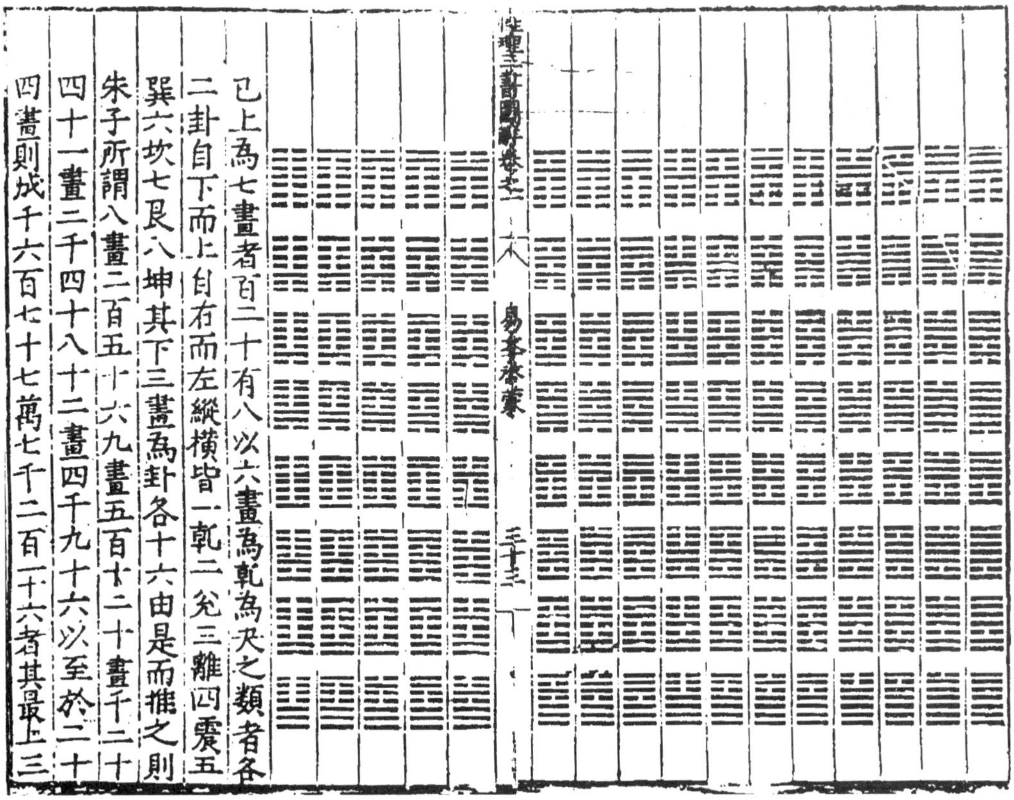
性理三書圖解卷之一　十六　易學啓蒙　三十三

已上為七畫者百二十有八以六畫為乾為夬之類者各二卦自下而上自右而左縱橫皆一乾二兌三離四震五巽六坎七艮八坤其下三畫為卦各十六由是而推之則朱子所謂八畫二百五十六九畫五百十二十畫千二十四十一畫二千四十八十二畫四千九十六以至於二十四畫則成千六百七十七萬七千二百一十六者其最上三

图 9－13　易有太极、是生两仪、两仪生四象、四象生八卦、八卦分奇偶图

（韩万钟《新编性理三书图解》）

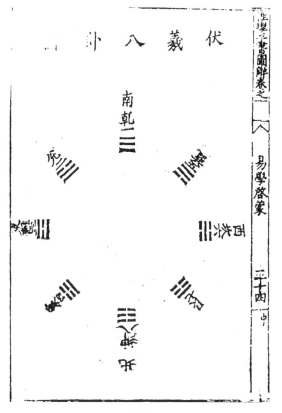

图 10　伏羲八卦图
（韩万钟《新编性理三书图解》）

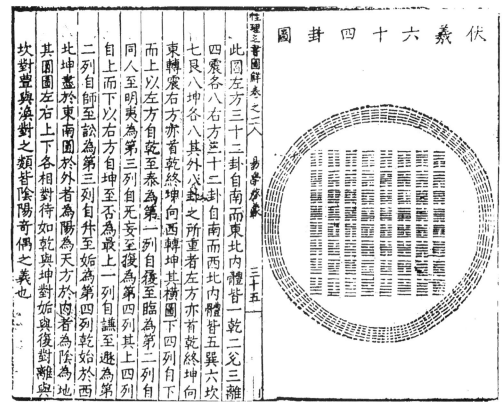

图 11　伏羲六十四卦图
（韩万钟《新编性理三书图解》）

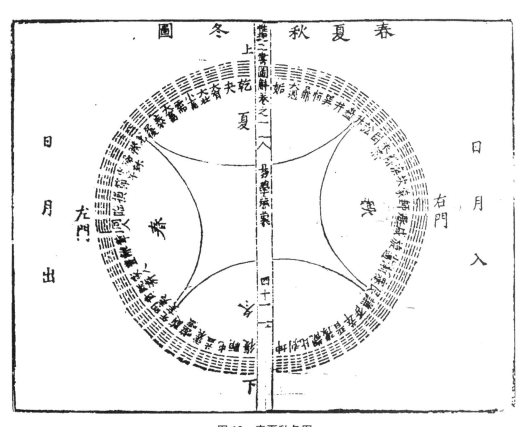

图12 春夏秋冬图
（韩万钟《新编性理三书图解》）

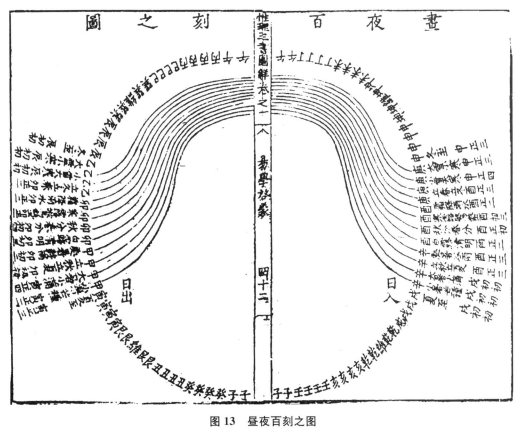

图13 昼夜百刻之图
（韩万钟《新编性理三书图解》）

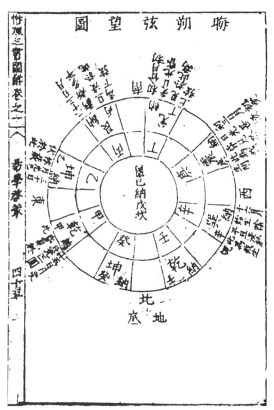

图 14 晦朔弦望图
(韩万钟《新编性理三书图解》)

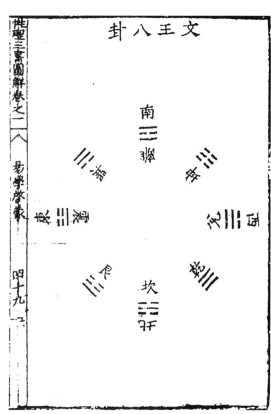

图 15 文王八卦图
(韩万钟《新编性理三书图解》)

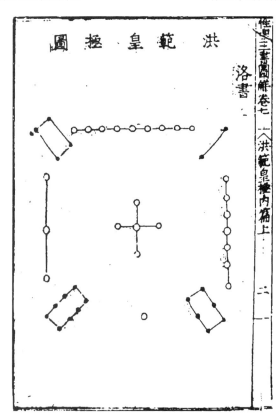

图 16 洪范皇极图
(韩万钟《新编性理三书图解》)

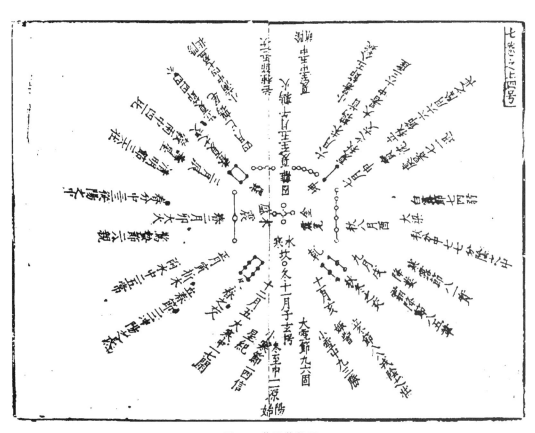

图 17 蔡子范数图
（韩万钟《新编性理三书图解》）

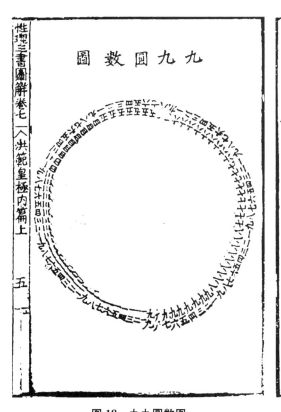 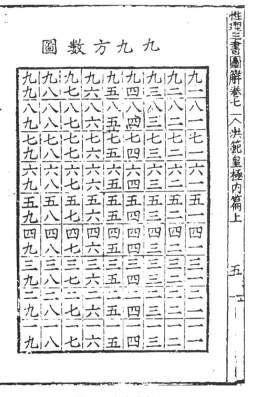

图 18 九九圆数图　　　　　　　　图 19 九九方数图
（韩万钟《新编性理三书图解》）　　（韩万钟《新编性理三书图解》）

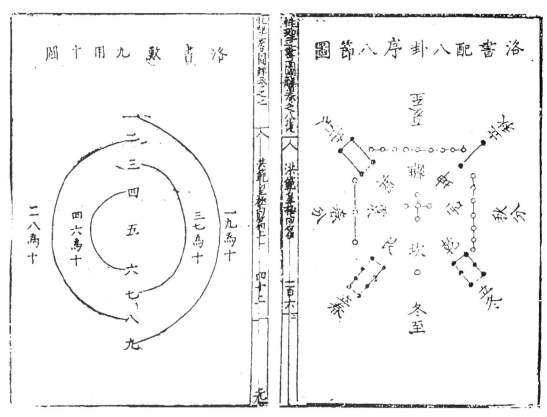

图20　洛书数九用十图
（韩万钟《新编性理三书图解》）

图21　洛书配八卦序八节图
（韩万钟《新编性理三书图解》）

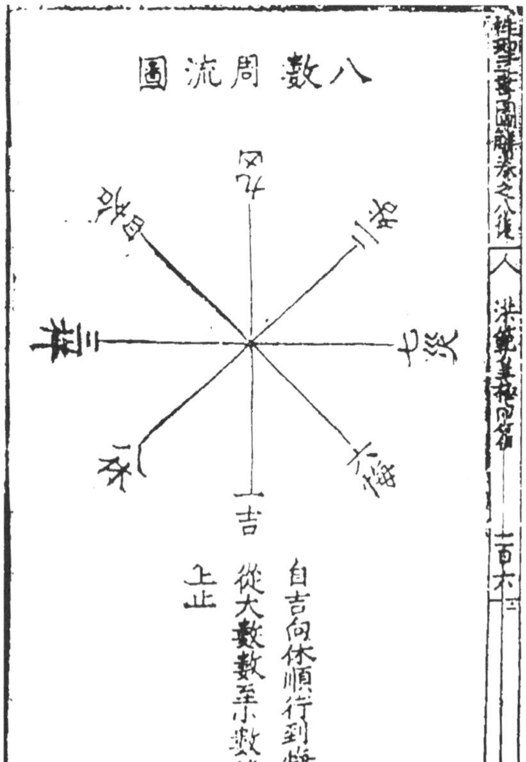

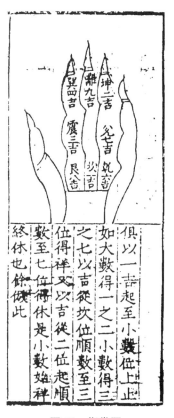

图22　八数周流图
（韩万钟《新编性理三书图解》）

图23　指掌图
（韩万钟《新编性理三书图解》）

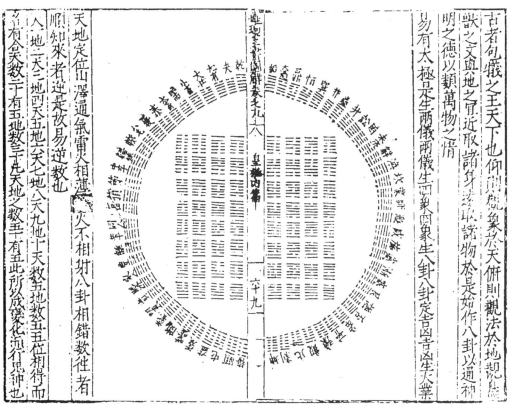

图 24　六十四卦方圆图
（韩万钟《新编性理三书图解》）

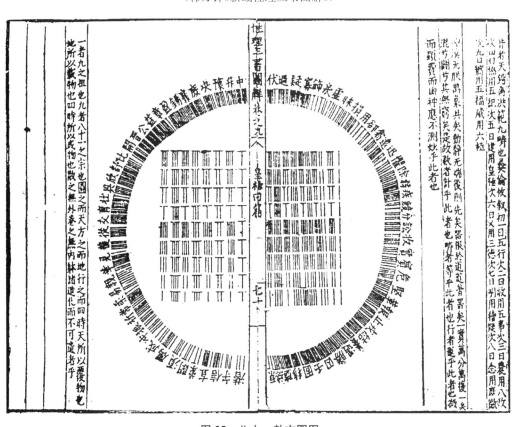

图 25　八十一卦方圆图
（韩万钟《新编性理三书图解》）

汪敬

生卒年不详,字思敬,一字益谦,明安徽婺源(今江西婺源)人。宣德八年(1433)进士,曾奉命编纂《宣朝实录》,母年迈,乞归就养,后授户部陕西司主事。著有《易传通释》三卷、《学易象数举隅》二卷、《梅边读易稿》、《家礼集议》等。现存有《周易》图像九幅。

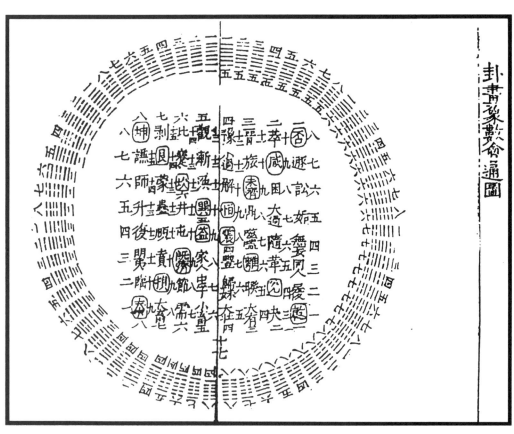

图1　卦画象数会通图
（汪敬《学易象数举隅》）

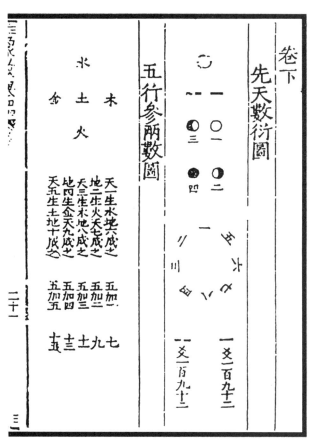

图 2　先天数衍图
图 3　五行参两数图
（汪敬《学易象数举隅》）

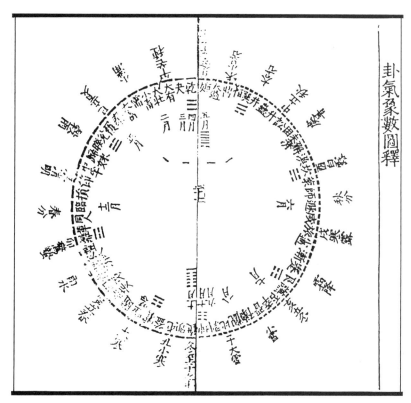

图 4　卦气象数图释图
（汪敬《学易象数举隅》）

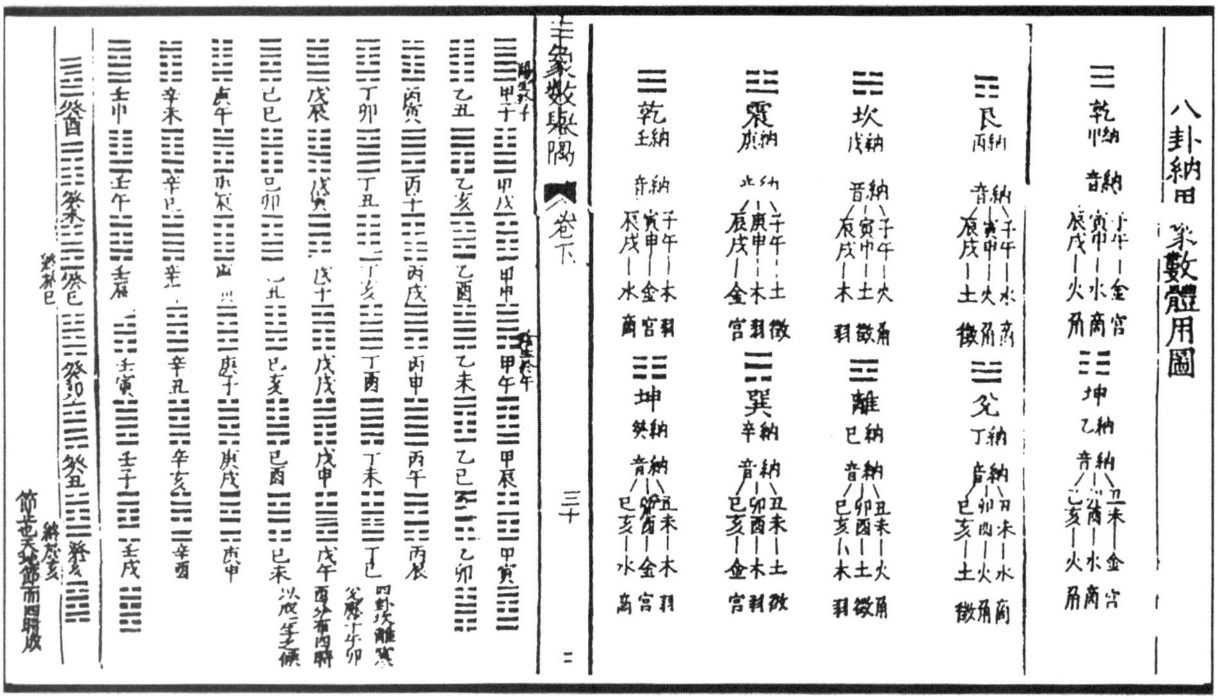

图 5　八卦纳甲象数体用图
（汪敬《学易象数举隅》）

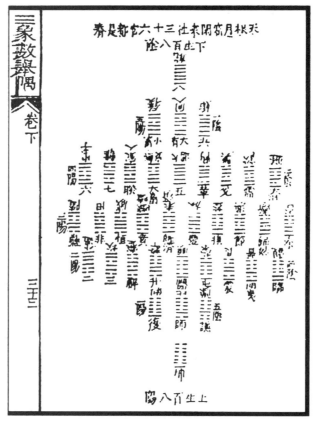

图 6　三十六宫图
（汪敬《学易象数举隅》）

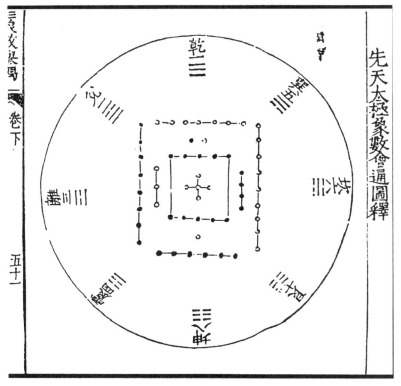

图 7　先天太极象数会通图释图
（汪敬《学易象数举隅》）

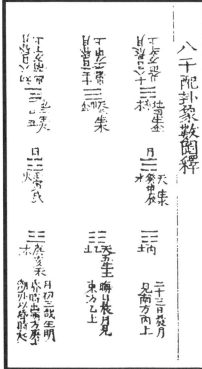

图 8　八干配卦象数图释图
（汪敬《学易象数举隅》）

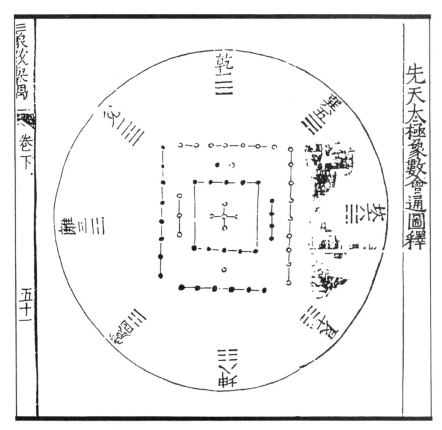

图 9　先天太极象数会通图释图
（汪敬《学易象数举隅》）

胡居仁(1434—1484)

字叔心,号敬斋,学者称为敬斋先生,明江西余干人。绝意仕进,师从名儒吴与弼,专修程颐、程颢及朱子之学。筑室于梅溪山,潜心讲学,先后创建南谷、礼吾、碧峰书院。与陈献章、娄谅、谢复、郑侃等人相友。著有《易象钞》十八卷、《居业录》、《胡文敬公集》等。现存有《周易》图像二十五幅。

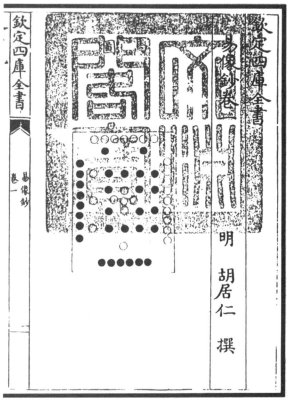

图 1 马图
(胡居仁《易象钞》)

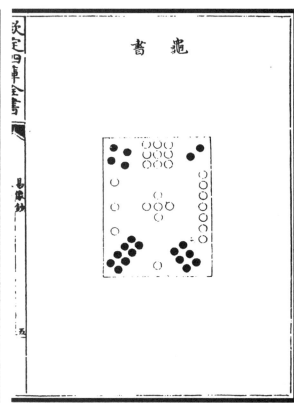

图 2 龟书
(胡居仁《易象钞》)

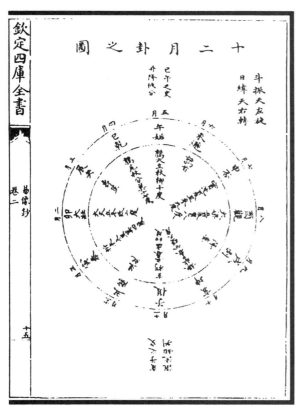

图 3　十二月卦之图
（胡居仁《易象钞》）

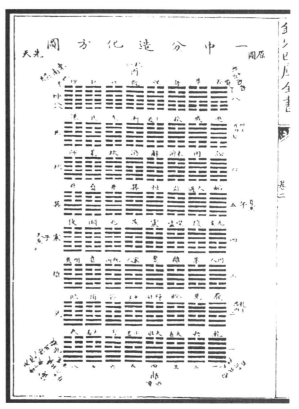

图 4　一中分造化方图（先天原图）
（胡居仁《易象钞》）

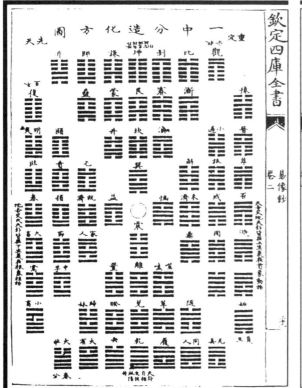

图 5　一中分造化方图（先天重定图）
（胡居仁《易象钞》）

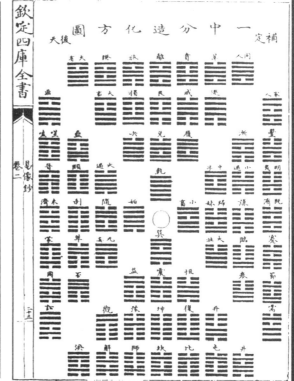

图 6　一中分造化方图（后天补定图）
（胡居仁《易象钞》）

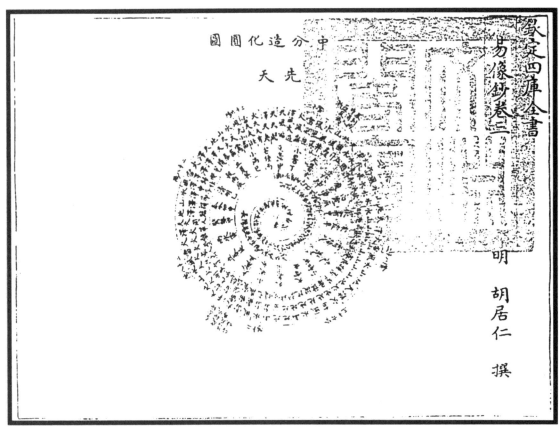

图7　一中分造化圆图(先天)
(胡居仁《易象钞》)

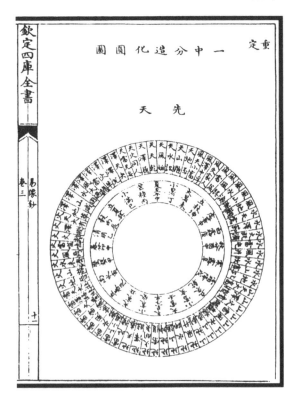

图8　一中分造化圆图(先天重定)
(胡居仁《易象钞》)

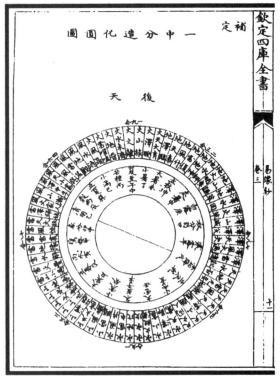

图9　一中分造化圆图(后天补定)
(胡居仁《易象钞》)

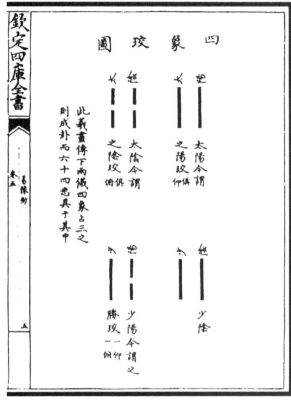

图 10　四象爻图
（胡居仁《易象钞》）

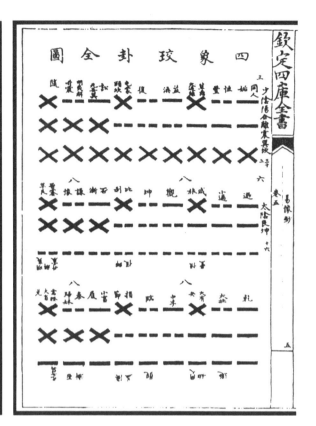

图 11　四象爻卦全图
（胡居仁《易象钞》）

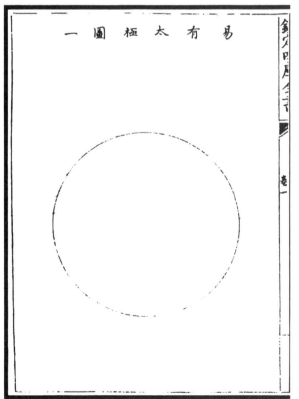

图 12　易有太极图一
（胡居仁《易象钞》）

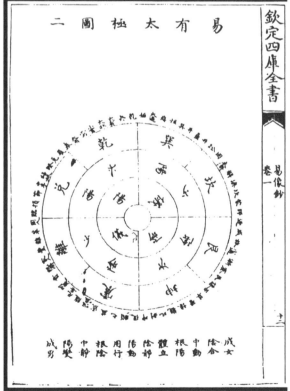

图 13　易有太极图二
（胡居仁《易象钞》）

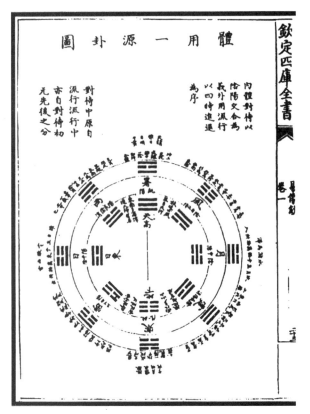

图 14 体用一源卦图
（胡居仁《易象钞》）

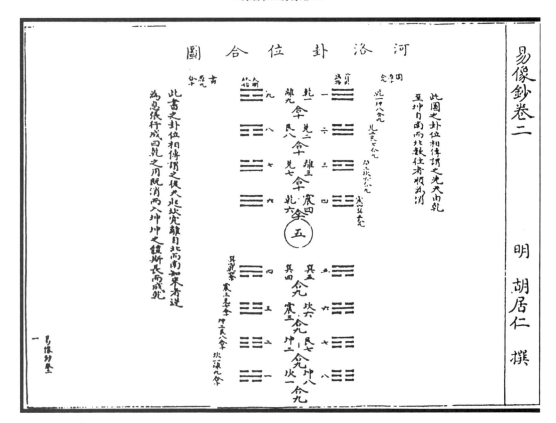

图 15 河洛卦位合图
（胡居仁《易象钞》）

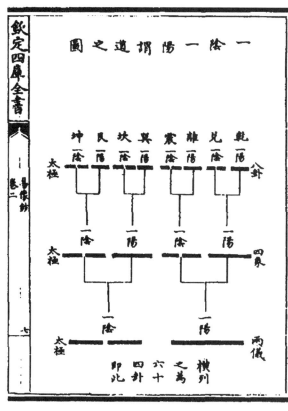

图 16　一阴一阳谓道之图
（胡居仁《易象钞》）

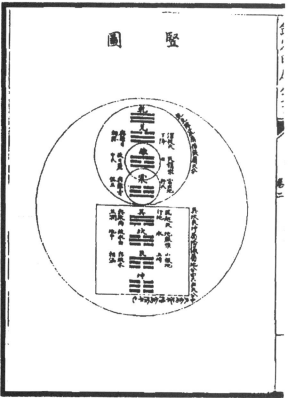

图 17　全体心天之图
（胡居仁《易象钞》）

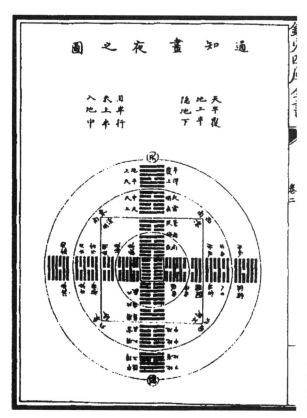

图 18　通知昼夜之图
（胡居仁《易象钞》）

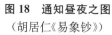

图 19　竖图
（胡居仁《易象钞》）

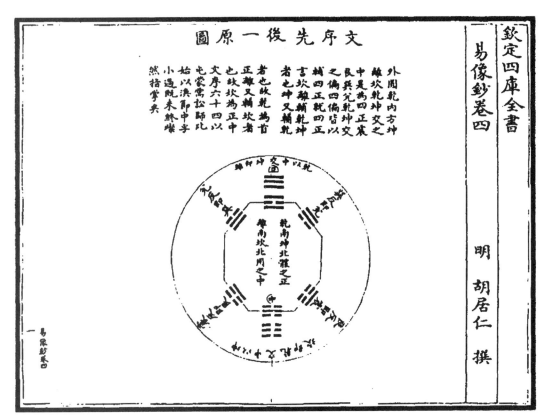

图 20 文序先后一原图
（胡居仁《易象钞》）

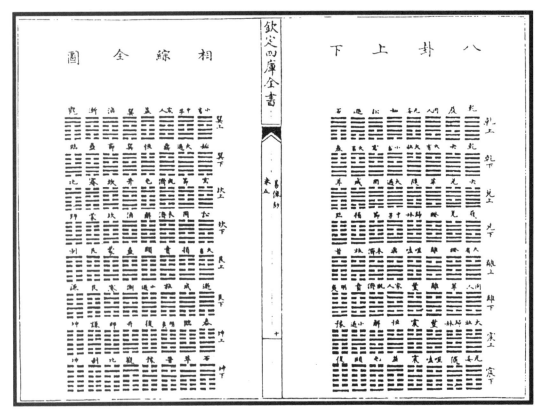

图 21 八卦上下相综全图
（胡居仁《易象钞》）

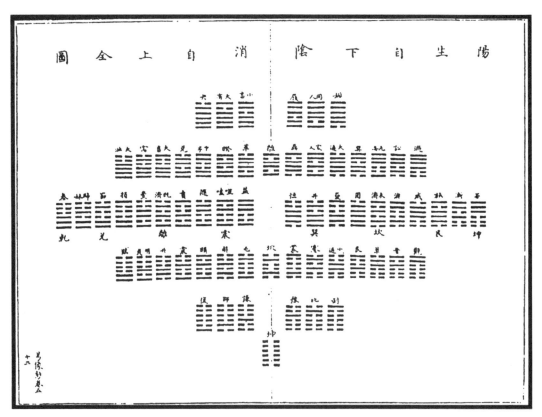

图 22　阳生自下阴消自上全图
（胡居仁《易象钞》）

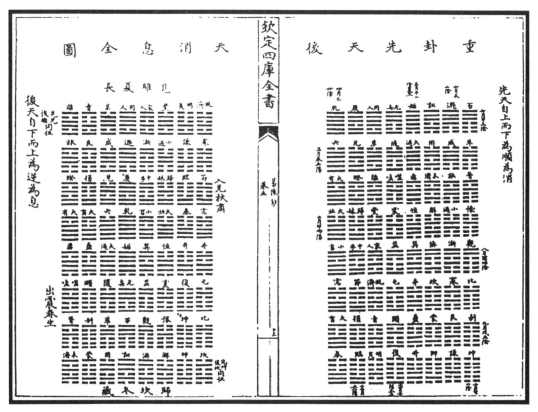

图 23　重卦先天后天消息全图
（胡居仁《易象钞》）

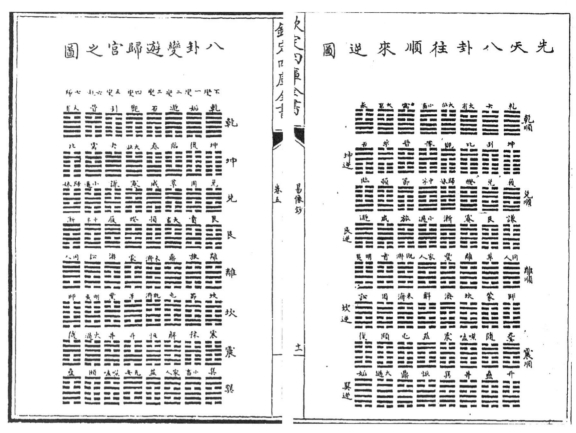

图 24　八卦变游归宫之图
（胡居仁《易象钞》）

图 25　先天八卦往顺来逆图
（胡居仁《易象钞》）

鲍宁

生卒年不详,字廷谧,明安徽歙县人。自幼博闻强识,正统年间(1436—1449)拒御史与郡守之推荐而不就,景泰年间(1450—1456)协助纂修地方志,晚年著《天原发微辩证》五卷、《问答节要》二卷、《篇目名义》一卷、《谧斋集》十卷等。现存有《周易》图像二十幅。

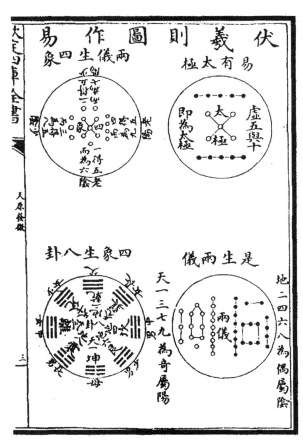

图1 伏羲则图作易图
(鲍宁《天原发微各类图》)

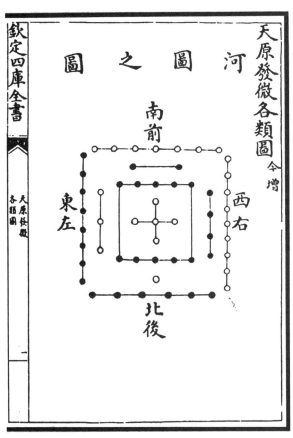

图2 河图之图
(鲍宁《天原发微各类图》)

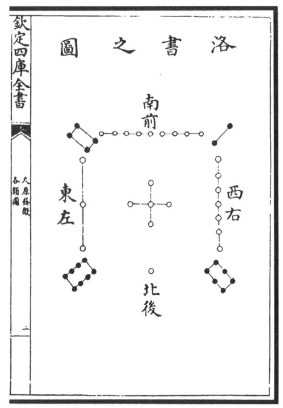

图 3　洛书之图
（鲍宁《天原发微各类图》）

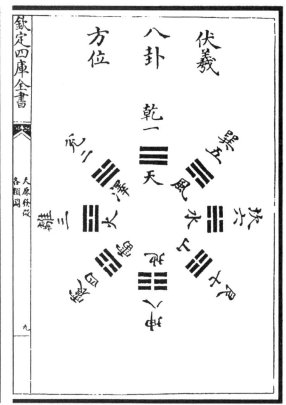

图 4　伏羲八卦方位图
（鲍宁《天原发微各类图》）

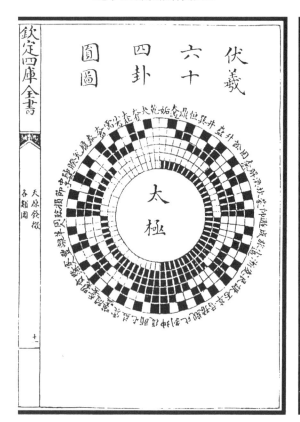

图 5　伏羲六十四卦圆图
（鲍宁《天原发微各类图》）

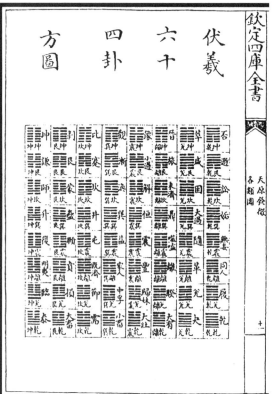

图 6　伏羲六十四卦方图
（鲍宁《天原发微各类图》）

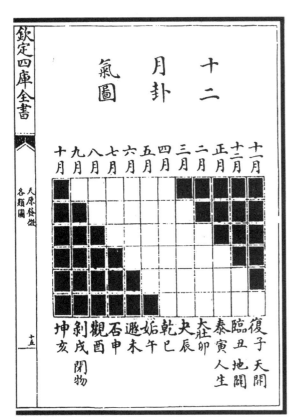

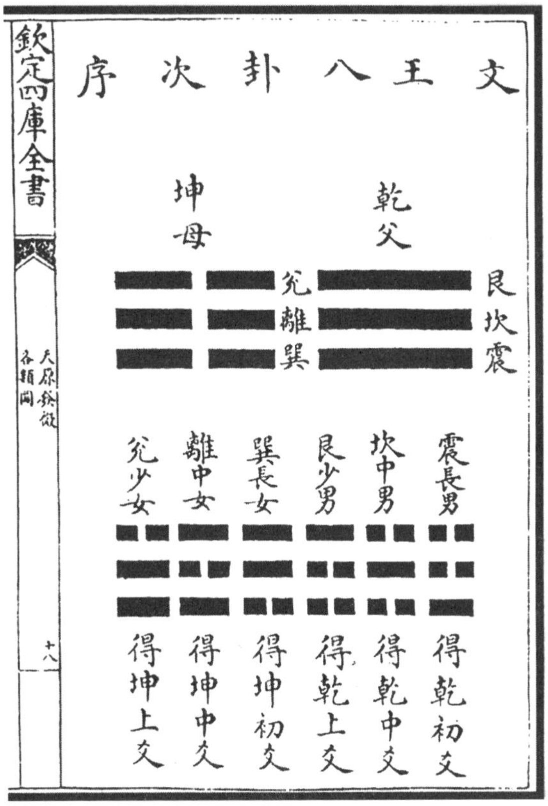

图7 十二月卦气图
（鲍宁《天原发微各类图》）

图8 文王八卦次序图
（鲍宁《天原发微各类图》）

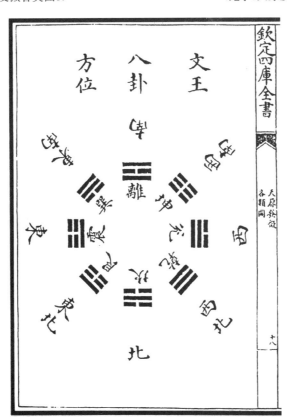

图9 文王八卦方位图
（鲍宁《天原发微各类图》）

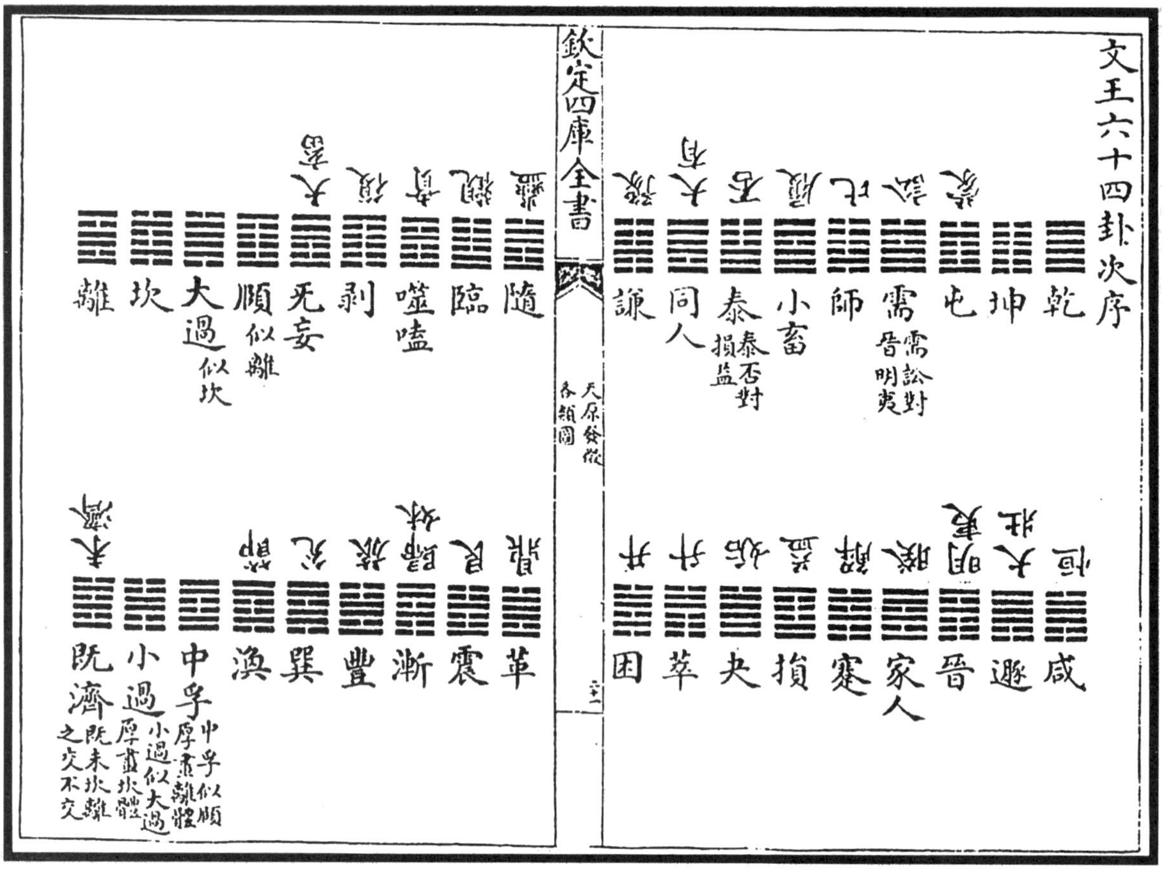

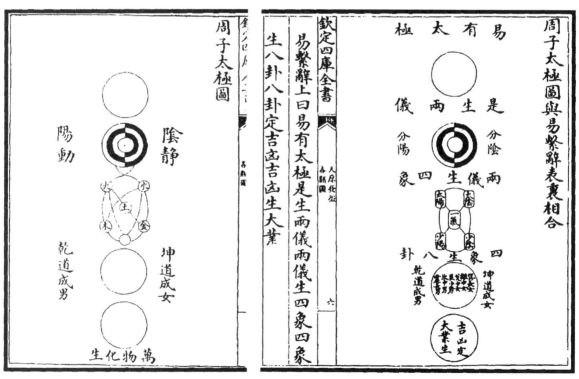

图 10　文王六十四卦次序图
（鲍宁《天原发微各类图》）

图 11　周子太极图
（鲍宁《天原发微各类图》）

图 12　周子太极图与《易系辞》表里相合图
（鲍宁《天原发微各类图》）

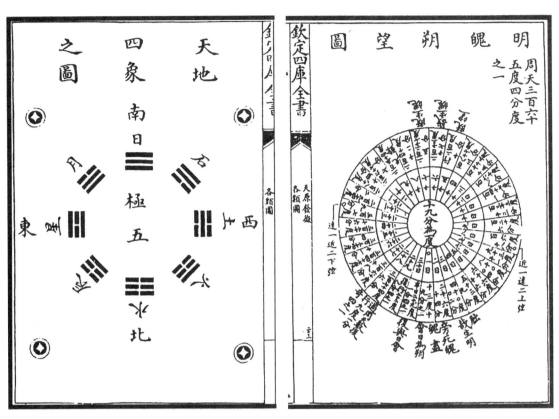

图 13　天地四象之图
（鲍宁《天原发微各类图》）

图 14　明魄朔望图
（鲍宁《天原发微各类图》）

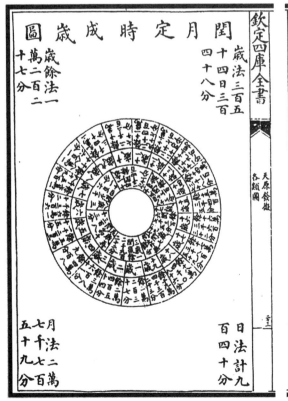

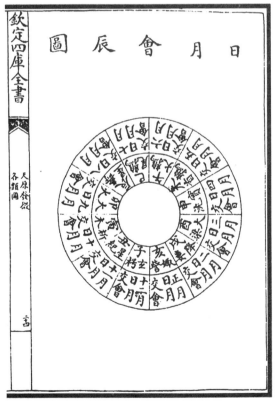

图 15　闰月定时成岁图
（鲍宁《天原发微各类图》）

图 16　日月会辰图
（鲍宁《天原发微各类图》）

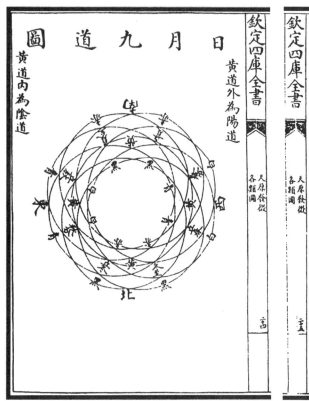

图 17 日月九道图
（鲍宁《天原发微各类图》）

图 18 五声八音图
（鲍宁《天原发微各类图》）

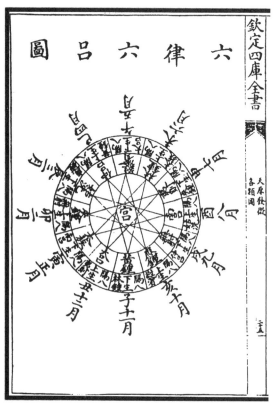

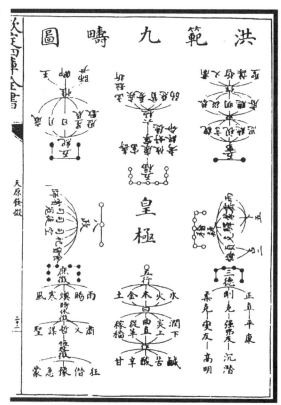

图 19 六律六吕图
（鲍宁《天原发微各类图》）

图 20 洪范九畴图
（鲍宁《天原发微各类图》）

文林(1445—1499)

字宗儒,学者称其"衣木先生",明江苏长洲(今江苏苏州)人。文洪子,文徵明父。成化八年(1472)进士,历知永嘉、博平二县,迁太仆寺丞,后复守温州。治学赅博,通堪舆、卜筮,尤长于《易》数。著有《琅琊漫抄》一卷、《文温州集》十二卷等。现存有《周易》图像二幅。

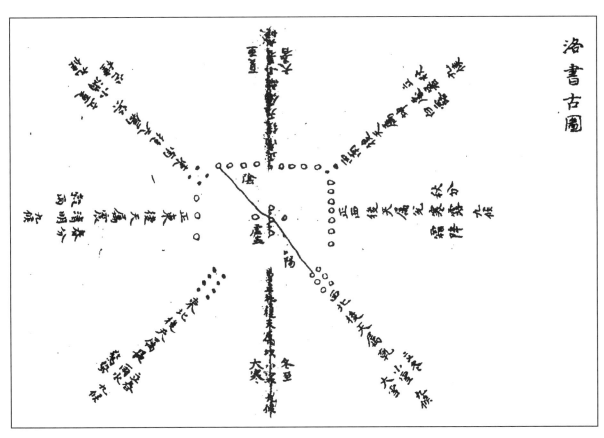

图1　洛书古图
(文林《琅琊漫抄》)

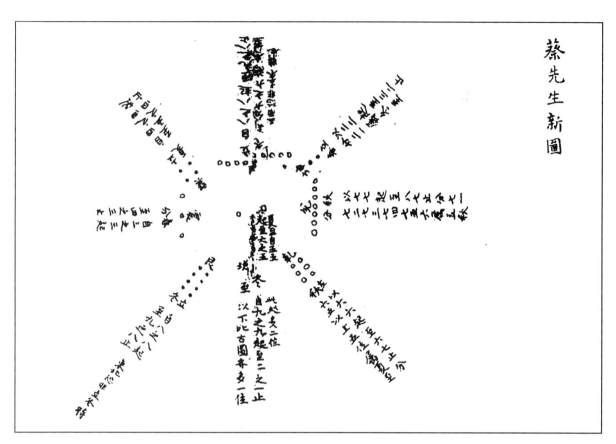

图2 蔡先生新图
（文林《琅琊漫抄》）

蔡清(1453—1509)

字介夫,号虚斋,明福建晋江人。成化二十年(1484)进士,乞归讲学。谒选得礼部祠祭主,以母忧归。复除祠祭员外郎,乞改南京文选郎中。父卒归,从此居家授徒不出。闽中清源学派之首,于泉州开元寺结社研《易》,社员28人,时称"清源治《易》二十八宿"。著有《易经蒙引》十二卷、《四书蒙引》十五卷、《性理要解》二卷、《虚斋三书》、《蔡文庄集》八卷等。现存有《周易》图像十二幅。

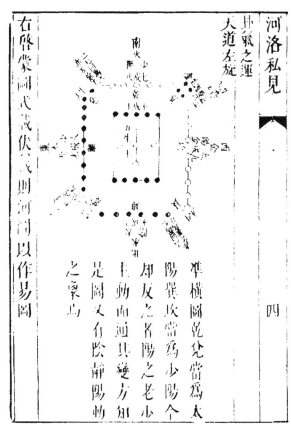

图1　伏羲则河图以作《易》图
（蔡清《河洛私见》）

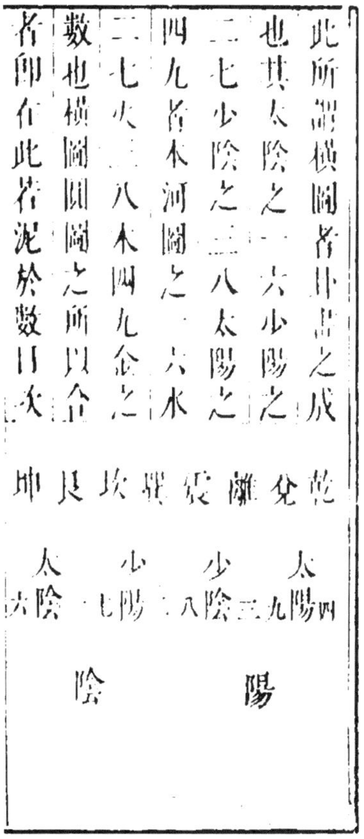

图2　伏羲画卦易一生二至有八卦图
（蔡清《河洛私见》）

图3　大禹则洛书以作《范》之图
（蔡清《河洛私见》）

图4　先天八卦合洛书数之图
（蔡清《河洛私见》）

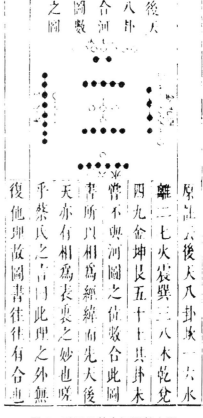

图5　后天八卦合河图数之图
（蔡清《河洛私见》）

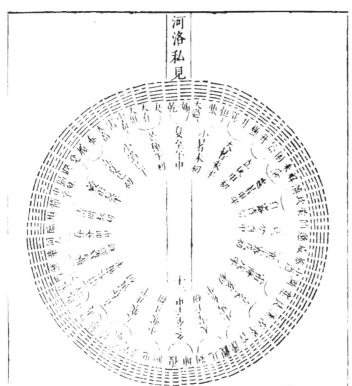

图6　圆图
（蔡清《河洛私见》）

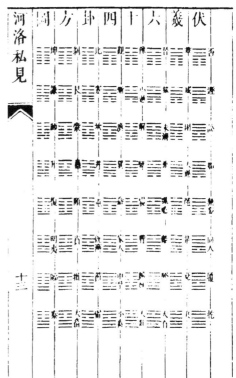

图7　伏羲六十四卦方图
（蔡清《河洛私见》）

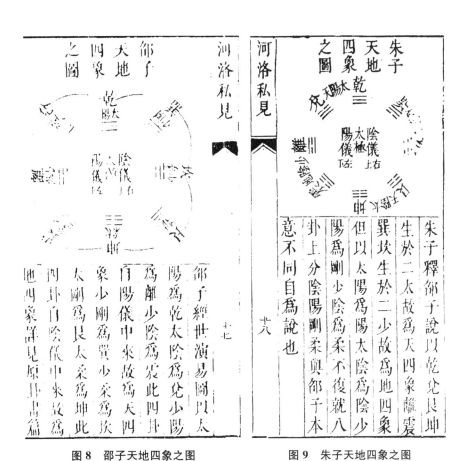

图 8　邵子天地四象之图
（蔡清《河洛私见》）

图 9　朱子天地四象之图
（蔡清《河洛私见》）

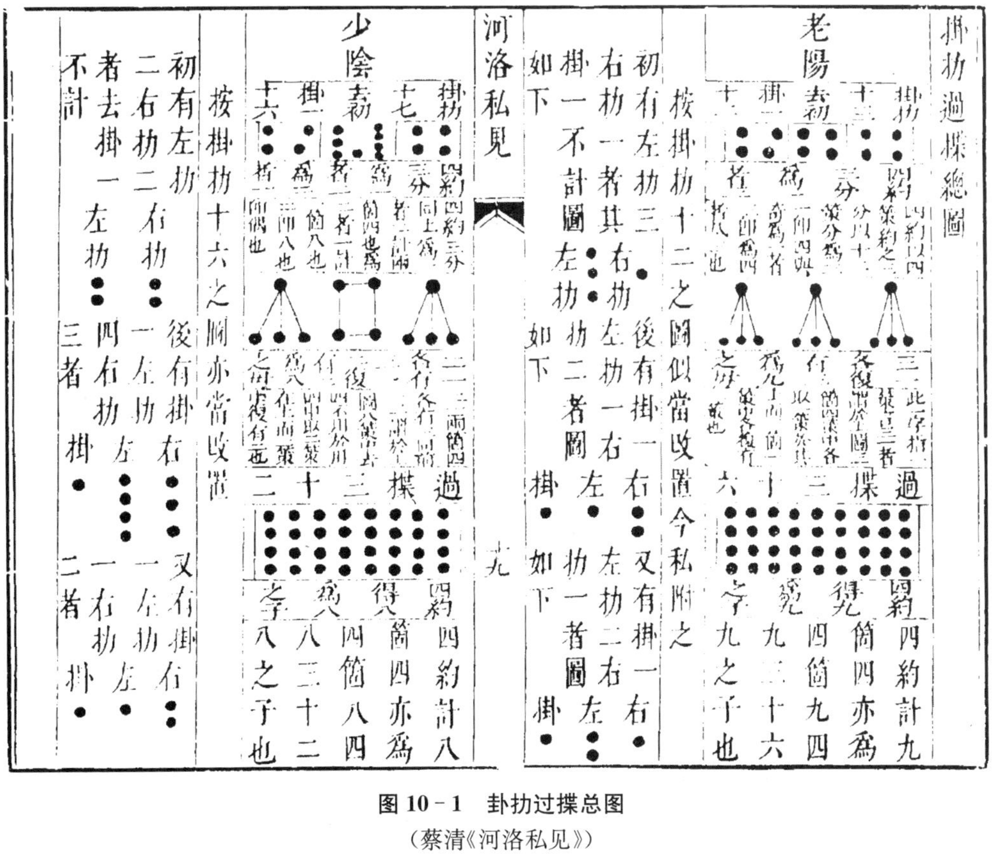

图 10-1　卦扐过揲总图
（蔡清《河洛私见》）

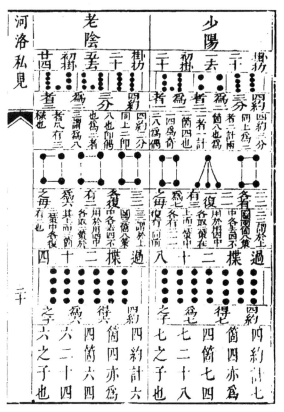

图 10-2 卦扐过揲总图
（蔡清《河洛私见》）

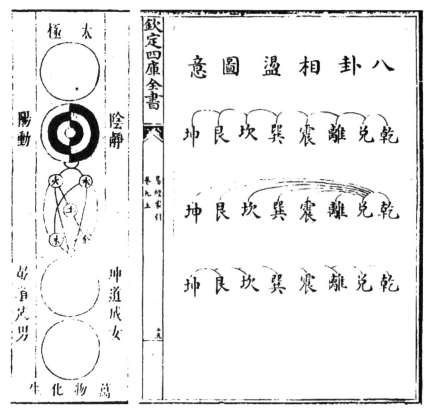

图 11 太极图
（蔡清《性理要解》）

图 12 八卦相荡图意图
（蔡清《易经蒙引》）

黎温

生卒年不详，号恕轩，明江西临川（今江西抚州）人。著有《历代道学统宗渊源问对》十二卷。现存有《周易》图像六幅。

图1 洛书之图
（黎温《历代道学统宗渊源问对》）

图2 伏羲八卦之图
（黎温《历代道学统宗渊源问对》）

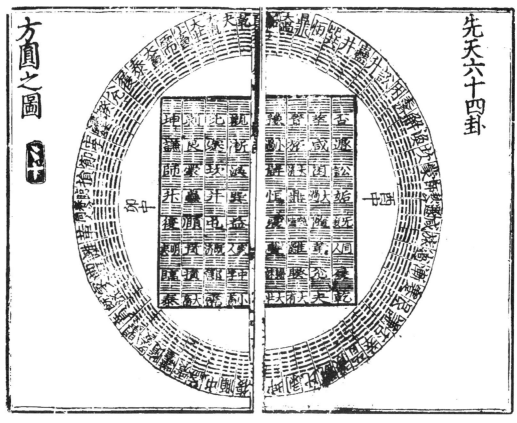

图3 先天六十四卦方圆之图
(黎温《历代道学统宗渊源问对》)

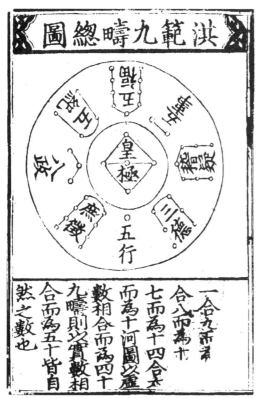

图4 洪范九畴总图
(黎温《历代道学统宗渊源问对》)

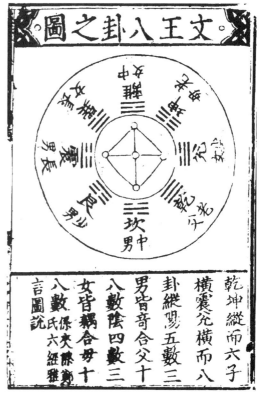

图5 文王八卦之图
(黎温《历代道学统宗渊源问对》)

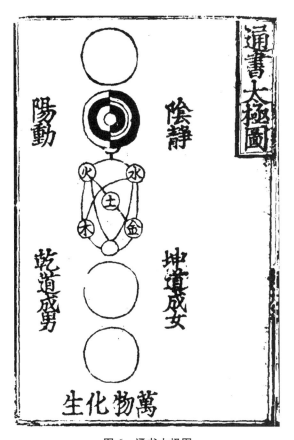

图6 通书太极图
（黎温《历代道学统宗渊源问对》）

王九思(1468—1551)

字敬夫,号渼陂,号紫阁山人,明陕西鄠县(今陕西户县)人。弘治九年(1496)进士,授翰林院检讨,后调为吏部文选主事,又升任吏部考功员外郎,转吏部文选郎中。正德六年(1511)罢官,从事杂剧、散曲等文学创作。著有《渼陂集》十六卷、《续集》三卷、《碧山乐府》八卷、杂剧《杜甫游春》和《中山狼》等。现存有《周易》图像四幅。

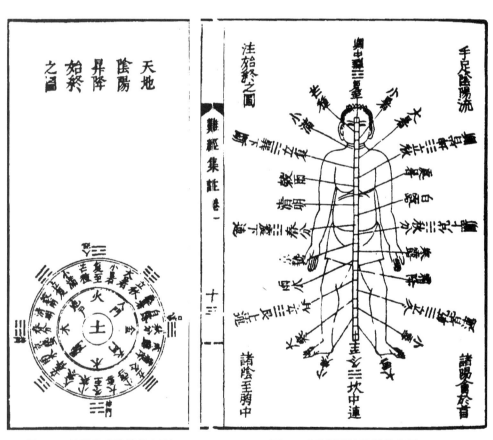

图1 天地阴阳升降始终之图
(王九思《王翰林集注黄帝八十一难经》)

图2 手足阴阳流注始终之图
(王九思《王翰林集注黄帝八十一难经》)

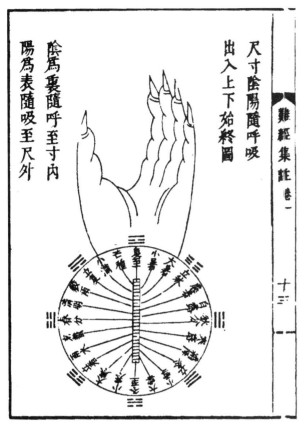

图3 尺寸阴阳随呼吸出入上下始终图
（王九思《王翰林集注黄帝八十一难经》）

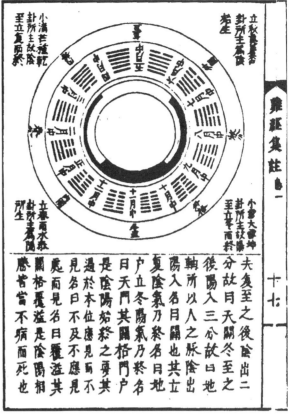

图4 三难画图
（王九思《王翰林集注黄帝八十一难经》）

赵本学(1478—1544) 俞大猷(1504—1580)

赵本学,名世郁,又名存郁,号虚舟,明福建泉州人。赵匡胤十八世孙。曾师从著名理学家蔡清,潜心研究《易》,注解《孙子》。著有《韬钤内外篇》七卷、《赵注孙子十三篇》三卷、《孙子校解引类》等。

俞大猷,字志辅,号虚江,明福建晋江人。少好读书,知兵法,世袭百户。官至福建总兵。明代抗倭名将、军事家、武术家。著有《正气堂集》十七卷、《正气堂余集》五卷、《正气堂续集》七卷、《洗海近事》二卷、《镇闽议稿》等。

《续武经总要》即为赵本学与俞大猷合著。现存有《周易》图像十一幅。

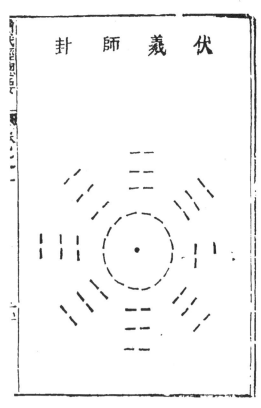

图 1 伏羲师卦图
(赵本学、俞大猷《续武经总要》)

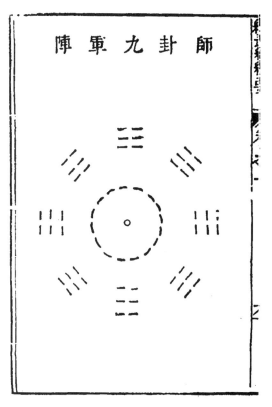

图 2 师卦九军阵图
(赵本学、俞大猷《续武经总要》)

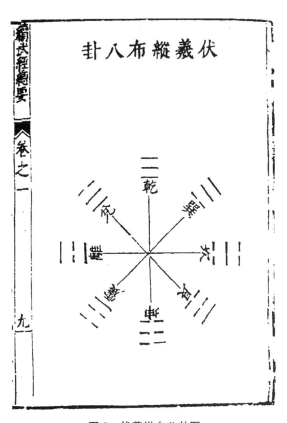

图3 伏羲纵布八卦图
（赵本学、俞大猷《续武经总要》）

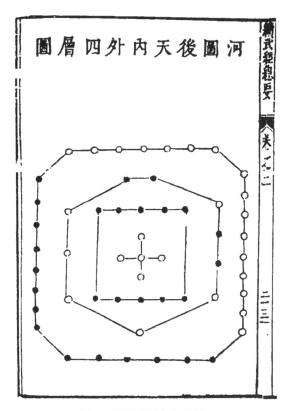

图4 河图后天内外四层图
（赵本学、俞大猷《续武经总要》）

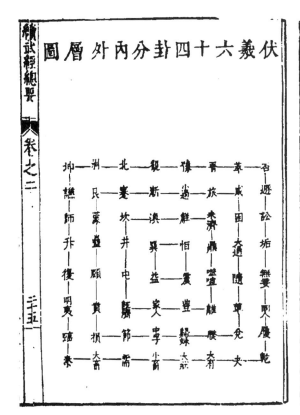

图5 伏羲六十四卦分内外层图
（赵本学、俞大猷《续武经总要》）

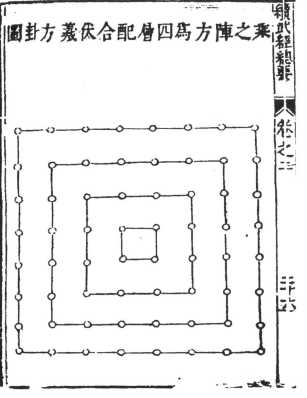

图6 乘之阵方为四层配合伏羲方卦图
（赵本学、俞大猷《续武经总要》）

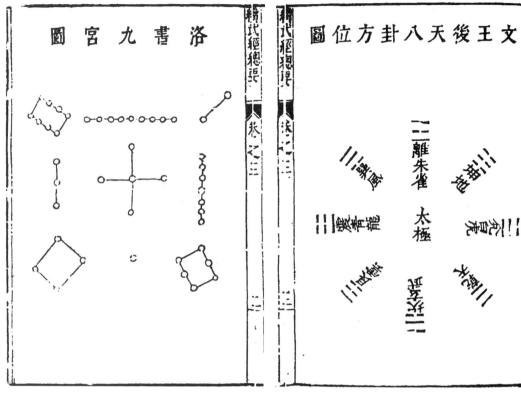

图7 洛书九宫图
（赵本学、俞大猷《续武经总要》）

图8 文王后天八卦方位图
（赵本学、俞大猷《续武经总要》）

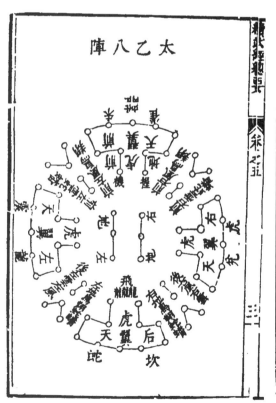

图9 太乙八阵图
（赵本学、俞大猷《续武经总要》）

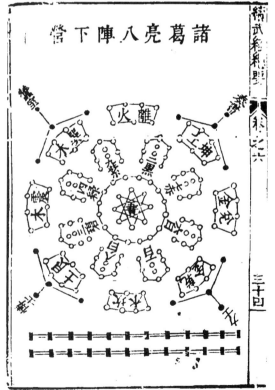

图10 诸葛亮八阵下营图
（赵本学、俞大猷《续武经总要》）

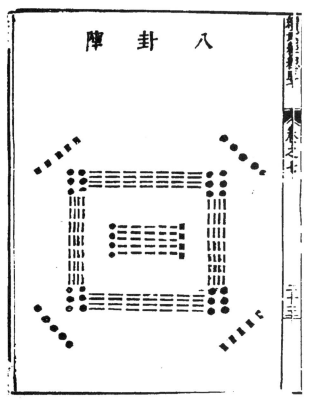

图11 八卦阵图
（赵本学、俞大猷《续武经总要》）

韩邦奇（1479—1556）

字汝节，号苑洛，明陕西朝邑（今陕西大荔朝邑镇）人。正德三年（1508）进士，先后任吏部考功主事、员外郎、浙江按察佥事、山西巡抚、南京兵部尚书等职。因被下诏入狱后革职回家，讲学著述。嘉靖初起用为山西参议，后迁为山西巡抚，嘉靖二十九年（1550）告老还乡，三十四年关中大地震时遇难，赠太子少保，谥恭简。著有《易占经纬》五卷、《易说》、《易学本原启蒙意见》四卷、《洪范图解》一卷、《易林推用》、《律吕新书直解》一卷、《苑洛集》二十卷等。现存有《周易》图像七十幅。

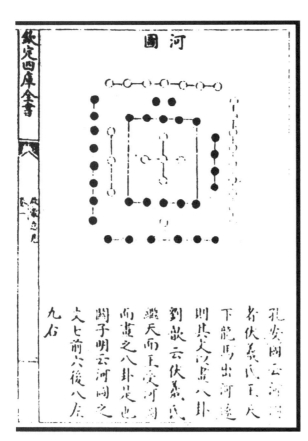

图1　河图
（韩邦奇《启蒙意见》）

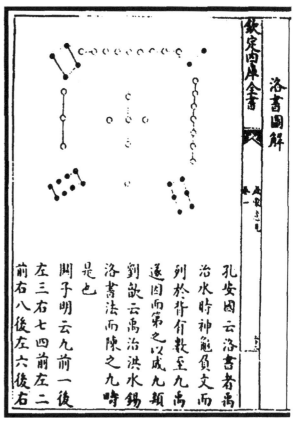

图2　洛书
（韩邦奇《启蒙意见》）

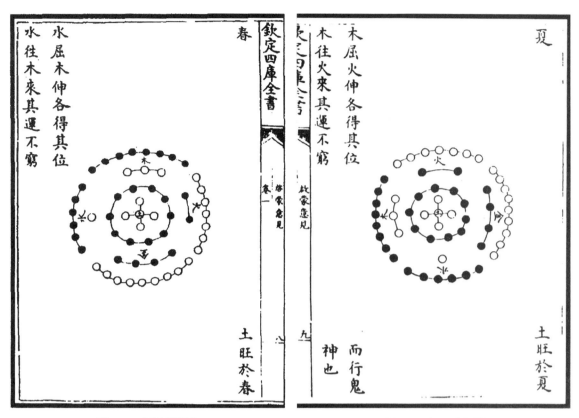

图 3　五行四季图春
（韩邦奇《启蒙意见》）

图 4　五行四季图夏
（韩邦奇《启蒙意见》）

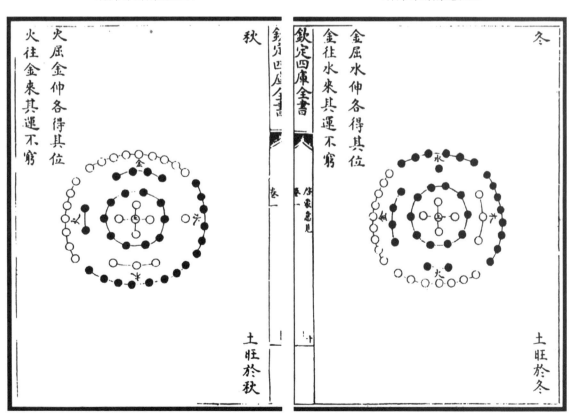

图 5　五行四季图秋
（韩邦奇《启蒙意见》）

图 6　五行四季图冬
（韩邦奇《启蒙意见》）

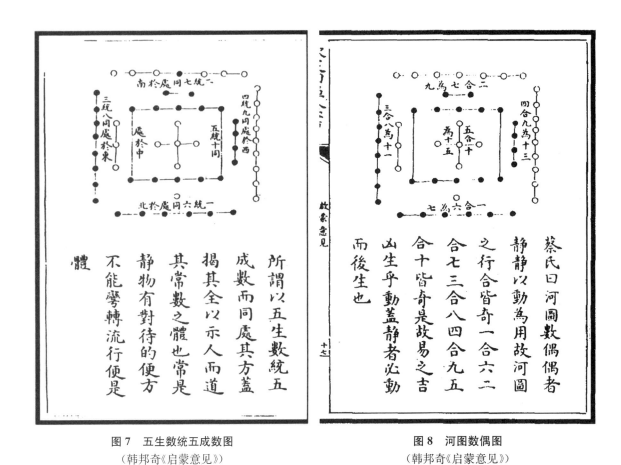

图7　五生数统五成数图
（韩邦奇《启蒙意见》）

图8　河图数偶图
（韩邦奇《启蒙意见》）

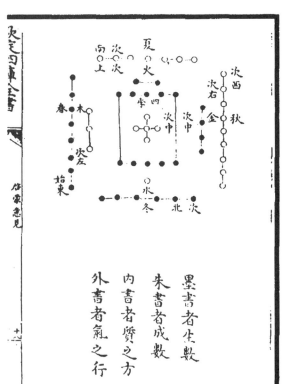

图9　墨书朱书生数成数图
（韩邦奇《启蒙意见》）

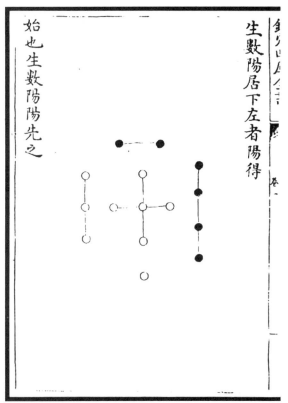

图10　生数阳居下左者图
（韩邦奇《启蒙意见》）

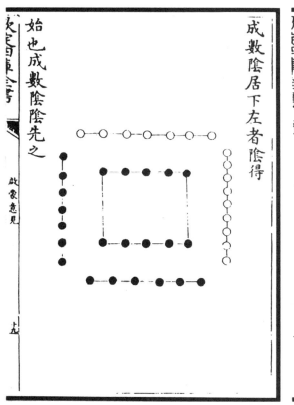

图 11　成数阴居下左者图
（韩邦奇《启蒙意见》）

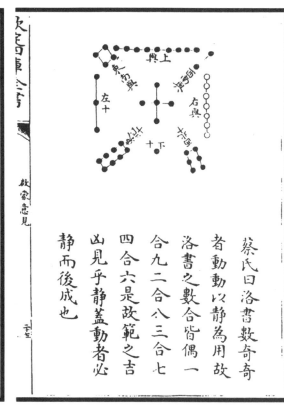

图 12　洛书数奇图
（韩邦奇《启蒙意见》）

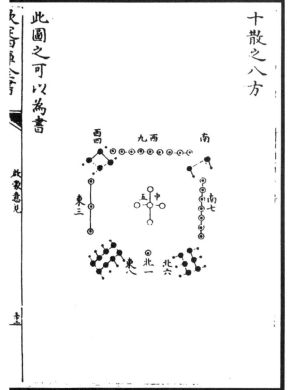

图 13　图之可以为书图
（韩邦奇《启蒙意见》）

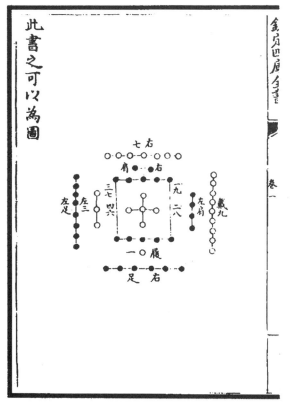

图 14　书之可以为图图
（韩邦奇《启蒙意见》）

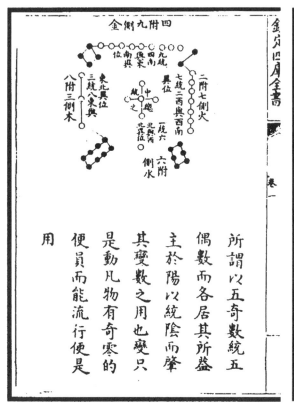

图 15　五奇统五偶数图
（韩邦奇《启蒙意见》）

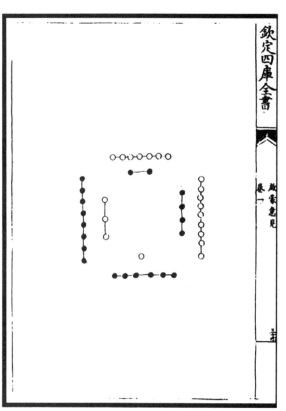

图 16　河图虚中图
（韩邦奇《启蒙意见》）

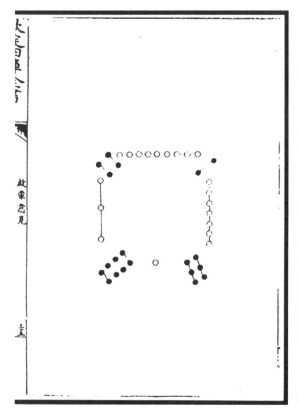

图 17　洛书虚中图
（韩邦奇《启蒙意见》）

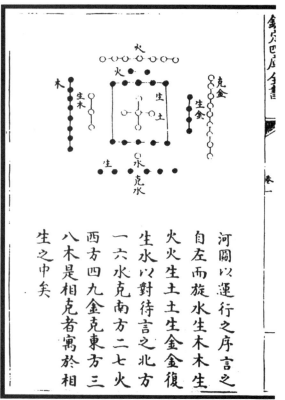

图 18　河图运行图
（韩邦奇《启蒙意见》）

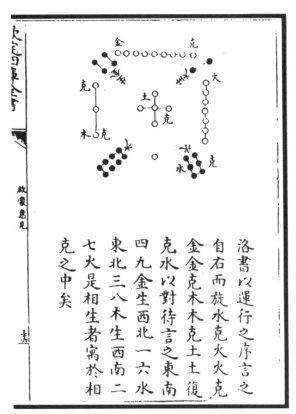

图 19　洛书运行图
（韩邦奇《启蒙意见》）

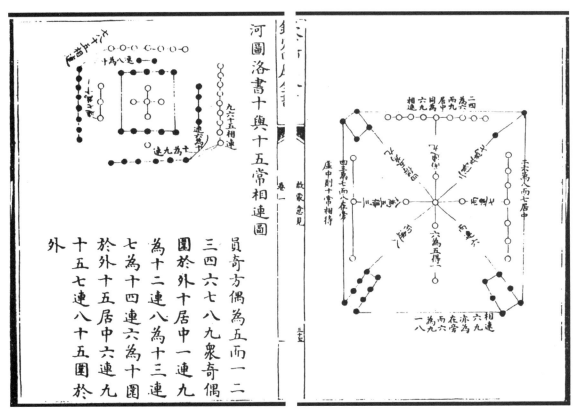

图 20　河图洛书十与十五常相连图
（韩邦奇《启蒙意见》）

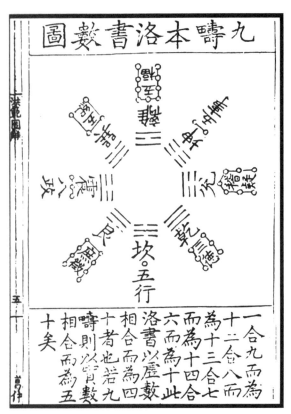

图 21　九畴本洛书数图
（韩邦奇《洪范图解》）

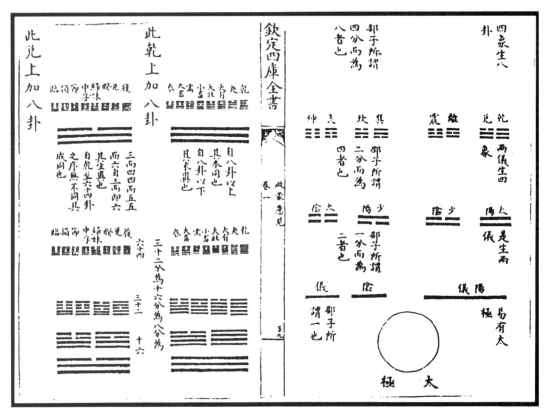

图 22-1　太极六十四卦图
（韩邦奇《启蒙意见》）

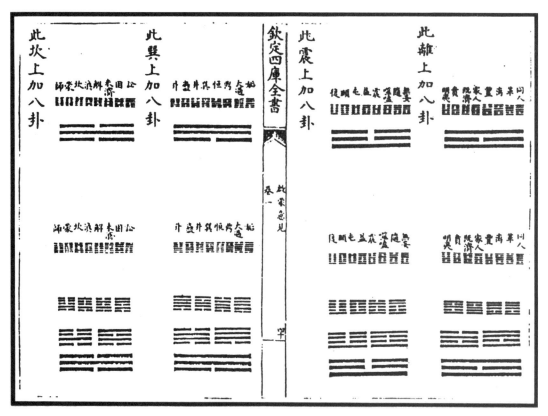

图 22-2 太极六十四卦图
（韩邦奇《启蒙意见》）

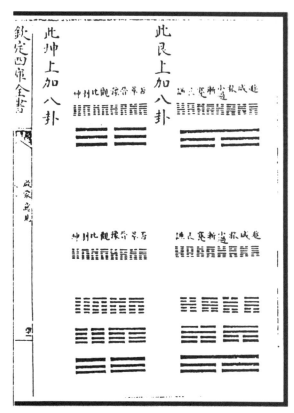

图 22-3 太极六十四卦图
（韩邦奇《启蒙意见》）

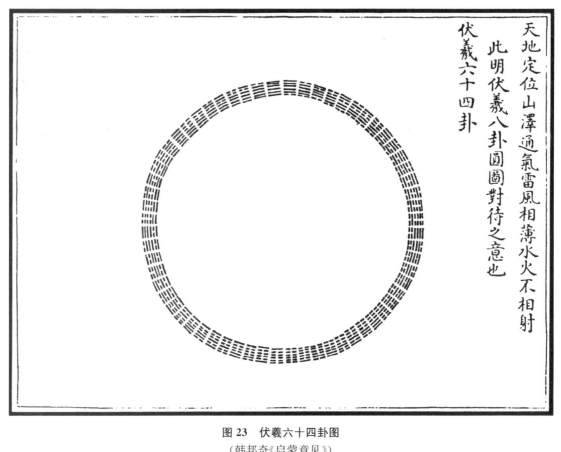

图 23　伏羲六十四卦图
（韩邦奇《启蒙意见》）

图 24　圣人之心图
（韩邦奇《启蒙意见》）

图 25　维天之命图
（韩邦奇《启蒙意见》）

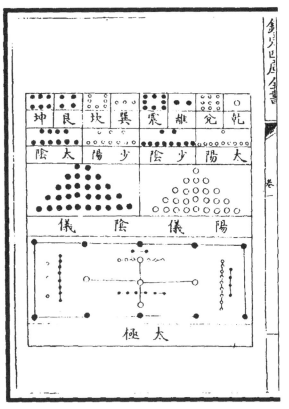

图 26 太极生八卦图
（韩邦奇《启蒙意见》）

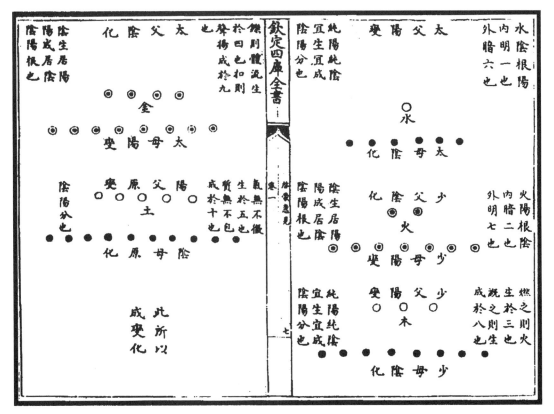

图 27 所以成变化图
（韩邦奇《启蒙意见》）

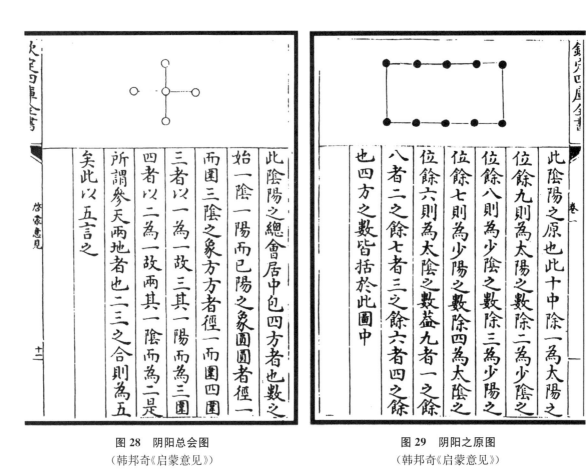

此陰陽之總會居中包四方者也數之始一陰一陽而已陽之象圓圓者徑一而圍三陰之象方方者徑一而圍四圍三者以一為一故三其一陽而為三圍四者以二為一故兩其一陰而為二是所謂參天兩地者也二三之合則為五矣此以五言之

图 28 阴阳总会图
（韩邦奇《启蒙意见》）

此陰陽之原也此十中除一為太陽之位餘九則為太陽之數除二為少陰之位餘八則為少陰之數除三為少陽之位餘七則為少陽之數除四為太陰之位餘六則為太陰之數蓋九者一之餘八者二之餘七者三之餘六者四之餘也四方之數皆括於此圖中

图 29 阴阳之原图
（韩邦奇《启蒙意见》）

此陰陽之合也以太陽之九合太陰之六十五以少陽之七合少陰之八十五亦包四方之數者也

上三圖分言之五具乎四象十亦具乎四象合五與十亦具乎四象此十五所以象太極

图 30 阴阳之合图
（韩邦奇《启蒙意见》）

此太陽之位也

此少陰之位也

此少陽之位也

此太陰之位也

陽儀具矣上加一奇為太陽太陽先得之故居一上加一偶為少陰少陰次得之故居二陰儀具矣上加一奇為少陽少陽三得之故居三上加一偶為太陰太陰四得之故居四一二三四為太陽少

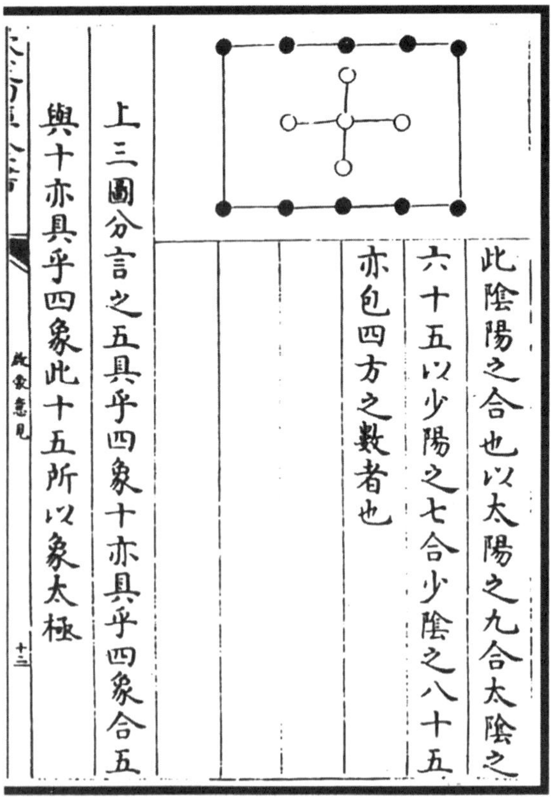

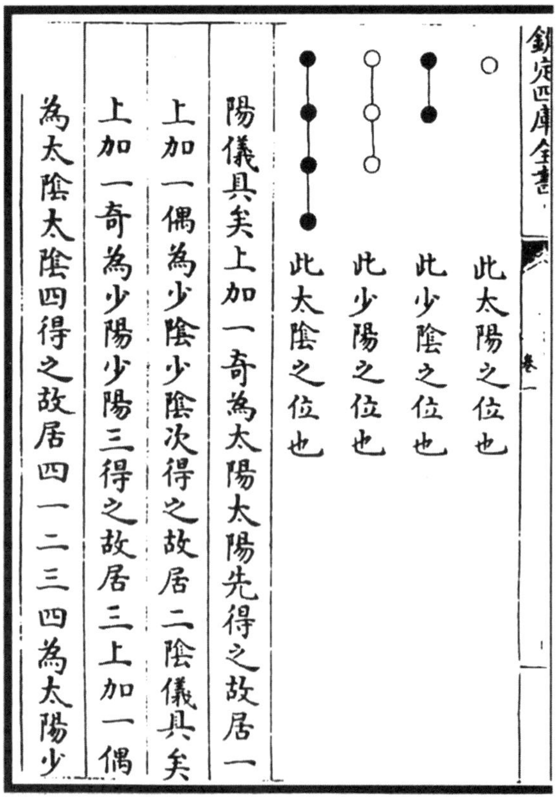

图 31 四象之位图
（韩邦奇《启蒙意见》）

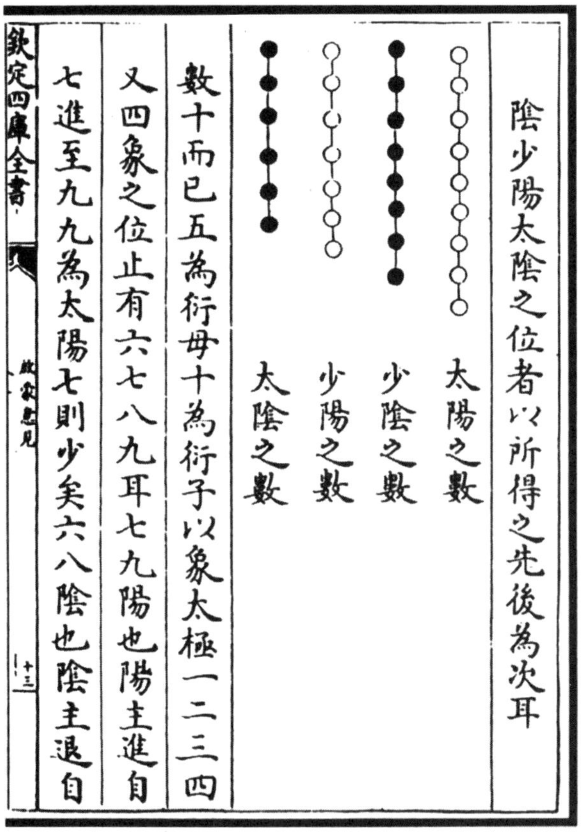

图 32　四象之数图
（韩邦奇《启蒙意见》）

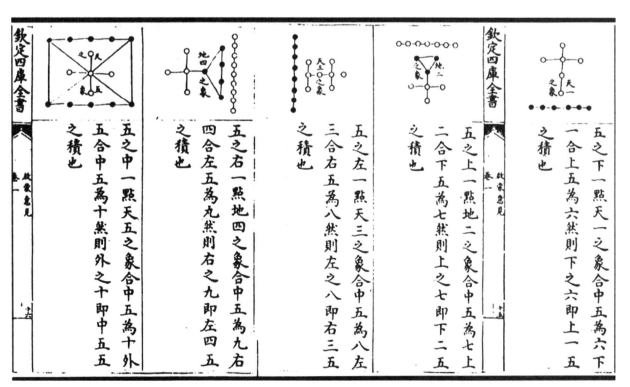

图 33　五之左右上下中一点图
（韩邦奇《启蒙意见》）

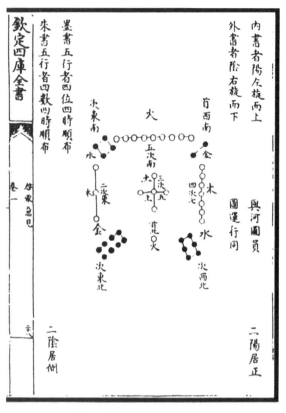

图 34　阴阳互藏其宅图之一
（韩邦奇《启蒙意见》）

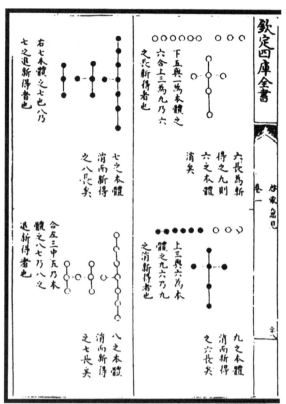

图 35　阴阳互藏其宅图之二
（韩邦奇《启蒙意见》）

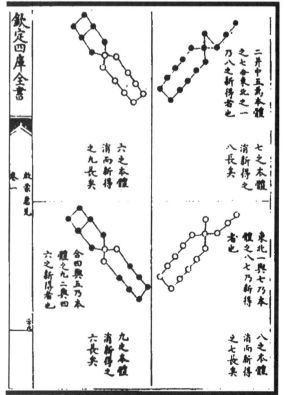

图 36　阴阳互藏其宅图之三
（韩邦奇《启蒙意见》）

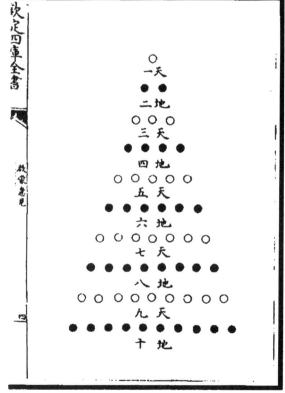

图 37　天地之数图一
（韩邦奇《启蒙意见》）

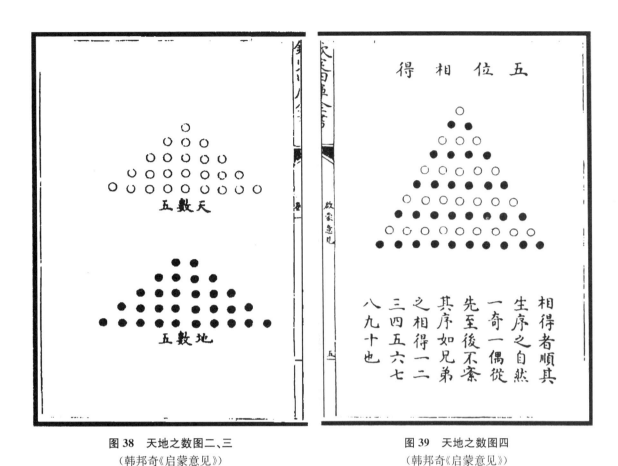

图 38　天地之数图二、三
（韩邦奇《启蒙意见》）

图 39　天地之数图四
（韩邦奇《启蒙意见》）

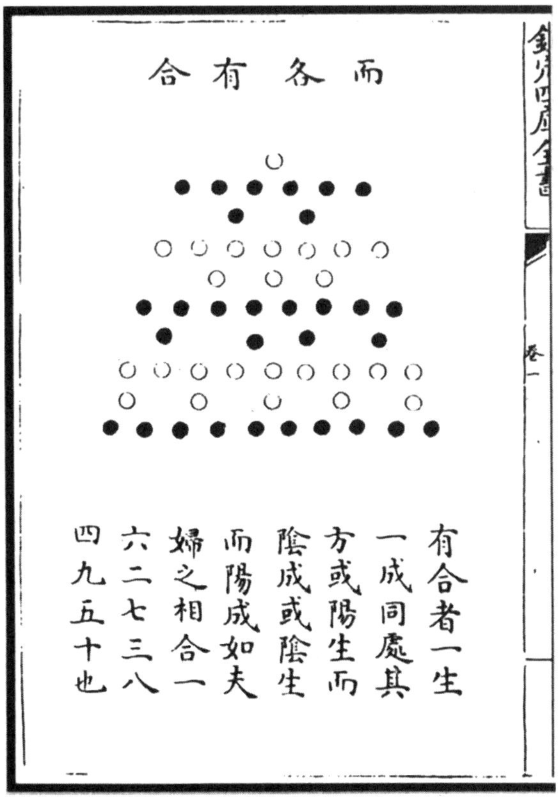

图 40　天地之数图五
（韩邦奇《启蒙意见》）

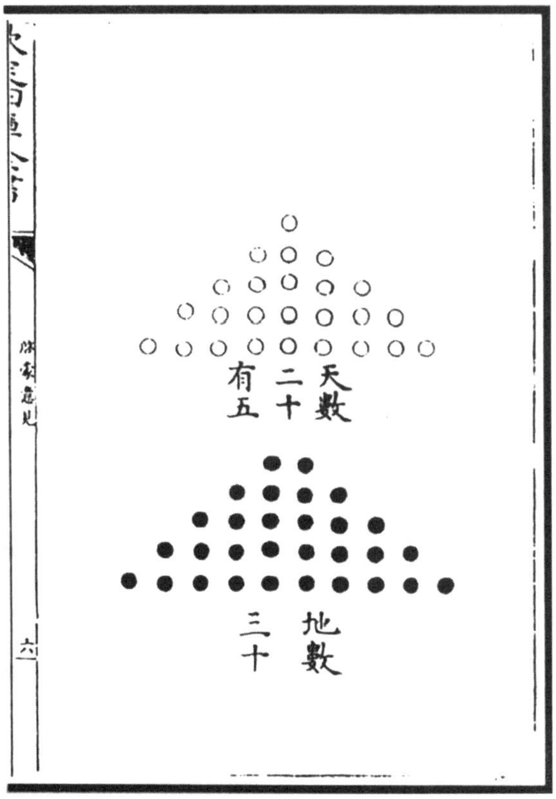

图 41　天地之数图六、七
（韩邦奇《启蒙意见》）

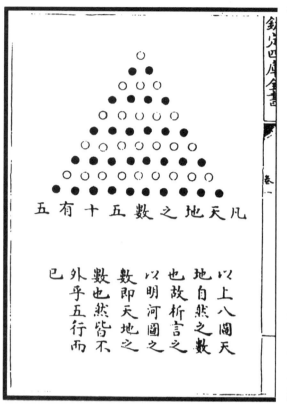

图 42 天地之数图八
（韩邦奇《启蒙意见》）

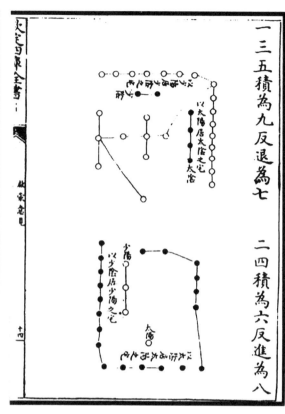

图 43 一三五积为九反退为七 二四积为六反进为八图
（韩邦奇《启蒙意见》）

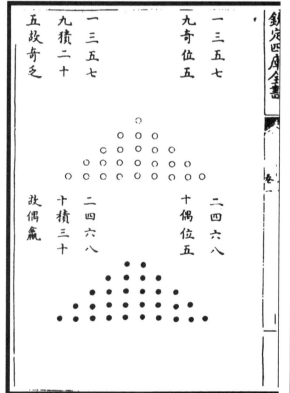

图 44 奇乏偶赢图
（韩邦奇《启蒙意见》）

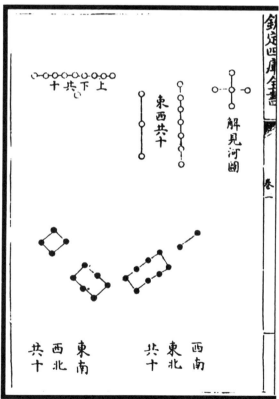

图 45 上下四方数各共十图
（韩邦奇《启蒙意见》）

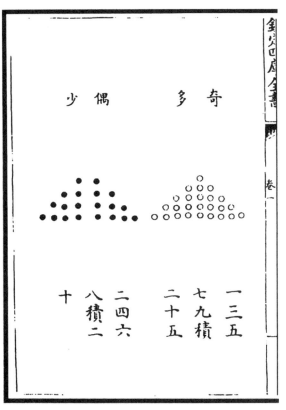

图 46　奇多偶少图
（韩邦奇《启蒙意见》）

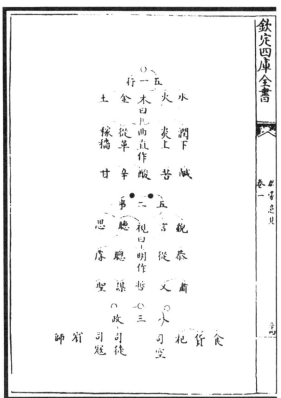

图 47　五行配性图
（韩邦奇《启蒙意见》）

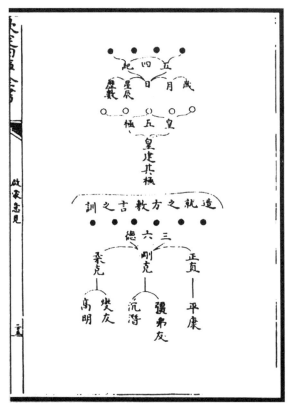

图 48　皇建其极图
（韩邦奇《启蒙意见》）

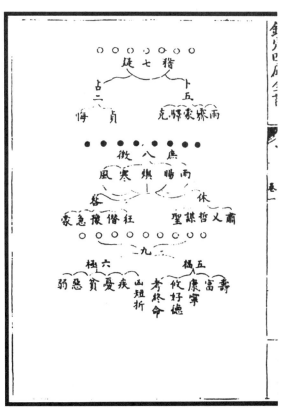

图 49　庶八征图
（韩邦奇《启蒙意见》）

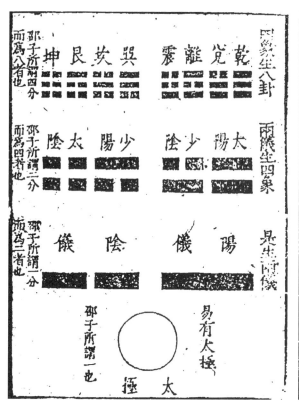
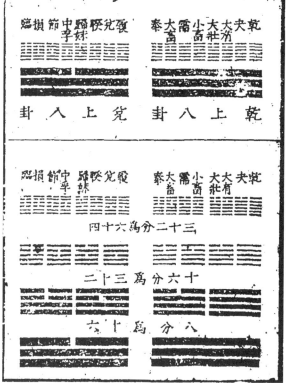

图50　易有太极是生两仪、两仪生四象、四象生八卦图
（韩邦奇《易占经纬》）

图51　乾上八卦、兑上八卦图
（韩邦奇《易占经纬》）

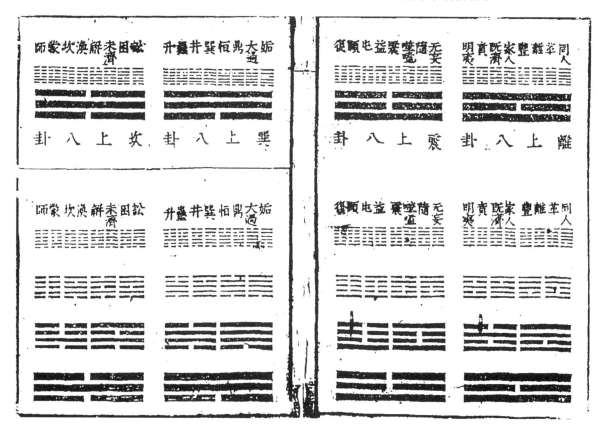

图52　离上八卦、震上八卦、巽上八卦、坎上八卦图
（韩邦奇《易占经纬》）

图53 艮上八卦、坤上八卦图
(韩邦奇《易占经纬》)

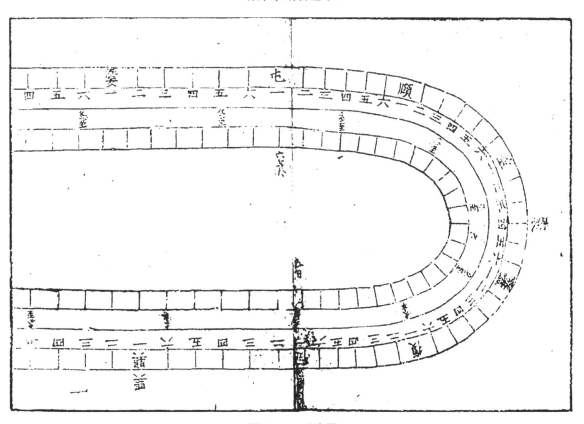

图54-1 爻变图
(韩邦奇《易占经纬》)

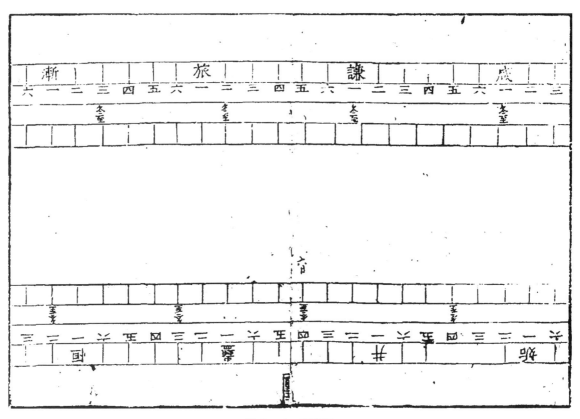

图 54-2 爻变图
（韩邦奇《易占经纬》）

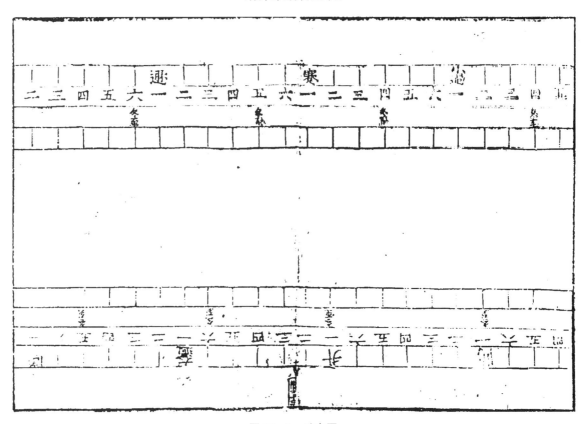

图 54-3 爻变图
（韩邦奇《易占经纬》）

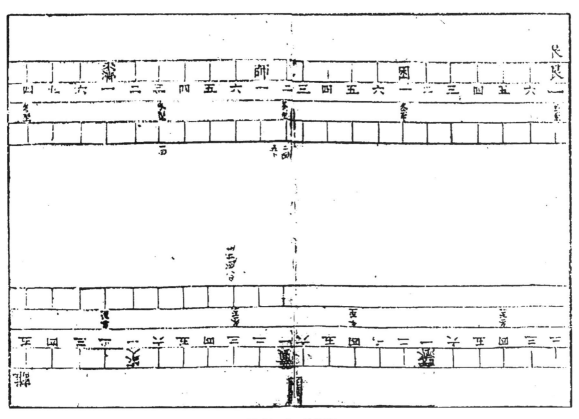

图 54-4 爻变图
（韩邦奇《易占经纬》）

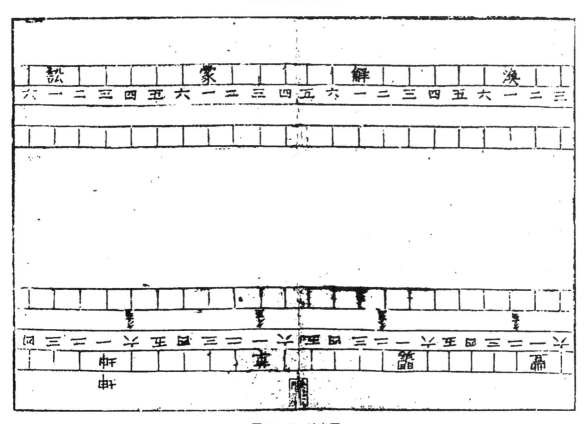

图 54-5 爻变图
（韩邦奇《易占经纬》）

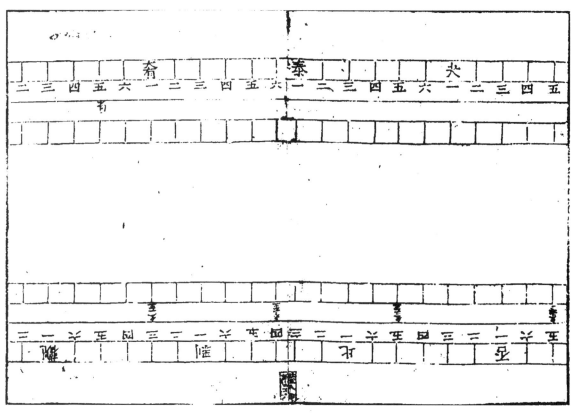

图 54-6 爻变图
(韩邦奇《易占经纬》)

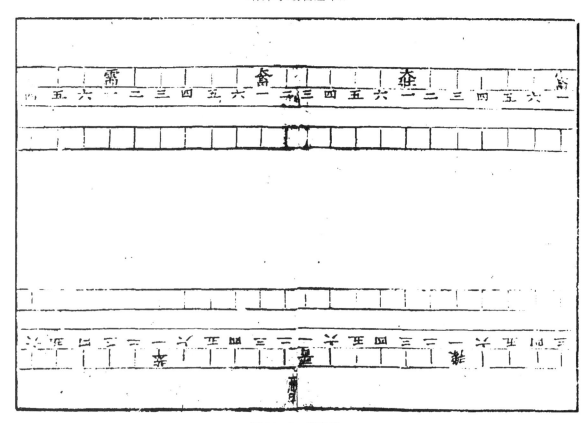

图 54-7 爻变图
(韩邦奇《易占经纬》)

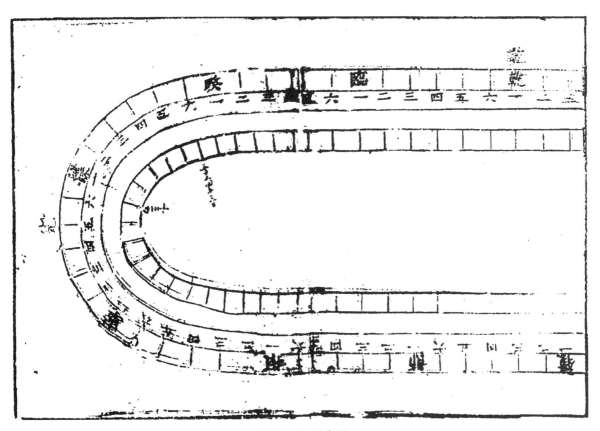

图 54-8 爻变图
（韩邦奇《易占经纬》）

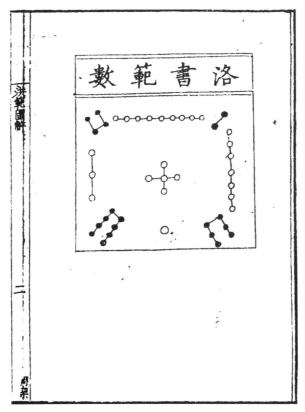

图 55 洛书范数图
（韩邦奇《洪范图解》）

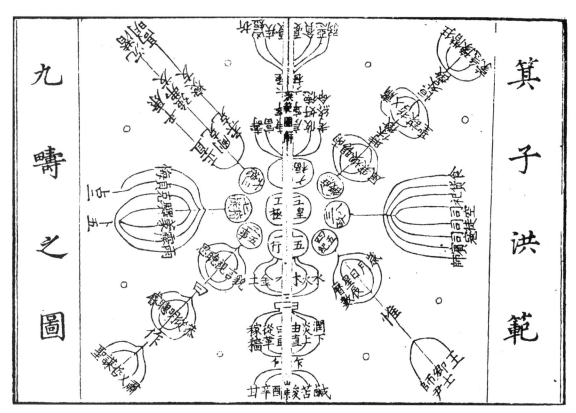

图 56 箕子洪范九畴之图
（韩邦奇《洪范图解》）

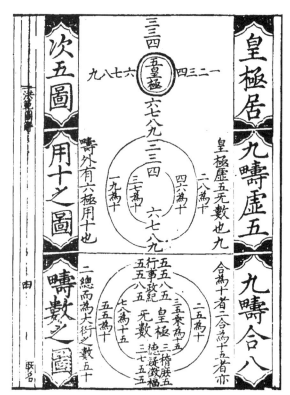
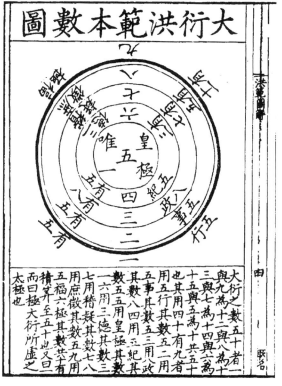

图 57 皇极居次五图
图 58 九畴虚五用十之图
图 59 九畴合八畴数之图
（韩邦奇《洪范图解》）

图 60 大衍洪范本数图
（韩邦奇《洪范图解》）

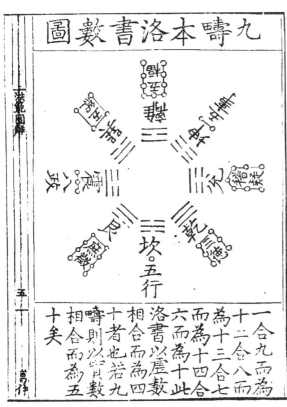

图 61　九畴本洛书数图
（韩邦奇《洪范图解》）

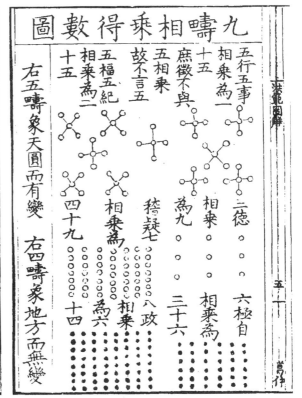

图 62　九畴相乘得数图
（韩邦奇《洪范图解》）

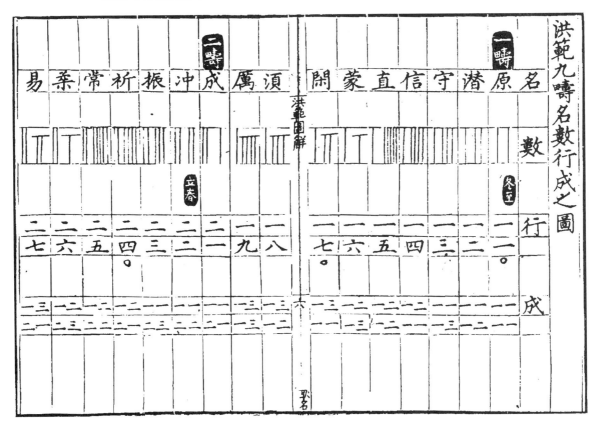

图 63-1　洪范九畴名数行成之图
（韩邦奇《洪范图解》）

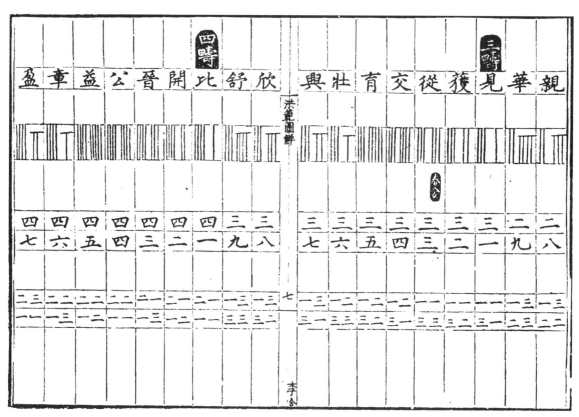

图 63-2 洪范九畴名数行成之图
（韩邦奇《洪范图解》）

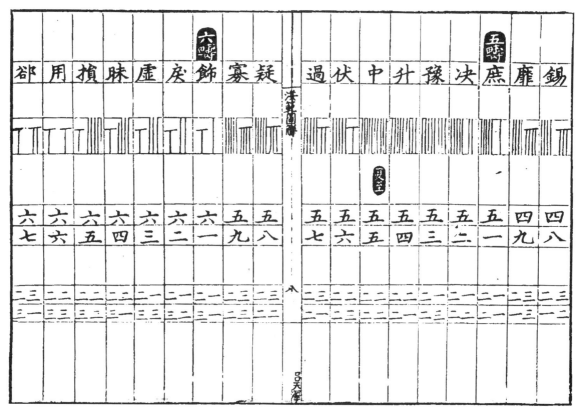

图 63-3 洪范九畴名数行成之图
（韩邦奇《洪范图解》）

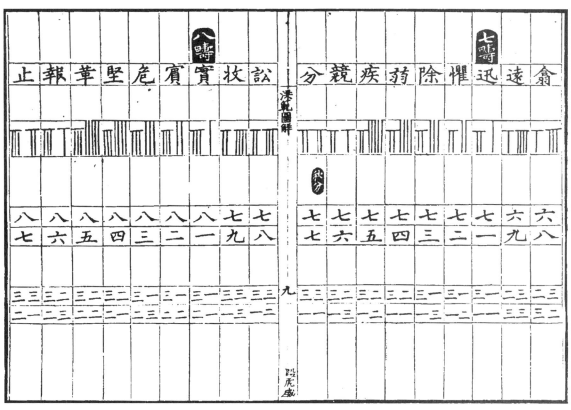

图63-4 洪范九畴名数行成之图
（韩邦奇《洪范图解》）

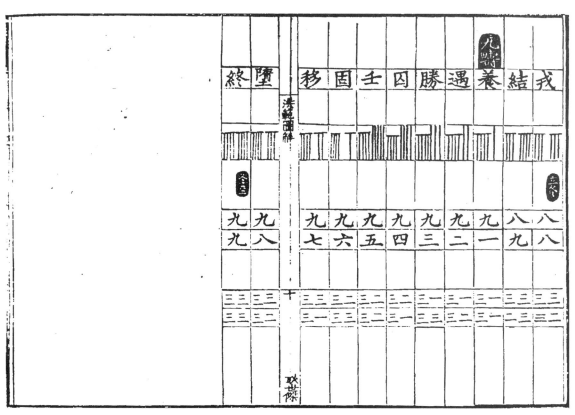

图63-5 洪范九畴名数行成之图
（韩邦奇《洪范图解》）

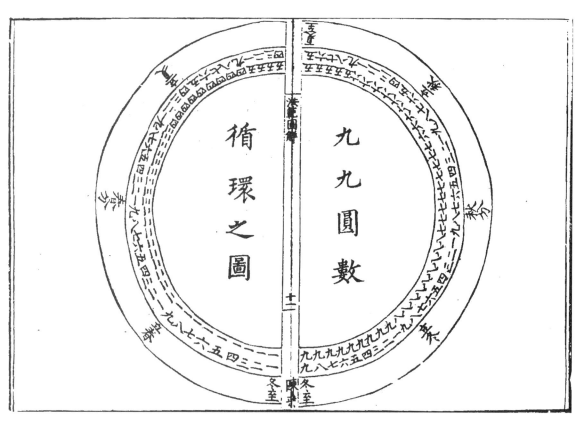

图 64　九九圆数循环之图
（韩邦奇《洪范图解》）

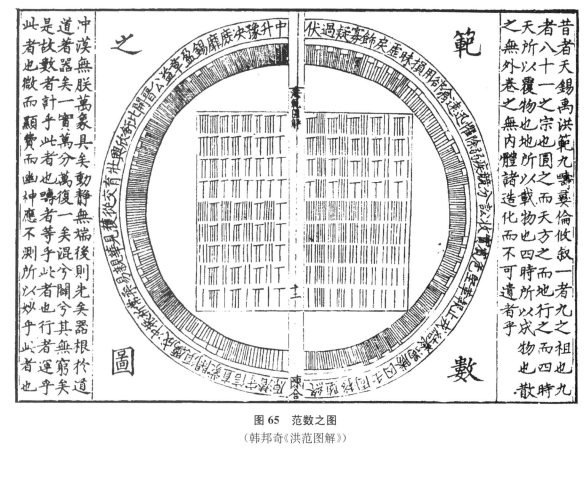

图 65　范数之图
（韩邦奇《洪范图解》）

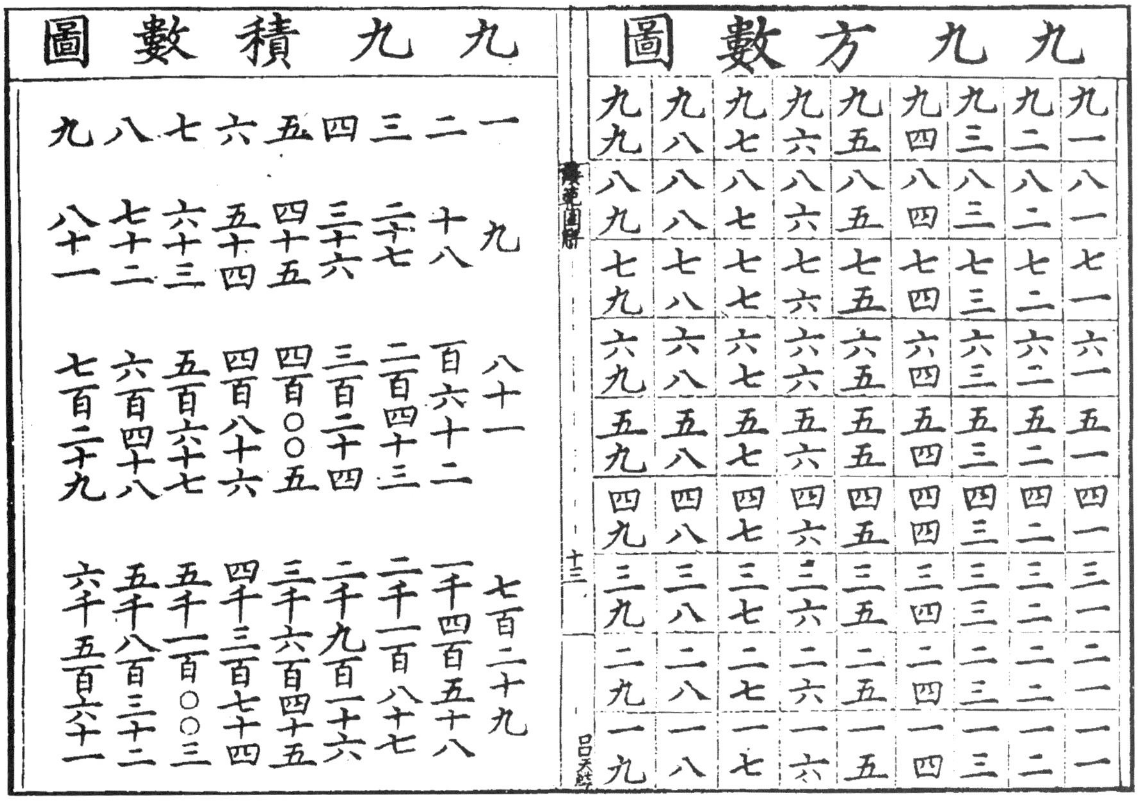

图 66　九九方数图、九九积数图
（韩邦奇《洪范图解》）

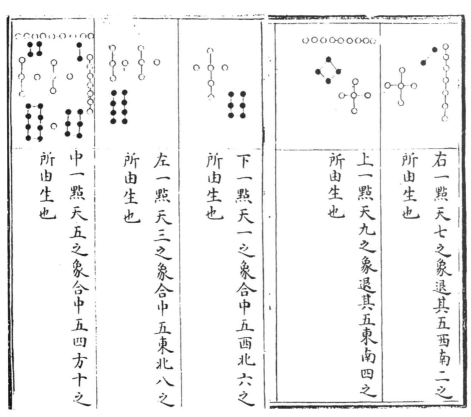

图 67　左右上下中一点图
（韩邦奇《启蒙意见》）

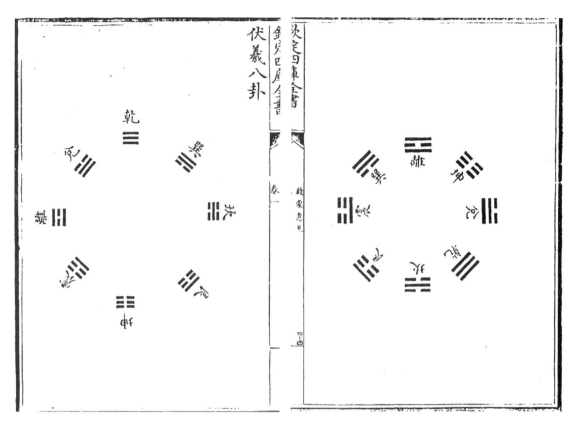

图 68　伏羲八卦图
（韩邦奇《启蒙意见》）

图 69　文王八卦图
（韩邦奇《启蒙意见》）

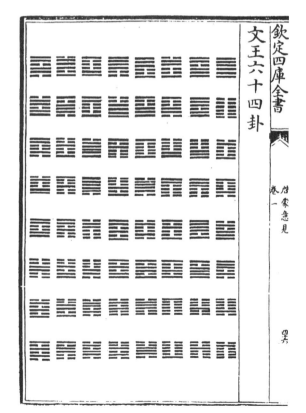

图 70　文王六十四卦图
（韩邦奇《启蒙意见》）

左辅

生卒年不详,字弼之,明南直隶泾县(今安徽泾县)人。弘治九年(1496)进士,任江西浮梁知县,迁瑞州同知。忤刘瑾党,谪南安教授。后起云南宁州知州,称病自归,以著述自娱。著有《太极后图说》《周易本义附说》《周易图说》等。现存有《周易》图像一幅。

图1 太极后图
(左辅《太极后图说》)

余本(1480—1529)

字子华,号南湖,明浙江鄞县(今浙江宁波)人。正德六年(1511)进士,授翰林院编修,历广东提学副使、山东提学副使、南京右通政,卒于官。著有《易经集解》十二卷、《礼记拾遗》、《春秋传疑》一卷、《孝经刊误》一卷、《周礼考误》、《皇极经世解》六卷、《皇极经世观物外篇释义》四卷、《南湖文录》等。现存有《周易》图像三十二幅。

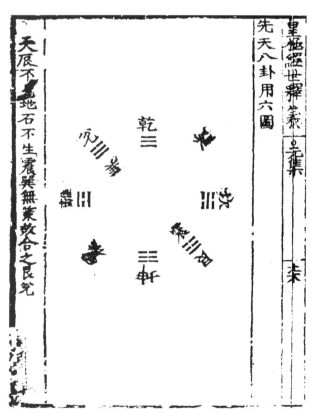

图1　先天八卦用六图
(余本《皇极经世观物外篇释义》)

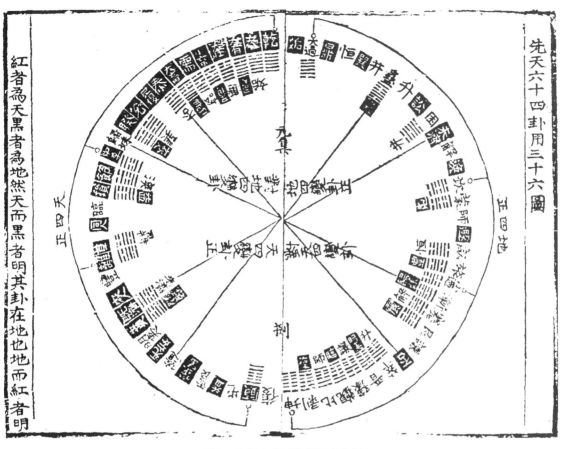

图 2　先天六十四卦用三十六图
（余本《皇极经世观物外篇释义》）

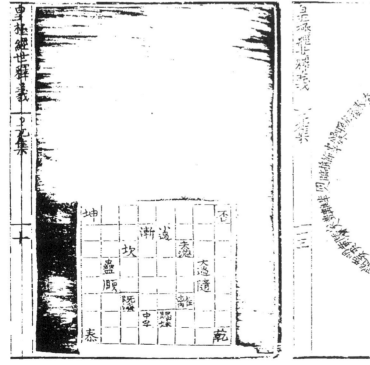

图 3　先天乾坤十六卦方圆图
（余本《皇极经世观物外篇释义》）

图 4　天数左行圆图
（余本《皇极经世观物外篇释义》）

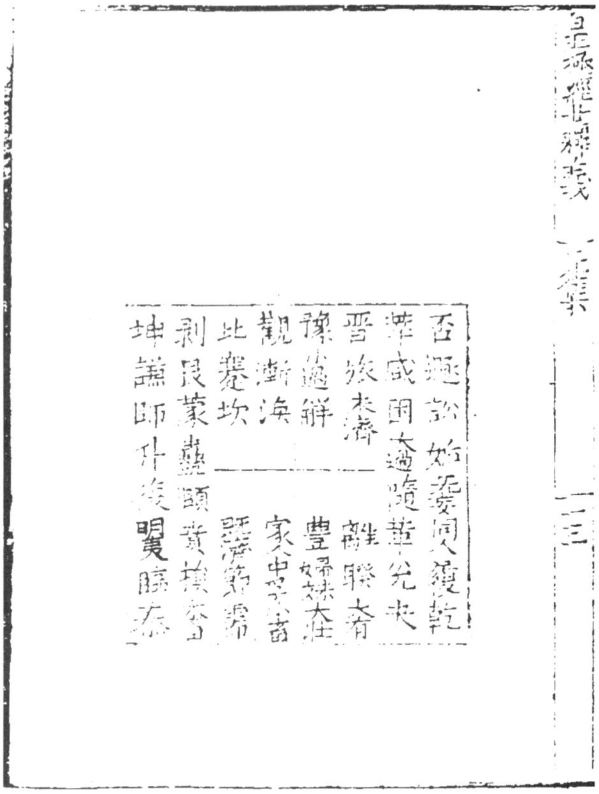

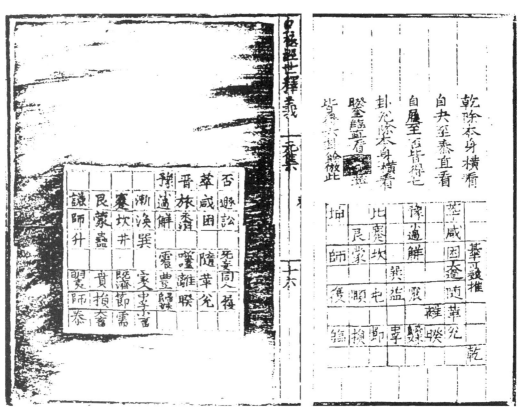

图 5　天数左行方图
（余本《皇极经世观物外篇释义》）

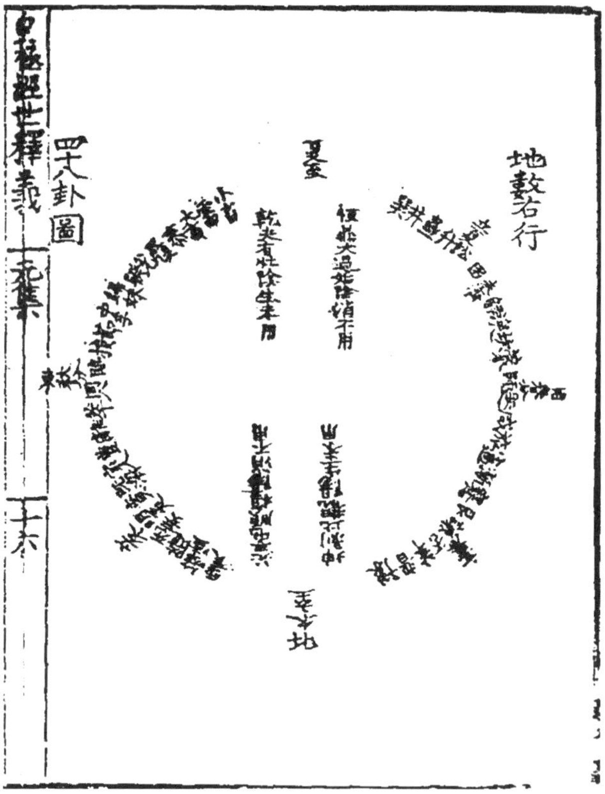

图 6　地数右行圆图
（余本《皇极经世观物外篇释义》）

图 7　地数右行方图
（余本《皇极经世观物外篇释义》）

图 8　乾七子兑六子图
（余本《皇极经世观物外篇释义》）

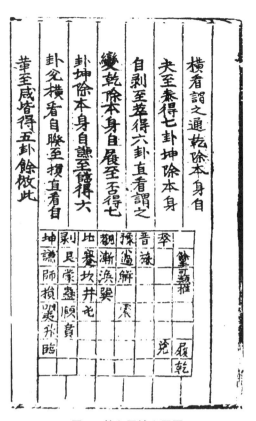

图 9　乾七子坤六子图
（余本《皇极经世观物外篇释义》）

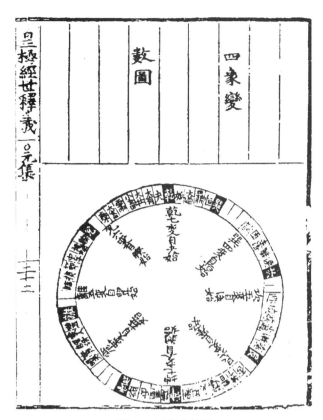

图 10　四象变数图
（余本《皇极经世观物外篇释义》）

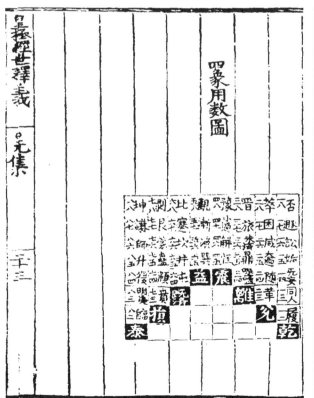

图 11　四象用数图
（余本《皇极经世观物外篇释义》）

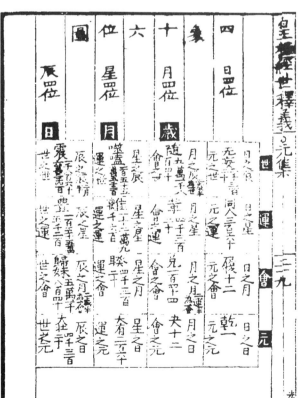

图 12　四象十六位图
（余本《皇极经世观物外篇释义》）

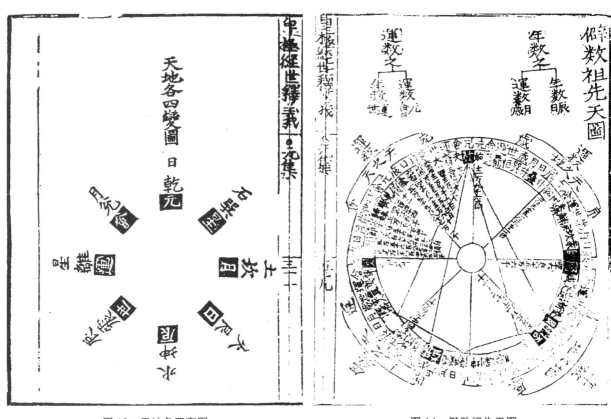

图 13　天地各四变图
（余本《皇极经世观物外篇释义》）

图 14　僻数祖先天图
（余本《皇极经世观物外篇释义》）

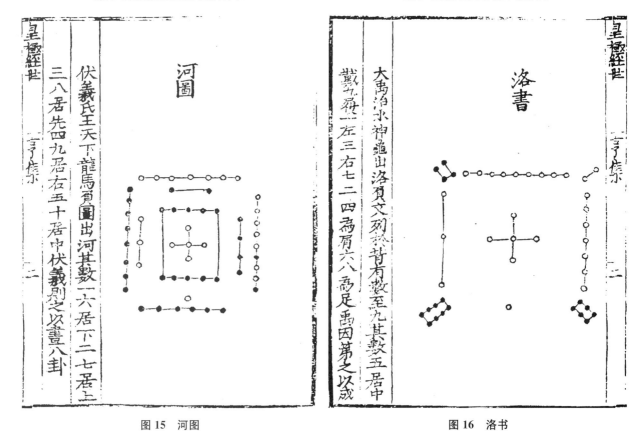

图 15　河图
（余本《皇极经世观物外篇释义》）

图 16　洛书
（余本《皇极经世观物外篇释义》）

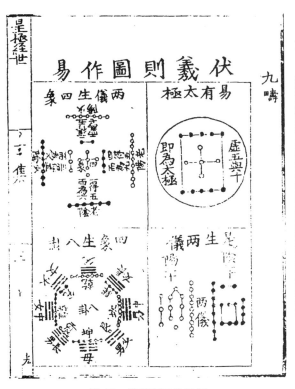

图 17　伏羲则图作易图
（余本《皇极经世观物外篇释义》）

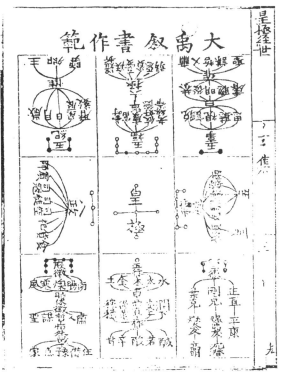

图 18　大禹叙书作范图
（余本《皇极经世观物外篇释义》）

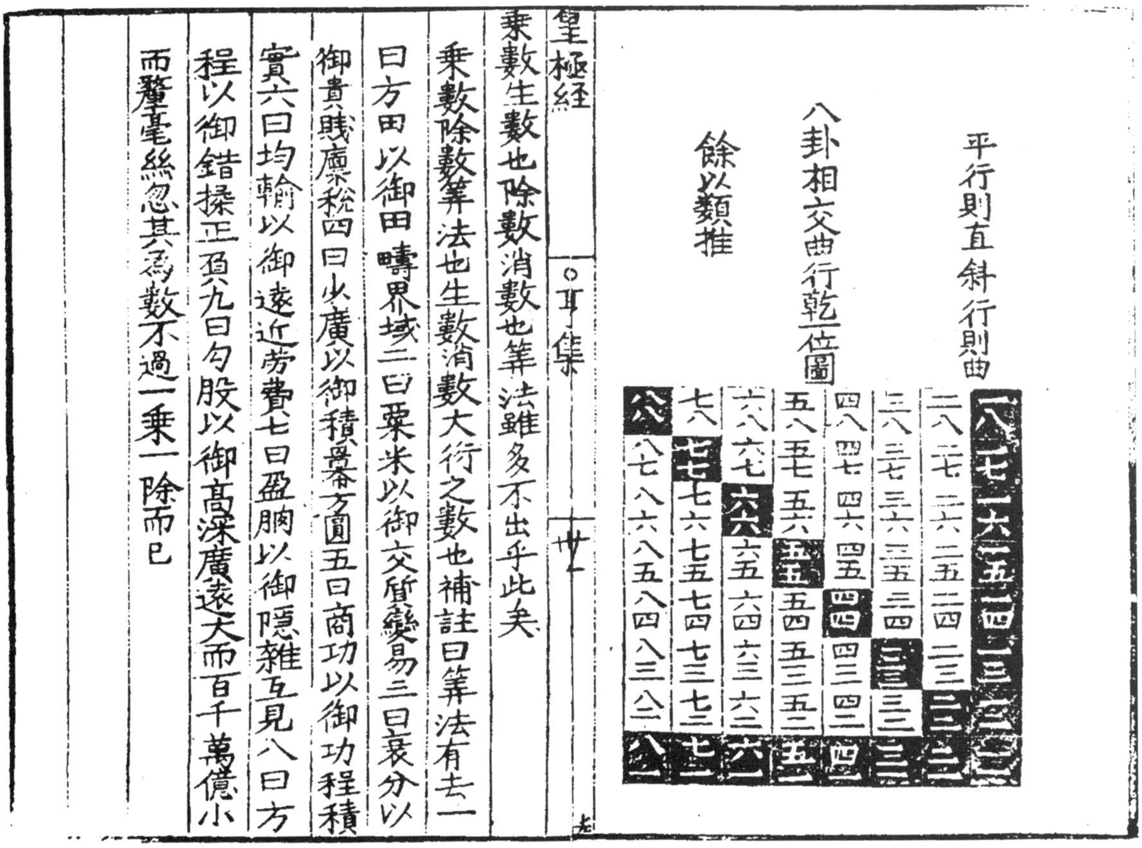

图 19　八卦相交曲行乾位图
（余本《皇极经世观物外篇释义》）

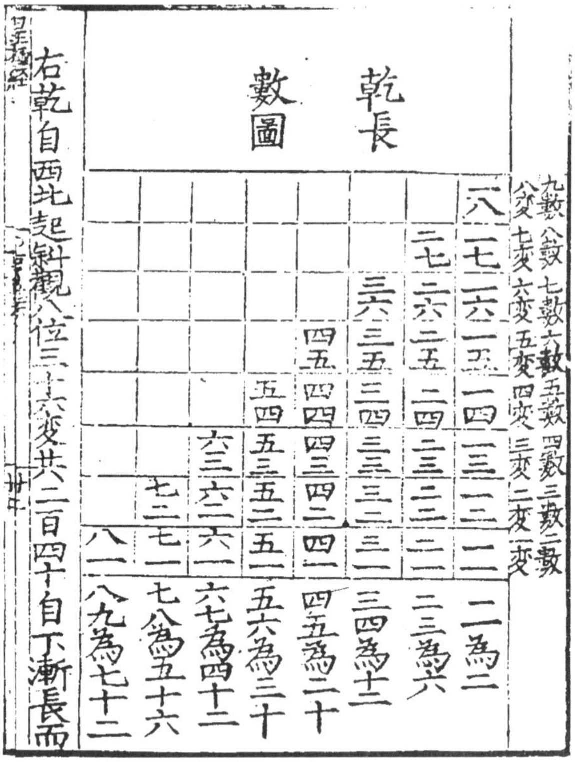

图 20 乾长数图
（余本《皇极经世观物外篇释义》）

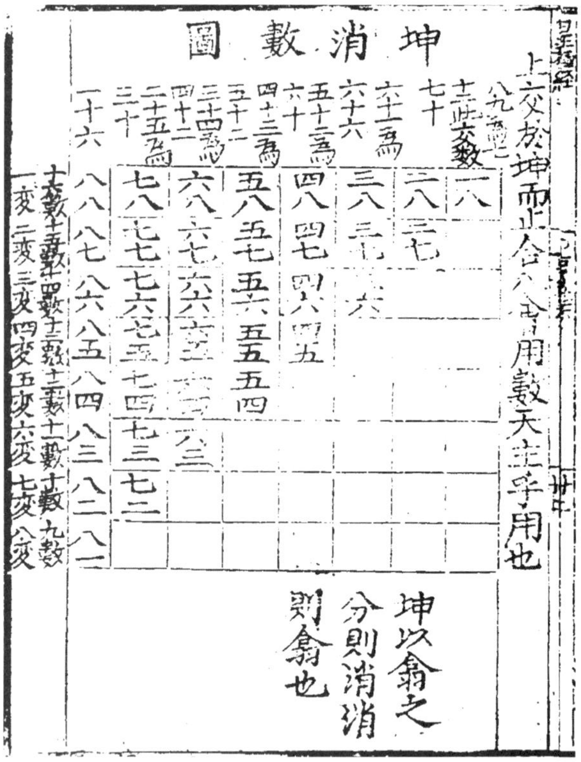

图 21 坤消数图
（余本《皇极经世观物外篇释义》）

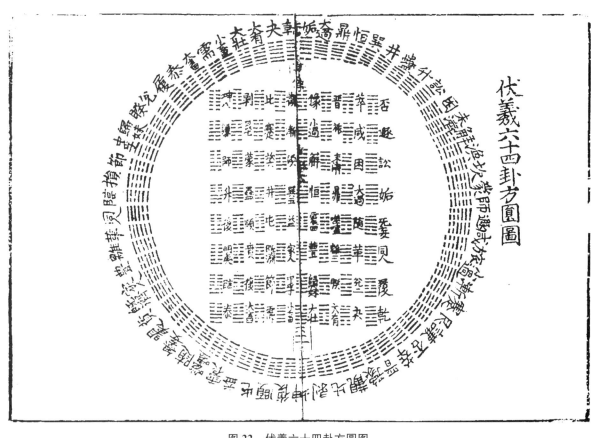

图 22 伏羲六十四卦方圆图
（余本《皇极经世观物外篇释义》）

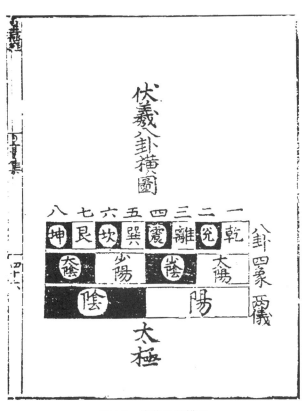

图 23 伏羲八卦横图
(余本《皇极经世观物外篇释义》)

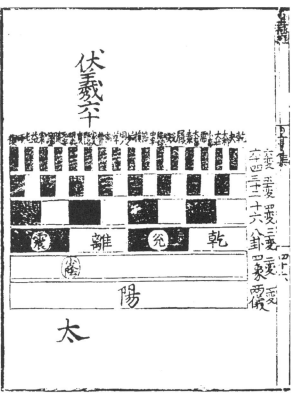
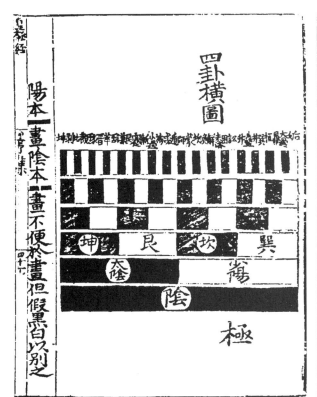

图 24 伏羲六十四卦横图
(余本《皇极经世观物外篇释义》)

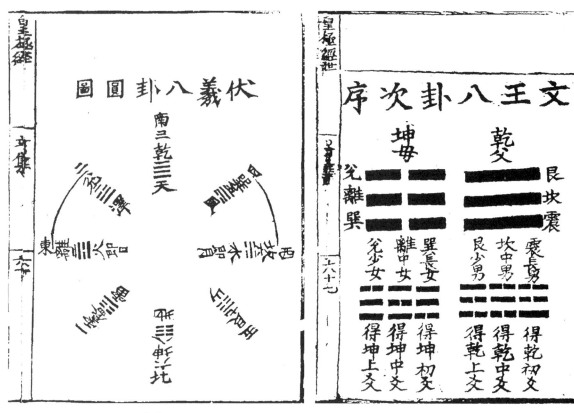

图 25　伏羲八卦圆图
（余本《皇极经世观物外篇释义》）

图 26　文王八卦次序图
（余本《皇极经世观物外篇释义》）

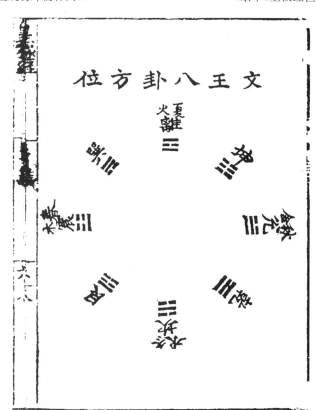

图 27　文王八卦方位图
（余本《皇极经世观物外篇释义》）

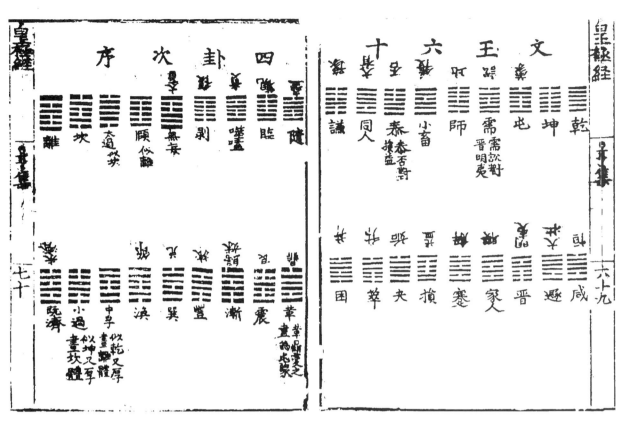

图28 文王六十四卦次序图
（余本《皇极经世观物外篇释义》）

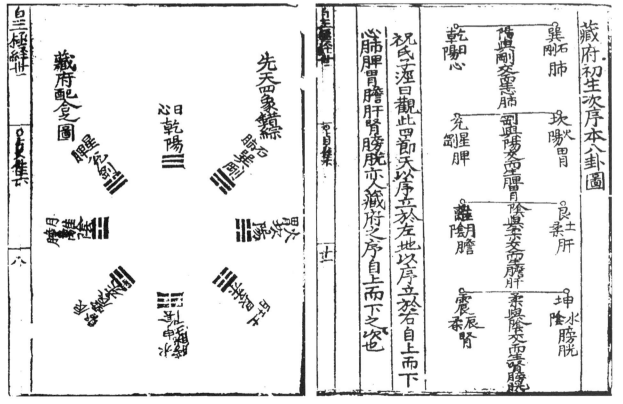

图29 先天四象错综藏府配合之图
（余本《皇极经世观物外篇释义》）

图30 藏府出生次序本八卦图
（余本《皇极经世观物外篇释义》）

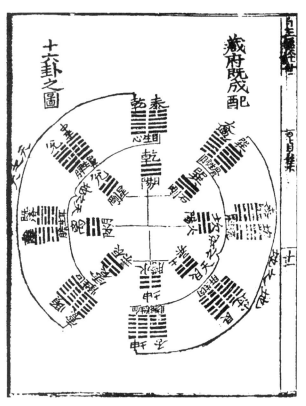

图 31　藏府既成配十六卦之图
（余本《皇极经世观物外篇释义》）

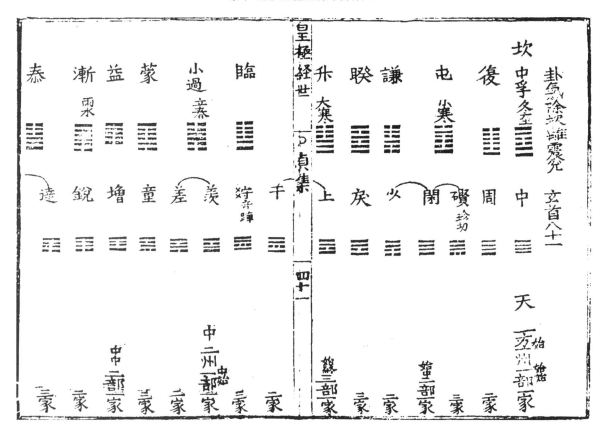

图 32-1　卦气图
（余本《皇极经世观物外篇释义》）

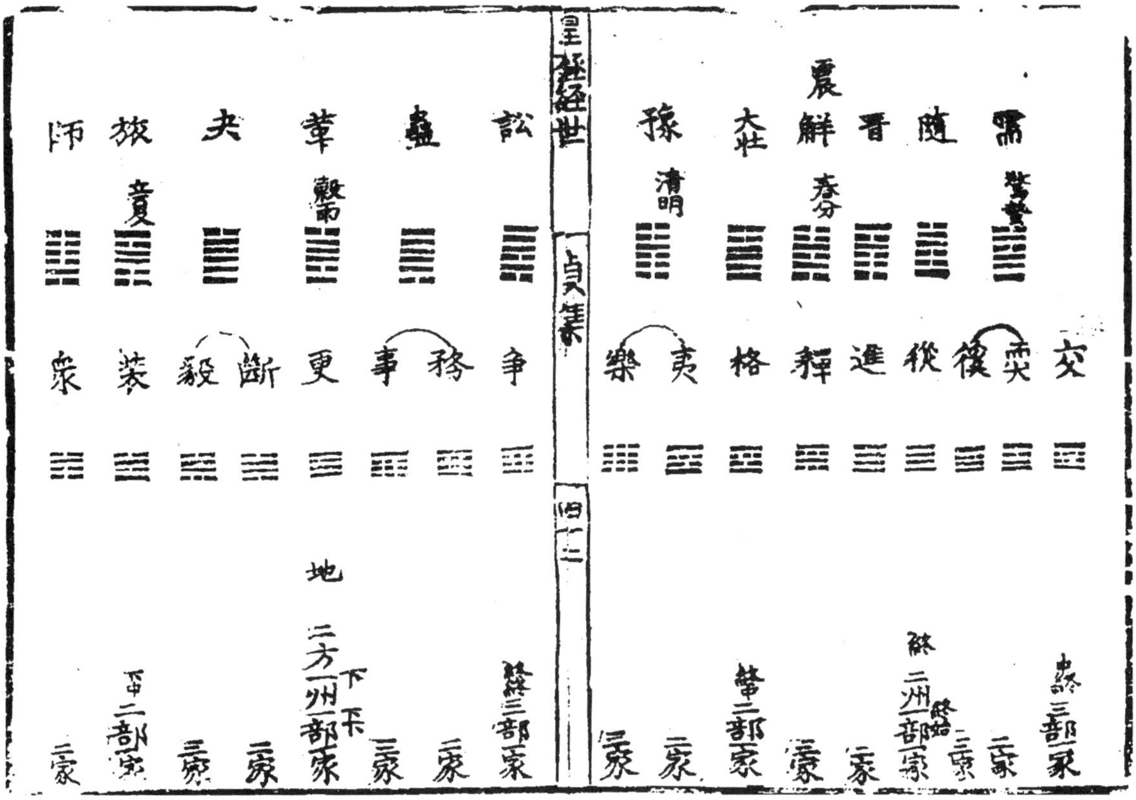

图 32-2　卦气图
（余本《皇极经世观物外篇释义》）

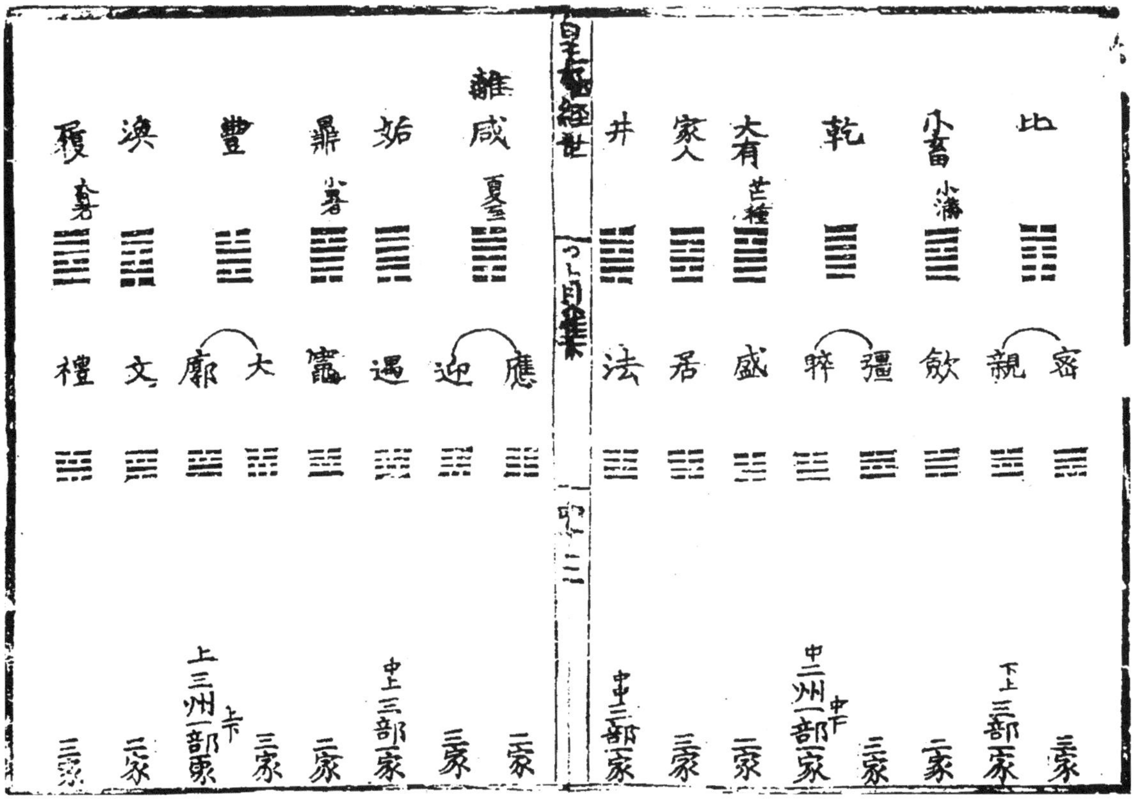

图 32-3　卦气图
（余本《皇极经世观物外篇释义》）

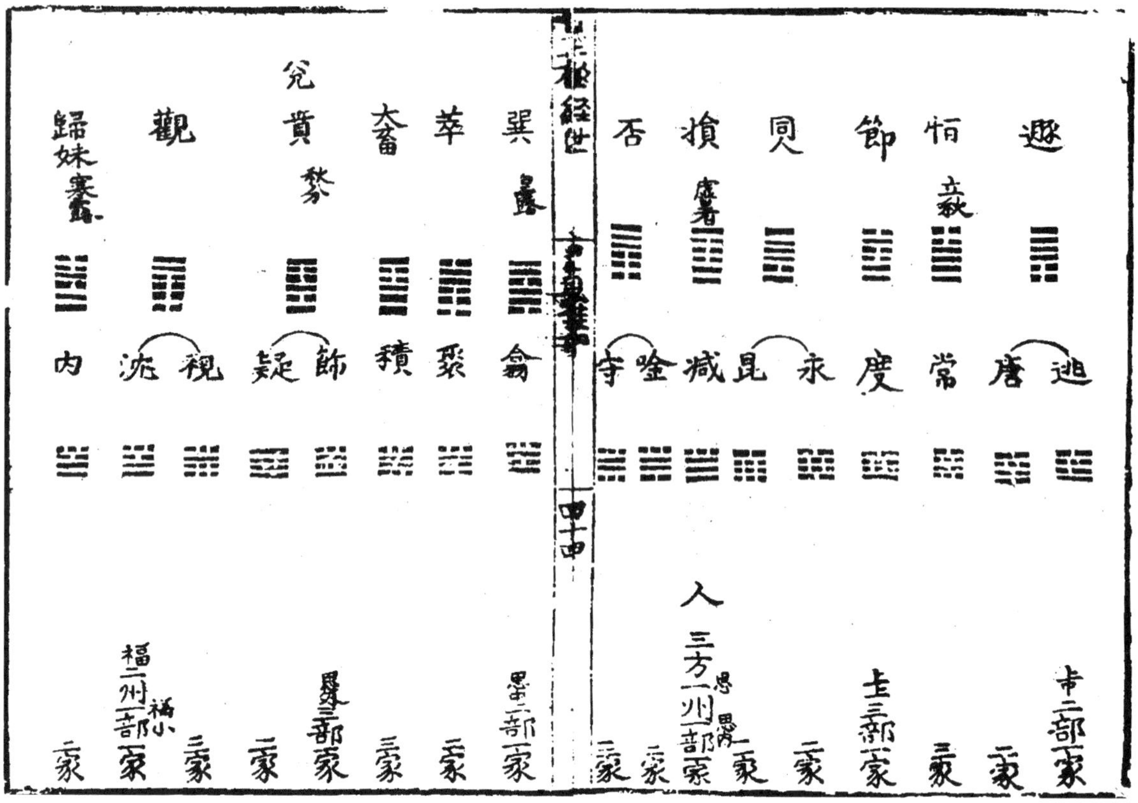

图 32－4　卦气图
（余本《皇极经世观物外篇释义》）

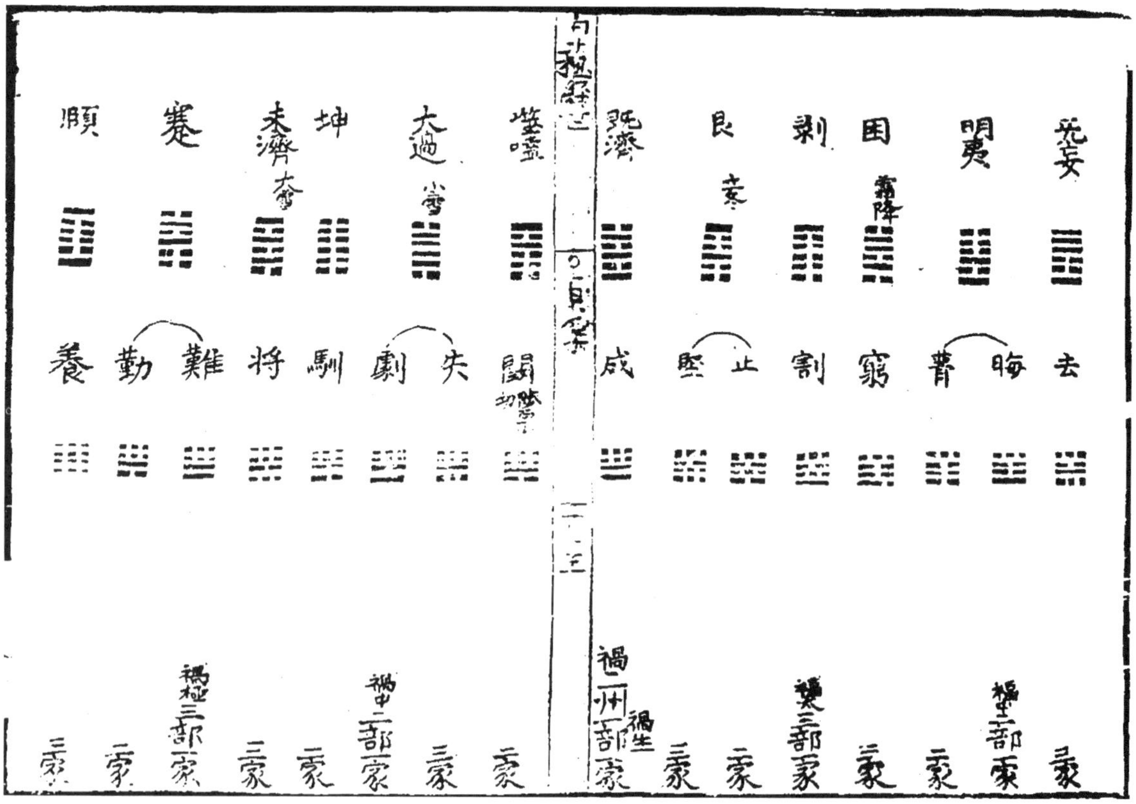

图 32－5　卦气图
（余本《皇极经世观物外篇释义》）

黄芹（约1480—?）

字德馨，号畏庵，明福建龙岩人。师从蔡清学《易》。正德元年(1506)岁贡，官海阳训导。嗣以亲老乞归。著有《易图识漏》一卷、《易经口诀》、《史图纂要》、《家礼易行》等。现存有《周易》图像十三幅。

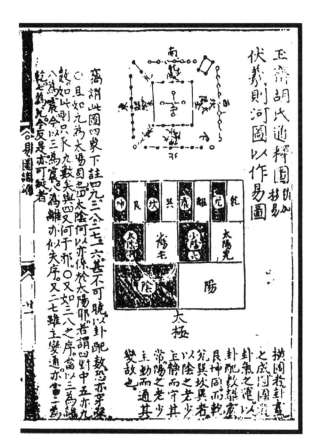

图1　伏羲则河图作易图
（黄芹《易图识漏》）

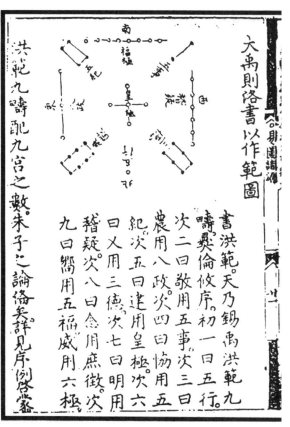

图2　大禹则洛书作范图
（黄芹《易图识漏》）

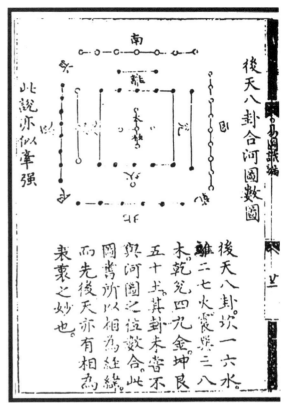

图4 后天八卦合河图数图
（黄芹《易图识漏》）

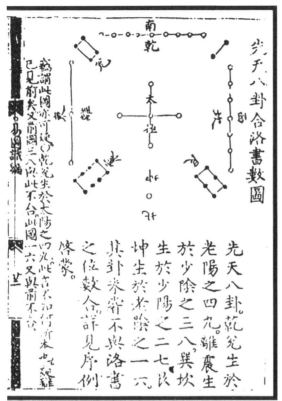

图3 先天八卦合洛书数图
（黄芹《易图识漏》）

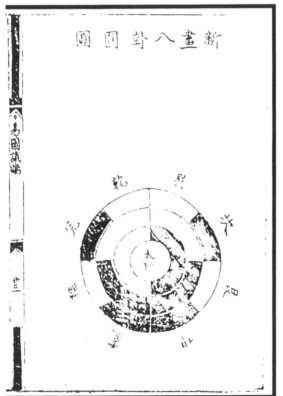

图5 新画八卦圆图
（黄芹《易图识漏》）

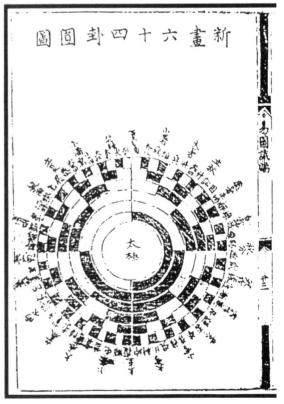

图6 新画六十四卦圆图
（黄芹《易图识漏》）

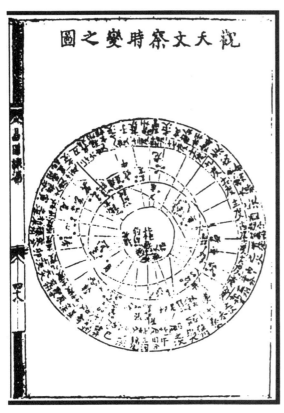

图 7 观天文察时变之图
（黄芹《易图识漏》）

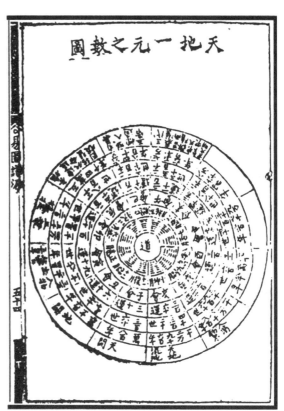

图 8 天地一元之数图
（黄芹《易图识漏》）

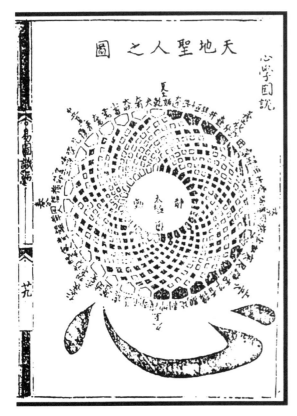

图 9 天地圣人之图
（黄芹《易图识漏》）

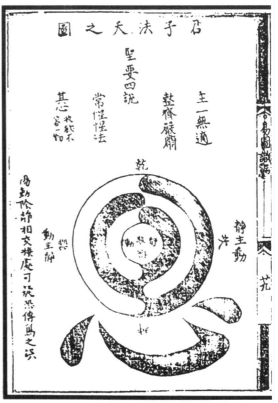

图 10 君子法天之图
（黄芹《易图识漏》）

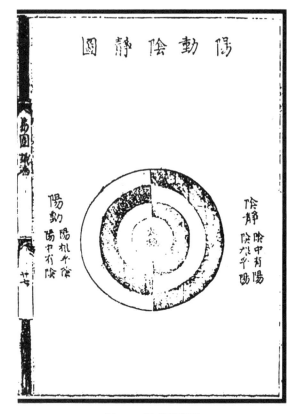

图 11 阳动阴静图
（黄芹《易图识漏》）

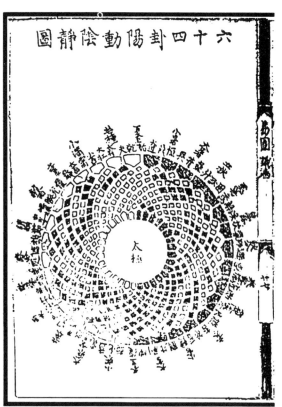

图 12 六十四卦阳动阴静图
（黄芹《易图识漏》）

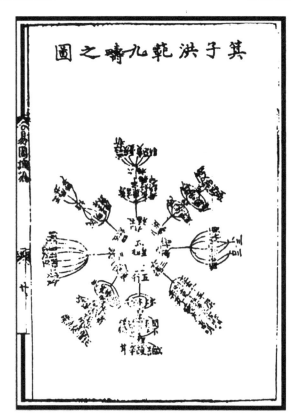

图 13 箕子洪范九畴之图
（黄芹《易图识漏》）

鲍泰

生卒年不详,明南直隶歙县(安徽歙县)人。其祖鲍宁重编宋人鲍云龙《天原发微》,附入辨正百余条。著有《天心复要》不分卷。现存有《周易》图像四幅。

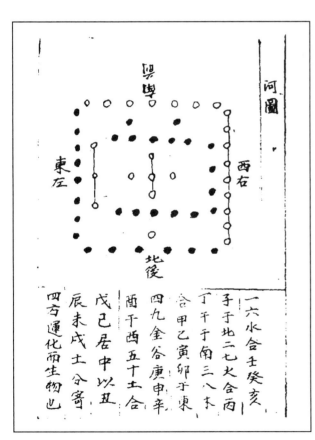

图1 河图
(鲍泰《天心复要》)

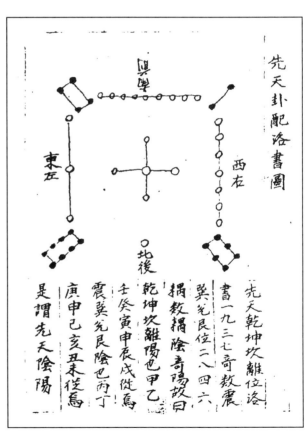

图2 先天卦配洛书图
(鲍泰《天心复要》)

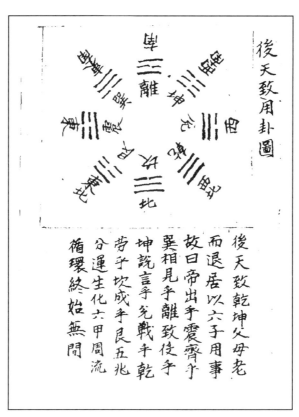

图3　后天致用卦图
（鲍泰《天心复要》）

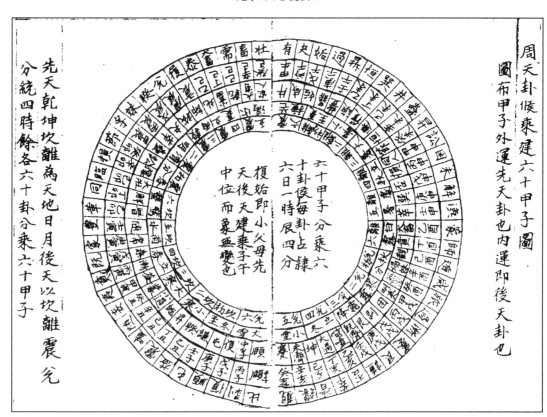

图4　周天卦候乘建六十甲子图
（鲍泰《天心复要》）

舒宏谔

生卒年不详,字士一,明安徽旌德人。博学工文,科名未就,退筑山房,抄撮讲章,一时名士多出其门。著有《周易去疑》十一卷、《古今全史便览》等。现存有《周易》图像十三幅。

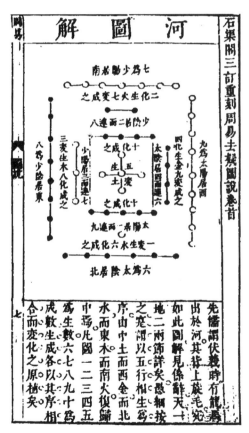

图1 河图解图
(舒宏谔《周易去疑》)

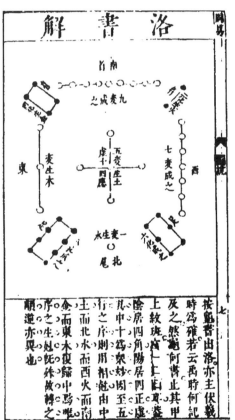

图2 洛书解图
(舒宏谔《周易去疑》)

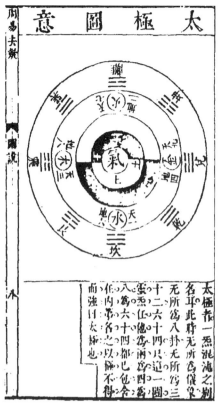

图3 太极图意图
（舒宏谔《周易去疑》）

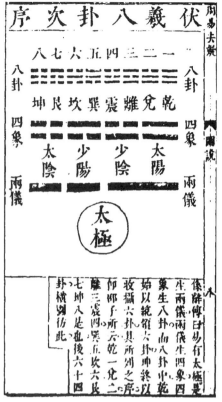

图4 伏羲八卦次序图
（舒宏谔《周易去疑》）

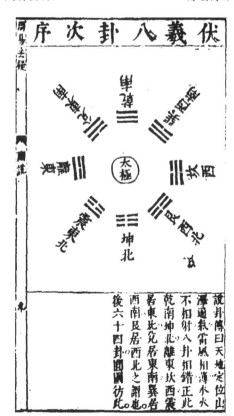

图5 伏羲八卦次序图
（舒宏谔《周易去疑》）

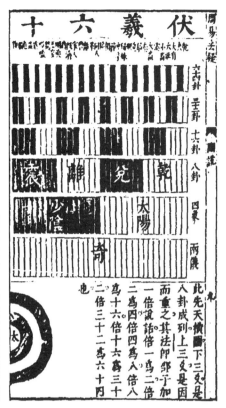
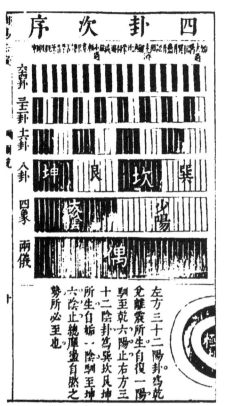

图6　伏羲六十四卦次序图
（舒宏谔《周易去疑》）

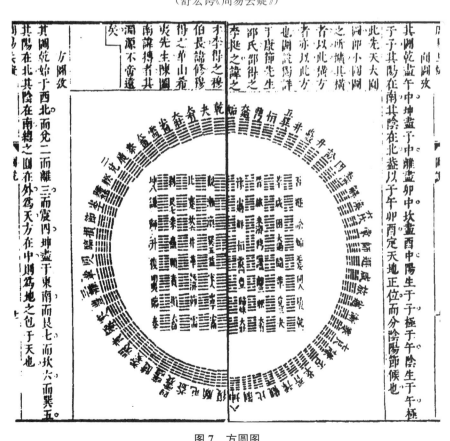

图7　方圆图
（舒宏谔《周易去疑》）

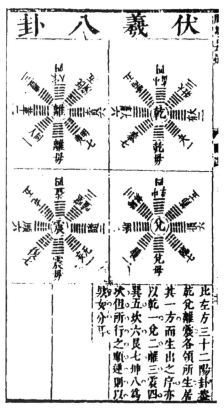
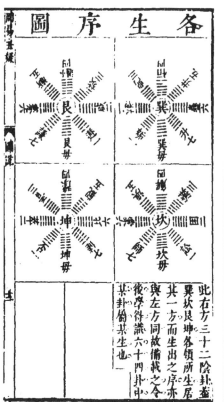

图8 伏羲八卦各生序图
（舒宏谔《周易去疑》）

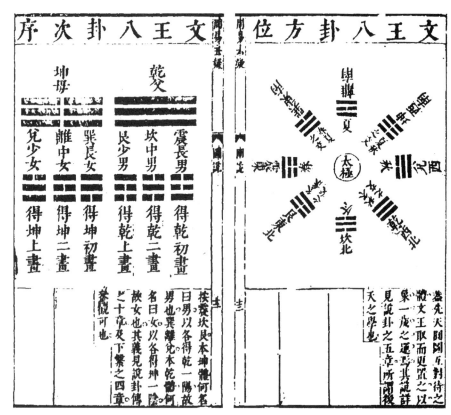

图9 文王八卦次序图
（舒宏谔《周易去疑》）

图10 文王八卦方位图
（舒宏谔《周易去疑》）

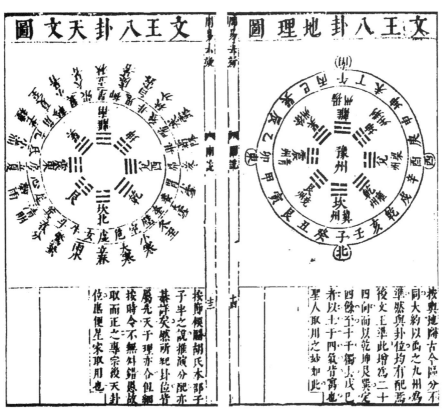

图11 文王八卦天文图
（舒宏谔《周易去疑》）

图12 文王八卦地理图
（舒宏谔《周易去疑》）

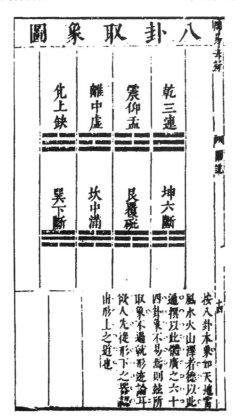

图13 八卦取象图
（舒宏谔《周易去疑》）

方献夫(1485—1544)

初名献科，字叔贤，号西樵，明广东南海（今广东广州）人。弘治十八年（1505）进士，正德中授礼部主事，调吏部，进员外郎，官至武英殿大学士，谥文襄。任京官期间，王阳明起自谪所，进拜为弟子，后人称"岭海之士，学于文成者，自方西樵始"。与湛若水、黄绾、黄宗明等心学之士有广泛交往。著有《古文周易传义约说》十二卷、《西樵遗稿》八卷等。现存有《周易》图像七幅。

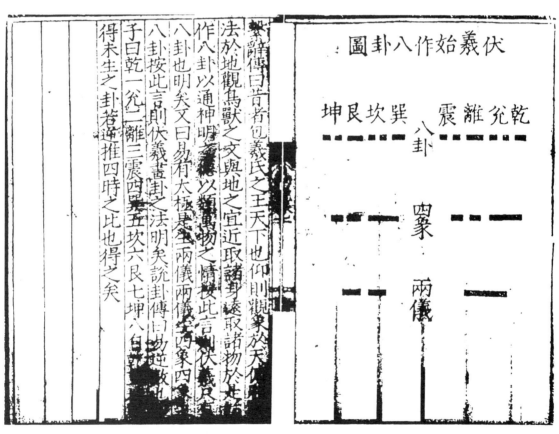

图1　伏羲始作八卦图
（方献夫《古文周易传义约说》）

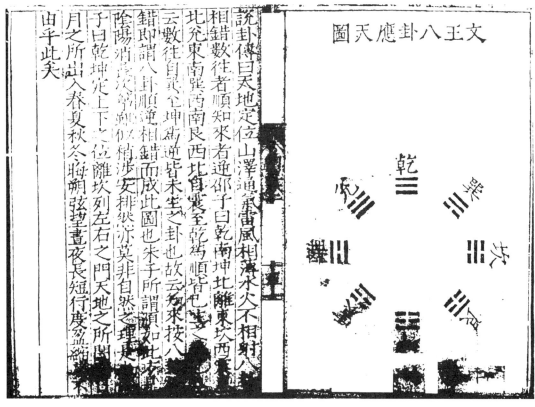

图 2　文王八卦应天图
(方献夫《古文周易传义约说》)

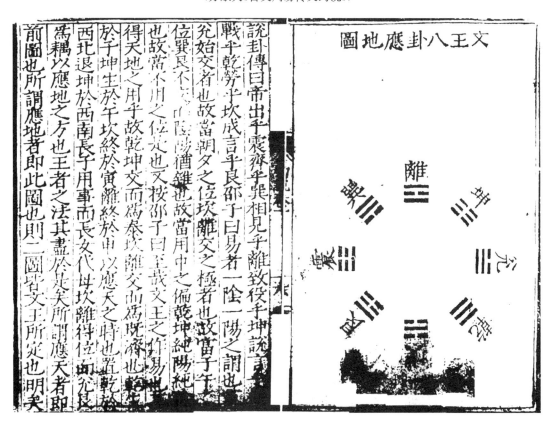

图 3　文王八卦应地图
(方献夫《古文周易传义约说》)

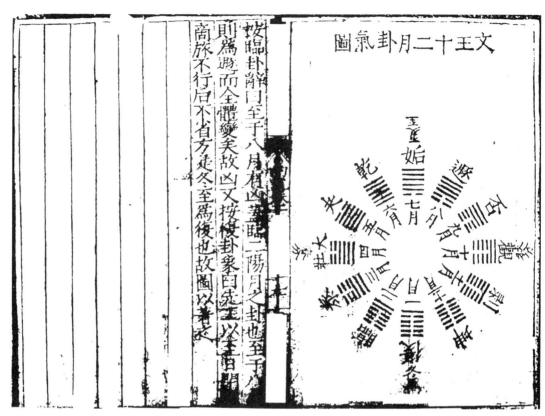

图4　文王十二月卦气图
（方献夫《古文周易传义约说》）

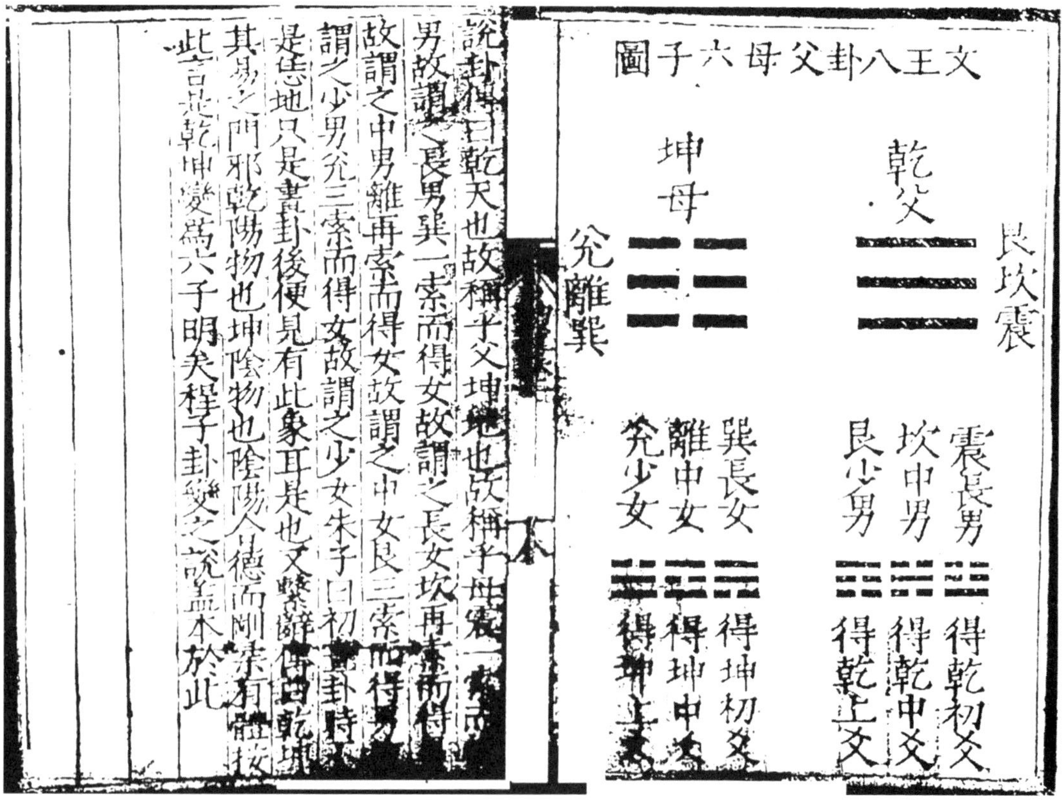

图5　文王八卦父母六子图
（方献夫《古文周易传义约说》）

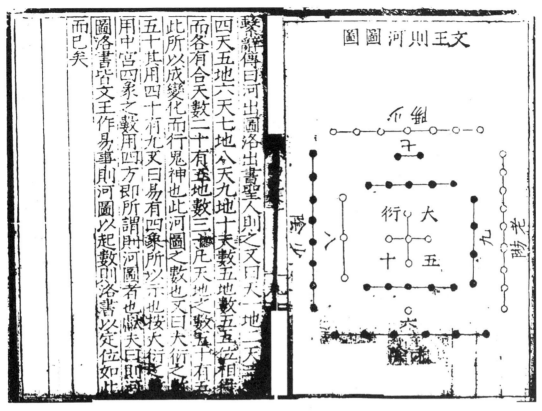

图 6　文王则河图图
（方献夫《古文周易传义约说》）

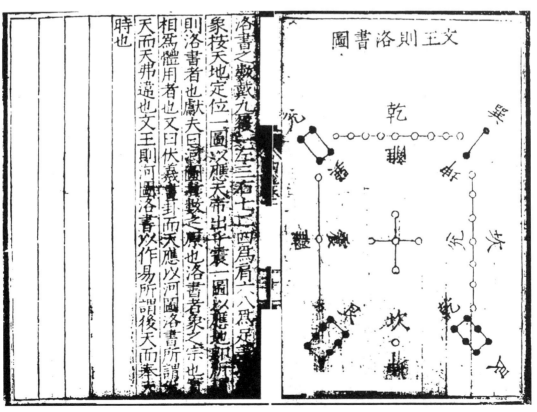

图 7　文王则洛书图
（方献夫《古文周易传义约说》）

季本（1485—1563）

字明德，号彭山，明浙江会稽（今浙江绍兴）人。师从王守仁。正德十二年（1517）进士，授建宁府推官，征授御史，官至长沙知府。解职还乡，以讲学终。著有《易学四同》八卷、《图文余辩》一卷、《蓍法别传》一卷、《古易辩》一卷、《诗说解颐》三十卷、《春秋私考》三十六卷、《说理会编》十六卷等。现存有《周易》图像二十六幅。

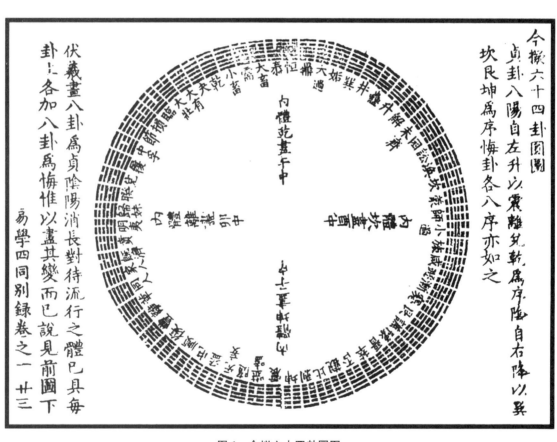

图1　今拟六十四卦圆图
（季本《周易四同别录》）

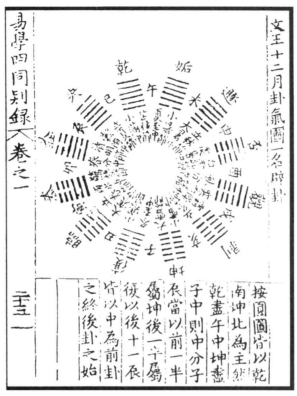

图 2　文王十二月卦气图
（季本《周易四同别录》）

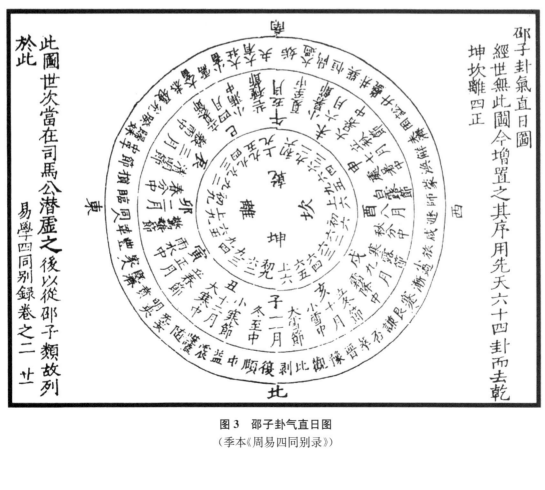

图 3　邵子卦气直日图
（季本《周易四同别录》）

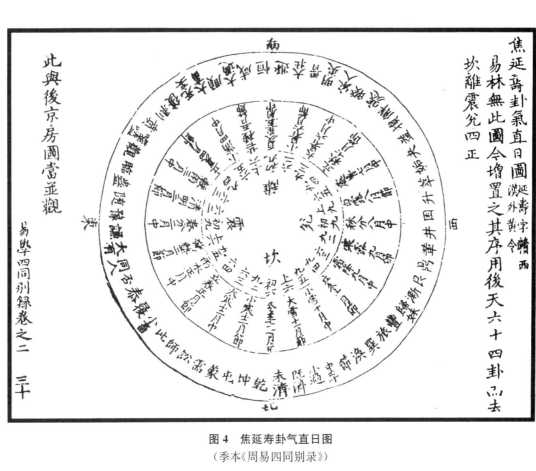

图4　焦延寿卦气直日图
（季本《周易四同别录》）

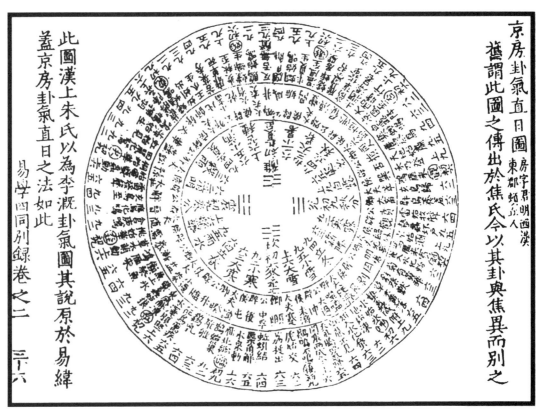

图5　京房卦气直日图
（季本《周易四同别录》）

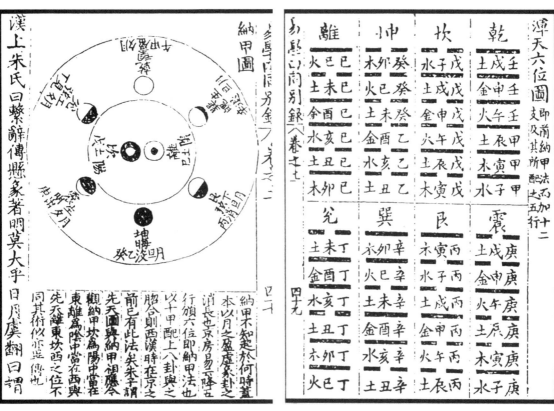

图6　纳甲图
（季本《周易四同别录》）

图7　浑天六位图
（季本《周易四同别录》）

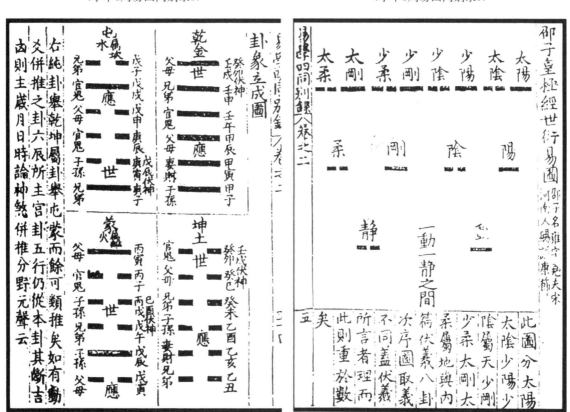

图8　卦象立成图
（季本《周易四同别录》）

图9　邵子皇极经世衍易图
（季本《周易四同别录》）

經世天地四象圖

太陽	太陰	少陽	少陰	少剛	少柔	太剛	太柔
日	月	星	辰	石	土	火	水
暑	寒	晝	夜	雷	露	風	雨
性	情	形	體	木	草	飛	走
目	耳	鼻	口	色	聲	氣	味
元	會	運	世	歲	月	日	辰
皇	帝	王	霸	易	書	詩	春秋

图 10　经世天地四象图
（季本《周易四同别录》）

經世天地始終之數圖

今按日月星辰水火土石與元會運世歲月日辰各因八卦之配而互相交以乾一兌二離三震四巽五坎六艮七坤八重為六十四卦者為始終之序惟以積數於卦義不相涉故知先天八卦橫圖之序本為數學設也邵子本書有元經會會經運十二篇運經世十篇凡三十四篇西山蔡氏隱括為此圖欲人之易見云

卦		數
乾	元之元	一
夬	元之會	十二
大有	元之運	三百六十
大壯	元之世	四千三百二十
小畜	元之歲	十二萬九千六百
大畜	元之月	一百五十五萬五千二百
需	元之日	一千六百六十五萬六千
泰	元之辰	三萬五千九百八十七萬

右八卦皆乾一為體而以月配乾以元為主

图 11-1　经世天地始终之数图
（季本《周易四同别录》）

履	月之日	會之元	十二
兌	月之月	會之會	一百四十四
睽	月之星	會之運	四千三百二十
歸妹	月之辰	會之世	五萬一千八百四十
中孚	月之石	會之歲	一百五十五萬五千二百
節	月之土	會之月	一千八百六十六萬二千四百
損	月之火	會之日	五萬五千九百八十七萬二千
臨	月之水	會之辰	六十七萬一千八百四十六萬四千

右八卦皆兌二爲體而以月配兌以會爲主

易學四同別錄〈卷之二　十

同人	星之日	運之元	三百六十
革	星之月	運之會	四千三百二十
離	星之星	運之運	十二萬九千六百
豐	星之辰	運之世	一百五十五萬五千二百
家人	星之石	運之歲	四千六百六十五萬六千
既濟	星之土	運之月	五萬五千九百八十七萬二千
賁	星之火	運之日	一百六十七萬九千六百一十六萬
明夷	星之水	運之辰	二千一十五萬五千三百九十二萬

右八卦皆離三爲體而以星配離以運爲主

图 11－2　经世天地始终之数图

（季本《周易四同别录》）

无妄	辰之日	世之元	四千三百二十
隨	辰之月	世之會	五萬一千八百四十
噬嗑	辰之星	世之運	一百五十五萬五千二百
震	辰之辰	世之世	一千八百六十六萬二千四百
益	辰之石	世之歲	五萬五千九百八十七萬二千
屯	辰之土	世之月	六十七萬一千八百四十六萬四千
頤	辰之火	世之日	二千一十五萬五千三百九十二萬
復	辰之水	世之辰	二萬四千一百八十六萬四千七百四萬

右八卦皆震四爲體而以辰配震以世爲主

易學四同別錄〈卷之二　十二

姤	石之日	歲之元	一十二萬九千六百
大過	石之月	歲之會	一百五十五萬五千二百
鼎	石之星	歲之運	四千六百六十五萬六千
恒	石之辰	歲之世	五萬五千九百八十七萬二千
巽	石之石	歲之歲	一百六十七萬九千六百一十六萬
井	石之土	歲之月	二千一十五萬五千三百九十二萬
蠱	石之火	歲之日	六萬四百六十六萬一千七百六十萬
升	石之水	歲之辰	七十二萬五千五百九十四萬一千一百二十萬

右八卦皆巽五爲體而以石配巽以歲爲主

图 11－3　经世天地始终之数图

（季本《周易四同别录》）

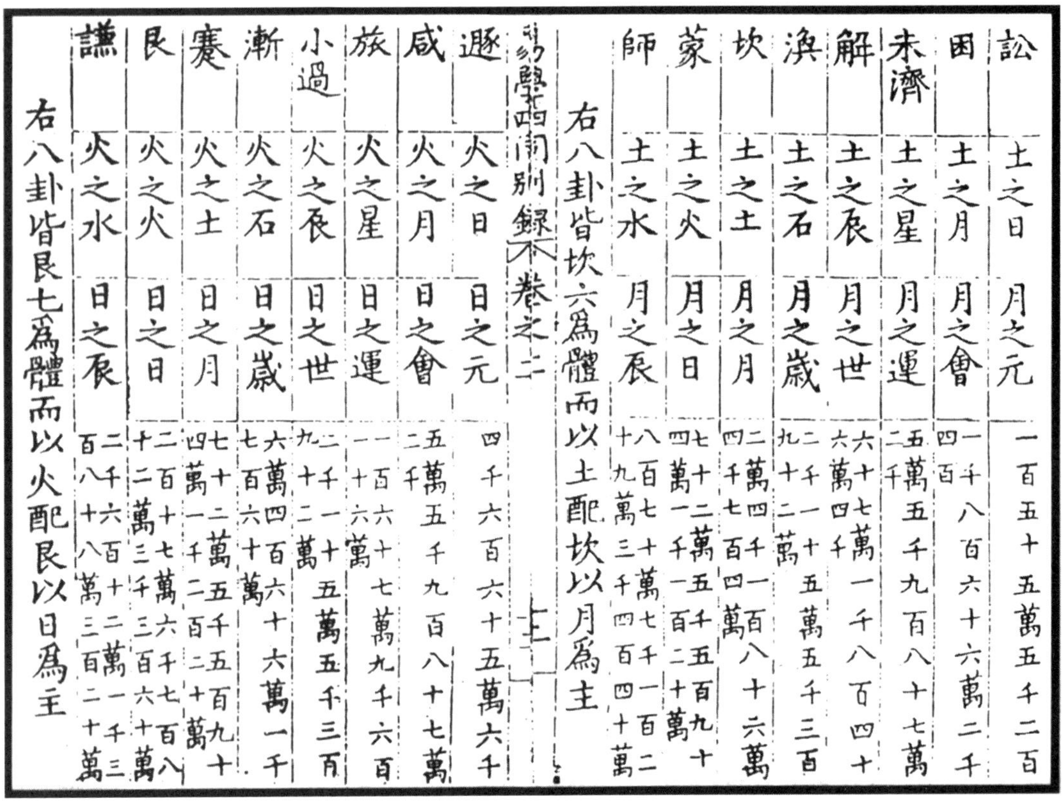

卦			
訟	土之日	月之元	一百五十五萬五千二百
困	土之月	月之會	一千八百六十六萬二千四百
未濟	土之星	月之運	五萬五千九百八十七萬二千
解	土之辰	月之世	六十七萬一千八百四十六萬四千
渙	土之石	月之歲	二千一十五萬五千三百九十二萬
坎	土之土	月之月	二萬四千一百八十六萬四千七百四萬
蒙	土之火	月之日	七十二萬一千五百九十四萬一千一百二十萬
師	土之水	月之辰	八百七十萬七千一百二十九萬三千四百四十萬

右八卦皆坎六爲體而以土配坎以月爲主

易學四同別録 卷之二 十二

卦			
遯	火之日	日之元	四千六百六十五萬六千
咸	火之月	日之會	五萬五千九百八十七萬二千
旅	火之星	日之運	一百六十七萬九千六百一十六萬
小過	火之辰	日之世	二千一十五萬五千三百九十二萬
漸	火之石	日之歲	六萬四千六百六十六萬一千七百六十萬
蹇	火之土	日之月	七十二萬五千五百九十四萬一千二百二十萬
艮	火之火	日之日	二百十七萬六千七百八十二萬三千三百六十萬
謙	火之水	日之辰	二千六百十二萬一千三百八十八萬三百二十萬

右八卦皆艮七爲體而以火配艮以日爲主

图 11－4　经世天地始终之数图

（季本《周易四同别录》）

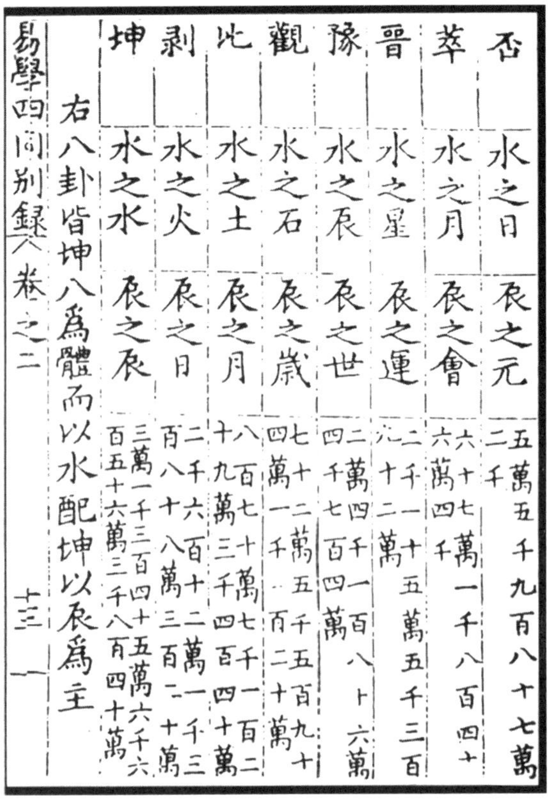

卦			
否	水之日	辰之元	五萬五千九百八十七萬二千
萃	水之月	辰之會	六十七萬一千八百四十六萬四千
晉	水之星	辰之運	二千一十五萬五千三百六十二萬
豫	水之辰	辰之世	二萬四千一百八十六萬四千七百四萬
觀	水之石	辰之歲	七十二萬五千五百九十四萬一千百二十萬
比	水之土	辰之月	八百七十萬七千一百二十九萬三千四百四十萬
剝	水之火	辰之日	二千六百十二萬一千三百八十八萬三百二十萬
坤	水之水	辰之辰	三萬一千三百四十五萬六千六百五十六萬三千八百四十萬

右八卦皆坤八爲體而以水配坤以辰爲主

易學四同別録 卷之二 十三

图 11－5　经世天地始终之数图

（季本《周易四同别录》）

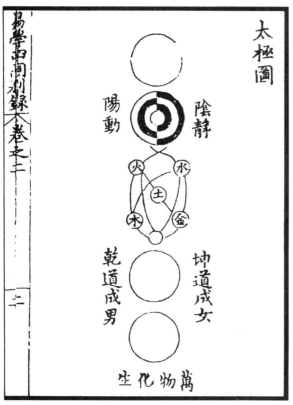

图 12　太极图
（季本《周易四同别录》）

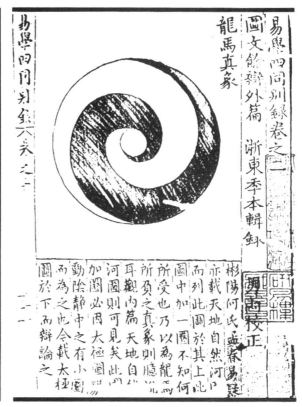

图 13　龙马真象图
（季本《周易四同别录》）

图 14　天地自然河图
（季本《周易四同别录》）

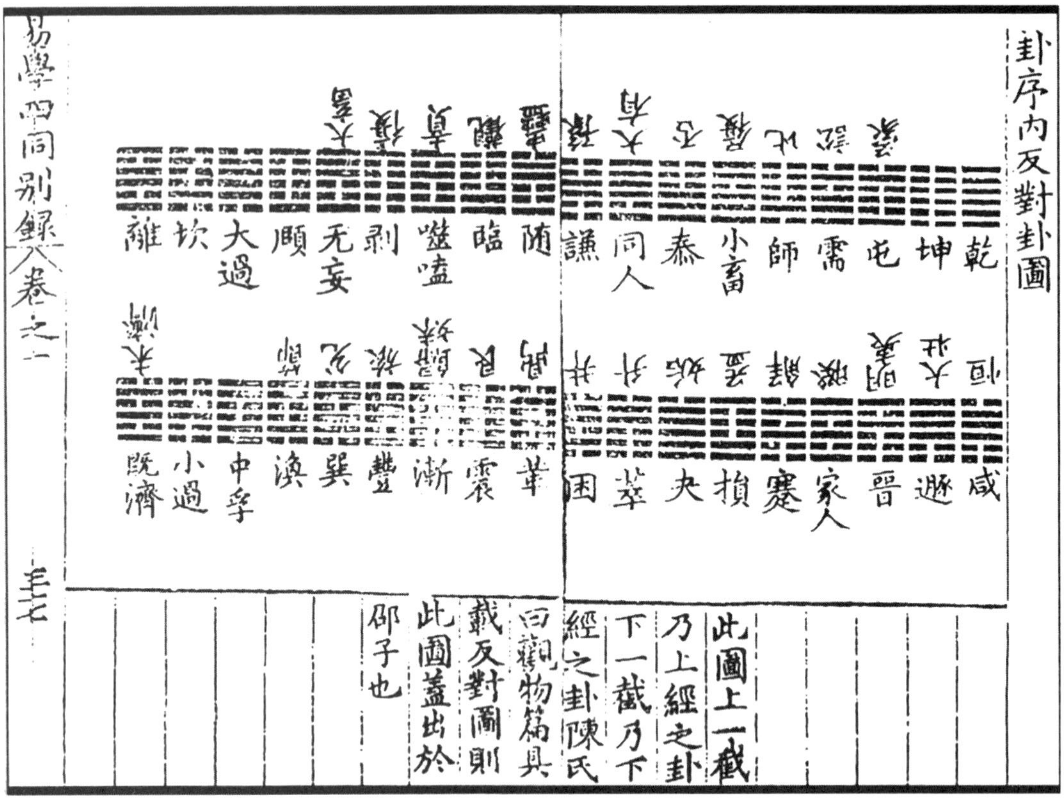

图 15　卦序内反对卦图
（季本《周易四同别录》）

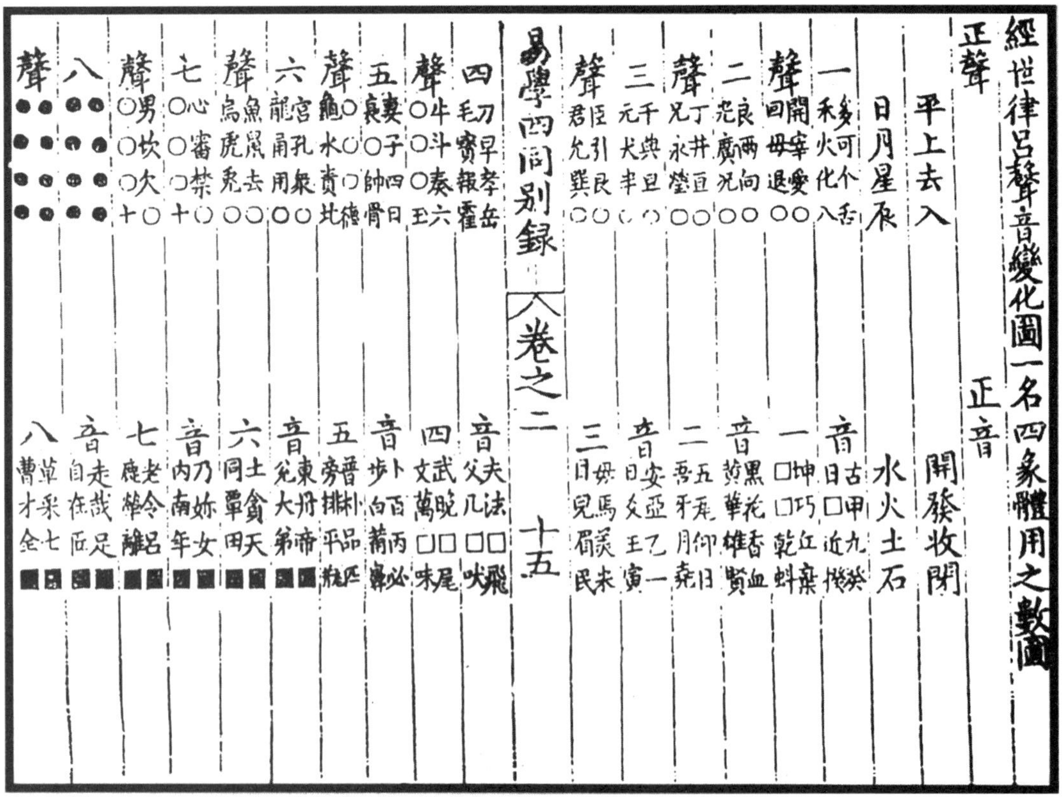

图 16-1　经世律吕声音变化图
（季本《周易四同别录》）

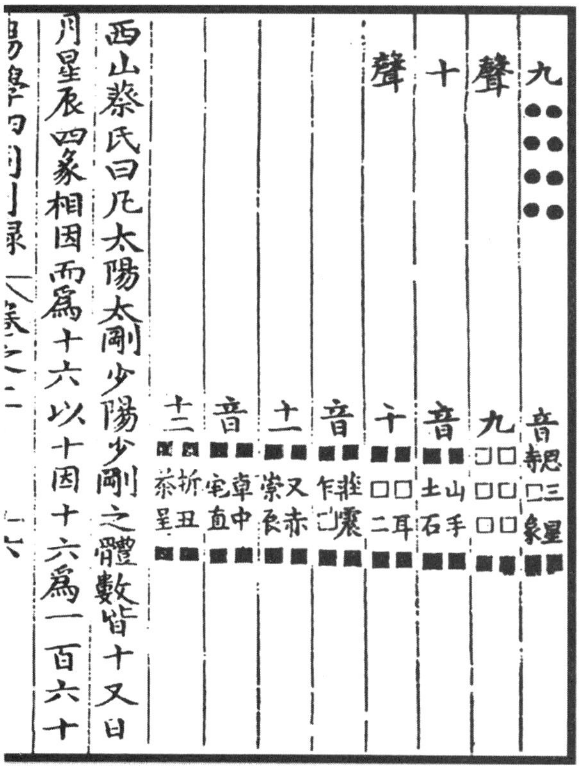

图 16－2 经世律吕声音变化图
（季本《周易四同别录》）

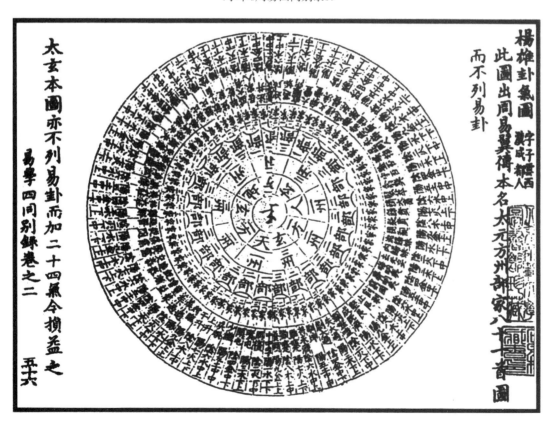

图 17 扬雄卦气图
（季本《周易四同别录》）

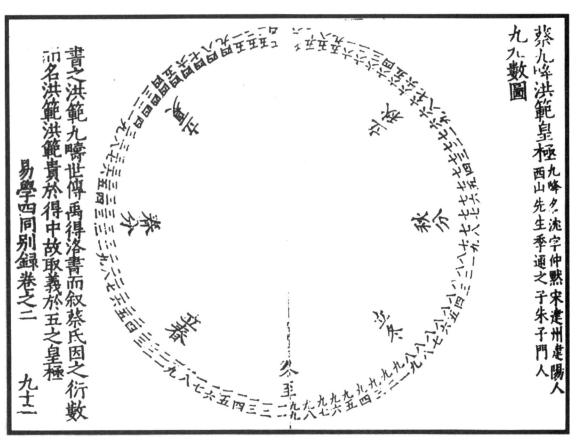

图 18　蔡沈九九数图
（季本《周易四同别录》）

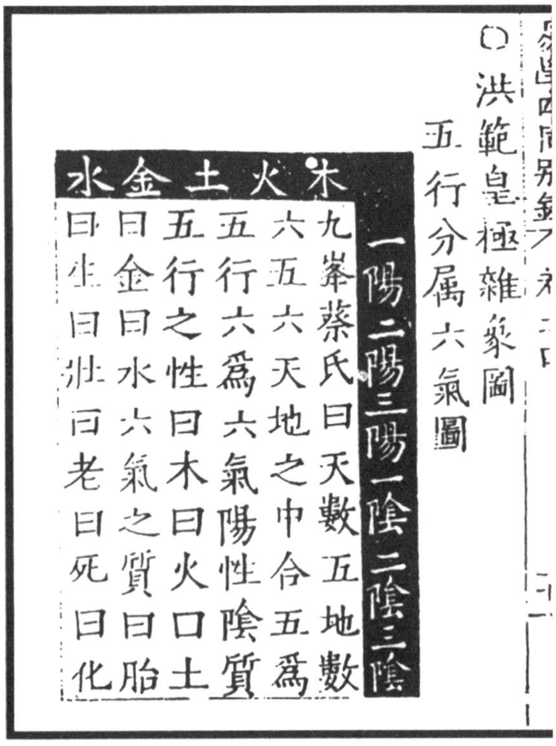

图 19　五行分属六气图
（季本《周易四同别录》）

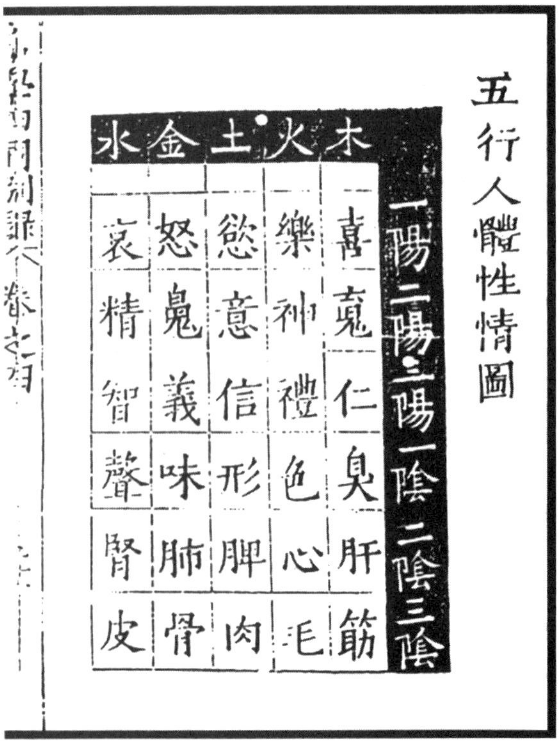

图 20　五行人体性情图
（季本《周易四同别录》）

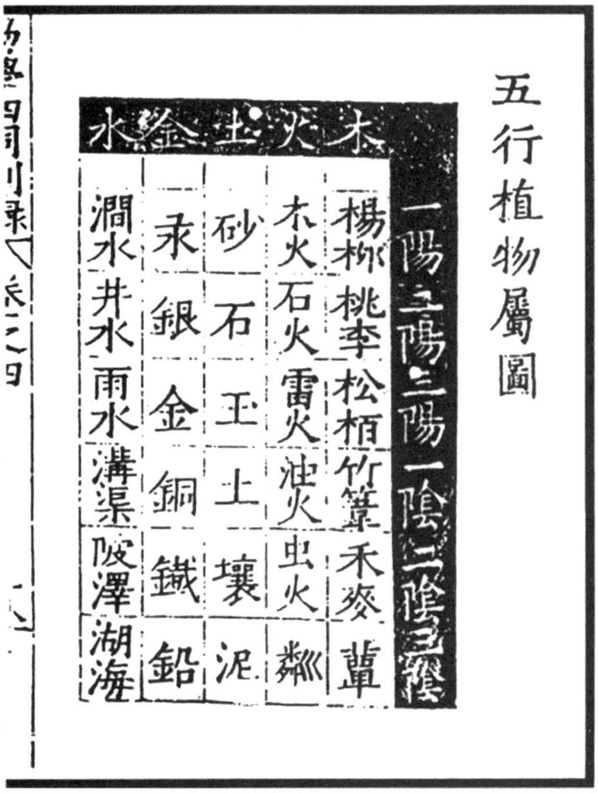

图 21　五行植物属图
（季本《周易四同别录》）

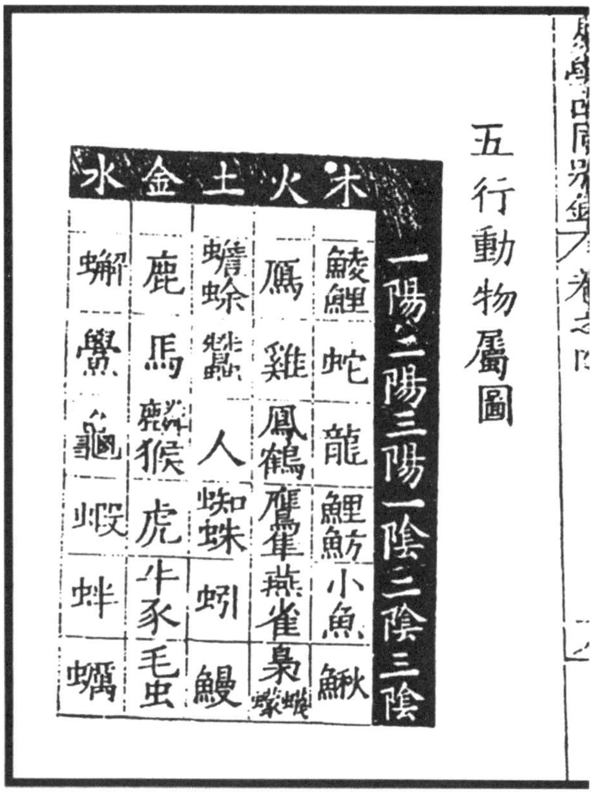

图 22　五行动物属图
（季本《周易四同别录》）

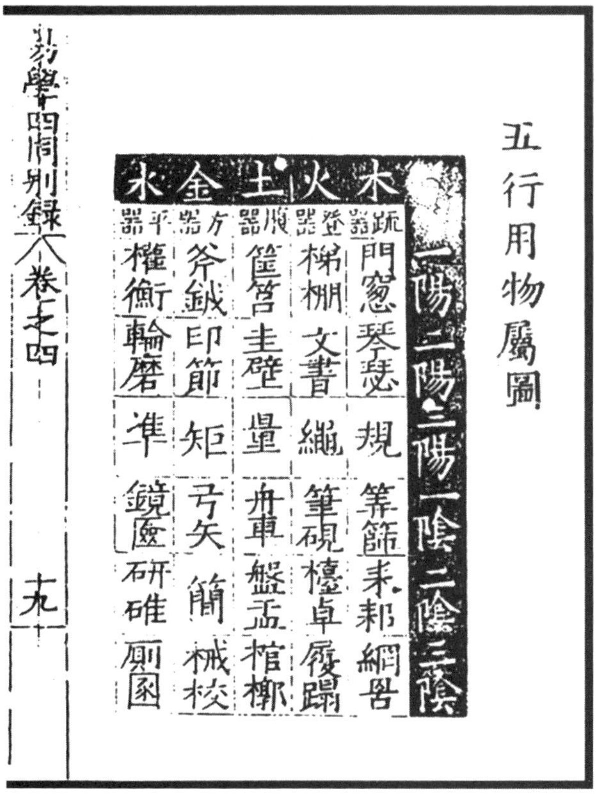

图 23　五行用物属图
（季本《周易四同别录》）

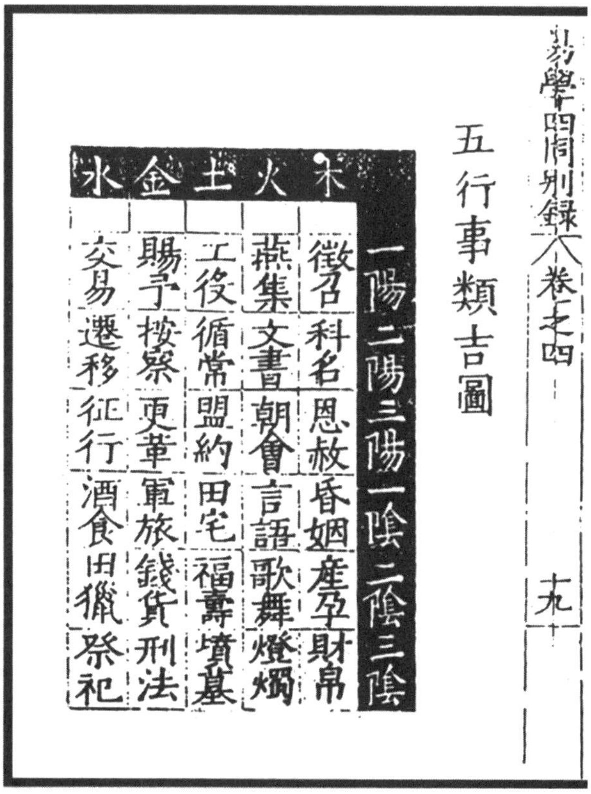

图 24　五行事类吉图
（季本《周易四同别录》）

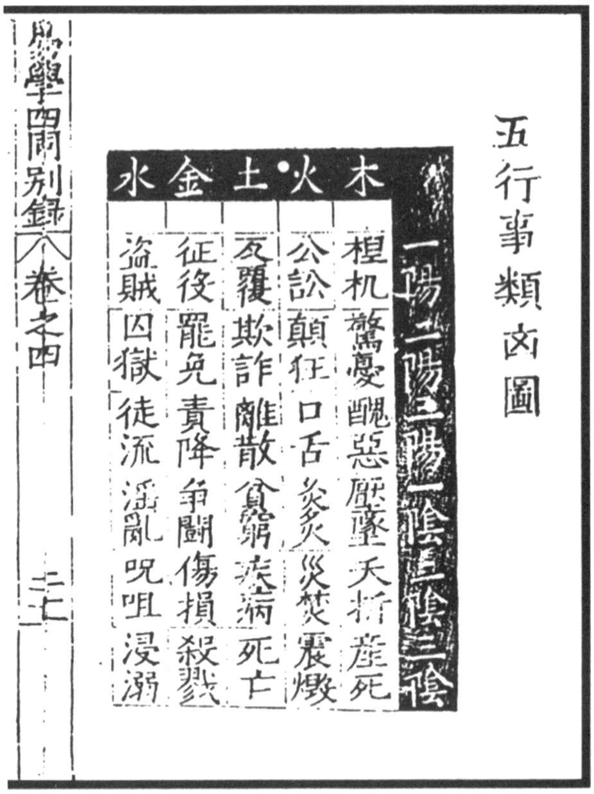

图 25　五行事类凶图
（季本《周易四同别录》）

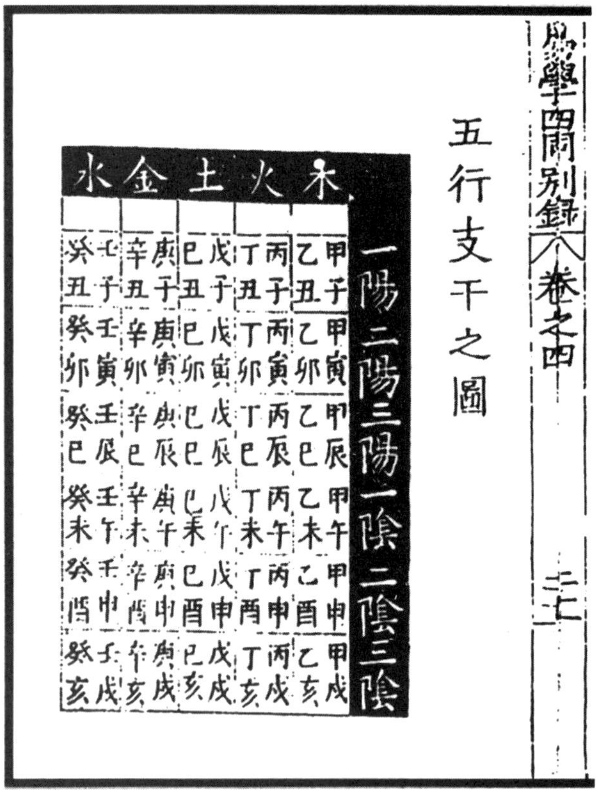

图 26　五行支干之图
（季本《周易四同别录》）

薛侃(1486—1545)

字尚谦,号中离,明广东揭阳人。正德十二年(1517)进士,十六年选行人,后迁司正。早年慕陆九渊、王阳明心学。正德九年师事王阳明于赣州,为王门早期及门高弟,一生维护师门,抄刊阳明著述,在杭州、潮州筑室祭祀阳明,晚年游学江浙,弘扬师说,为同门推重。著有《研几录》、《图书质疑》一卷、《云门录》一卷、《中离先生文稿》十一卷等。现存有《周易》图像十四幅。

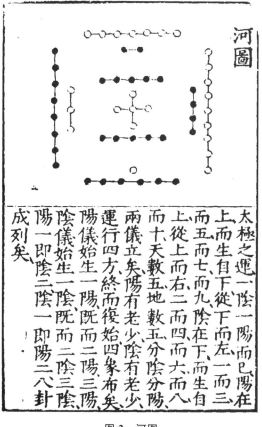

图1　先天卦位、后天卦位图
（薛侃《图书质疑》）

图2　河图
（薛侃《图书质疑》）

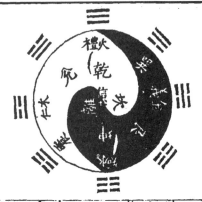

图3 太极先天图
（薛侃《图书质疑》）

图4 太极后天图
（薛侃《图书质疑》）

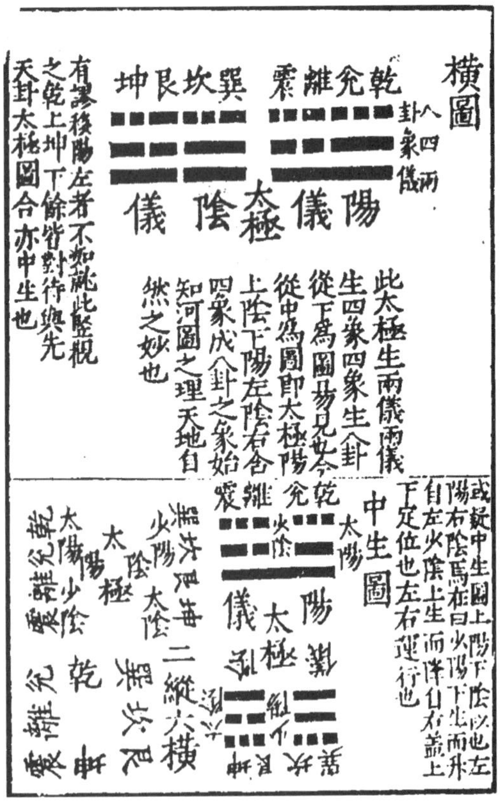

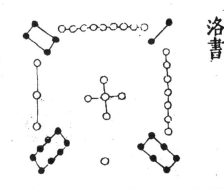

图5 横图 图6 中生图
（薛侃《图书质疑》）

图7 洛书
（薛侃《图书质疑》）

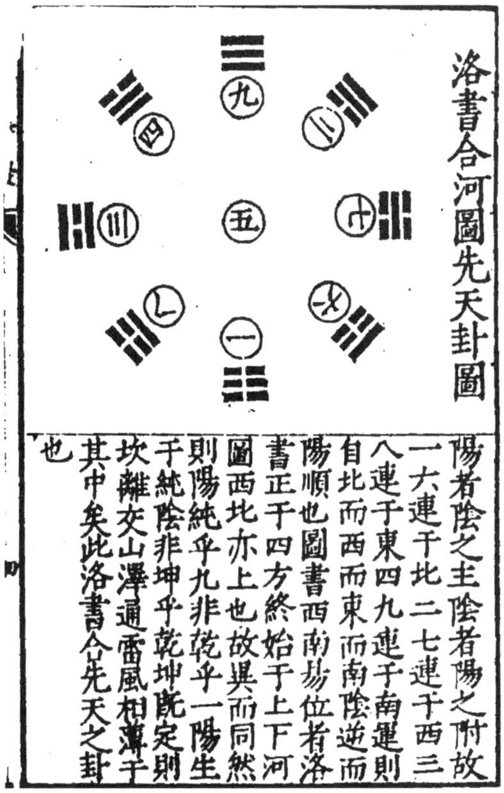

图 8　洛书合河图先天卦图
（薛侃《图书质疑》）

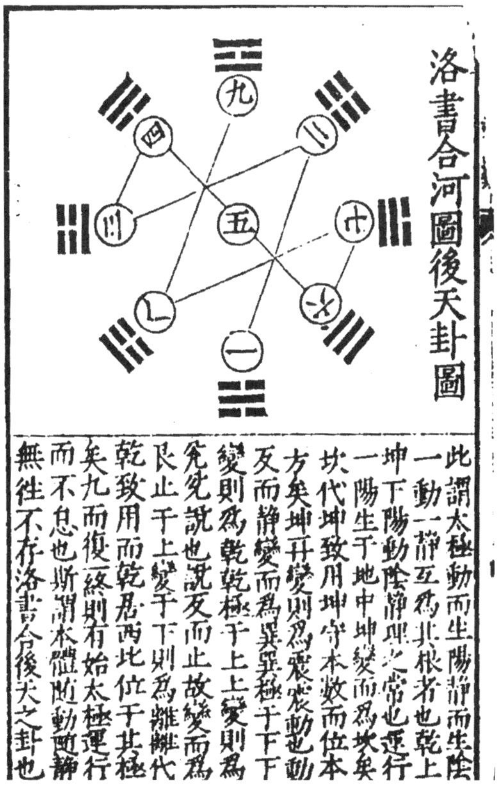

图 9　洛书合河图后天卦图
（薛侃《图书质疑》）

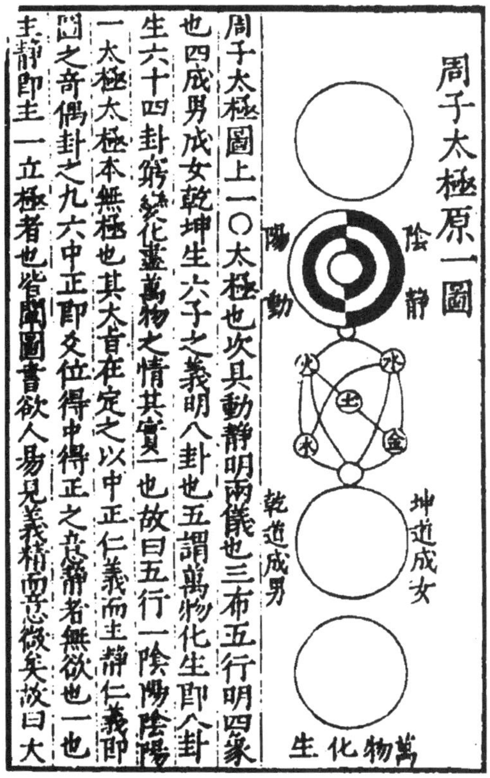

图 10　周子太极原一图
（薛侃《图书质疑》）

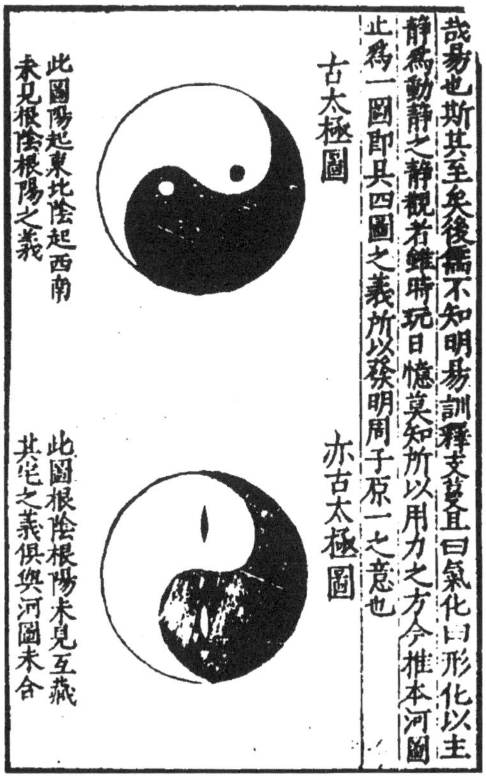

图 11　古太极图
图 12　亦古太极图
（薛侃《图书质疑》）

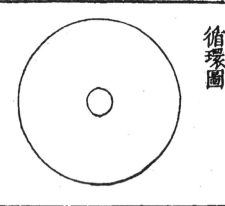

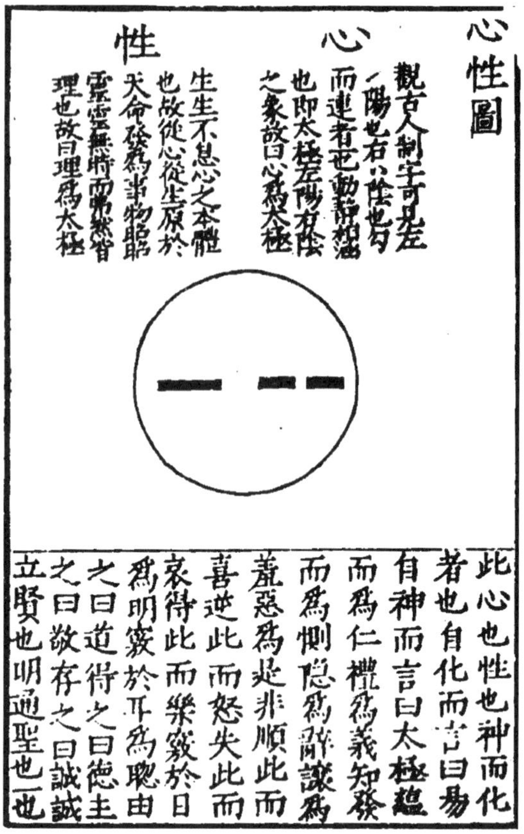

图13　循环图
（薛侃《图书质疑》）

循環圖

是環即河圖之象循而上內陽而外陰謂之升循而下內陰而外陽謂之降一氣流行而成四時順令則和咎所由生也太極動靜無端吉凶悔吝不息于是見矣或曰河圖內陽外陰則內者主也外者附也左圖左陽右陰則內陽外陰右陰外陽也與循環圖合太極主陽為主陰為孫陽騰乎上矣陰降乎下矣故內外左右之義非可以迹言也

心性圖

觀古人制字可見一陽也右二陰也勻而連者也動靜無間之象故曰心為太極也即太極左陽右陰生生不息心之本體也故從屮從生原於天命發為事物聰明叡智無時不與一太極之象故曰心為太極

此心也性也神而化者也自化而言曰易自神而言曰太極也為仁禮為義知覺而為惻隱為辭讓為羞惡為是非順此而為喜怒哀樂發於節而為明敬於耳為聰明發於目為明瞭於心為睿得之曰道得之曰德存之曰敬主之曰誠立賢明通聖也

图14　心性图
（薛侃《图书质疑》）

叶良佩(1491—1570)

字敬之,号海峰,一号旗峰,又自号海峰居士,明浙江太平(今浙江温岭)人。嘉靖二年(1523)进士,任江西新城知县,后擢升南京刑部主事、郎中。后因遭弹劾罢官归于林下。著有《洪范图解》、《周易义丛》十六卷、《周易发蒙集解》、《海峰堂前稿》十八卷等。现存有《周易》图像七幅。

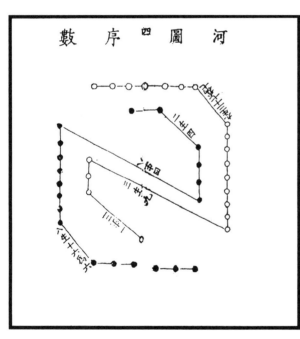

图1 河图序数图
(叶良佩《周易义丛》)

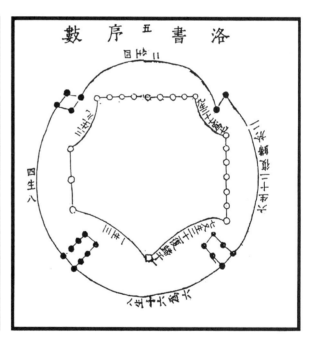

图2 洛书序数图
(叶良佩《周易义丛》)

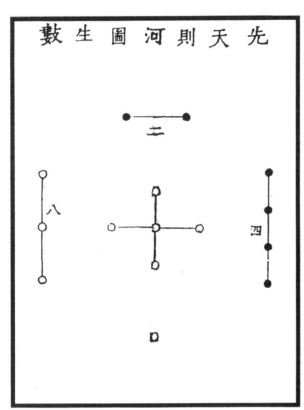

图3 先天则河图生数图
（叶良佩《周易义丛》）

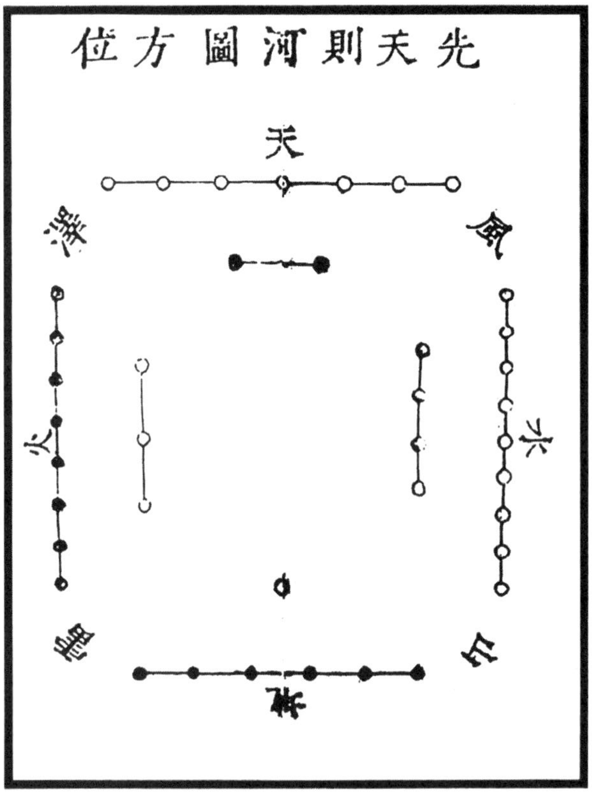

图4 先天则河图方位图
（叶良佩《周易义丛》）

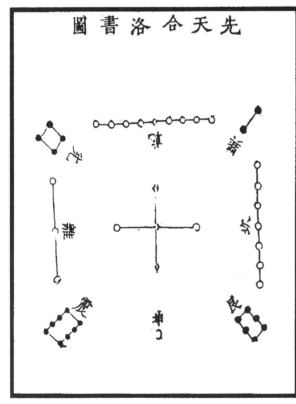

图5 先天合洛书图
（叶良佩《周易义丛》）

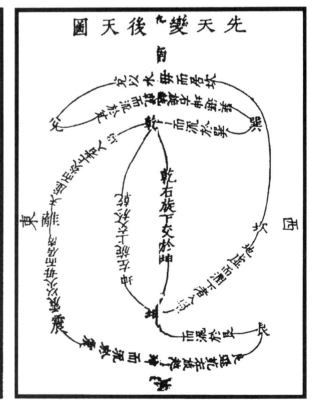

图6 先天变后天图
（叶良佩《周易义丛》）

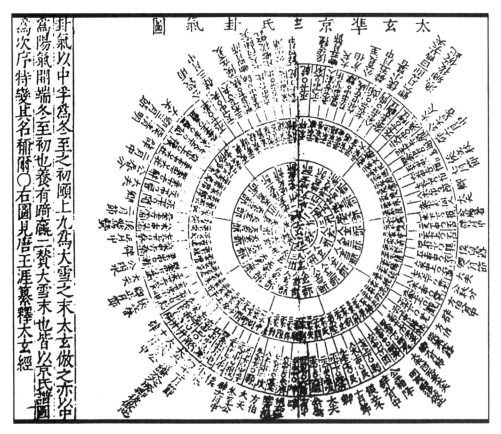

图 7　太玄准京氏卦气图
（叶良佩《周易义丛》）

刘濂（1494—1567）

字浚伯，学者称其"微山先生"，明直隶南宫（今河北南宫）人。正德十五年（1520）进士，授河南杞县知县，擢监察御史。弹劾严嵩不成，告病还乡，读书著述。著有《易象解》八卷、《乐经元义》十二卷、《九代乐章》十二卷、《兵说》十二卷、《四述》四卷等。现存有《周易》图像二幅。

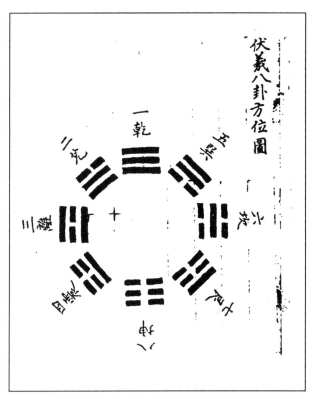

图 1　伏羲八卦方位图
（刘濂《易象解》）

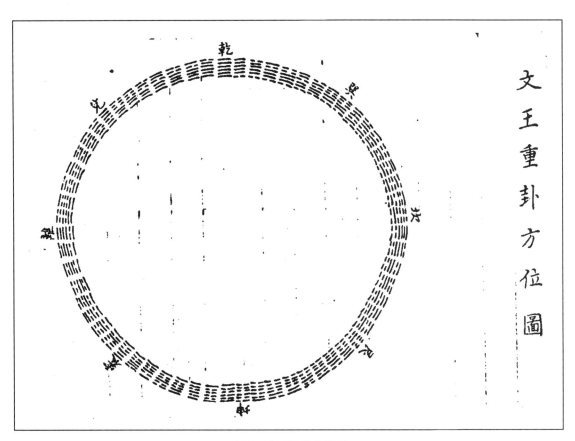

图 2 文王重卦方位图
（刘濂《易象解》）

丰坊(1494—1571)

字存礼、存叔,后改名道生,改字人叔、人翁、人季,号南禺、南禺生、南禺外史、南禺病史、南禺世史、西郭子、西农、西郊农长、天野人等,明浙江鄞县(今浙江宁波)人。嘉靖二年(1523)进士,除礼部主事,改南考功司主事,再降通州同知,后罢归故里,筑"万卷楼"藏书。著有《五经世学》、《书诀》一卷、《淳化帖书评》一卷、《宦游琐记》等,后人辑有《南禺先生诗选》。现存有《周易》图像三幅。

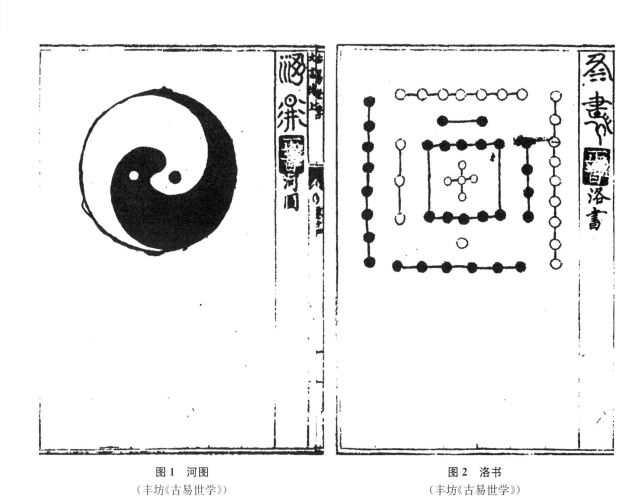

图1　河图
(丰坊《古易世学》)

图2　洛书
(丰坊《古易世学》)

图 3-1 人皇卦图
（丰坊《古易世学》）

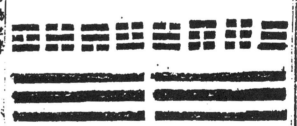

图 3-2 人皇卦图
（丰坊《古易世学》）

图 3-3 人皇卦图
（丰坊《古易世学》）

图 3-4 人皇卦图
（丰坊《古易世学》）

图3-5 人皇卦图
（丰坊《古易世学》）

马一龙(1499—1571)

字负图,号孟河,别号玉华子,明南直隶溧阳(今江苏溧阳)人。嘉靖二十六年(1547)进士,仕至国子监司业。少即能诗,长而博综群籍,诗文皆工,善书法,精于农学。著有《农说》一卷,《元图大衍》一卷、《玉华子游艺集》二十六卷。现存有《周易》图像三幅。

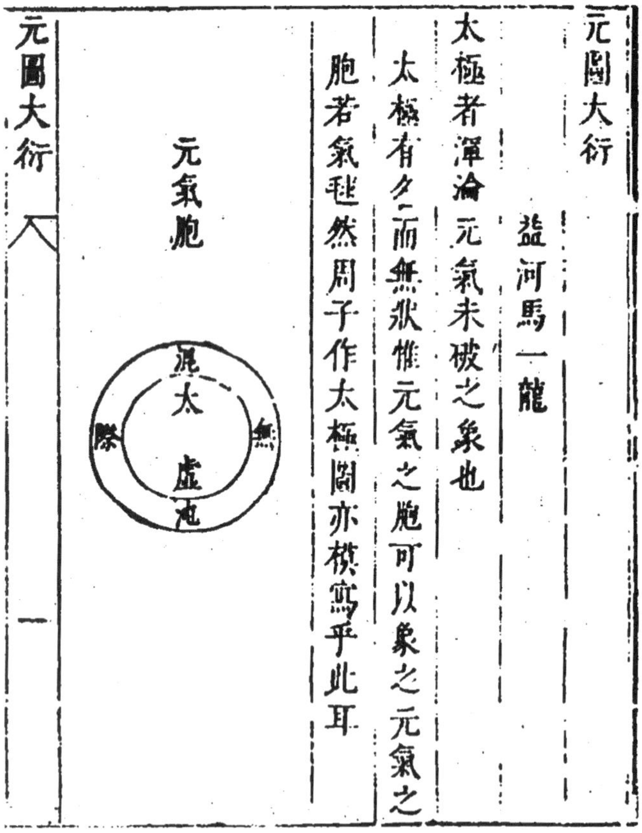

图1 元气胞图
(马一龙《元图大衍》)

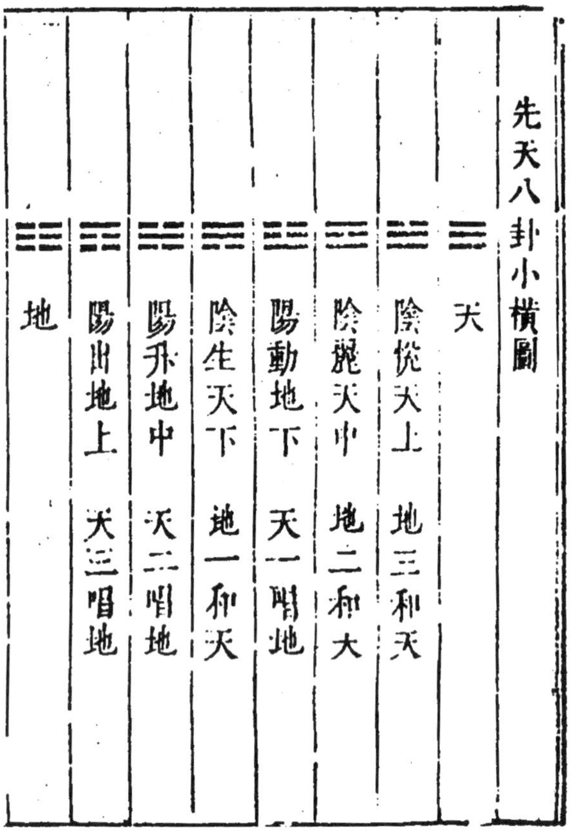

图2 先天八卦小横图
(马一龙《元图大衍》)

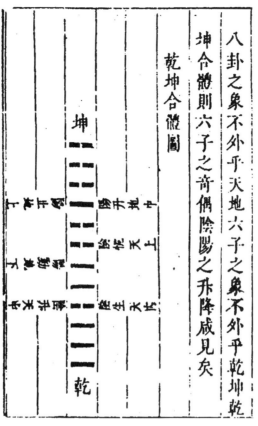

图 3　乾坤合体图
（马一龙《元图大衍》）

陈言（1501—1541）

字献可，号东涯，明浙江海盐人。幼称神童，以选贡卒业，嘉靖十七年（1537）举人。著有《五经疑》，其中《易疑》三卷。现存有《周易》图像十幅。

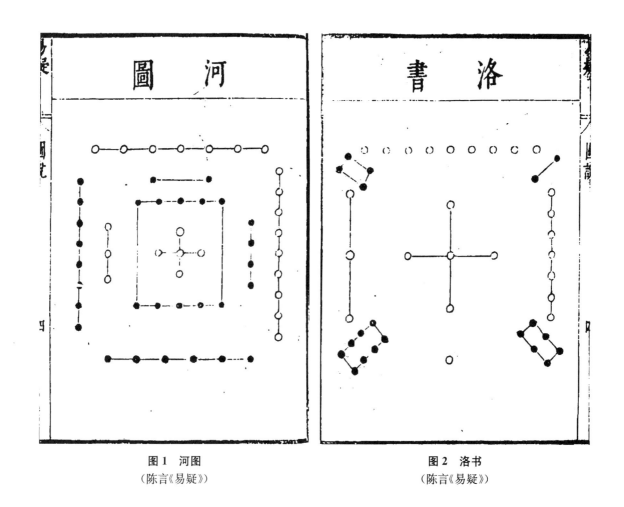

图1 河图
（陈言《易疑》）

图2 洛书
（陈言《易疑》）

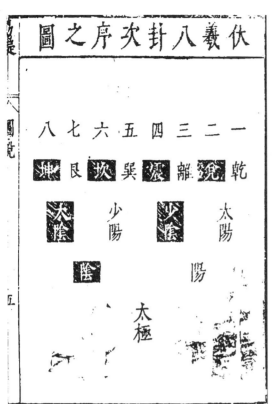

图3 伏羲八卦次序之图
（陈言《易疑》）

图4 伏羲八卦方位之图
（陈言《易疑》）

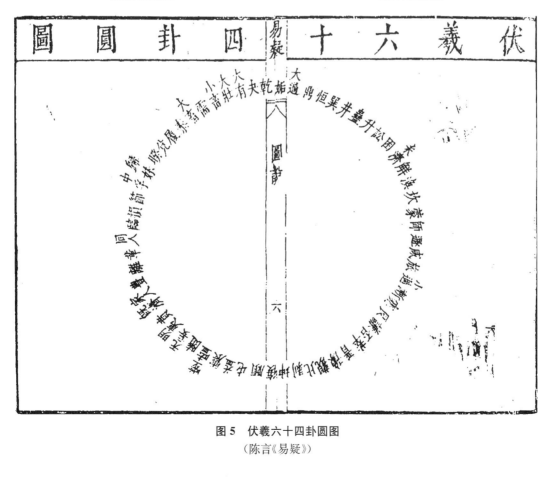

图5 伏羲六十四卦圆图
（陈言《易疑》）

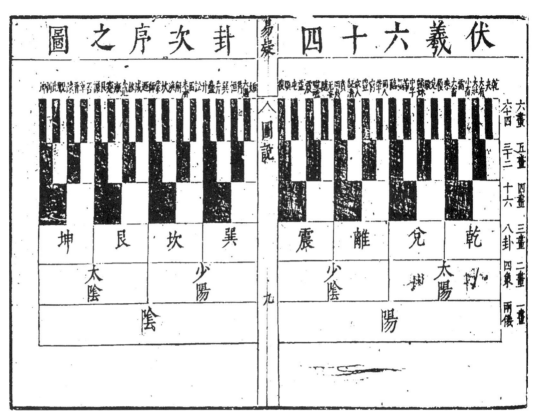

图6 伏羲六十四卦次序之图
（陈言《易疑》）

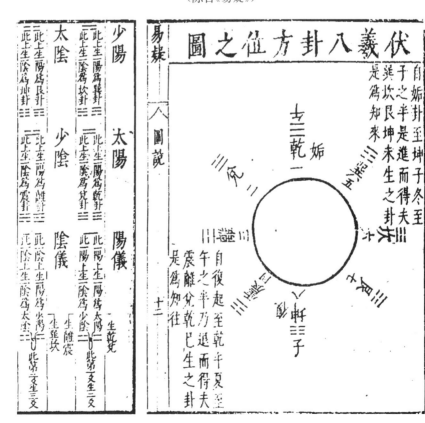

图7 两仪、四象、八卦图
（陈言《易疑》）

图8 伏羲八卦方位之图
（陈言《易疑》）

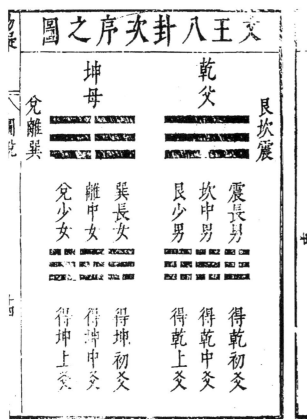

图 9　文王八卦次序之图
（陈言《易疑》）

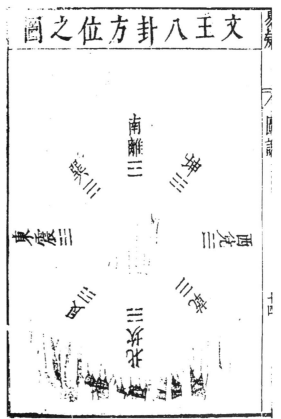

图 10　文王八卦方位之图
（陈言《易疑》）

李开先（1502—1569）

字伯华，号中麓，明山东章丘人。嘉靖八年（1529）进士，授户部云南司主事、吏部文选司郎中，官至太常寺少卿，罢归。著有《闲居集》十二卷、《中麓山人拙对》两卷、《诗禅》一卷、《画品》一卷、《词谑》、《读易辩疑》等。现存有《周易》图像十一幅。

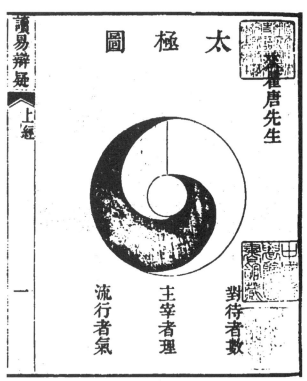

图 1　太极图
（李开先《读易辩疑》）

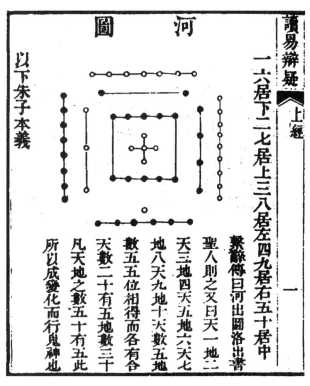

图 2　河图
（李开先《读易辩疑》）

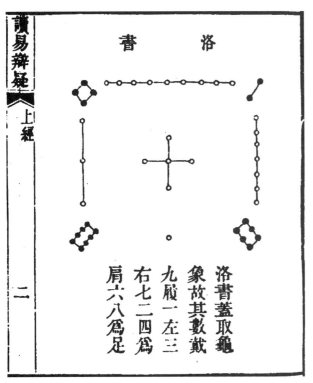

图3 洛书
(李开先《读易辩疑》)

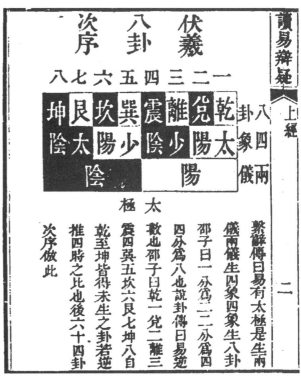

图4 伏羲八卦次序图
(李开先《读易辩疑》)

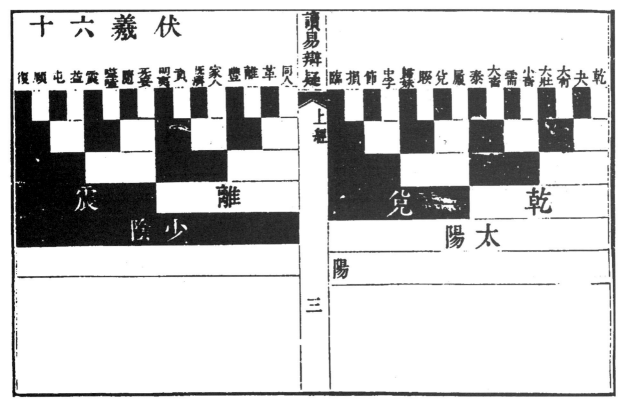

图5-1 伏羲六十四卦次序图
(李开先《读易辩疑》)

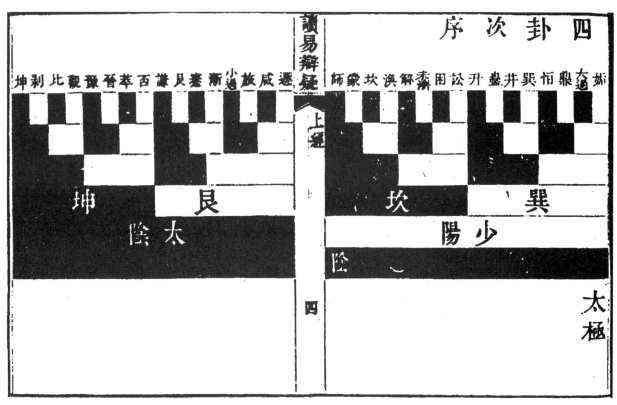

图 5-2 伏羲六十四卦次序图
（李开先《读易辩疑》）

图 6 伏羲八卦方位图
（李开先《读易辩疑》）

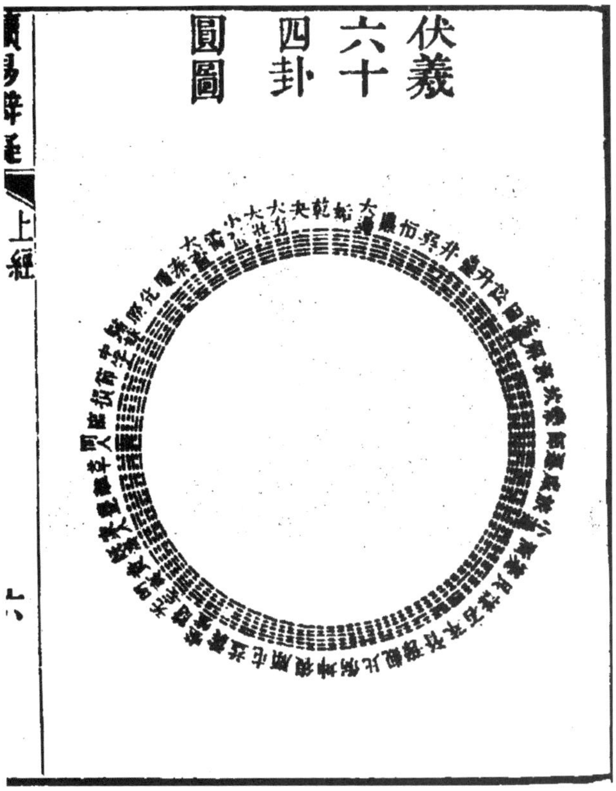

图7 伏羲六十四卦圆图
（李开先《读易辩疑》）

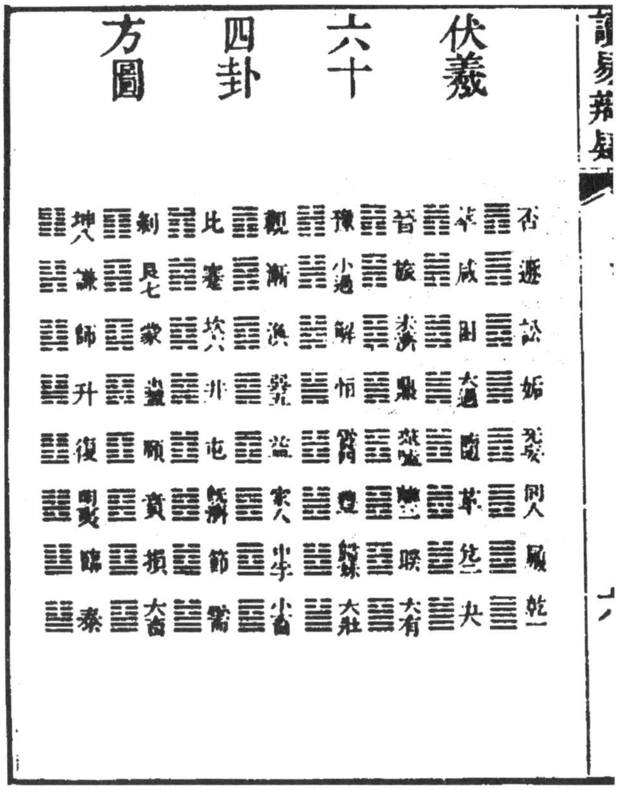

图8 伏羲六十四卦方图
（李开先《读易辩疑》）

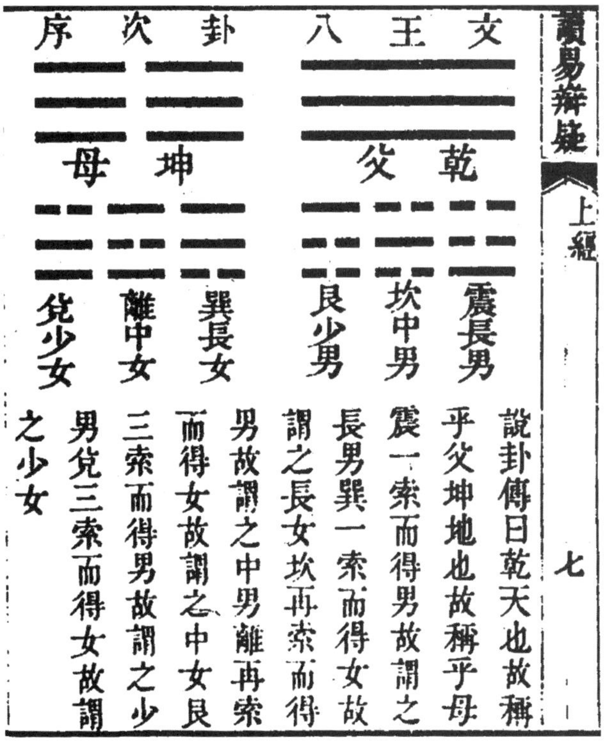

图9 文王八卦次序图
（李开先《读易辩疑》）

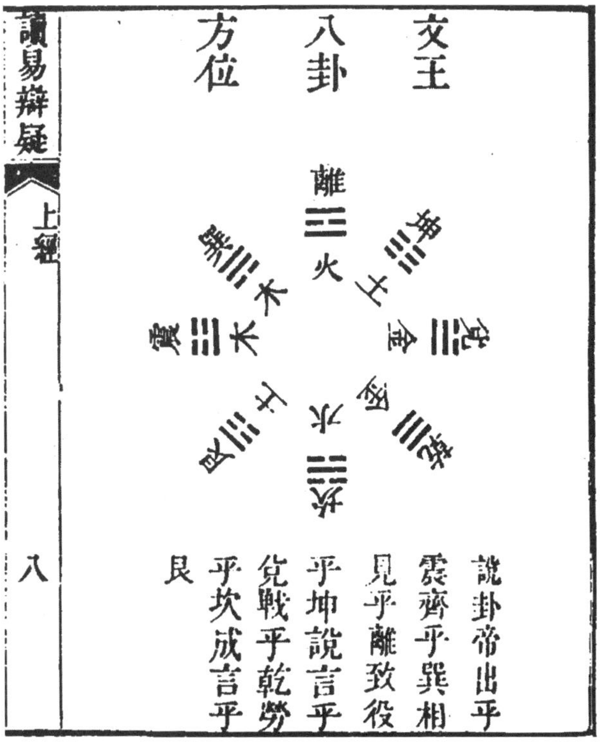

图10 文王八卦方位图
（李开先《读易辩疑》）

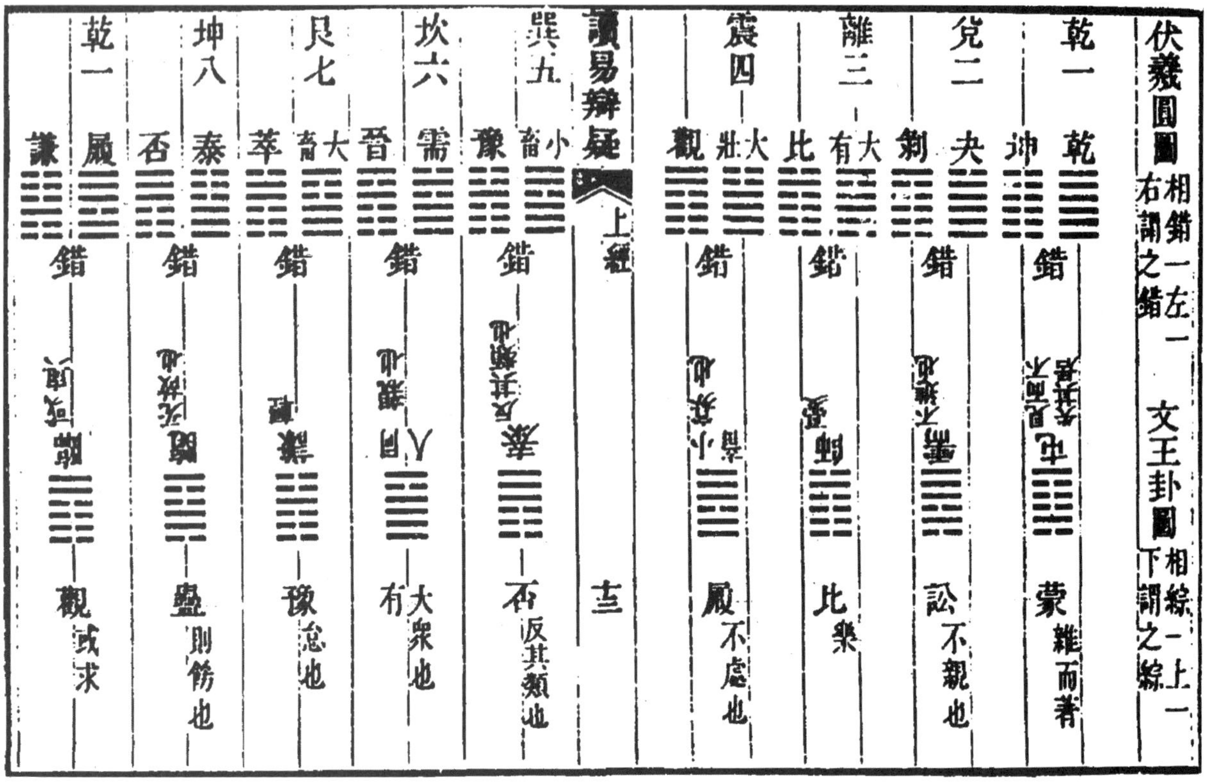

图 11-1　伏羲圆图（相错一左一右谓之错）、文王卦图（相综一上一下谓之综）
（李开先《读易辩疑》）

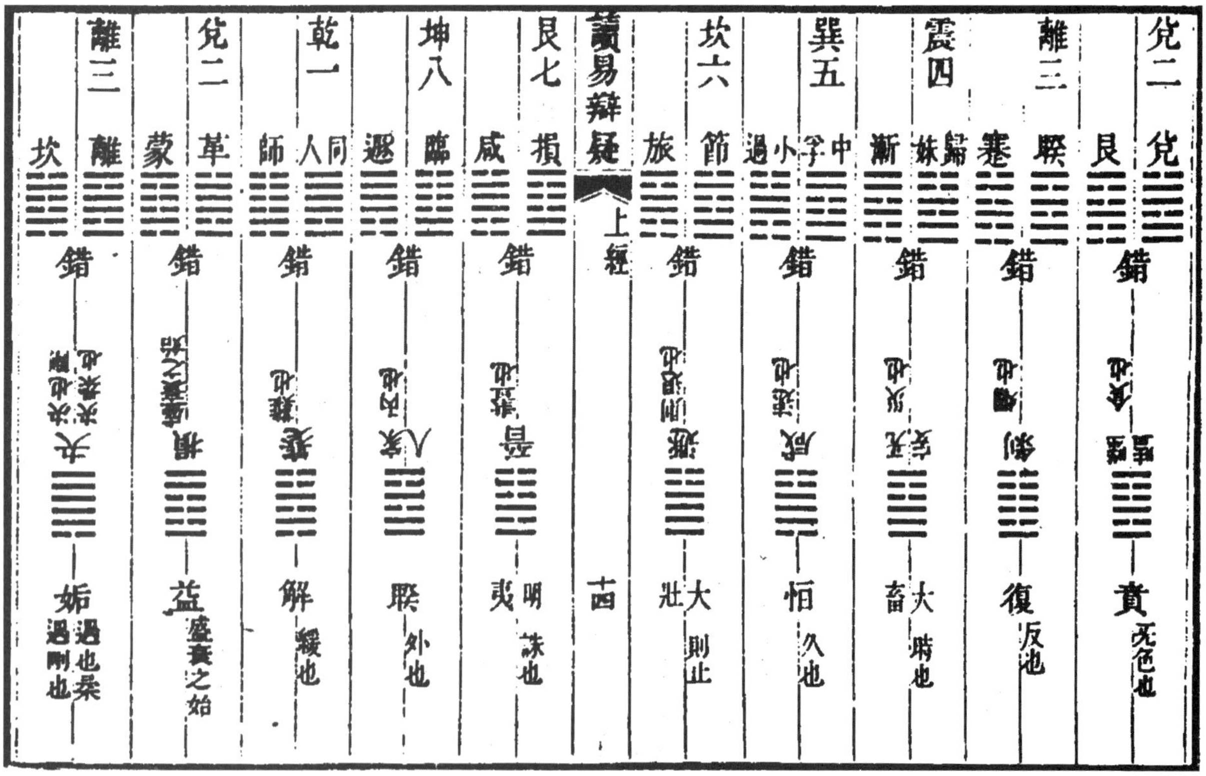

图 11-2　伏羲圆图（相错一左一右谓之错）、文王卦图（相综一上一下谓之综）
（李开先《读易辩疑》）

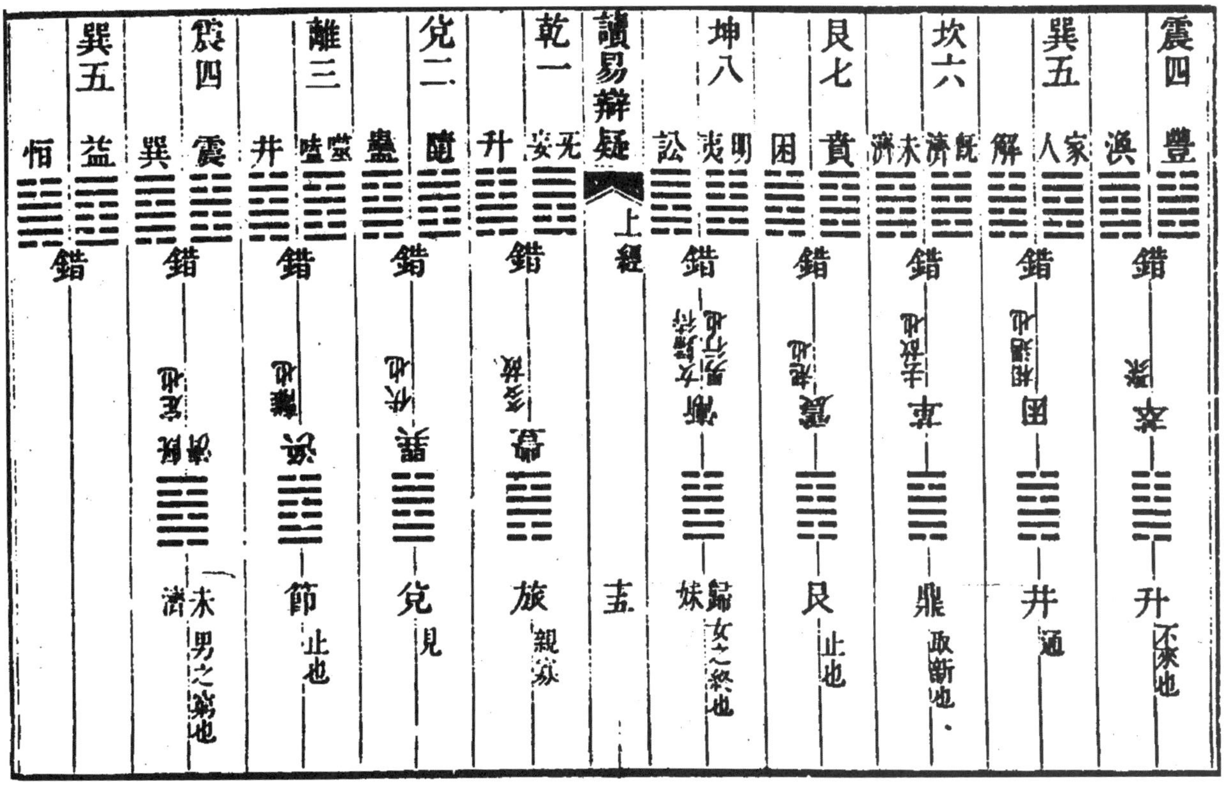

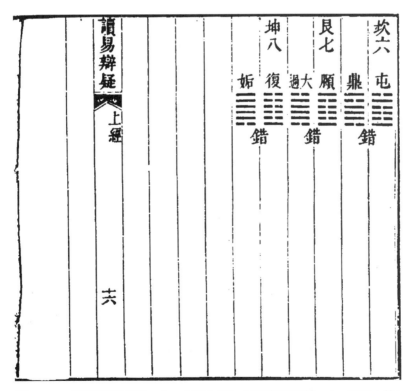

图 11-3　伏羲圆图(相错一左一右谓之错)、文王卦图(相综一上一下谓之综)
（李开先《读易辩疑》）

图 11-4　伏羲圆图(相错一左一右谓之错)、文王卦图(相综一上一下谓之综)
（李开先《读易辩疑》）

归有光（1506—1571）

字熙甫，开甫，别号震川，明南直隶昆山（今江苏昆山）人。嘉靖十九年（1540）乡试第二名，后北上，屡试不中。嘉靖四十四年，以六十高龄中三甲进士。任长兴县令、顺德府马政通判、南京太仆寺丞，卒于官。著有《易经渊旨》一卷、《尚书别解》、《洪范传》一卷、《冠礼宗法》、《读书史记纂言》十卷、《两汉诏令》、《三吴水利录》四卷、《诸子汇函》二十卷、《道德南华经评注》十二卷、《震川文集》三十卷、《别集》十卷等。现存有《周易》图像三幅。

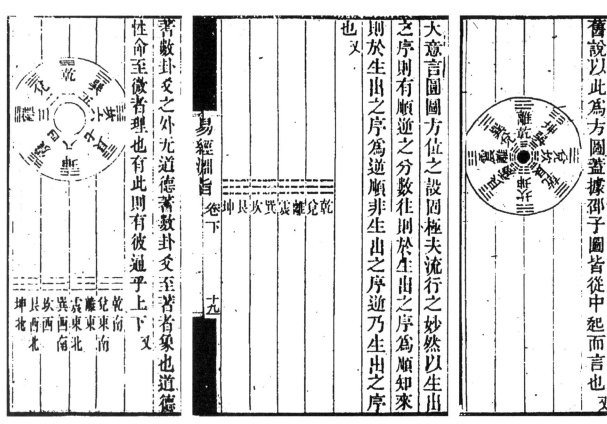

图1　圆本于横图
（归有光《易经渊旨》）

图2　八卦次序图
（归有光《易经渊旨》）

图3　先天后天图
（归有光《易经渊旨》）

杨向春

生卒年不详,字体仁,号野崖,自称孔道人,明云南普洱人。嘉靖时诸生。少颖悟,究心易学与邵雍先天之学,历数十年。后遍游名山,至武当不知所终。著有《皇极经世心易发微》八卷、《皇极经世数学引蒙》四卷、《大定新编》四卷、《格物篇》等。现存有《周易》图像十九幅。

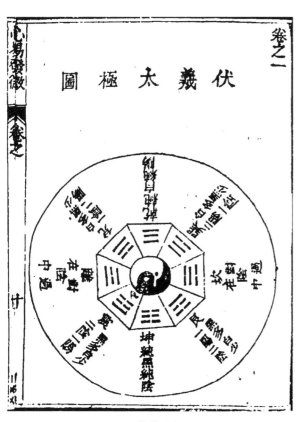

图1 伏羲太极图
(杨向春《皇极经世心易发微》)

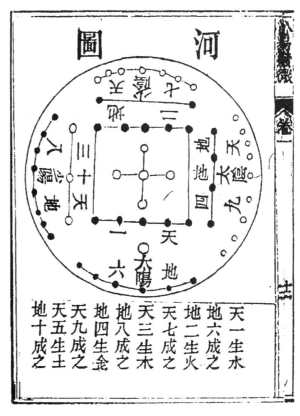

图2 河图
(杨向春《皇极经世心易发微》)

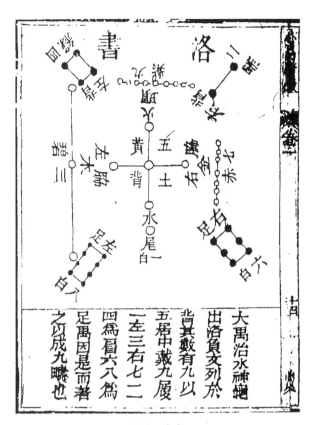

图3 洛书
（杨向春《皇极经世心易发微》）

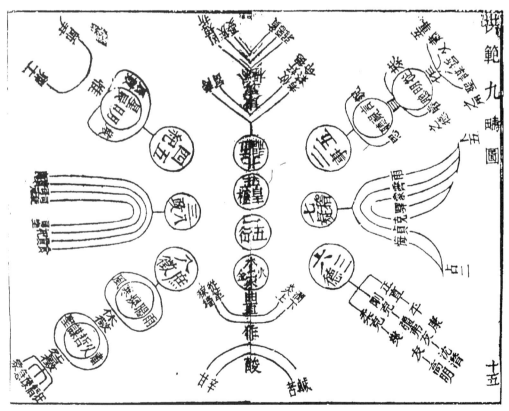

图4 洪范九畴图
（杨向春《皇极经世心易发微》）

图5 先天八卦图
（杨向春《皇极经世心易发微》）

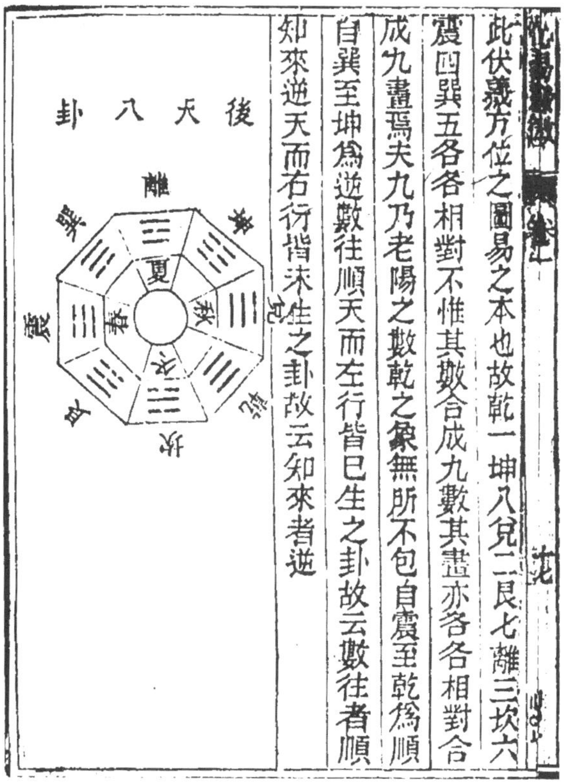

图6 后天八卦图
（杨向春《皇极经世心易发微》）

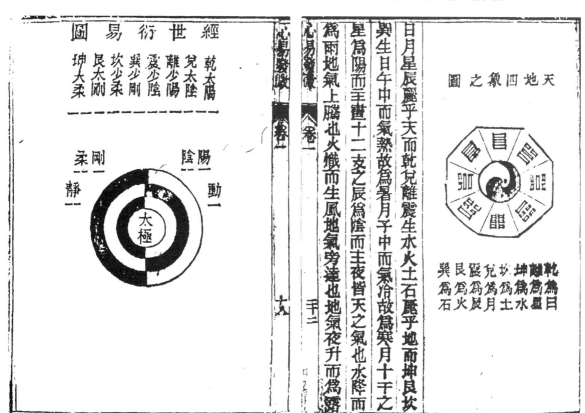

图7 经世衍易图
（杨向春《皇极经世心易发微》）

图8 天地四象之图
（杨向春《皇极经世心易发微》）

图 9　元会运世图
（杨向春《皇极经世心易发微》）

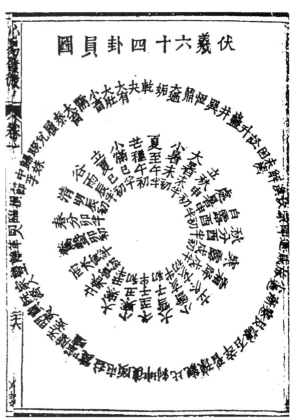

图 10　伏羲六十四卦圆图
（杨向春《皇极经世心易发微》）

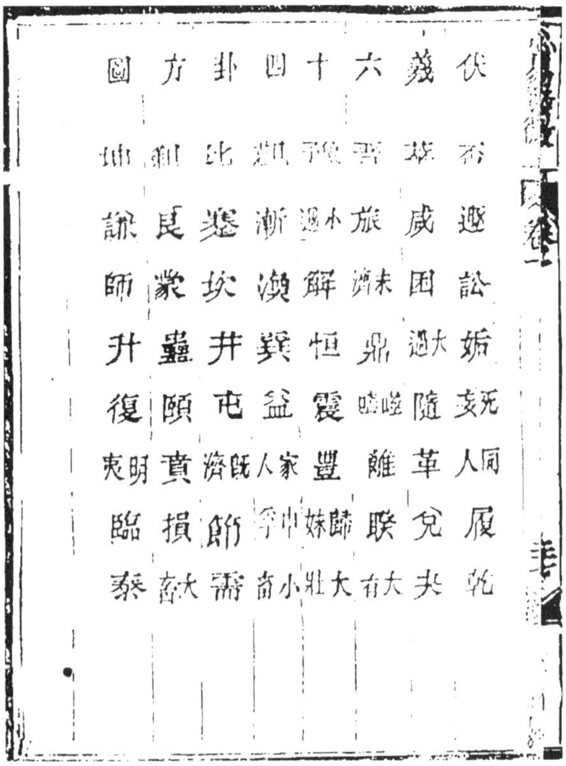

图 11　伏羲六十四卦方图
（杨向春《皇极经世心易发微》）

图 12　六十四卦方圆图
（杨向春《皇极经世心易发微》）

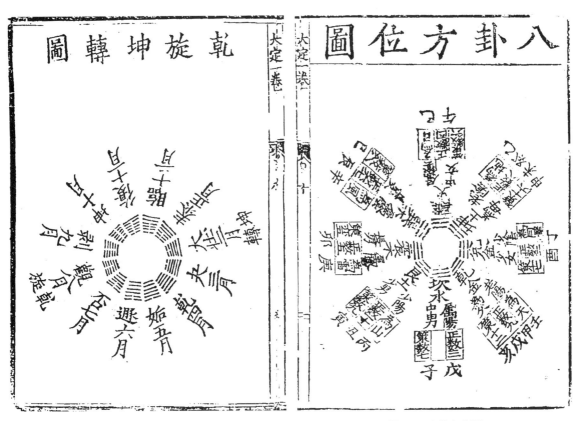

图 13 乾旋坤转图
（杨向春《大定新编》）

图 14 八卦方位图
（杨向春《大定新编》）

图 15 归元还元图
（杨向春《大定新编》）

图 16　文王重易图
（杨向春《大定新编》）

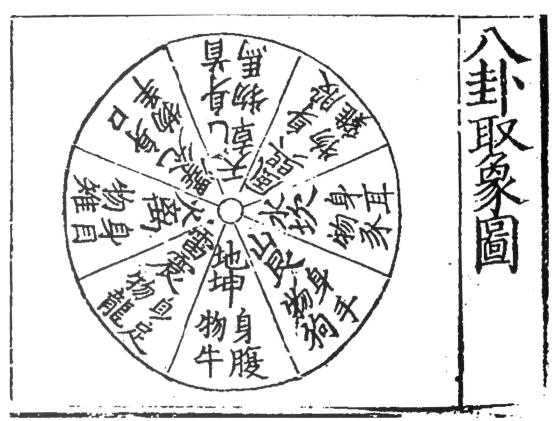

图 17　八卦取象图
（杨向春《大定新编》）

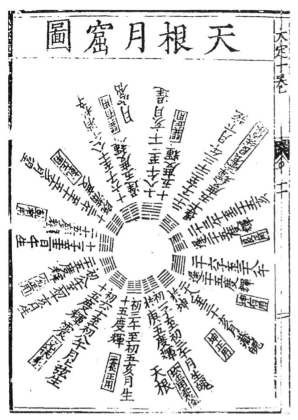 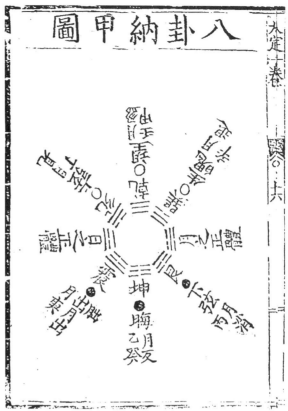

图 18　天根月窟图 　　　　　　　　图 19　八卦纳甲图
（杨向春《大定新编》）　　　　　　（杨向春《大定新编》）

徐爌

生卒年不详，字文华，号泉岩，明南直隶太仓州（今江苏太仓）人。嘉靖三十二年（1544）进士，拜四川道监察御史，又迁山西道巡视两淮盐课都御史。后升按察副使，督江西学政，迁山西道行太仆寺致仕。著有《四书切问讲义》八卷补一卷、《四书初问》十五卷、《定性书释》二卷、《古太极测》一卷、《雁门集》、《琢玉新声》、《南游日记》等。现存有《周易》图像四十幅。

圖象一
此太極之祖也伏羲無文無圖一畫焉耳矣而易道備焉天地鬼神之奥人心之妙玄之又玄穆乎其穆者乎是故生兩儀生四象生八卦以至生生而不窮實根柢於此為象數之始也即而觀之有一字形象始於一數始於一萬事萬化始於一焉茲畫也太初太乙朴而不文而森然群彙兆於此矣故曰無極而太極

图 1　太极之祖图

（徐爌《古太极测》）

圖象二
此即伏羲一畫而圓之也太極之有圖始於此矣其形圓圓主動動故不息其中虛虛則神神故能應一而不二者誠也如環無端者至誠無息也中無一物者不覩不聞無聲無臭也此之謂上天之載為天命之性為堯舜之精一為子思未發之中

图 2　伏羲一画而圆

（徐爌《古太极测》）

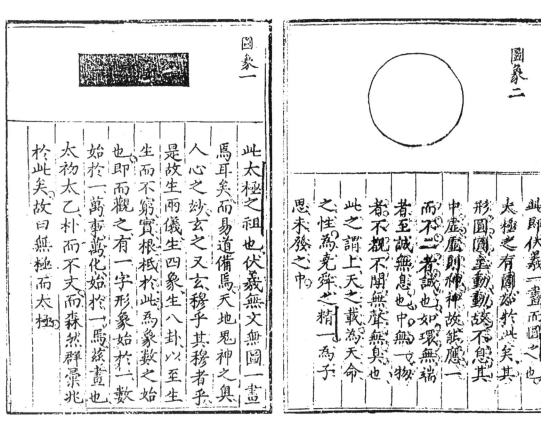

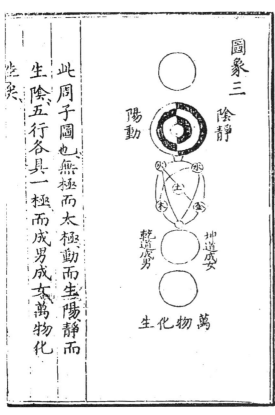

图3 周子图
（徐爌《古太极测》）

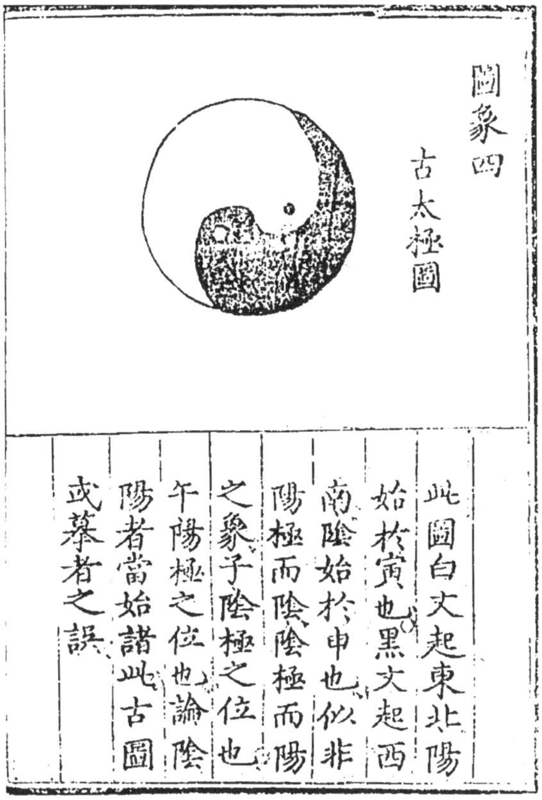

图4 古太极图
（徐爌《古太极测》）

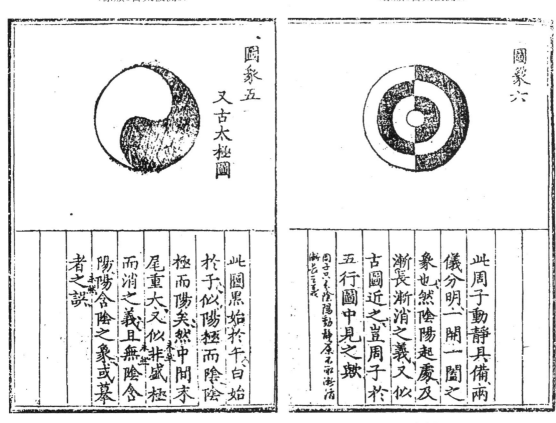

图5 古太极图
（徐爌《古太极测》）

图6 古太极图六
（徐爌《古太极测》）

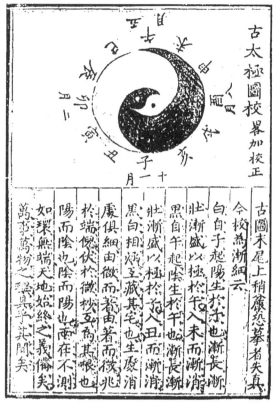

图 7　古太极图校图
（徐爌《古太极测》）

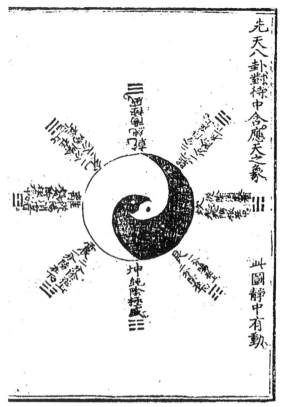

图 8　先天八卦对待中含应天之象图
（徐爌《古太极测》）

图 9　后天八卦流行中含应地之象图
（徐爌《古太极测》）

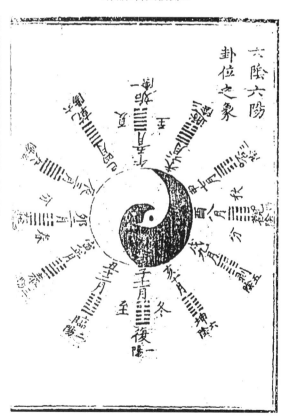

图 10　六阴六阳卦位之象图
（徐爌《古太极测》）

图 11　天地定位阴阳妙合之象图
（徐爌《古太极测》）

图 12　五行成象之象图
（徐爌《古太极测》）

图 13　五行相生之象图
（徐爌《古太极测》）

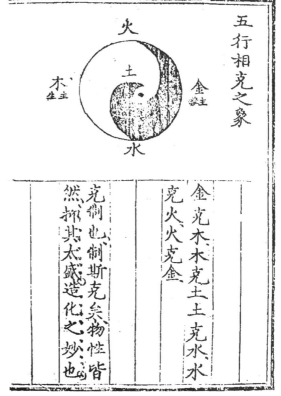

图 14　五行相克之象图
（徐爌《古太极测》）

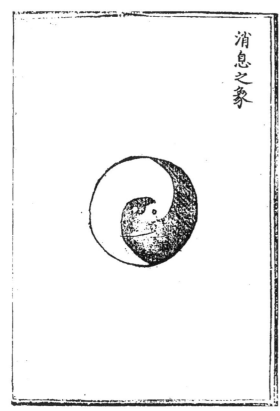

图 15　消息之象图
（徐燉《古太极测》）

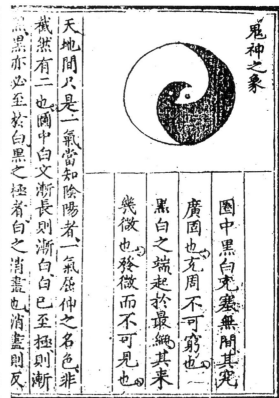

图 16　鬼神之象图
（徐燉《古太极测》）

图 17　天地气质之象图
（徐燉《古太极测》）

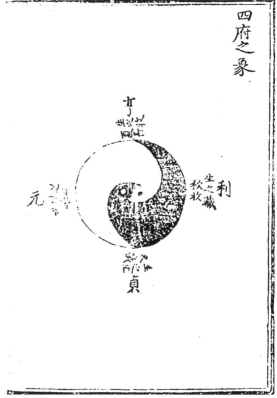

图 18　四府之象图
（徐燉《古太极测》）

图 19　世道升降之象图
（徐爌《古太极测》）

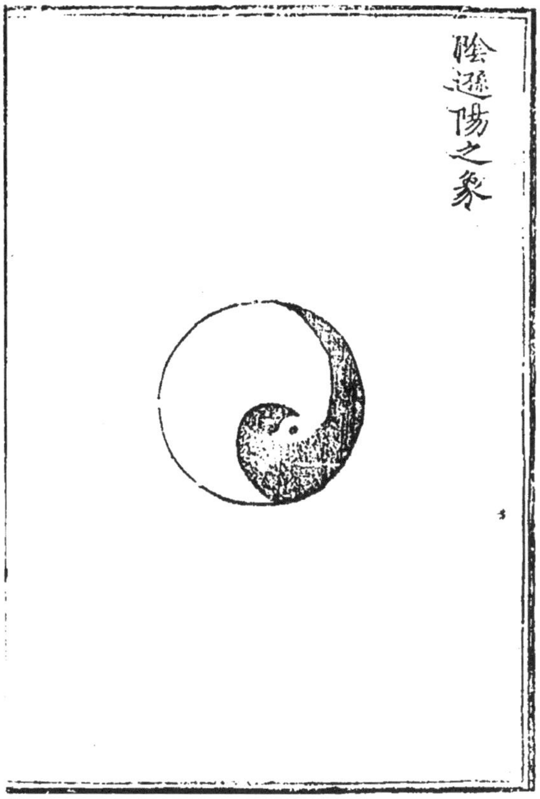

图 20　阴逊阳之象图
（徐爌《古太极测》）

图 21　阴抗阳之象图
（徐爌《古太极测》）

图 22　几微过中之象图
（徐爌《古太极测》）

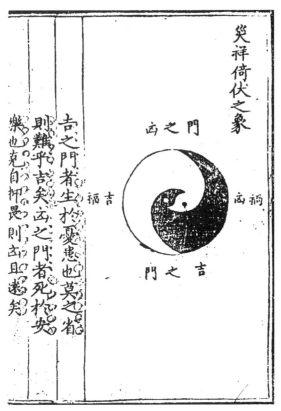

图 23　灾祥倚伏之象图
（徐爌《古太极测》）

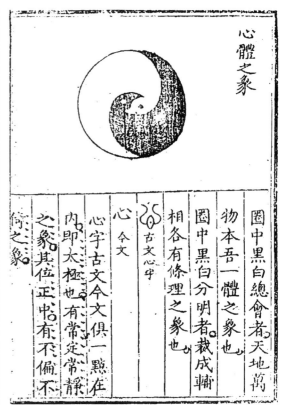

图 24　心体之象图
（徐爌《古太极测》）

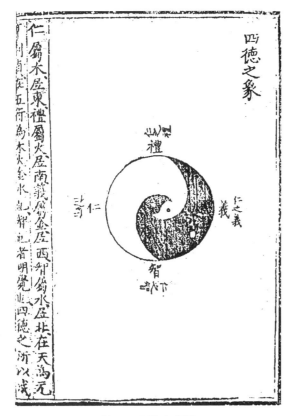

图 25　四德之象图
（徐爌《古太极测》）

图 26　性之之象图
（徐爌《古太极测》）

图 27　身之之象图
（徐爌《古太极测》）

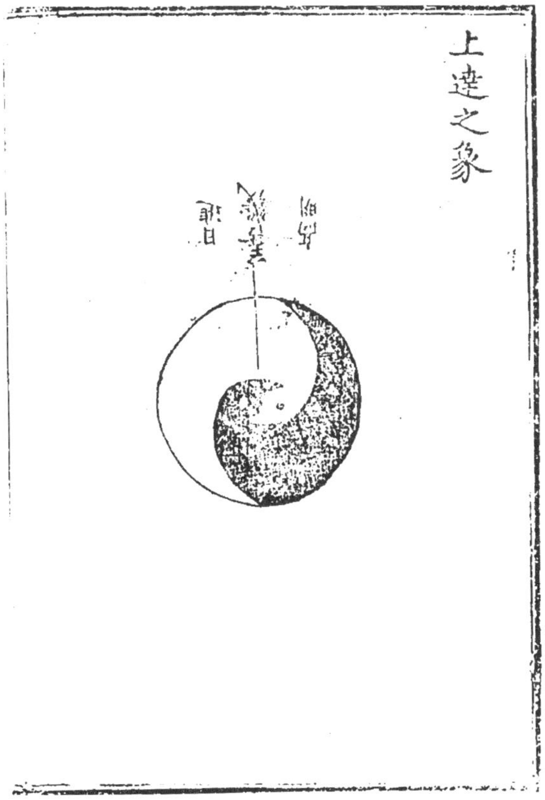

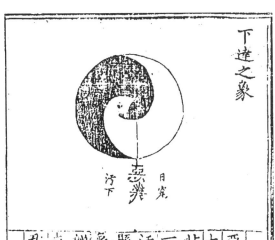

图 29　下达之象图
（徐爌《古太极测》）

图 28　上达之象图
（徐爌《古太极测》）

图 30　中人之象图
（徐爌《古太极测》）

图 31 中人以下之象图
（徐熿《古太极测》）

图 32 遮隔之象图
（徐熿《古太极测》）

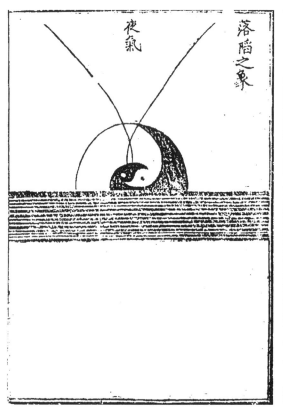

图 33 落陷之象图
（徐熿《古太极测》）

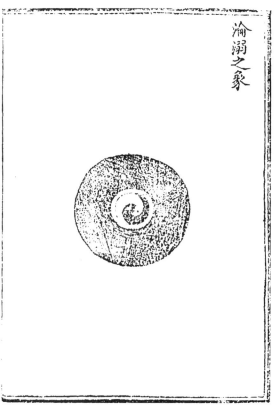

图 34 沦溺之象图
（徐熿《古太极测》）

图 35　圣学之象图
（徐爌《古太极测》）

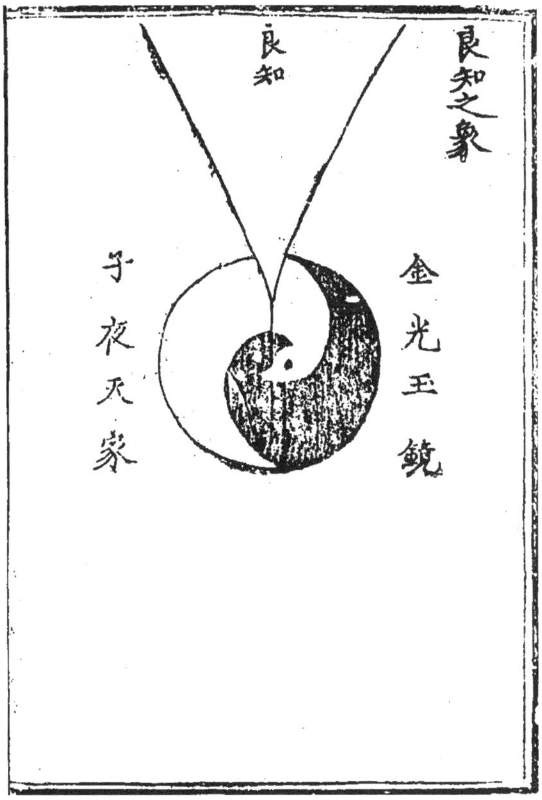

图 36　良知之象图
（徐爌《古太极测》）

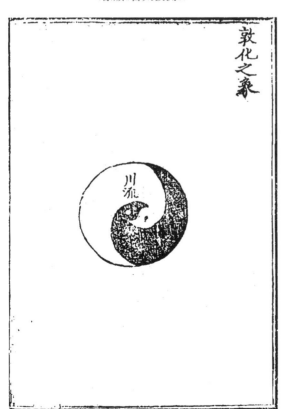

图 37　敦化之象图
（徐爌《古太极测》）

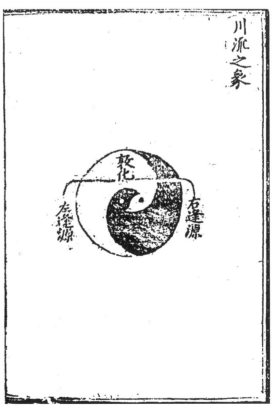

图 38　川流之象图
（徐爌《古太极测》）

图 39　位育之象图
（徐爌《古太极测》）

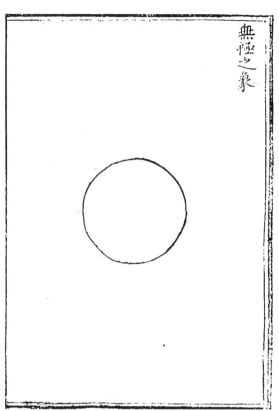

图 40　无极之象图
（徐爌《古太极测》）

张元谕

生卒年不详,字伯启,自号月泉生,右眉白,人称白眉公,明浙江浦江人。嘉靖二十六年(1547)进士,少好学,博通经史,尤精于《春秋》,工诗文。授工部虞衡司主事,转本司郎中,左迁常州通判。历守吉安、桂林、永昌三郡,擢滇南观察副使,奉表至京,以疾卒于途。著有《詹詹集》七卷、《蓬底浮谈》十五卷等。现存有《周易》图像一幅。

图1　六书本义天地自然河图
（张元谕《蓬底浮谈》）

林应龙

生卒年不详,字翔之,号九溪,明浙江永嘉(今浙江温州)人。嘉靖年间任礼部儒士,学问奥博,工书法,为印局大使,善弈。著有《适情录》二十卷、《雅词补义》、《文说》、《棋史》等。现存有《周易》图像二幅。

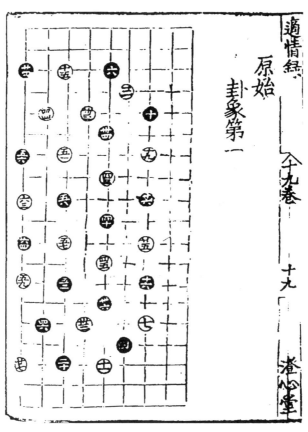

图1 卦象图
(林应龙《适情录》)

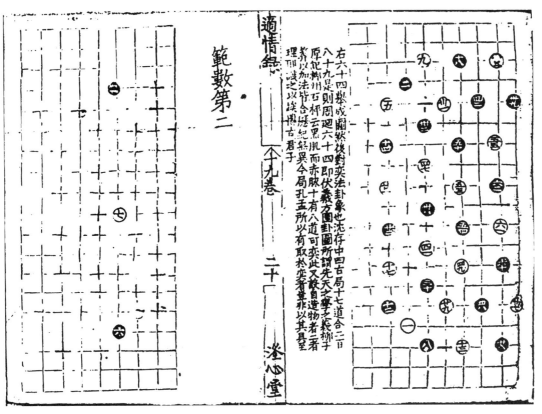

图 2-1 范数图
（林应龙《适情录》）

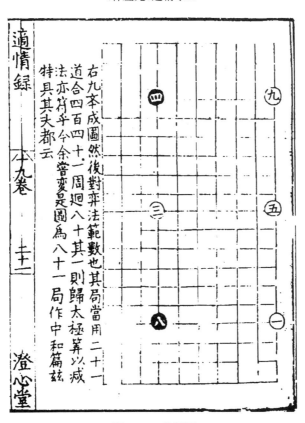

图 2-2 范数图
（林应龙《适情录》）

徐体乾

生卒年不详,字行健,明南直隶长淮卫(今属安徽蚌埠)人。嘉靖二年(1523)进士。从陈灵峰受赵青山《易》、陈抟《易》。著有《周易不我解》二卷。现存有《周易》图像一幅。

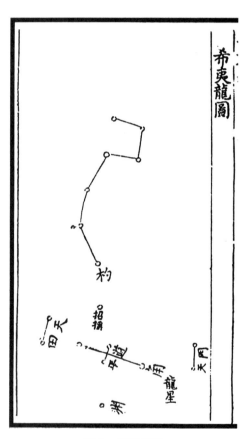

图 1　希夷龙图
(徐体乾《周易不我解》)

程宗舜

生卒年不详,字廷韶,明湖广华容(今湖南华容)人。嘉靖九年(1531)乡贡,后补江西瑞金知县。潜心著述二十载。著有《洪范浅解》十一卷、《洪范内篇释》九卷、《律吕或问》等。现存有《周易》图像十九幅。

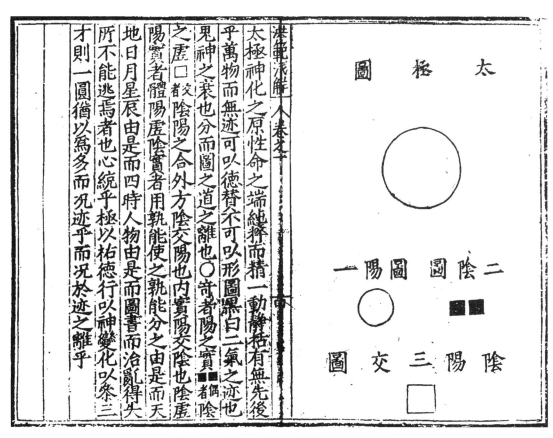

图1 太极图、一阳图、二阴图、阴阳三交图
(程宗舜《洪范浅解》)

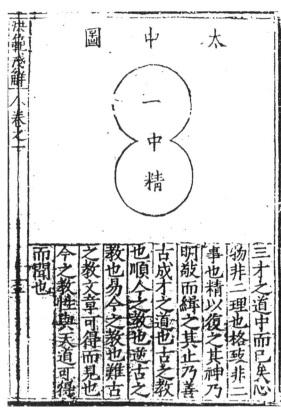

图2 太中图
（程宗舜《洪范浅解》）

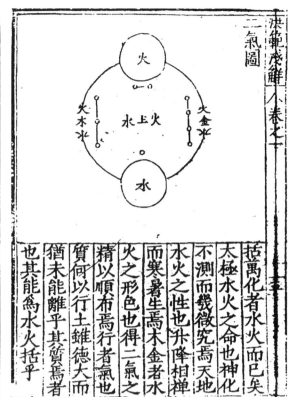

图3 二气图
（程宗舜《洪范浅解》）

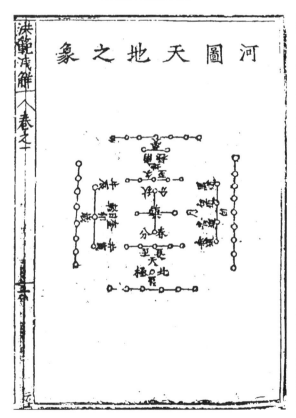

图4 河图天地之象图
（程宗舜《洪范浅解》）

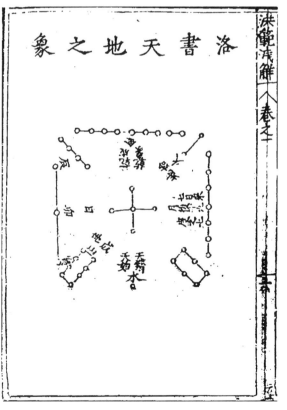

图5 洛书天地之象图
（程宗舜《洪范浅解》）

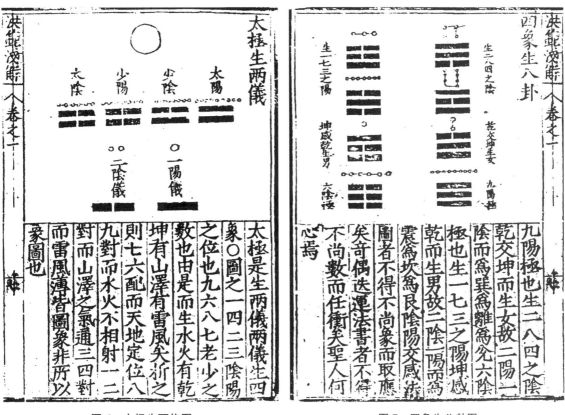

图6 太极生两仪图
（程宗舜《洪范浅解》）

图7 四象生八卦图
（程宗舜《洪范浅解》）

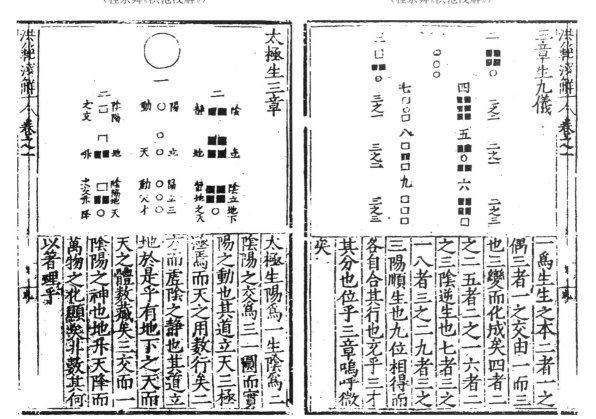

图8 太极生三章图
（程宗舜《洪范浅解》）

图9 三章生九仪图
（程宗舜《洪范浅解》）

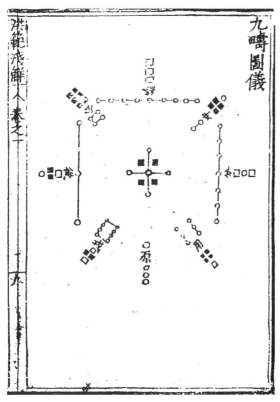

图 10 九畴图仪图
（程宗舜《洪范浅解》）

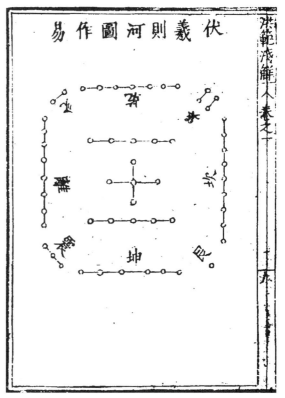

图 11 伏羲则河图作易图
（程宗舜《洪范浅解》）

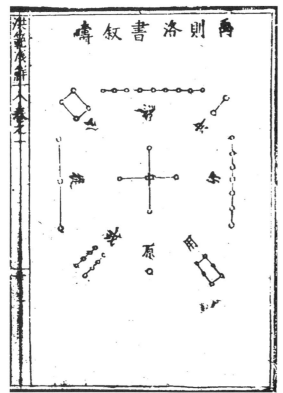

图 12 禹则洛书叙畴图
（程宗舜《洪范浅解》）

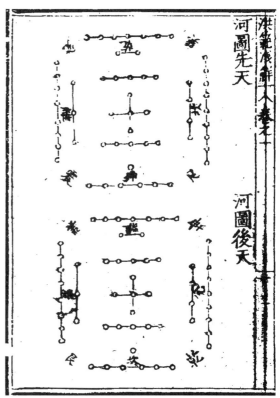

图 13 河图先天图
图 14 河图后天图
（程宗舜《洪范浅解》）

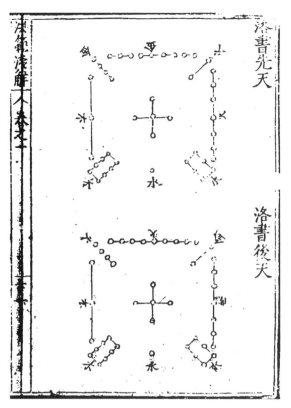

图 15　洛书先天图
图 16　洛书后天图
（程宗舜《洪范浅解》）

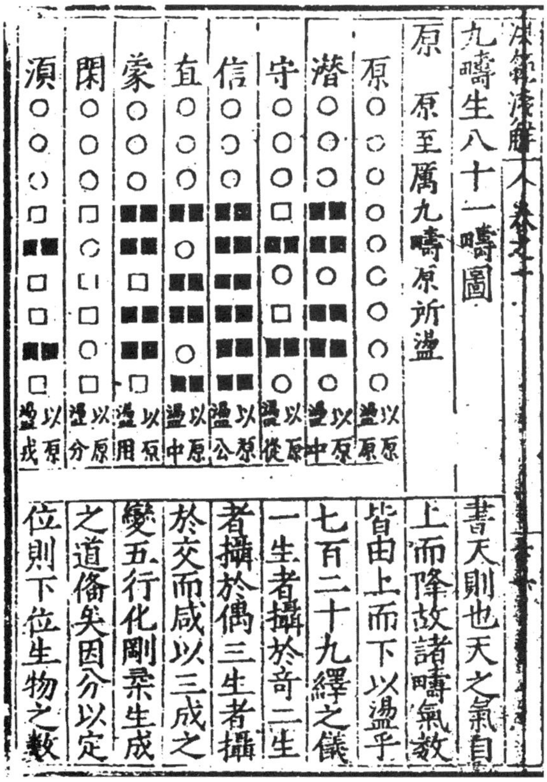

图 17-1　九畴生八十一畴图
（程宗舜《洪范浅解》）

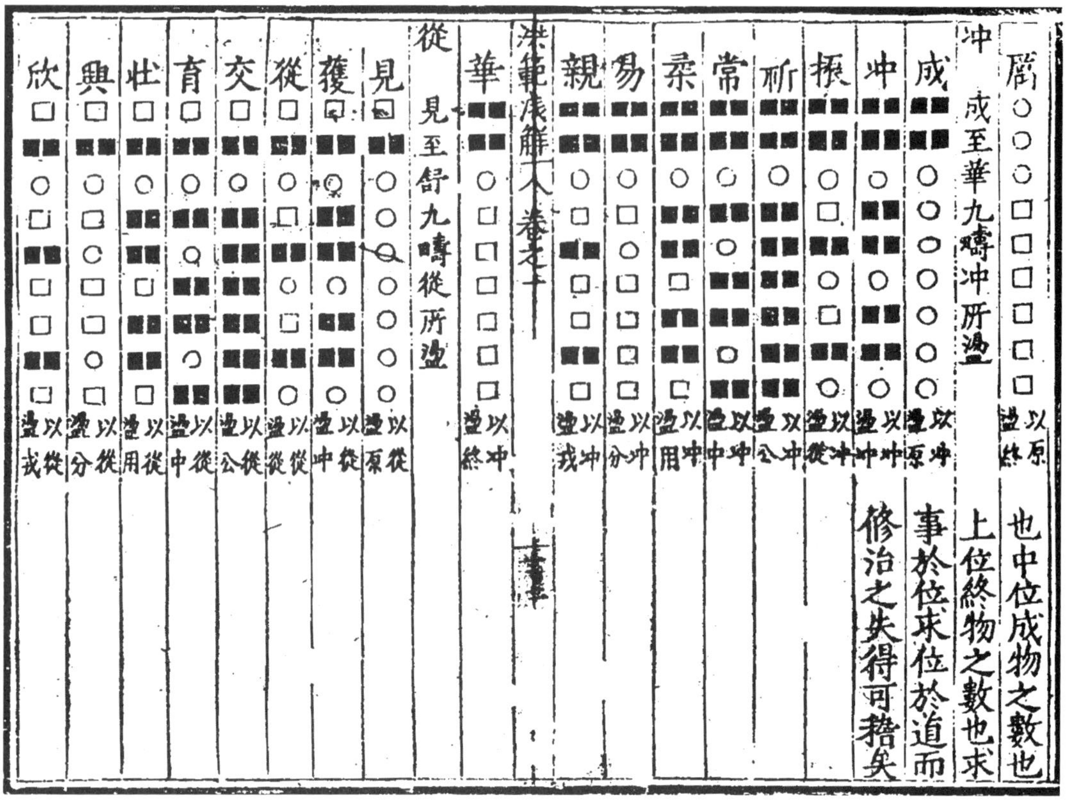

图 17-2 九畴生八十一畴图
（程宗舜《洪范浅解》）

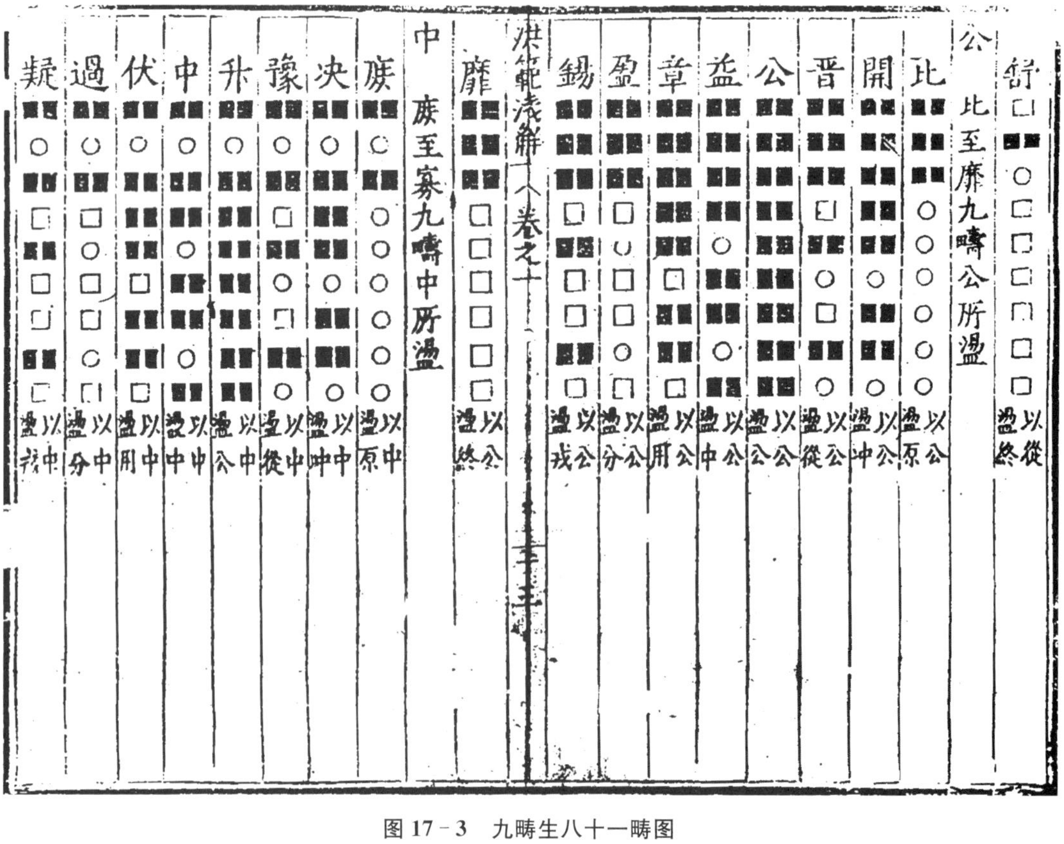

图 17-3 九畴生八十一畴图
（程宗舜《洪范浅解》）

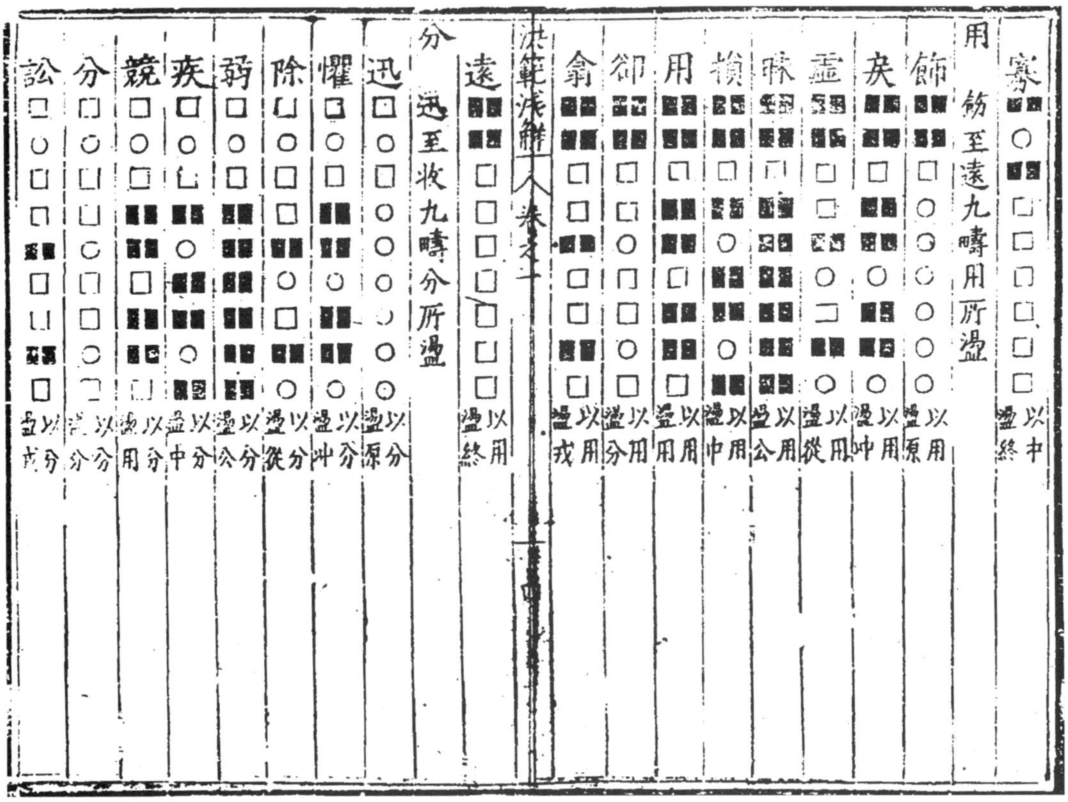

图 17-4　九畴生八十一畴图
（程宗舜《洪范浅解》）

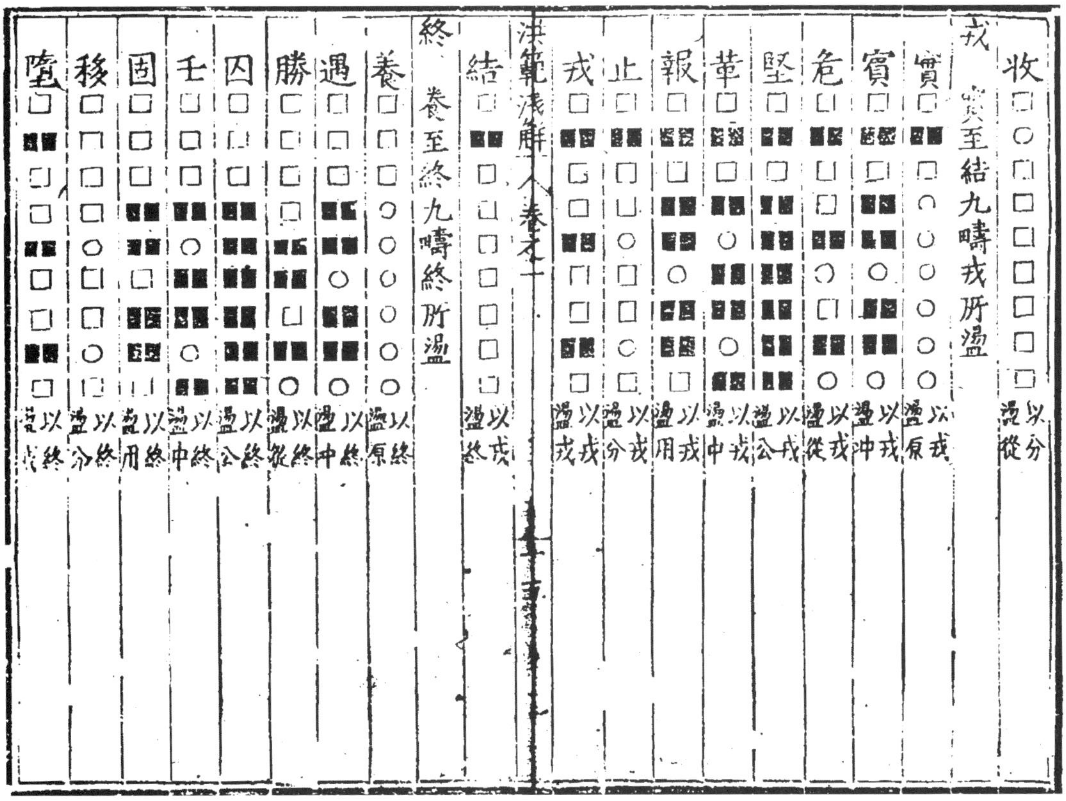

图 17-5　九畴生八十一畴图
（程宗舜《洪范浅解》）

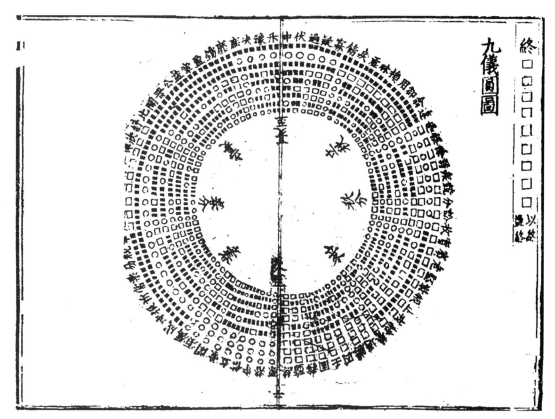

图 18 九仪圆图
（程宗舜《洪范浅解》）

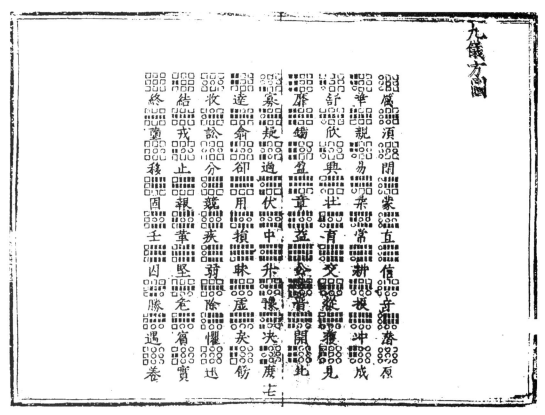

图 19 九仪方图
（程宗舜《洪范浅解》）

孙从龙

字汝化,一作化卿,明南直隶吴江(今江苏苏州吴江区)人。与王世贞友善。嘉靖三十四年(1555)中举,隆庆二年(1568)进士,授行人,考选当得给事中,又迁刑部郎中。后出知广信府,迁江西副使,未几因病而归家。著有《易意参疑》十二卷。现存有《周易》图像四幅。

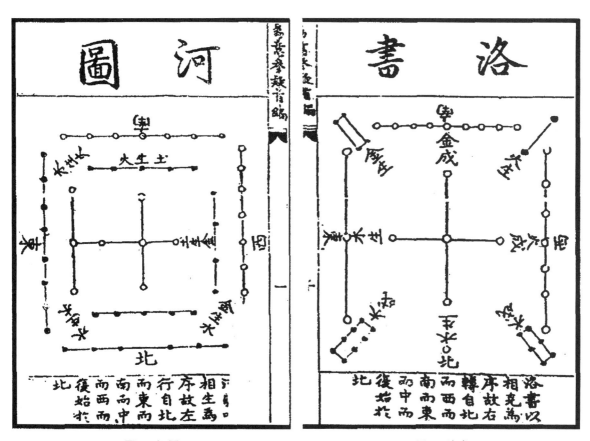

图1 河图
(孙从龙《易意参疑》)

图2 洛书
(孙从龙《易意参疑》)

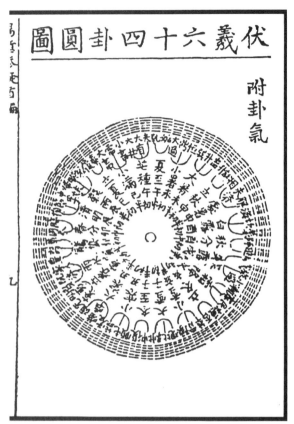

图3 伏羲六十四卦圆图
（孙从龙《易意参疑》）

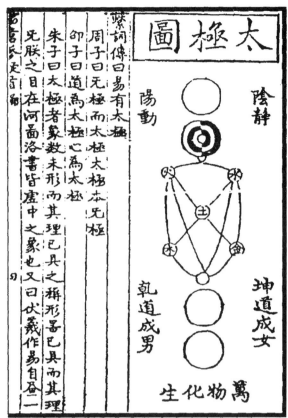

图4 太极图
（孙从龙《易意参疑》）

卢翰(1514—1573)

字子羽,号中庵,明南直隶颍州(今安徽阜阳)人。嘉靖十三年(1534)中举。初任兖州推官,转滕县知县,后代理曹县令。不久告归,专意于治学著述,对名物、象数、历史、儒道、诸子均有研究,于《易经》更是阐幽探微,考核精当,时人称之"卢圣人"。著有《易经中说》(一名《古易中说》)四十四卷、《月令通考》、《签易》、《中庸图说》、《掌中宇宙》等。现存有《周易》图像五十三幅。

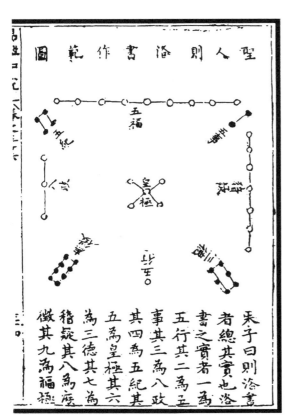

图1　圣人则洛书作范图
（卢翰《易经中说》）

图2　洛书之图
（卢翰《易经中说》）

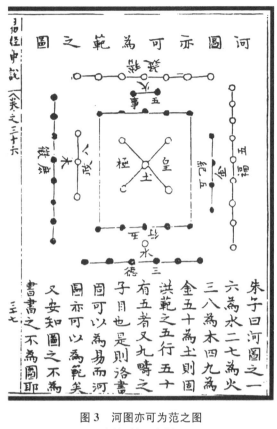

图3　河图亦可为范之图
（卢翰《易经中说》）

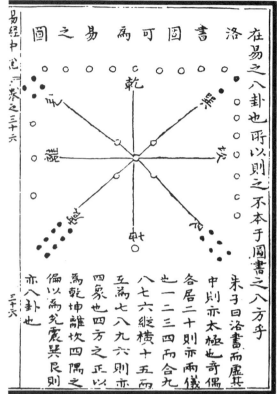

图4　洛书固可为易之图
（卢翰《易经中说》）

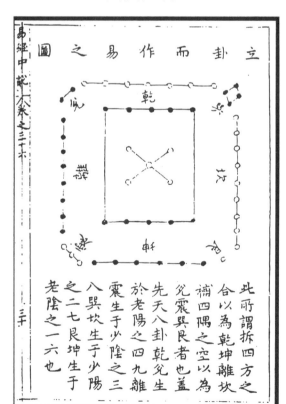

图5　立卦而作易之图
（卢翰《易经中说》）

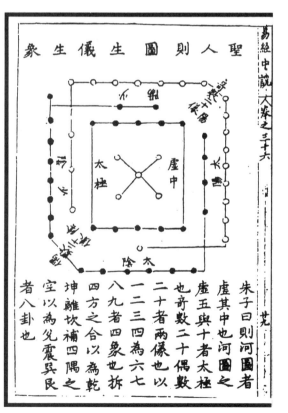

图6　圣人则图生仪生象图
（卢翰《易经中说》）

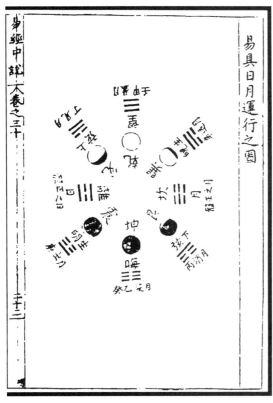

图7 易具日月运行之图
（卢翰《易经中说》）

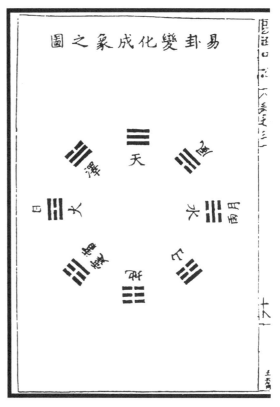

图8 易卦变化成象之图
（卢翰《易经中说》）

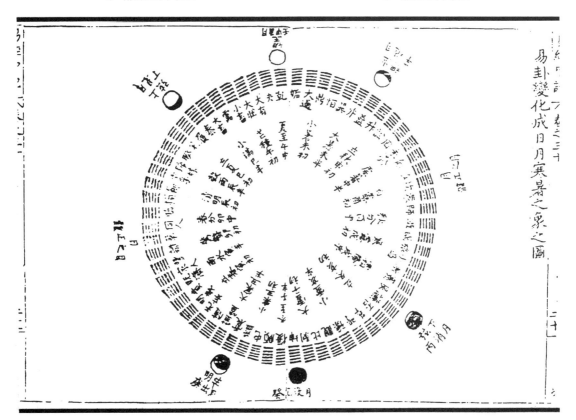

图9 易卦变化成日月寒暑之象之图
（卢翰《易经中说》）

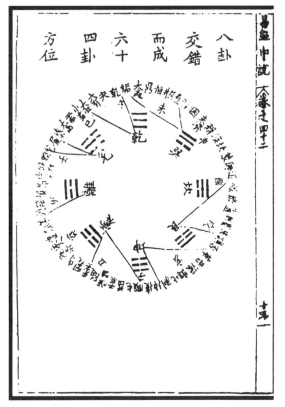

图 10　八卦交错而成六十四卦方位图
（卢翰《易经中说》）

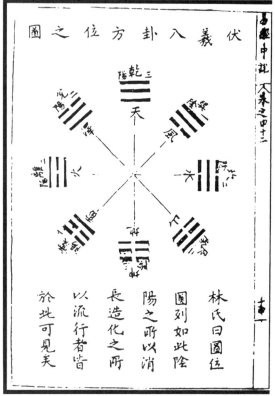

图 11　伏羲八卦方位之图
（卢翰《易经中说》）

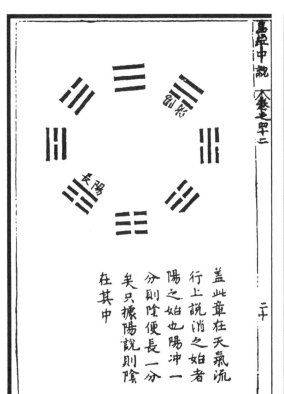

图 12　阴阳消长图
（卢翰《易经中说》）

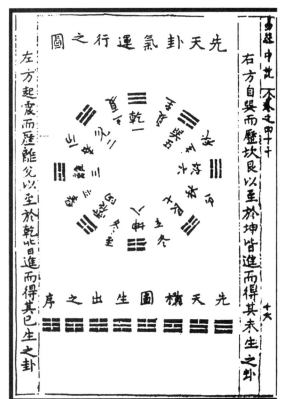

图 13　先天卦气运行之图
（卢翰《易经中说》）

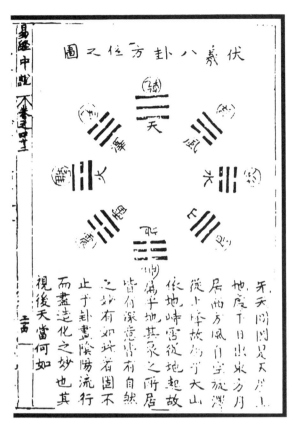

图 14　伏羲八卦方位之图
（卢翰《易经中说》）

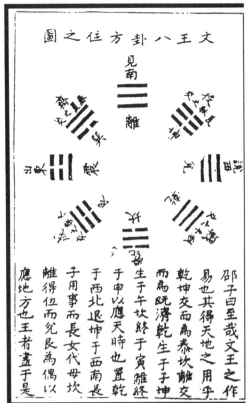

图 15　文王八卦方位之图
（卢翰《易经中说》）

图 16　后天流行图
（卢翰《易经中说》）

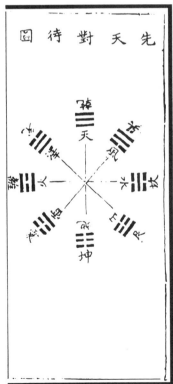

图 17　先天对待图
（卢翰《易经中说》）

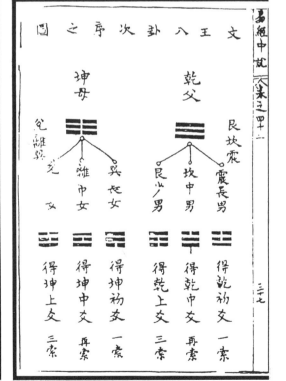

图 18　文王八卦次序之图
（卢翰《易经中说》）

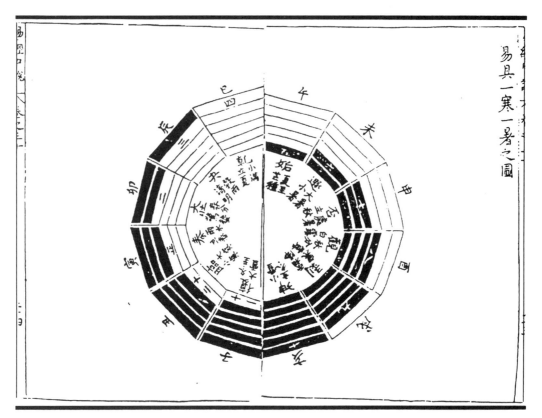

图 19　易具一寒一暑之图
（卢翰《易经中说》）

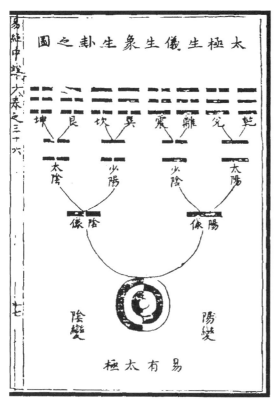

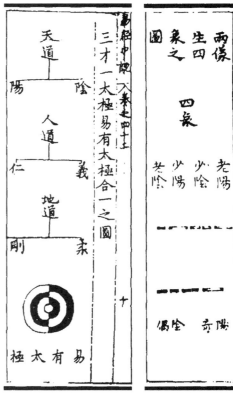

图 20　太极生仪生象生卦之图
（卢翰《易经中说》）

图 21　三才一太极易有
太极合一之图
（卢翰《易经中说》）

图 22　两仪生四象之图
（卢翰《易经中说》）

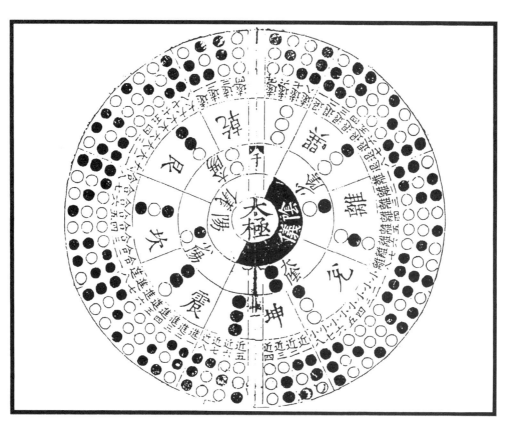

图 23 太极化生圆图
（卢翰《签易》）

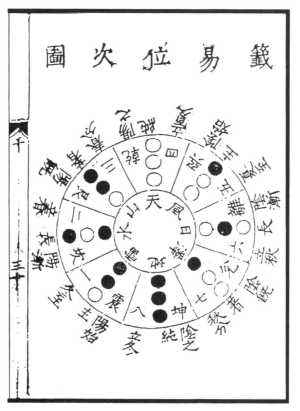

图 24 签易位次图
（卢翰《签易》）

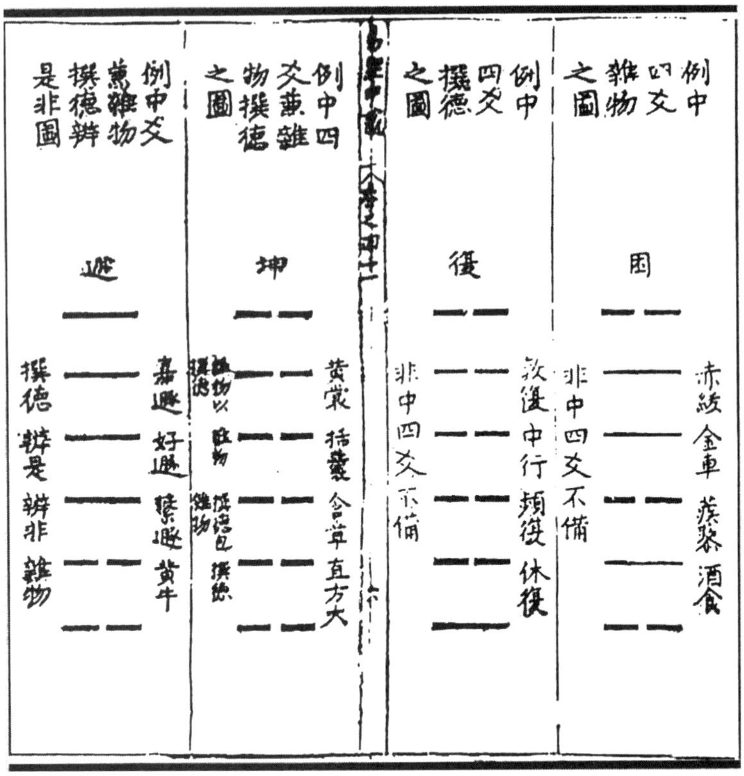

图 25　卦爻命义四图
（卢翰《易经中说》）

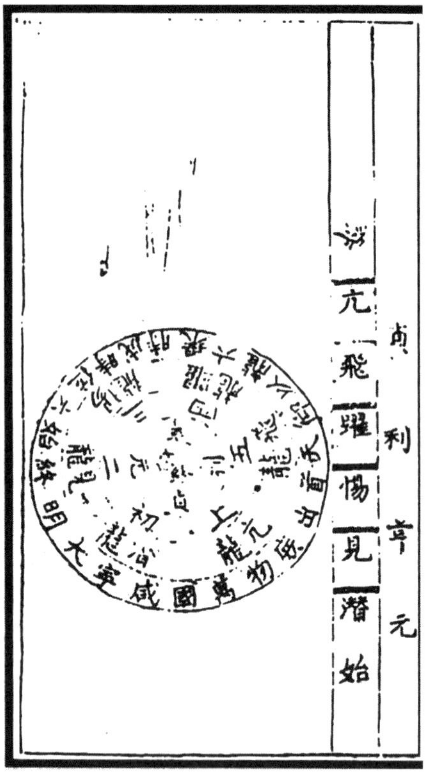

图 26　乾卦圆图
（卢翰《易经中说》）

图 27　一元流行之图
（卢翰《易经中说》）

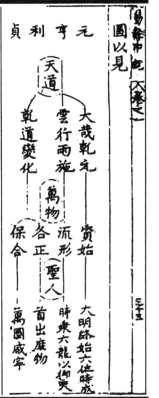

图 28　元亨利贞图
（卢翰《易经中说》）

图 29　天道万物图
（卢翰《易经中说》）

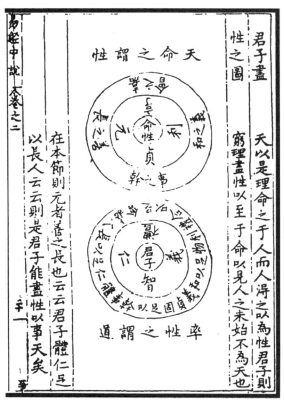 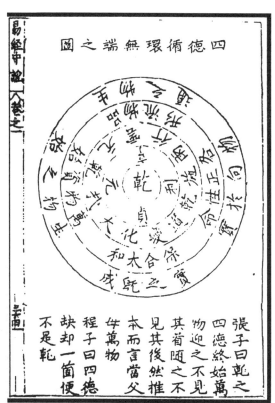

图30 君子尽性之图　　　　　图31 四德循环无端之图
（卢翰《易经中说》）　　　　（卢翰《易经中说》）

 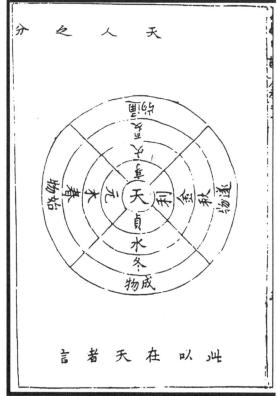

图32 天人之分之殊之图
（卢翰《易经中说》）

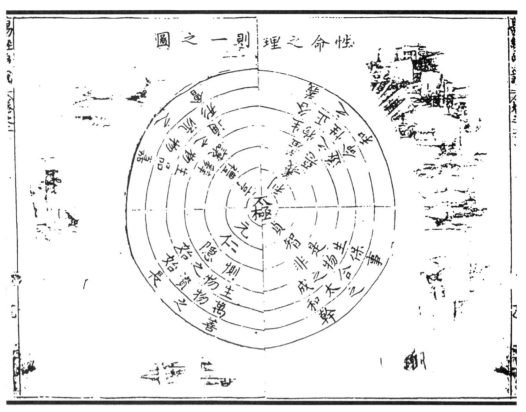

图 33　性命之理则一之图
（卢翰《易经中说》）

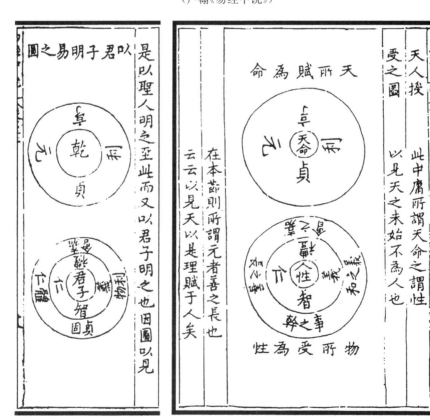

图 34　君子明易之图
（卢翰《易经中说》）

图 35　天人授受之图
（卢翰《易经中说》）

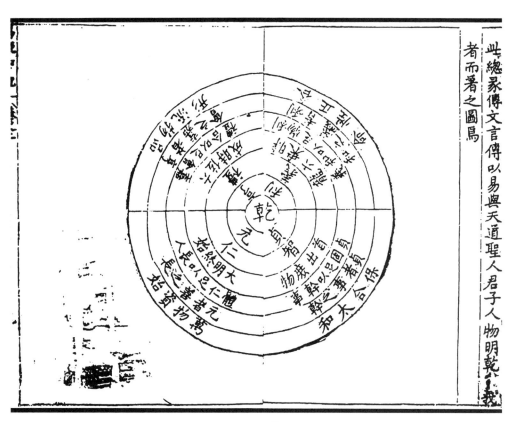

图 36　明乾图
（卢翰《易经中说》）

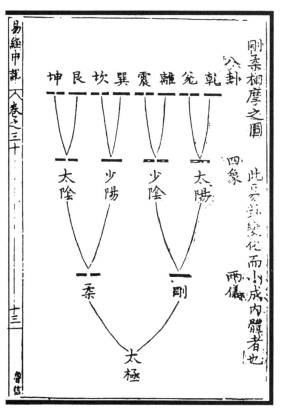

图 37　刚柔相摩之图
（卢翰《易经中说》）

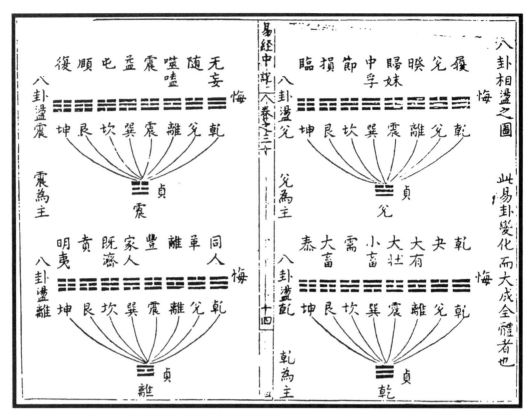

图 38-1 八卦相荡之图
（卢翰《易经中说》）

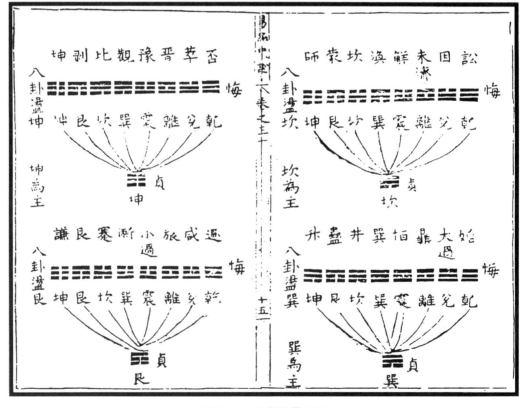

图 38-2 八卦相荡之图
（卢翰《易经中说》）

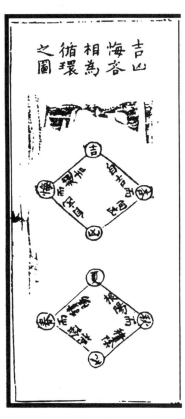

图 39　吉凶悔吝相为循环之图
（卢翰《易经中说》）

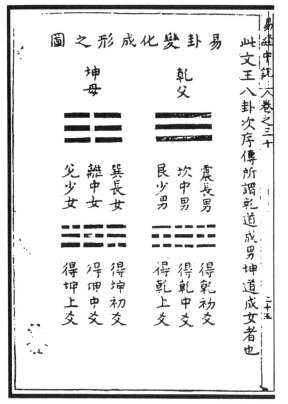

图 40　易卦变化成形之图
（卢翰《易经中说》）

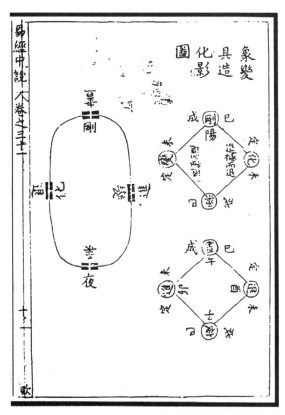

图 41　象变具造化影图
（卢翰《易经中说》）

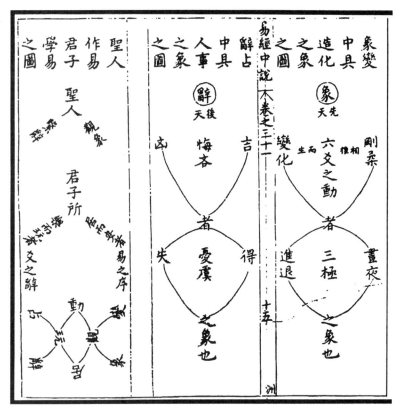

图 44　圣人作易君子学易之图　图 43　辞占中具人事之象之图　图 42　象变中具造化之象之图
（卢翰《易经中说》）　　　　（卢翰《易经中说》）　　　　（卢翰《易经中说》）

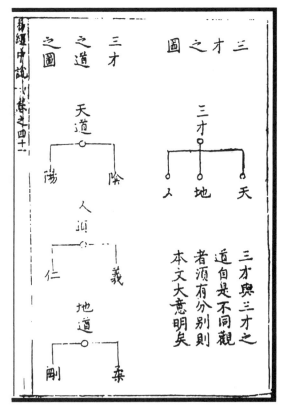

图 45　三才之图
（卢翰《易经中说》）

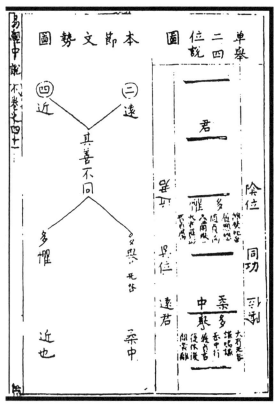

图 46　二四位说图
图 47　本节文势图
（卢翰《易经中说》）

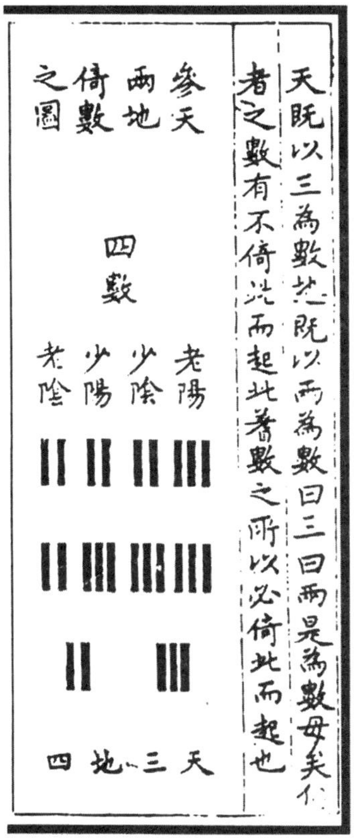

图 48　参天两地倚数之图
（卢翰《易经中说》）

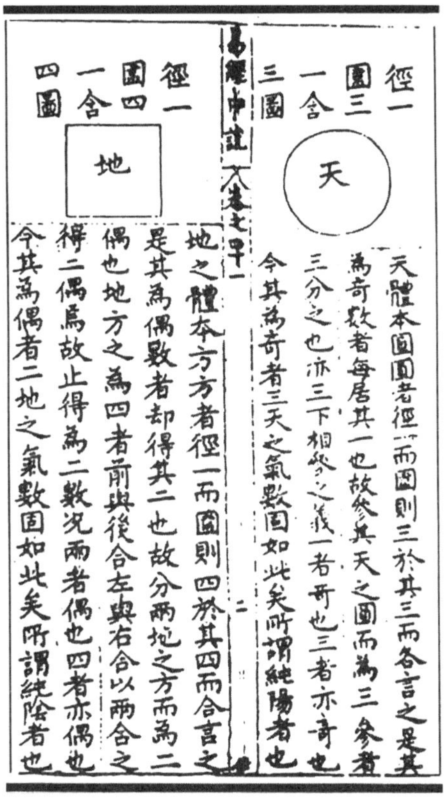

图 49　径围合天地图
（卢翰《易经中说》）

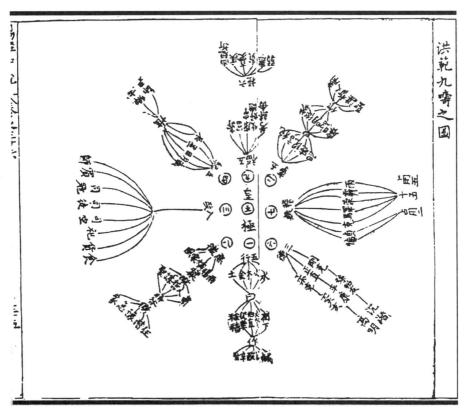

图 50　洪范九畴之图
（卢翰《易经中说》）

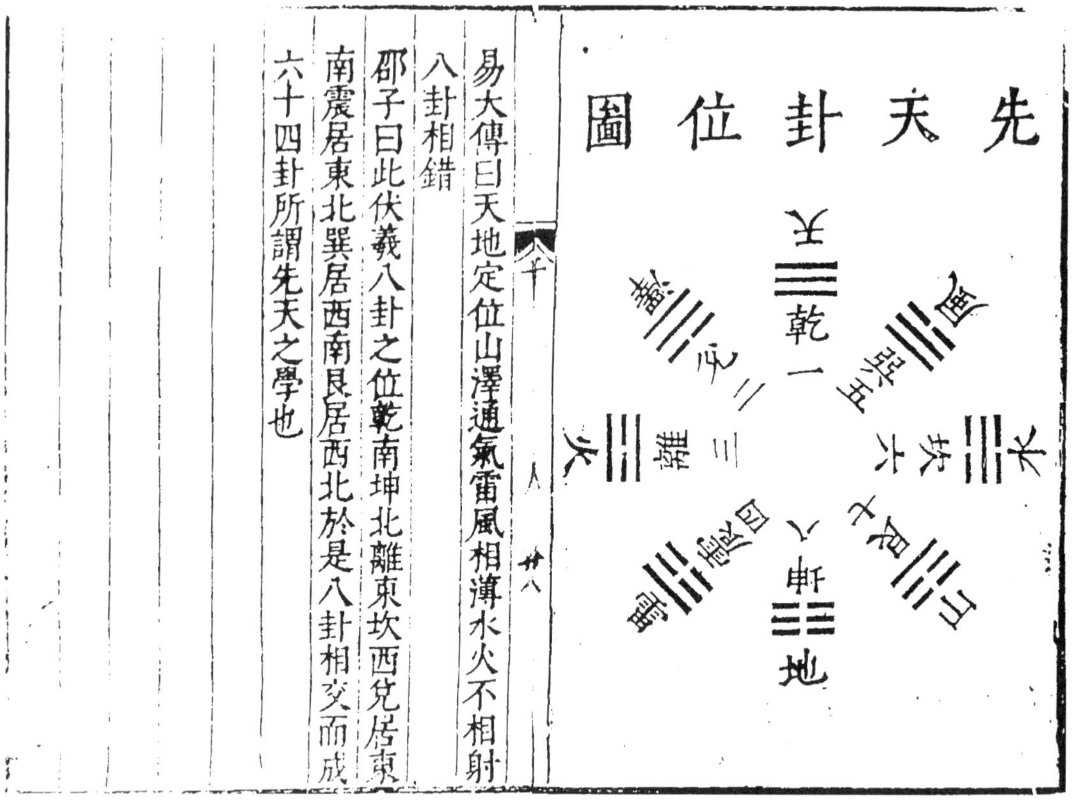

先天卦位圖

《易大傳》曰：天地定位，山澤通氣，雷風相薄，水火不相射，八卦相錯。

邵子曰：此伏羲八卦之位，乾南坤北，離東坎西，兌居東南，震居東北，巽居西南，艮居西北，於是八卦相交而成六十四卦，所謂先天之學也。

图51　先天卦位图
（卢翰《签易》）

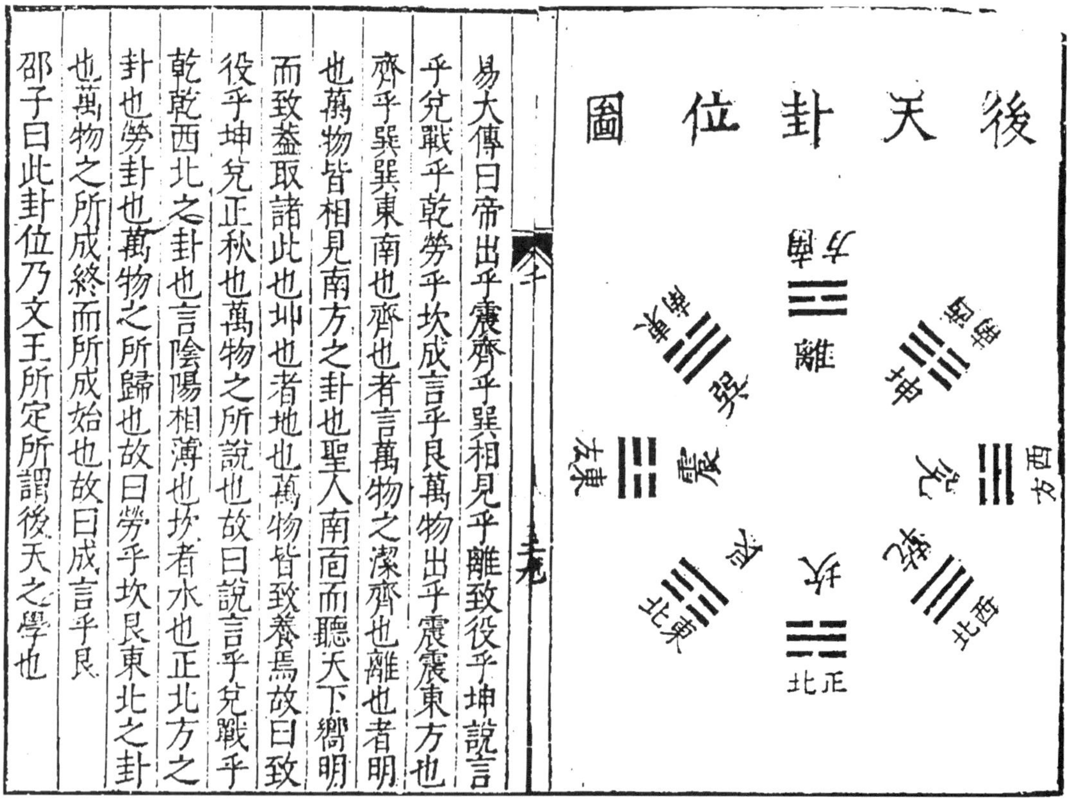

後天卦位圖

《易大傳》曰：帝出乎震，齊乎巽，相見乎離，致役乎坤，說言乎兌，戰乎乾，勞乎坎，成言乎艮。萬物出乎震，震東方也。齊乎巽，巽東南也，齊也者，言萬物之潔齊也。離也者，明也，萬物皆相見，南方之卦也。聖人南面而聽天下，嚮明而治，蓋取諸此也。坤也者地也，萬物皆致養焉，故曰致役乎坤。兌，正秋也，萬物之所說也，故曰說言乎兌。戰乎乾，乾西北之卦也，言陰陽相薄也。坎者水也，正北方之卦也，勞卦也，萬物之所歸也，故曰勞乎坎。艮，東北之卦也，萬物之所成終而所成始也，故曰成言乎艮。

邵子曰：此卦位乃文王所定，所謂後天之學也。

图52　后天卦位图
（卢翰《签易》）

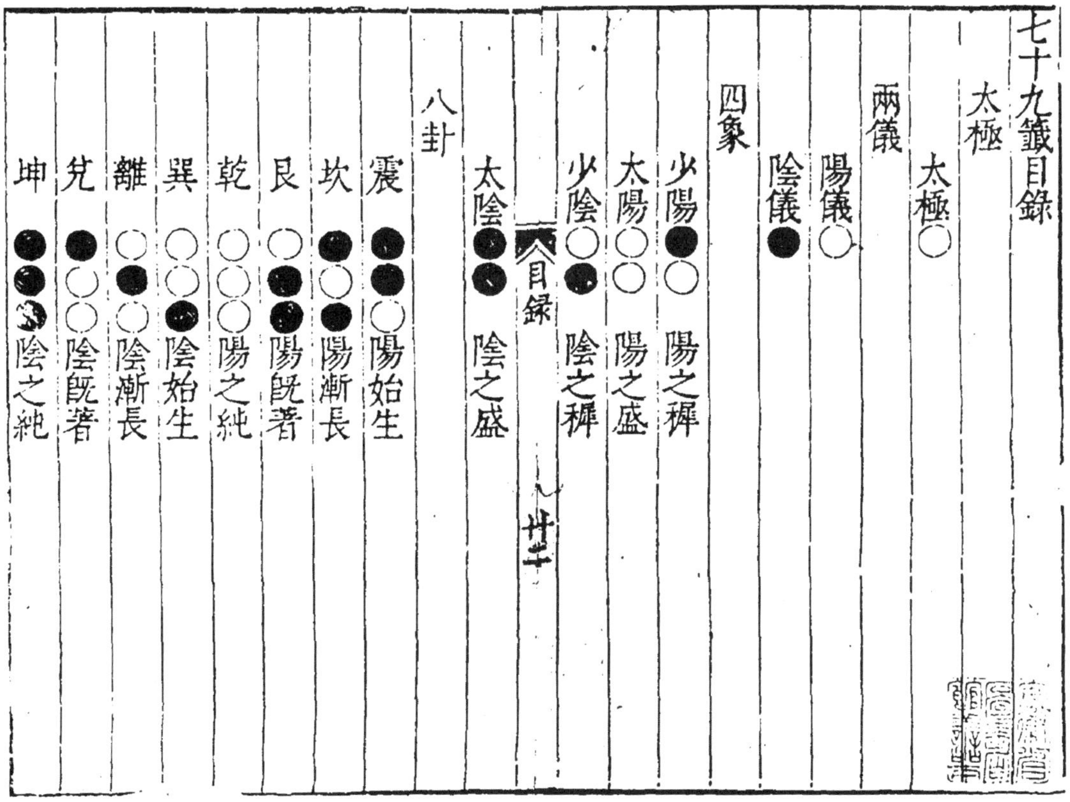

图 53-1　七十九签目录图
（卢翰《签易》）

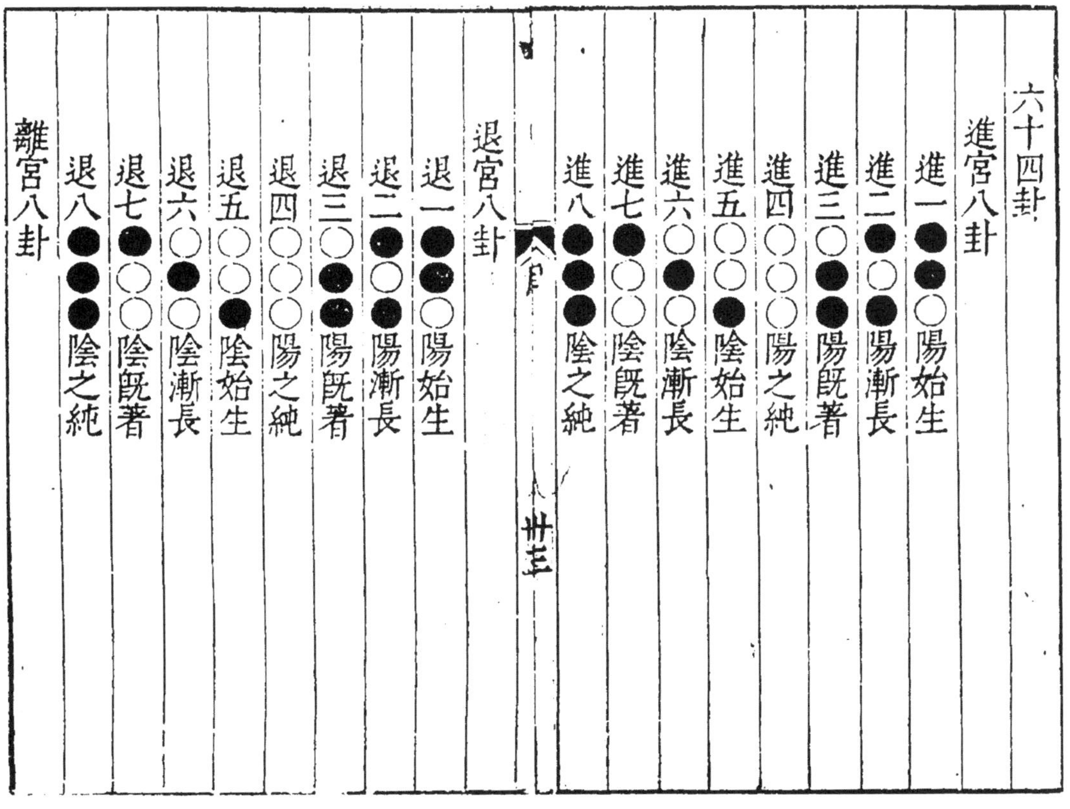

图 53-2　七十九签目录图
（卢翰《签易》）

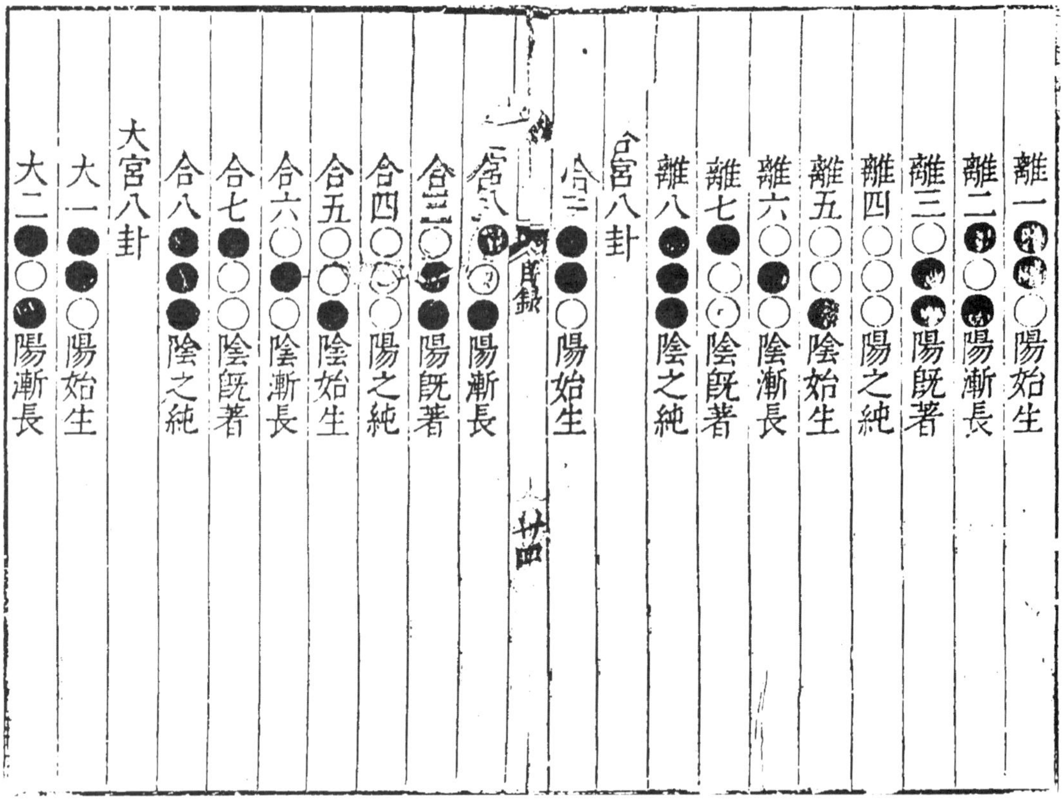

图 53－3　七十九签目录图

（卢翰《签易》）

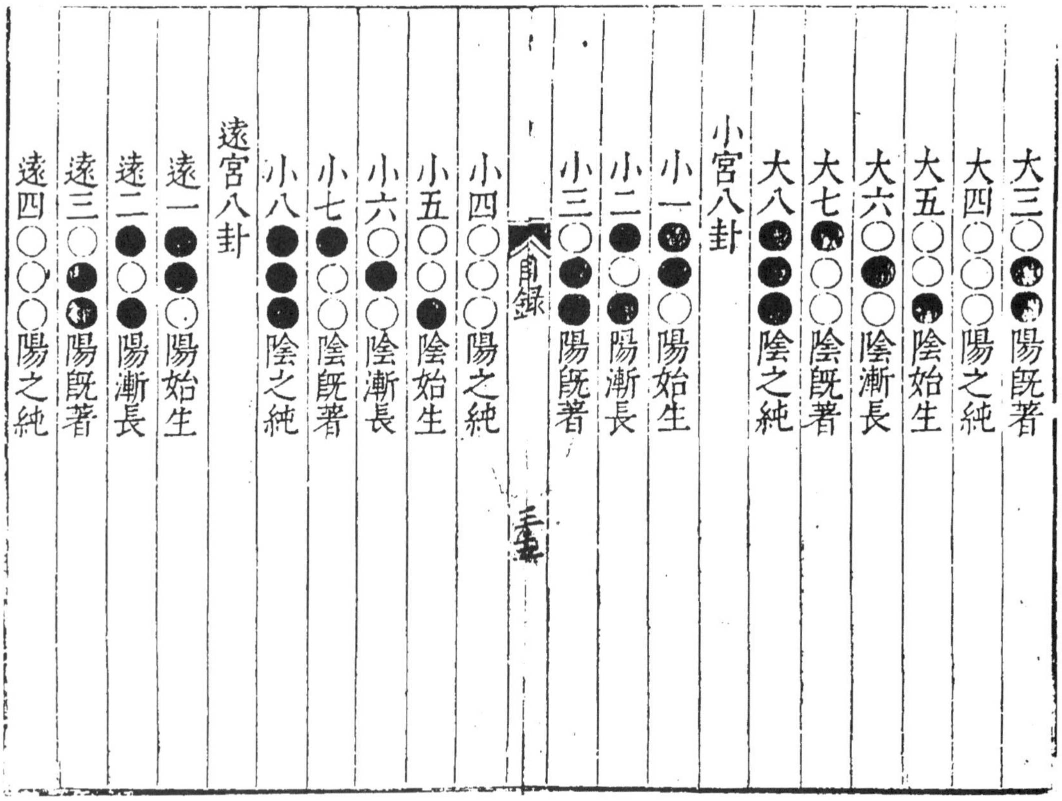

图 53－4　七十九签目录图

（卢翰《签易》）

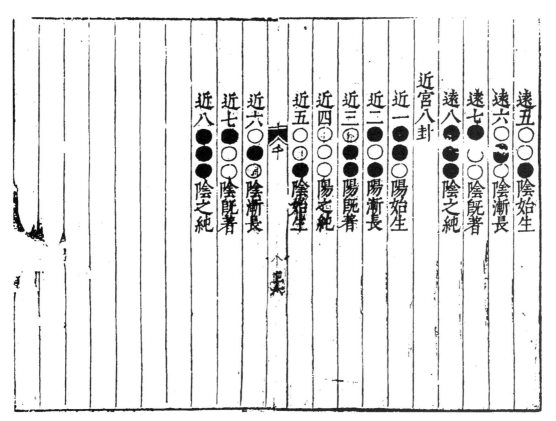

图 53-5　七十九签目录图
（卢翰《签易》）

徐师曾（1517—1580）

字伯鲁，号鲁庵，明南直隶吴江（今江苏苏州吴江区）人。嘉靖三十二年（1553）进士，官吏科给事中，乞休，辟书舍于南湖上。万历中屡诏起辞不赴。精研经学，自《易》旁及诸经，以至《洪范》《皇极》阴阳、律历、医卜、篆籀皆能通。著有《礼记集注》三十卷、《周易演义》十二卷、《世统纪年》六卷、《文体明辨》八十四卷、《正蒙章句》、《小学史断》等。现存有《周易》图像十一幅。

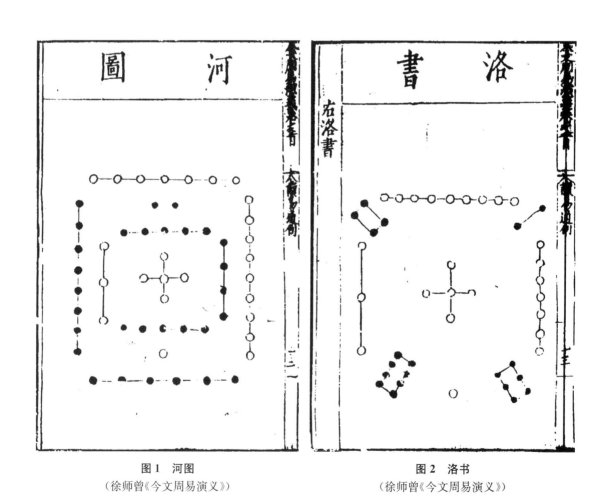

图1　河图
（徐师曾《今文周易演义》）

图2　洛书
（徐师曾《今文周易演义》）

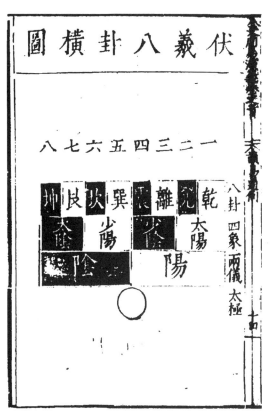

图 3　伏羲八卦横图
（徐师曾《今文周易演义》）

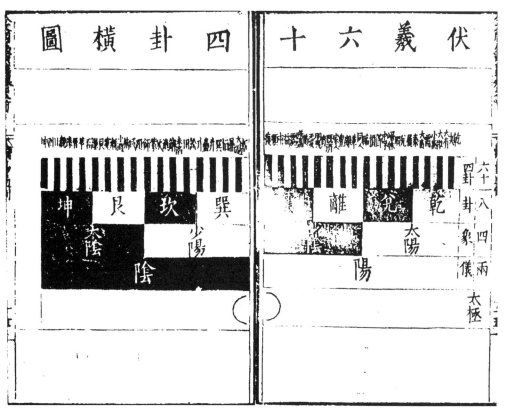

图 4　伏羲六十四卦横图
（徐师曾《今文周易演义》）

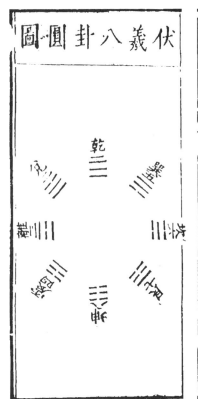

图5 伏羲八卦圆图
（徐师曾《今文周易演义》）

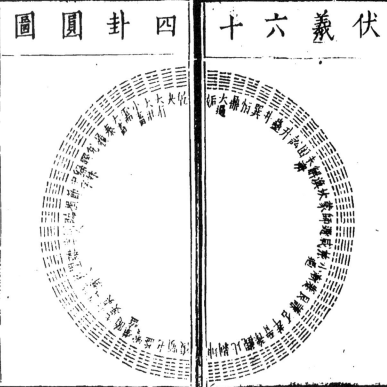

图6 伏羲六十四卦圆图
（徐师曾《今文周易演义》）

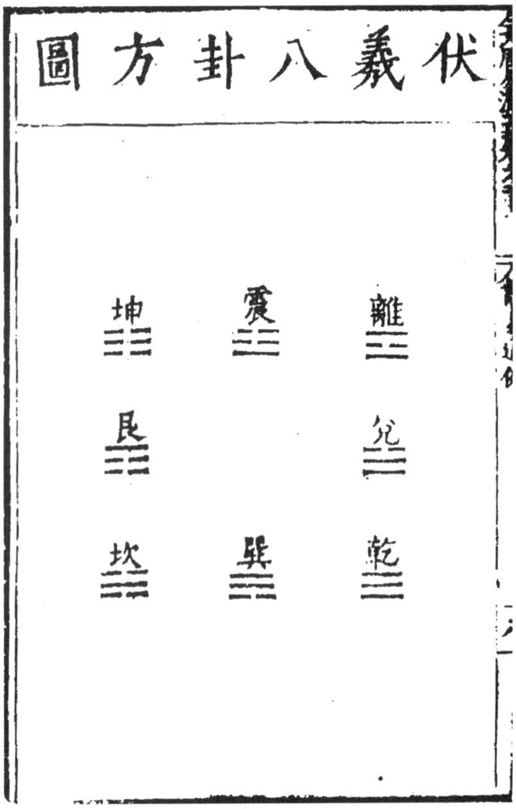

图7 伏羲八卦方图
（徐师曾《今文周易演义》）

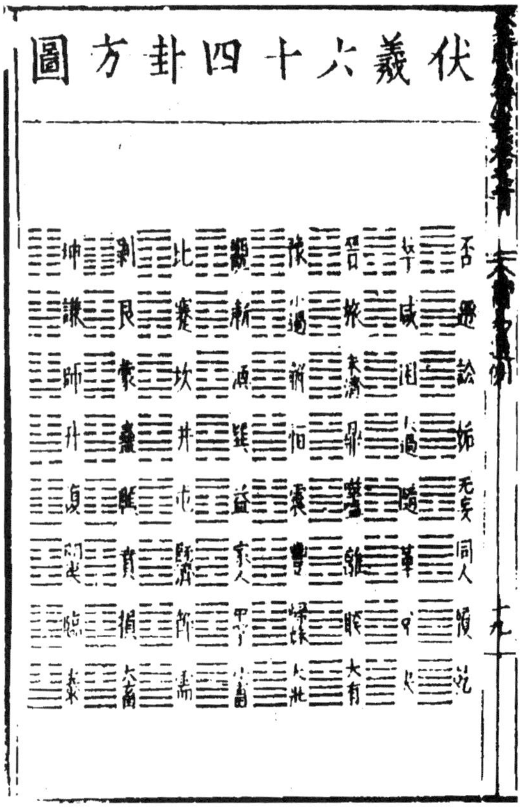

图8 伏羲六十四卦方图
（徐师曾《今文周易演义》）

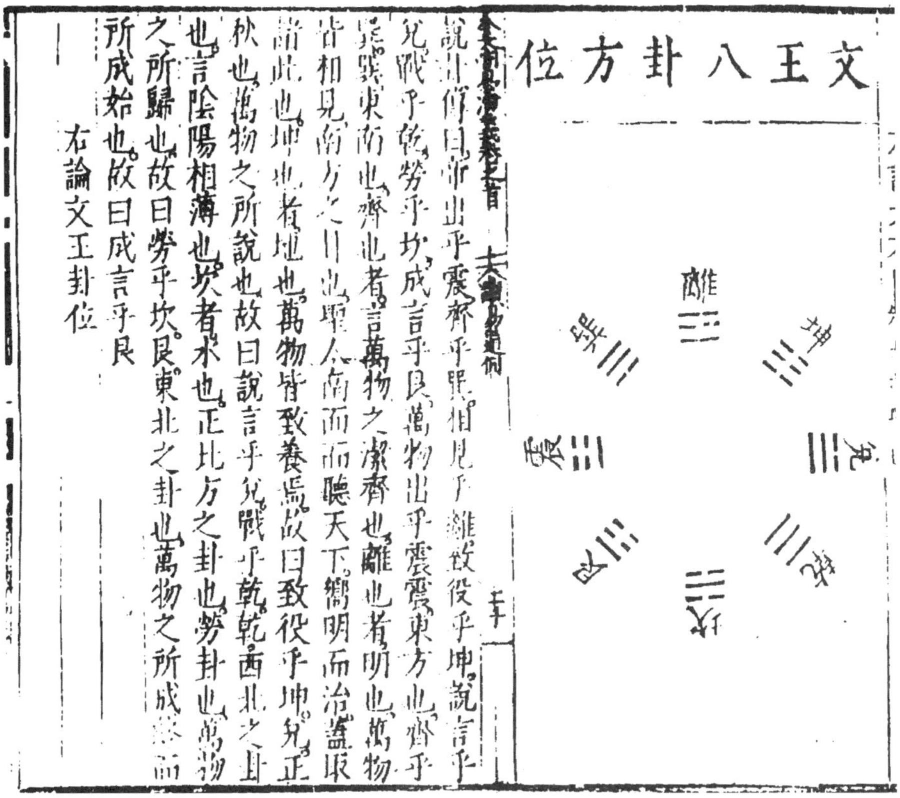

图9　文王八卦方位图
（徐师曾《今文周易演义》）

图10　文王八卦次序图
（徐师曾《今文周易演义》）

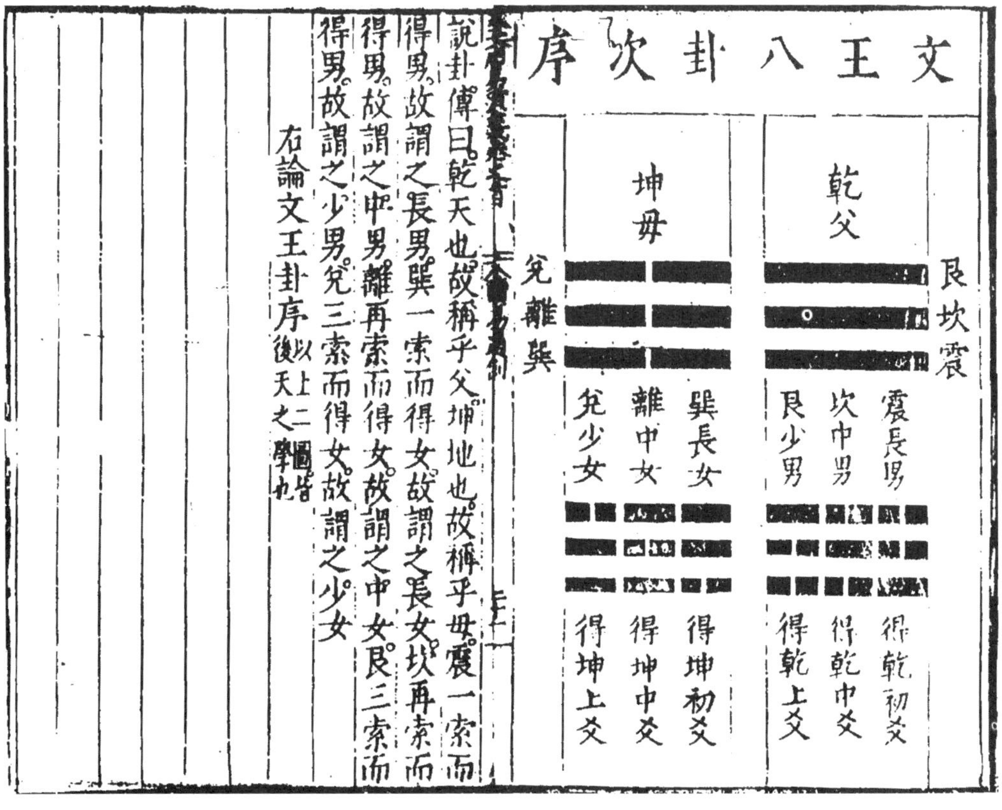

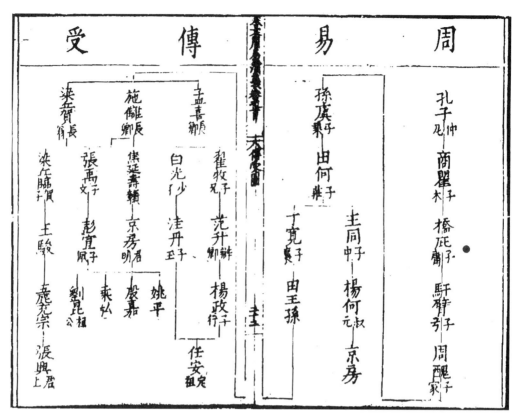

图 11-1　周易传受大略之图
（徐师曾《今文周易演义》）

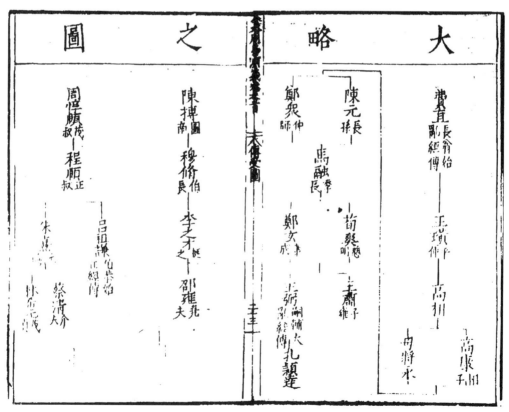

图 11-2　周易传受大略之图
（徐师曾《今文周易演义》）

冯柯

生卒年不详,人称贞白先生,明浙江慈溪人。襄靖王朱载尧书堂侍读。著有《求是编》《三极通》《小学补》《质言》《回澜正谕》,合称《贞白五书》。现存有《周易》图像三幅。

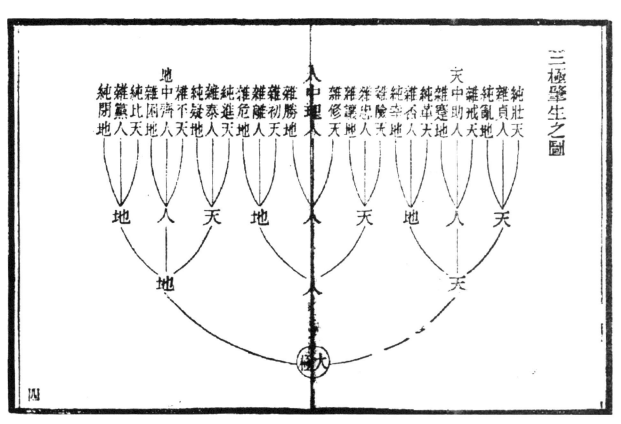

图1　三极肇生之图
(冯柯《三极通》)

图 2 三极定位之图
（冯柯《三极通》）

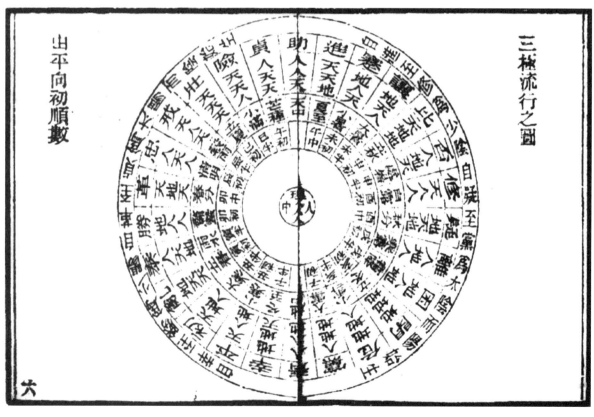

图 3 三极流行之图
（冯柯《三极通》）

孙一奎(1522—1619)

字文垣,号在宿、生生子,明南直隶休宁(今安徽休宁)人。名医。幼聪颖,承家学研《易》。著有《赤水玄珠》三十卷、《医旨绪余》二卷、《孙氏医案》五卷等。现存有《周易》图像二幅。

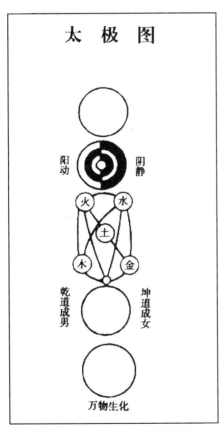 

图1　太极图　　　　　　　　　图2　命门图
（孙一奎《医旨绪余》）　　　　　（孙一奎《医旨绪余》）

田艺蘅(1524—1591)

字子艺,号天值堂、香宇、品岩,明浙江钱塘(今浙江杭州)人。五岁受祖训,七岁学《易》,九岁能通诗史,解属文,十一岁初露作诗天赋。虽博学善文,但科场不利,七次科考不第。晚年以贡生任歙县教谕罢归故里。著有《留青日札》三十九卷、《老子指玄》二卷、《煮泉小品》一卷等。现存有《周易》图像十二幅。

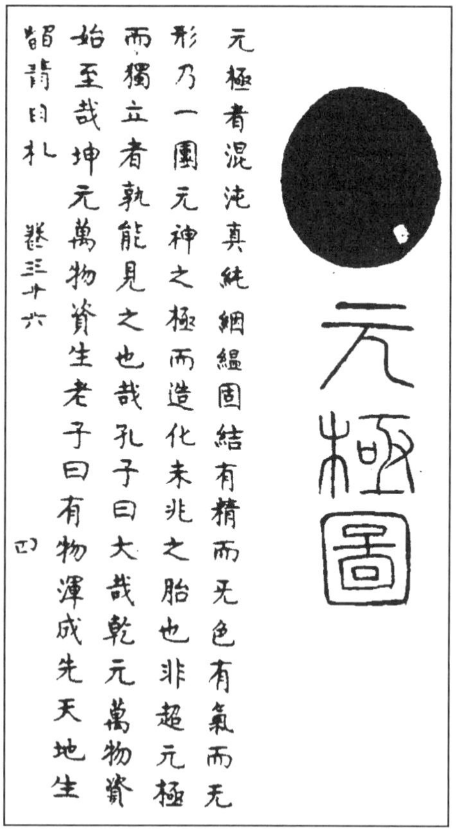

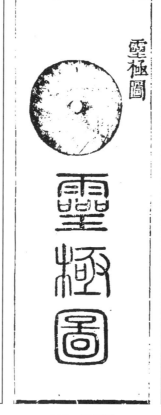

图1　元极图
（田艺蘅《留青日札》）

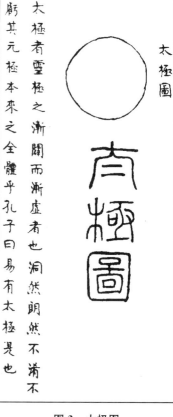

图2　灵极图
（田艺蘅《留青日札》）

图3　太极图
（田艺蘅《留青日札》）

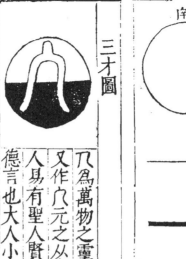

图4 动静图
（田艺蘅《留青日札》）

图5 少极图
（田艺蘅《留青日札》）

图6 三才图
（田艺蘅《留青日札》）

图7 阳奇图
（田艺蘅《留青日札》）

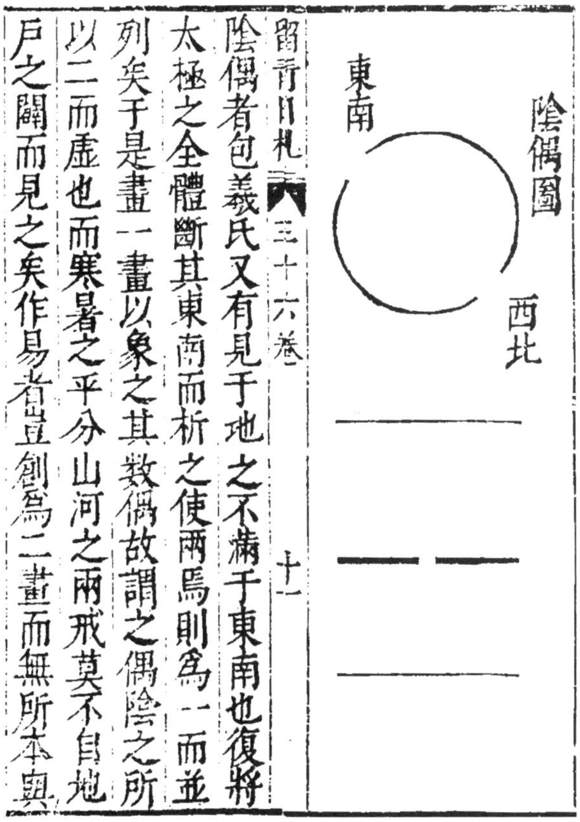

图8 阴偶图
（田艺蘅《留青日札》）

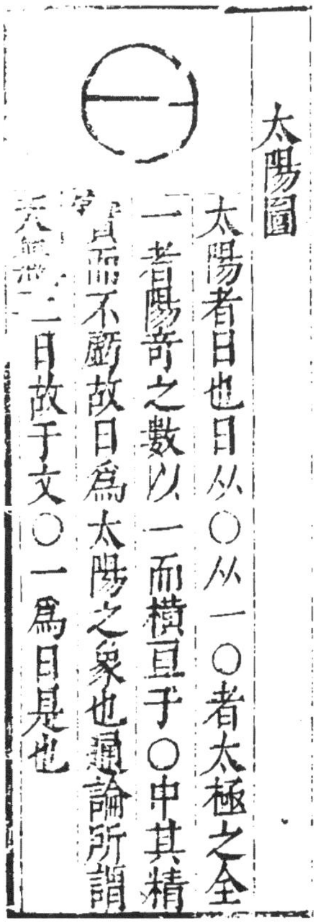

图9 太阳图
（田艺蘅《留青日札》）

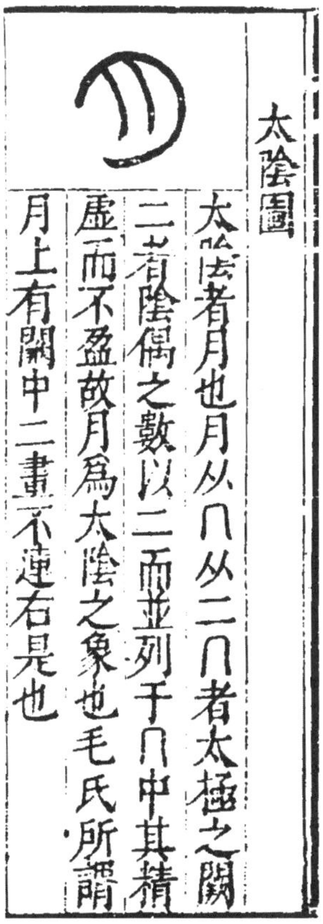

图10 太阴图
（田艺蘅《留青日札》）

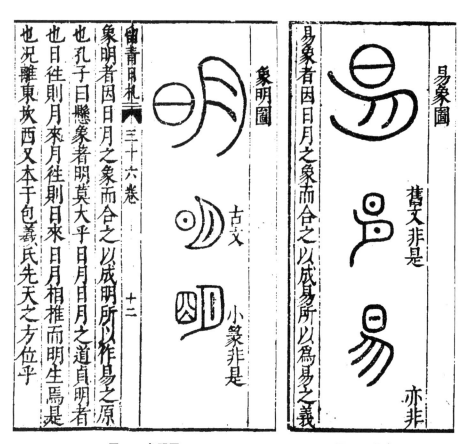

图 11 象明图　　　　　　图 12 易象图
（田艺蘅《留青日札》）　（田艺蘅《留青日札》）

来知德(1525—1604)

字矣鲜，号瞿塘，明四川梁山（今重庆梁平）人。嘉靖三十一年(1552)举人。屡试不第，隐居求志，以著述为乐。万历三十年(1602)特授翰林院待诏，不赴。著有《周易集注》十六卷、《来氏易解》十五卷、《易注图说》一卷、《河图洛书论》一卷等。现存有《周易》图像二十七幅。

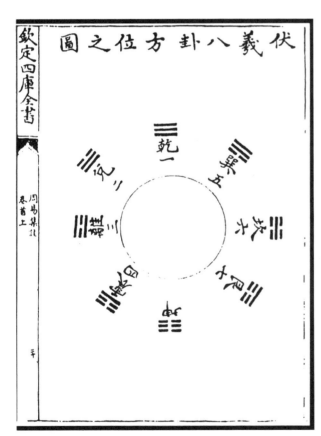

图1　伏羲八卦方位之图
（来知德《周易集注》）

图2　文王八卦方位之图
（来知德《周易集注》）

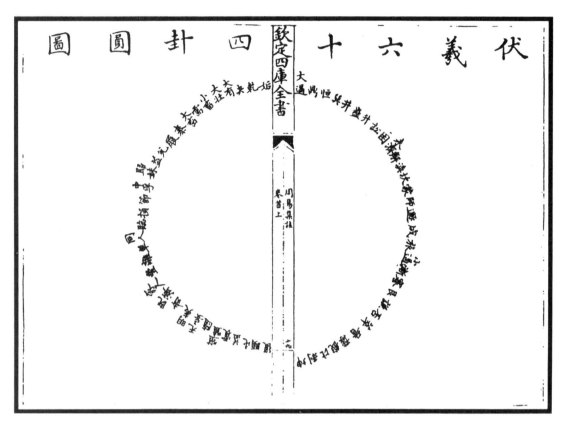

图 3 伏羲六十四卦圆图
(来知德《周易集注》)

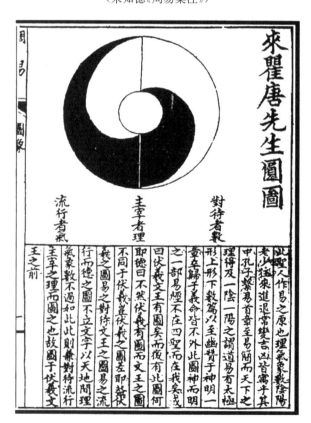

图 4 来知德圆图
(来知德《周易集注》)

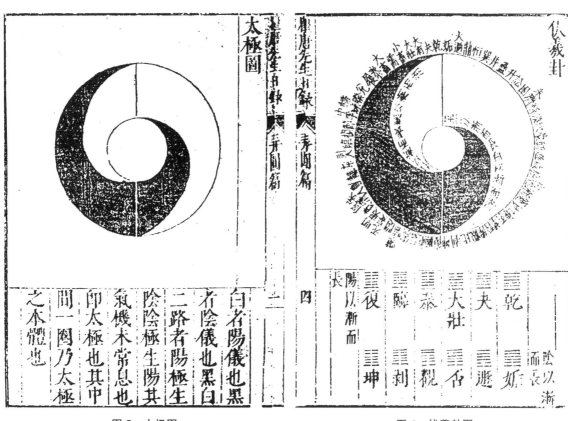

图 5 太极图
（来知德《重刻来瞿唐先生日录》）

图 6 伏羲卦图
（来知德《重刻来瞿唐先生日录》）

图 7 伏羲八卦方位图
（来知德《重刻来瞿唐先生日录》）

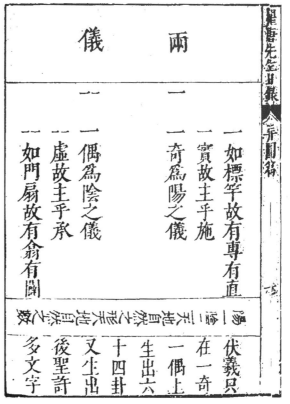

图 8 两仪图
（来知德《重刻来瞿唐先生日录》）

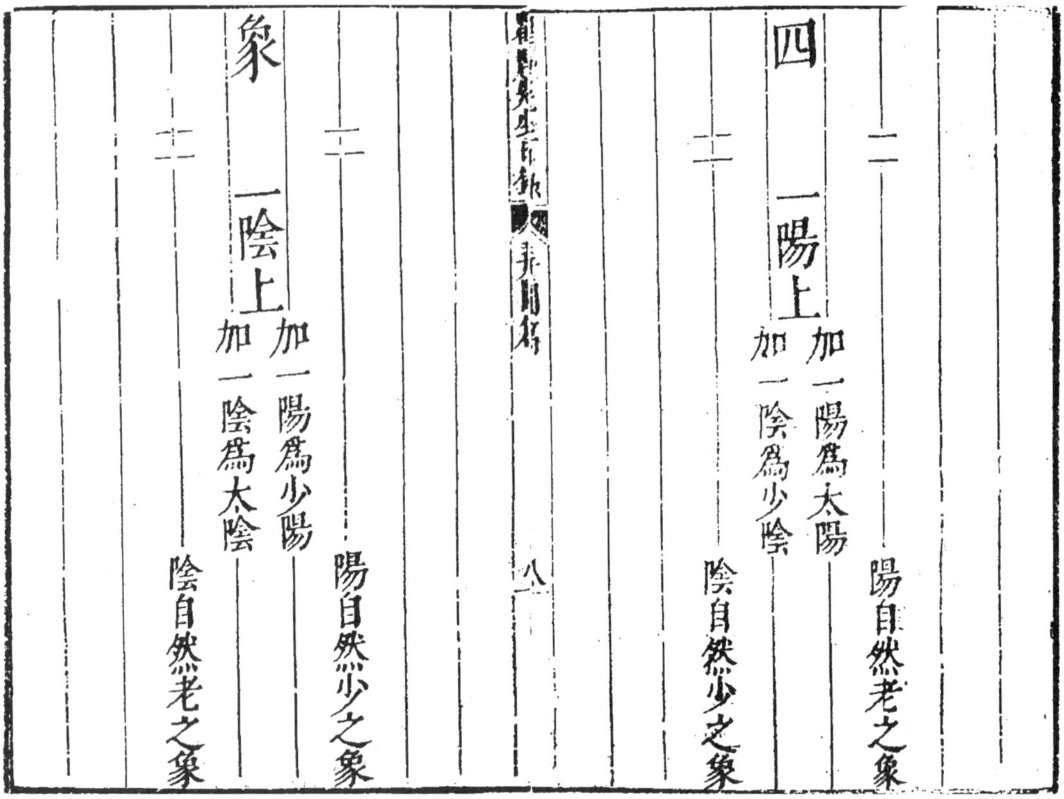

图 9　四象图
（来知德《重刻来瞿唐先生日录》）

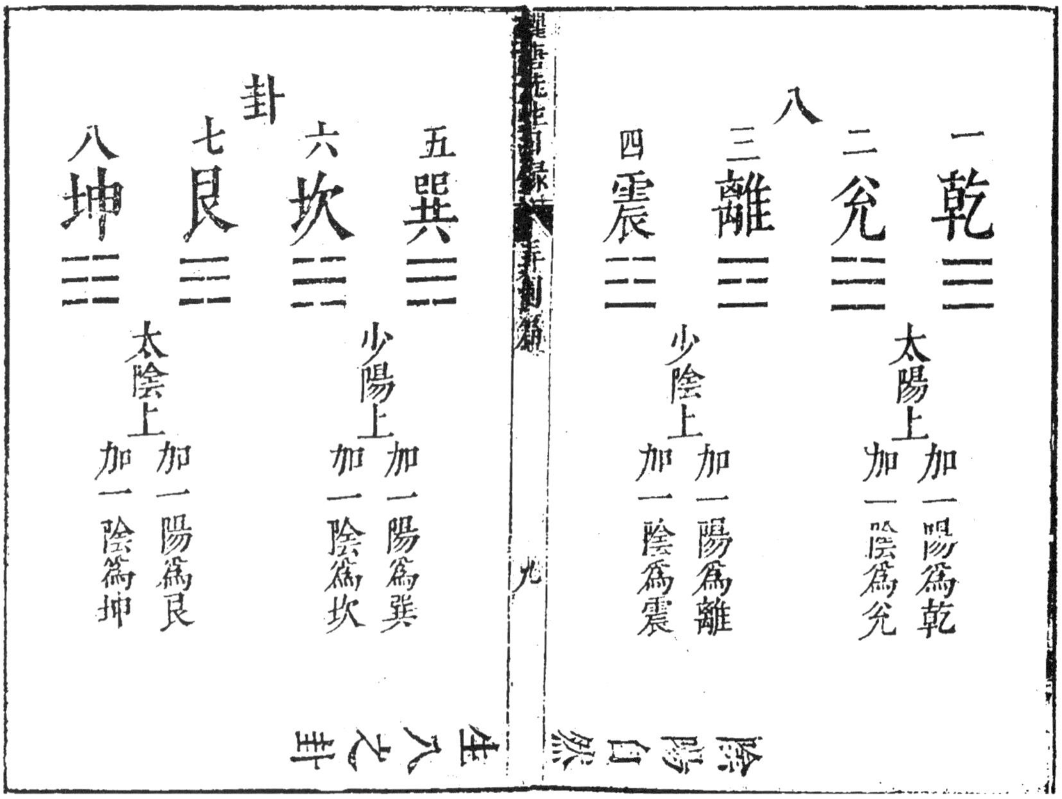

图 10　八卦图
（来知德《重刻来瞿唐先生日录》）

图11 八卦通皆乾坤之数图
（来知德《重刻来瞿唐先生日录》）

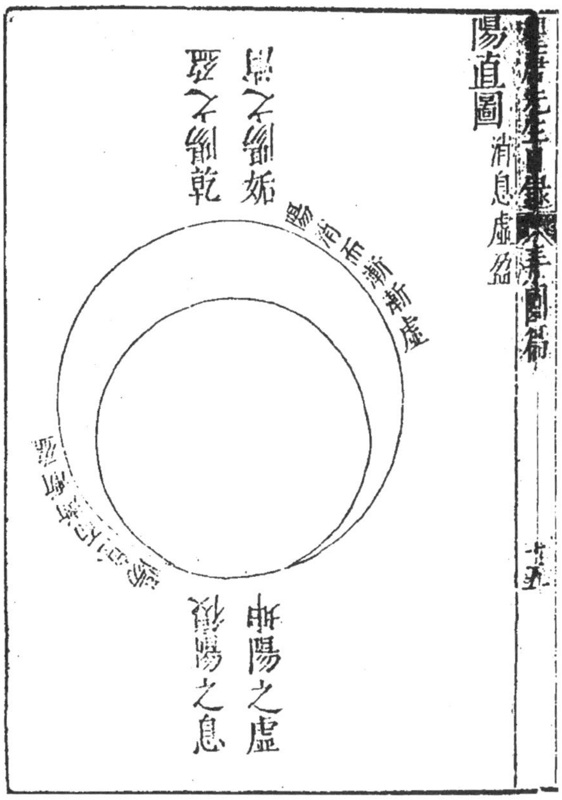

图12 阳直图
（来知德《重刻来瞿唐先生日录》）

图13 阴直图
（来知德《重刻来瞿唐先生日录》）

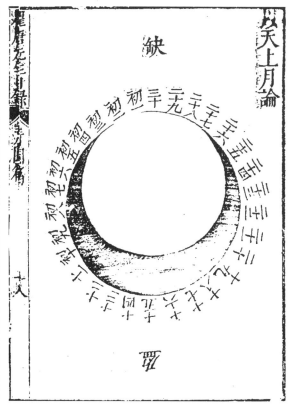

图14 盈缺图
（来知德《重刻来瞿唐先生日录》）

图 15　文王八卦方位图
（来知德《重刻来瞿唐先生日录》）

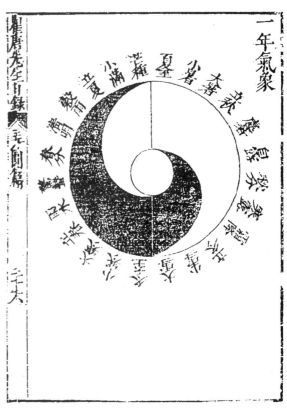

图 16　一年气象图
（来知德《重刻来瞿唐先生日录》）

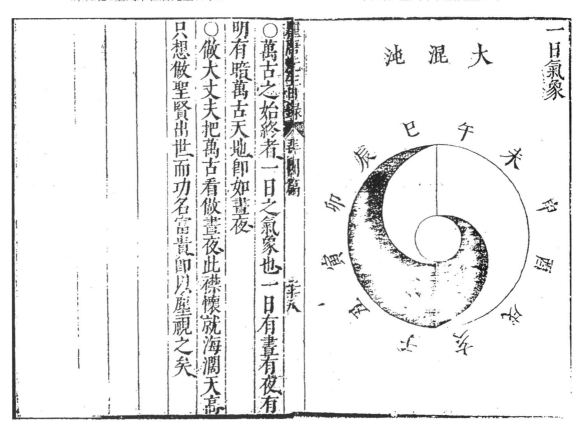

图 17　一日气象图
（来知德《重刻来瞿唐先生日录》）

图 18　天地形象图
（来知德《重刻来瞿唐先生日录》）

图 19　帝王图
（来知德《重刻来瞿唐先生日录》）

图 20　历代文章图
（来知德《重刻来瞿唐先生日录》）

图 21　以周家论图
（来知德《重刻来瞿唐先生日录》）

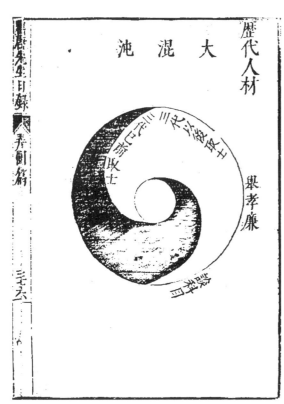

图 22　历代人材图
（来知德《重刻来瞿唐先生日录》）

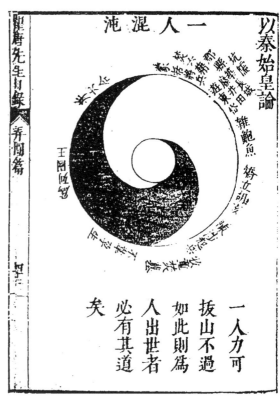

图 23　以秦始皇论图
（来知德《重刻来瞿唐先生日录》）

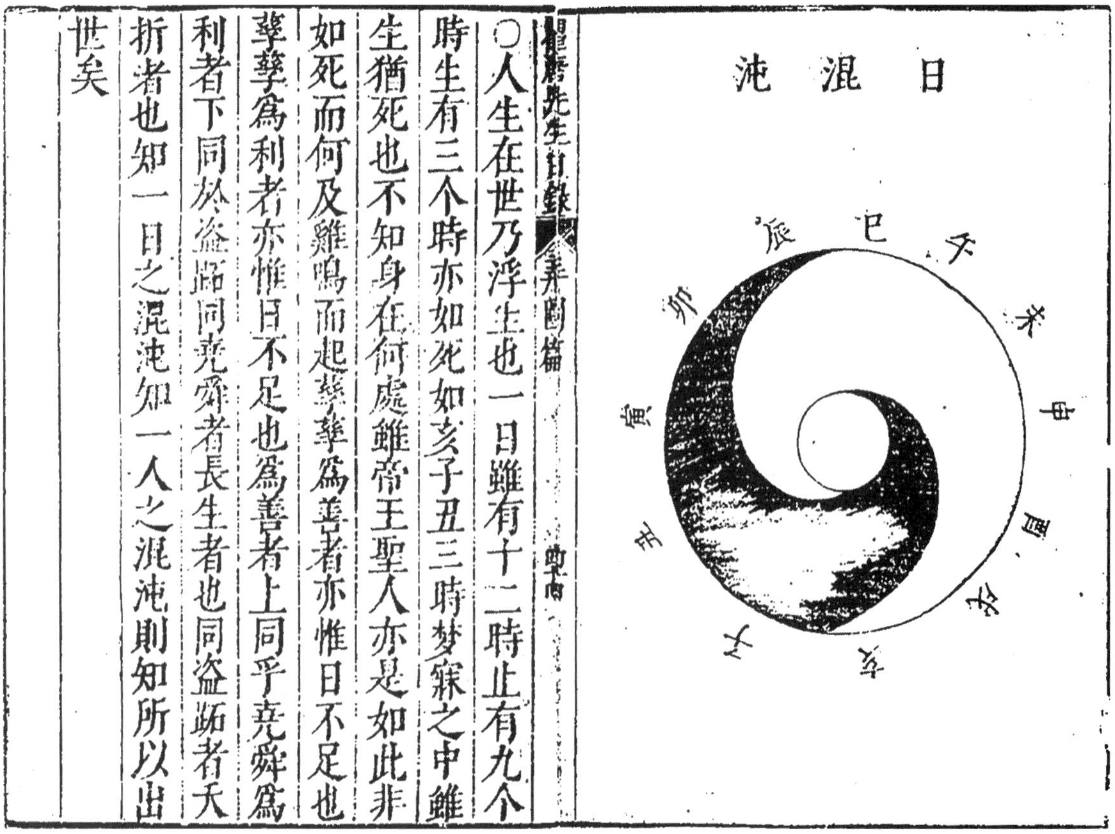

○人生在世乃浮生也一日雖有十二時止有九个時生有三个時亦如死如亥子丑三時梦寐之中雖生猶死也不知身在何處雖帝王聖人亦是如此非如死而何及雞鳴而起孳孳爲善者亦惟日不足也孳孳爲利者亦惟日不足也爲善者上同乎堯舜爲利者下同於盜跖同堯舜者長生者也同盜跖者夭折者也知一日之混沌知一人之混沌則知所以出世矣

图 24　日混沌图
（来知德《重刻来瞿唐先生日录》）

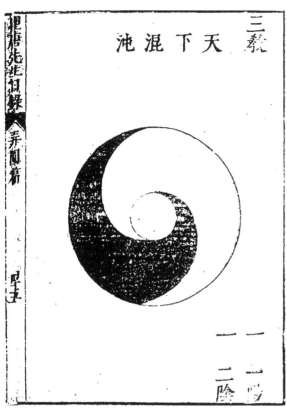

图 25 三教图
（来知德《重刻来瞿唐先生日录》）

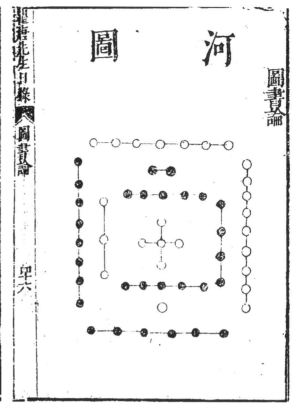

图 26 河图
（来知德《重刻来瞿唐先生日录》）

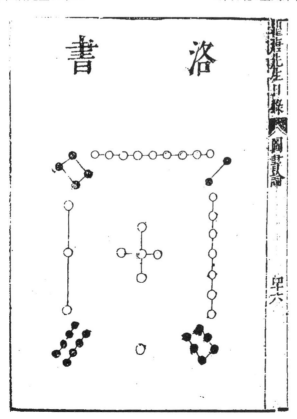

图 27 洛书
（来知德《重刻来瞿唐先生日录》）

王世贞（1526—1590）

字元美，号凤洲，又号弇州山人，明南直隶太仓（今江苏太仓）人。嘉靖二十六年（1547）进士，先后任职大理寺左寺、刑部员外郎和郎中、山东按察副使青州兵备使、浙江左参政、山西按察使。万历时期历任湖广按察使、广西右布政使、郧阳巡抚、应天府尹、南京兵部侍郎，累官至南京刑部尚书，卒赠太子少保。著有《弇州山人四部稿》一百七十四卷《续稿》二百零七卷《续稿附》十一卷、《弇山堂别集》一百卷、《嘉靖以来首辅传》八卷、《艺苑卮言》八卷附录二卷、《觚不觚录》一卷等。现存有《周易》图像二十一幅。

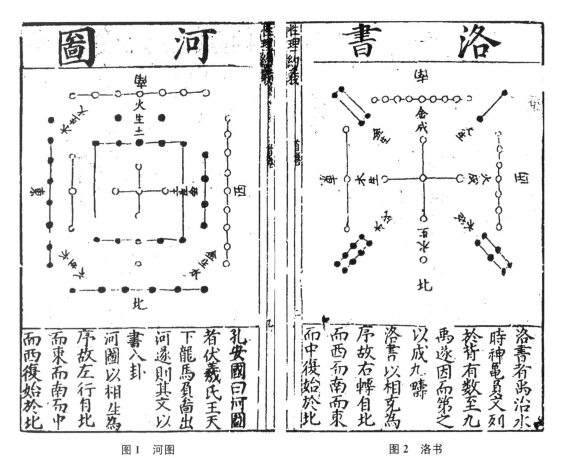

图 1　河图　　　　　　　　　　　　图 2　洛书
（王世贞《新刊凤洲先生签题性理精纂约义》）　（王世贞《新刊凤洲先生签题性理精纂约义》）

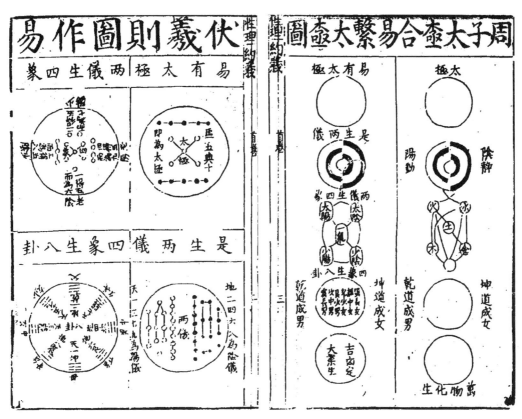

图3 伏羲则图作易图
（王世贞《新刊凤洲先生签题性理精纂约义》）

图4 周子太极合易系太极图
（王世贞《新刊凤洲先生签题性理精纂约义》）

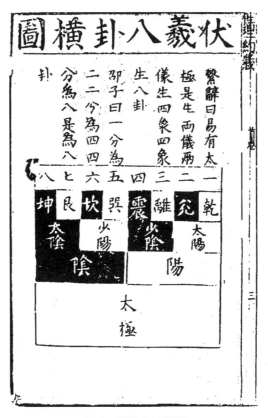

图5 伏羲八卦横图
（王世贞《新刊凤洲先生签题性理精纂约义》）

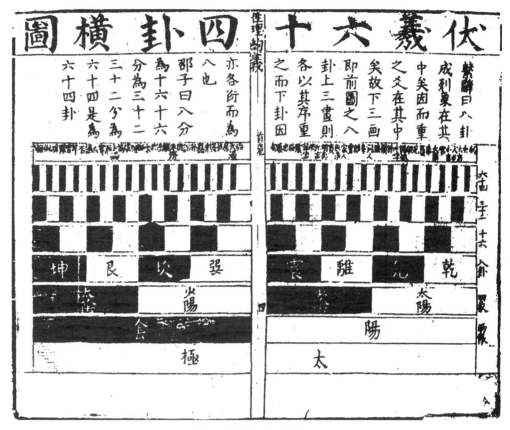

图6　伏羲六十四卦横图
（王世贞《新刊凤洲先生签题性理精纂约义》）

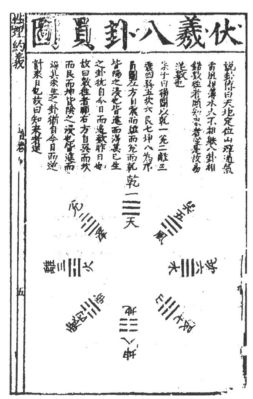

图7　伏羲八卦圆图
（王世贞《新刊凤洲先生签题性理精纂约义》）

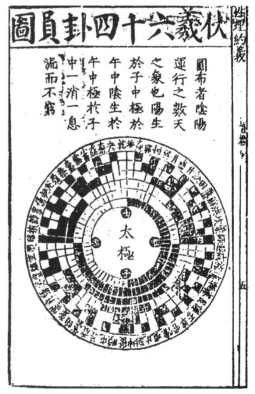

图8　伏羲六十四卦圆图
（王世贞《新刊凤洲先生签题性理精纂约义》）

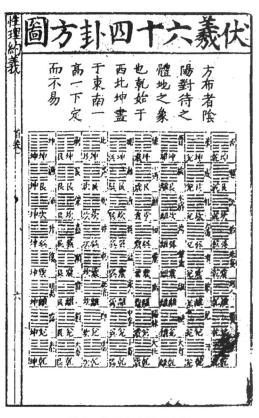

图9　伏羲六十四卦方图
（王世贞《新刊凤洲先生签题性理精纂约义》）

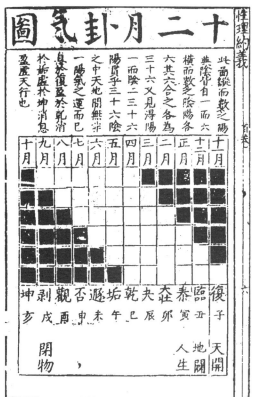

图10　十二月卦气图
（王世贞《新刊凤洲先生签题性理精纂约义》）

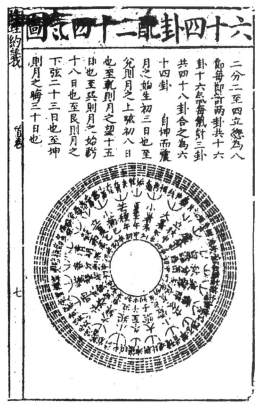

图11　六十四卦配二十四气图
（王世贞《新刊凤洲先生签题性理精纂约义》）

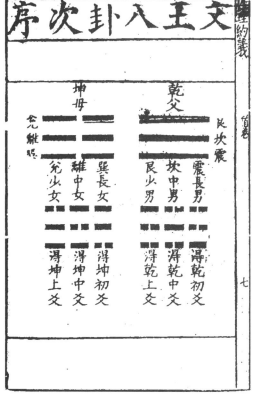

图12　文王八卦次序图
（王世贞《新刊凤洲先生签题性理精纂约义》）

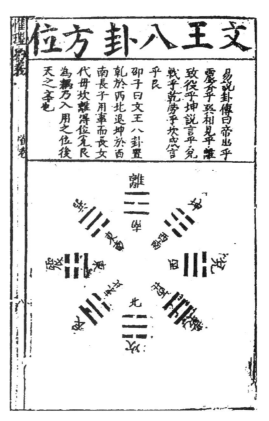

图 13　文王八卦方位图
（王世贞《新刊凤洲先生签题性理精纂约义》）

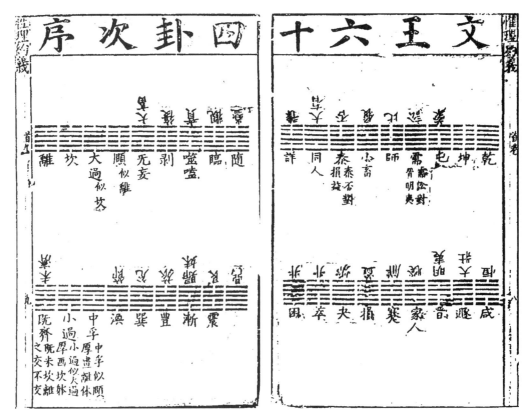

图 14　文王六十四卦次序图
（王世贞《新刊凤洲先生签题性理精纂约义》）

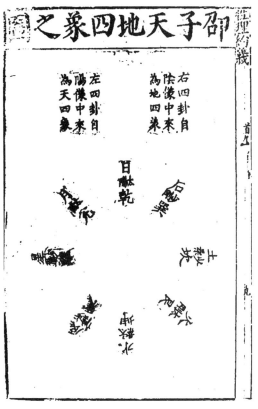

图15　邵子天地四象之图
（王世贞《新刊凤洲先生签题性理精纂约义》）

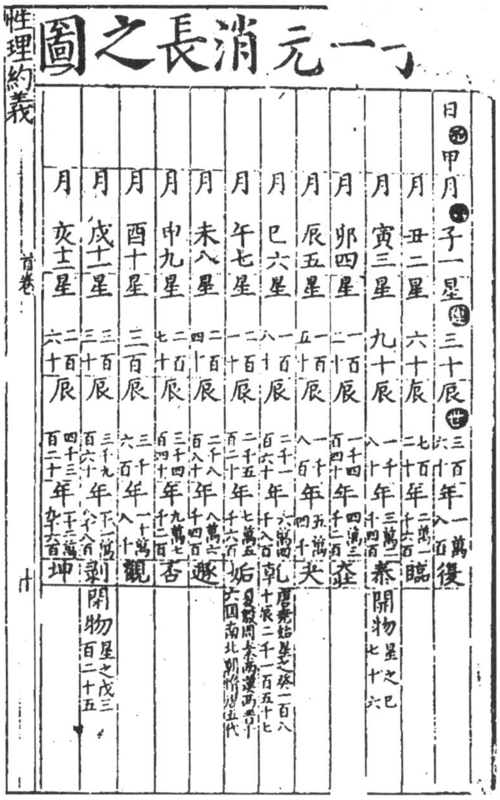

图16　□子一元消长之图
（王世贞《新刊凤洲先生签题性理精纂约义》）

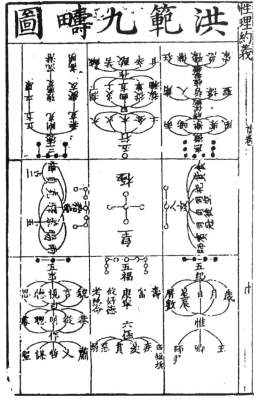

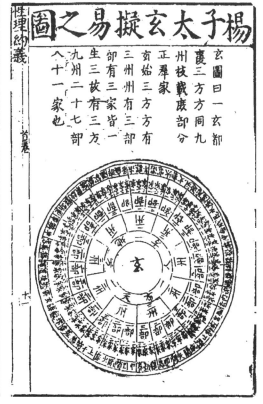

图17　洪范九畴图
（王世贞《新刊凤洲先生签题性理精纂约义》）

图18　扬子太玄拟易之图
（王世贞《新刊凤洲先生签题性理精纂约义》）

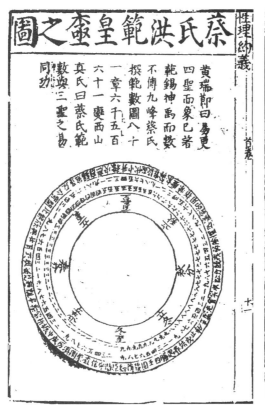

图 19　蔡氏洪范皇极之图
（王世贞《新刊凤洲先生签题性理精纂约义》）

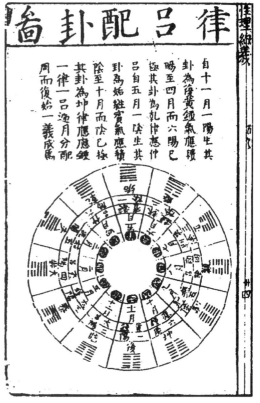

图 20　律吕配卦图
（王世贞《新刊凤洲先生签题性理精纂约义》）

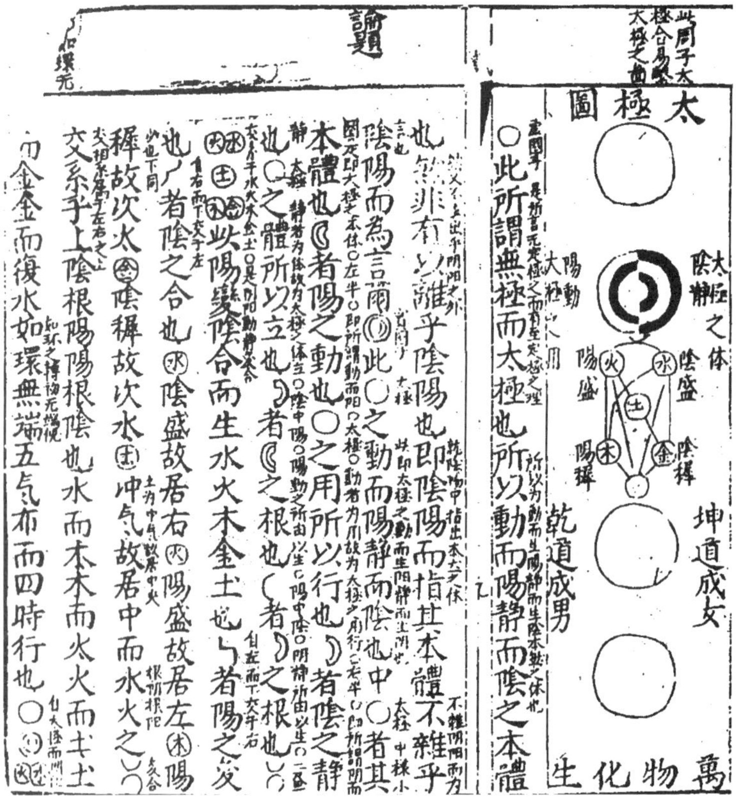

图 21　太极图
（王世贞《新刊凤洲先生签题性理精纂约义》）

戚继光(1527—1587)

字元敬,号南塘,又号孟诸,明山东登州(今山东蓬莱)人。少时好读书,通经史大义。嘉靖二十三年(1544)依例袭父职为登州卫指挥佥事。三十二年任都指挥佥事,备倭山东。三十四年调任浙江都司佥事,旋进参将。分守宁波、绍兴、台州(今临海)三府。三十六年以劾免官,旋以平汪直功复官,改守台州、金华、严州(今浙江建德东北)三府。谥武毅。著有《纪效新书》十八卷、《练兵实纪》九卷、《莅戎要略》一卷、《止止堂集》五卷等。现存有《周易》图像一幅。

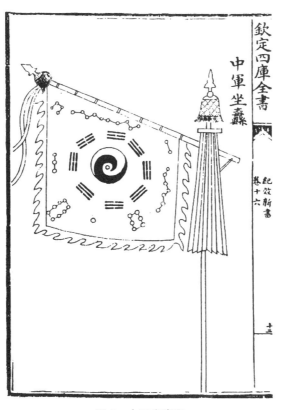

图1 中军坐纛图
(戚继光《纪效新书》)

骆问礼(1527—1608)

字子本,号缵亭,明浙江诸暨人。嘉靖四十四年(1565)进士,历任行人司行人、南京刑科给事中,因直谏贬为楚雄知事。神宗时诏起,迁扬州府推官,升南京工部主事、胡广副使等,后乞终养归。其学详博,师事海瑞。著有《续羊枣集》九卷、《万一楼集》六十一卷、《外集》十卷等。现存有《周易》图像三幅。

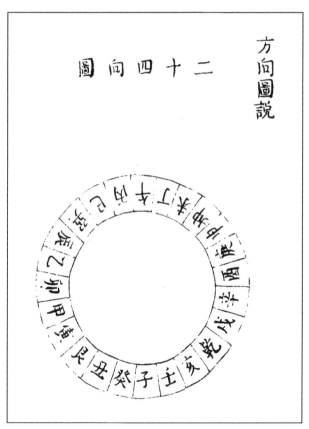

图 1 二十四向图
(骆问礼《续羊枣集》)

图 2 十二向图
(骆问礼《续羊枣集》)

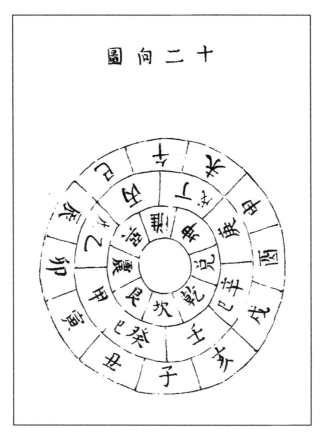

图3 十二向图
（骆问礼《续羊枣集》）

章潢(1527—1608)

字本清,号斗津,明江西南昌人。曾主讲白鹿洞书院,以荐授顺天府儒学训导。著有《周易象义》十卷、《易图杂考》三卷、《易大象义》一卷、《读易杂记》四卷、《图书编》一百二十七卷等。现存有《周易》图像一百九十四幅。

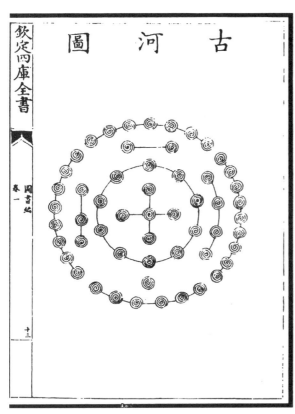

图1 古河图
(章潢《图书编》)

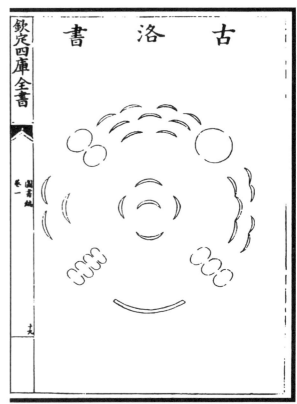

图2 古洛书
(章潢《图书编》)

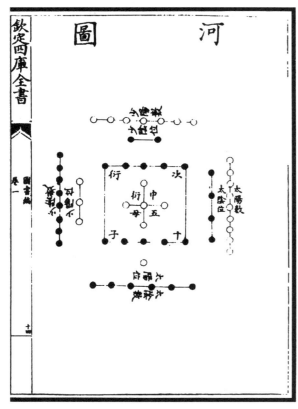

图 3 河图
（章潢《图书编》）

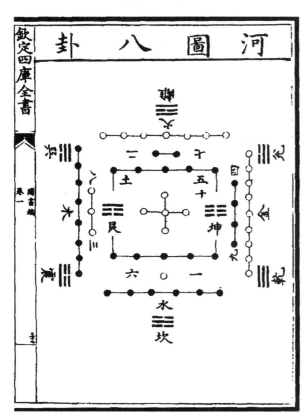

图 5 河图八卦图
（章潢《图书编》）

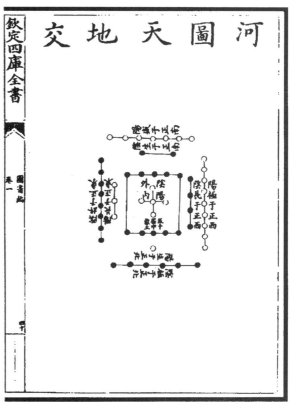

图 6 河图天地交图
（章潢《图书编》）

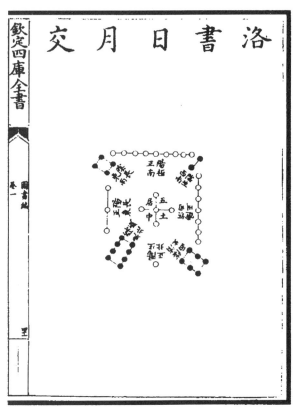

图7 洛书日月交图
（章潢《图书编》）

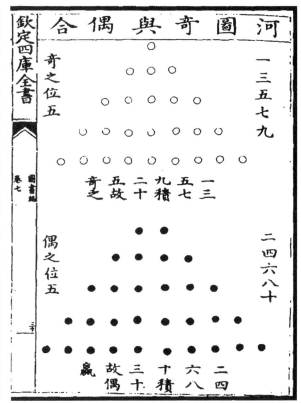

图8 河图奇与偶合图
（章潢《图书编》）

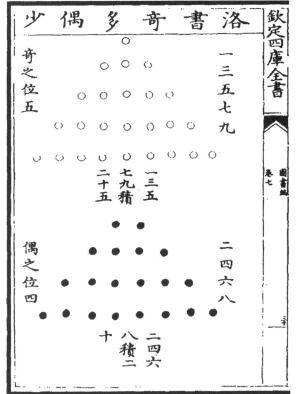

图9 洛书奇多偶少图
（章潢《图书编》）

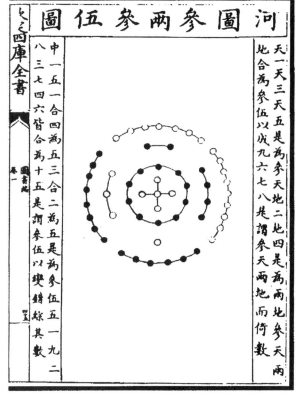

图10 河图参两参伍图
（章潢《图书编》）

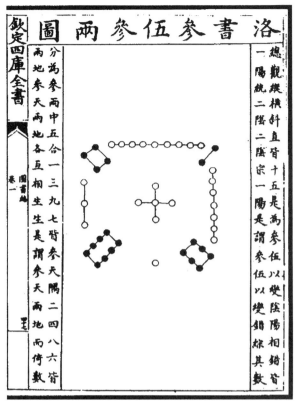

图 11　洛书参伍参两图
（章潢《图书编》）

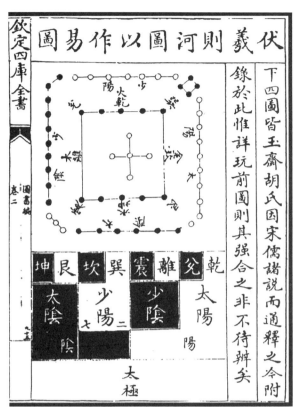

图 12　伏羲则河图以作易图
（章潢《图书编》）

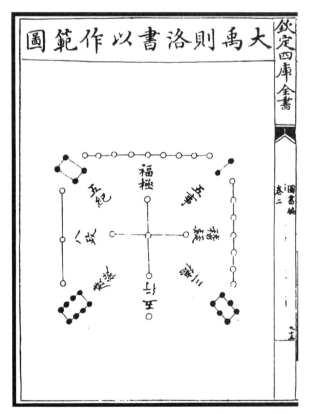

图 13　大禹则洛书以作范图
（章潢《图书编》）

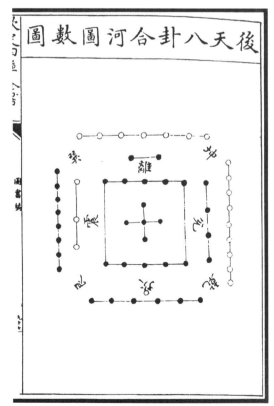

图 14　后天八卦合河图数图
（章潢《图书编》）

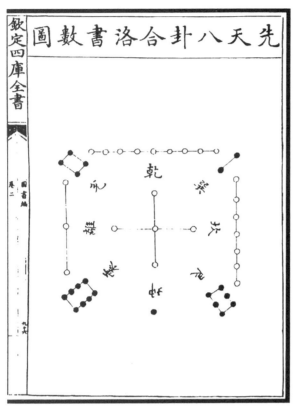

图 15　先天八卦合洛书数图
（章潢《图书编》）

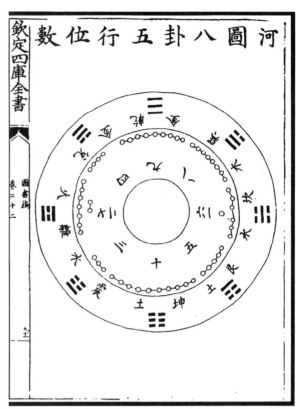

图 16　河图八卦五行位数图
（章潢《图书编》）

图 17　河图五行相生图
（章潢《图书编》）

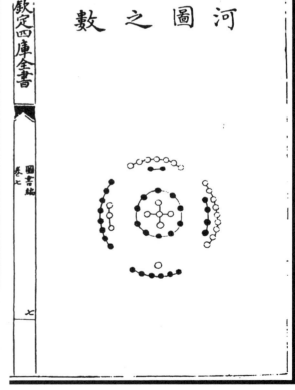

图 18　河图之数图
（章潢《图书编》）

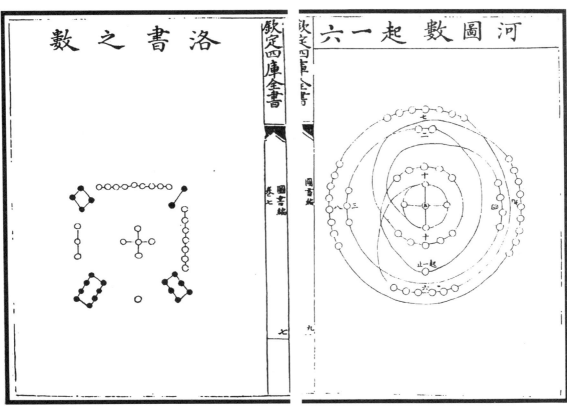

图 19 洛书之数图
（章潢《图书编》）

图 20 河图数起一六图
（章潢《图书编》）

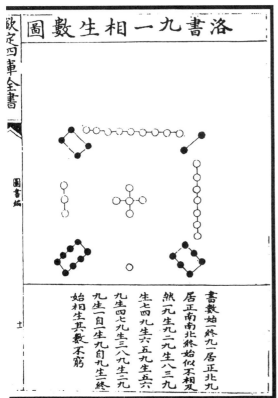

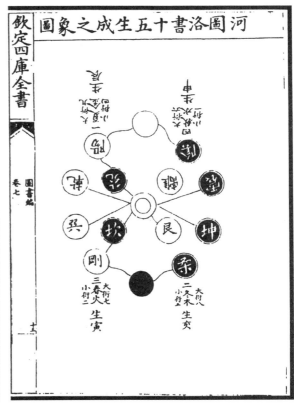

图 21 洛书九一相生数图
（章潢《图书编》）

图 22 河图洛书十五生成之象图
（章潢《图书编》）

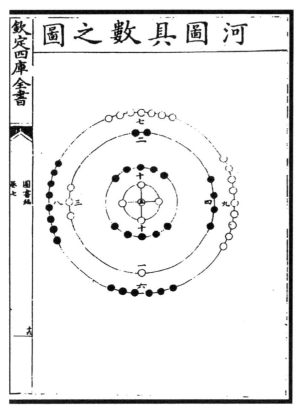

图 23　河图具数之图
（章潢《图书编》）

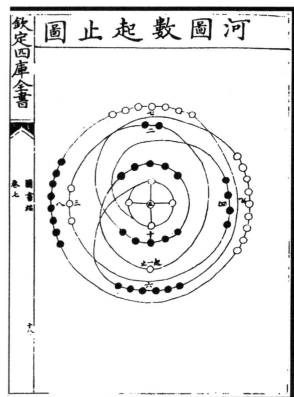

图 24　河图数起止图
（章潢《图书编》）

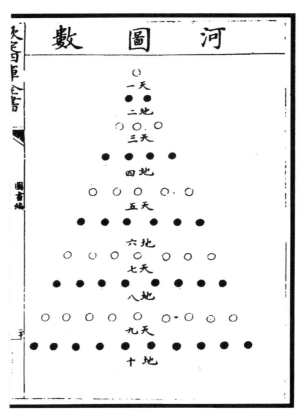

图 25　河图数图
（章潢《图书编》）

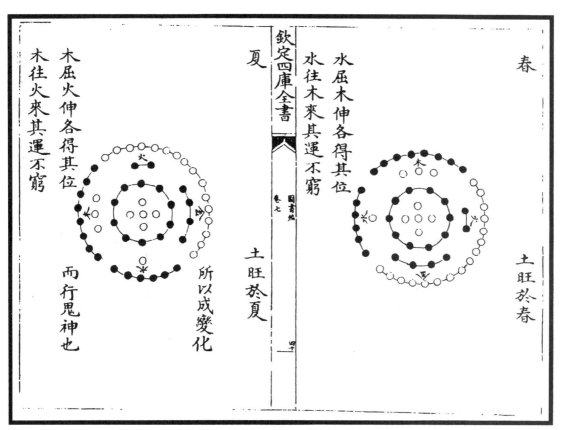

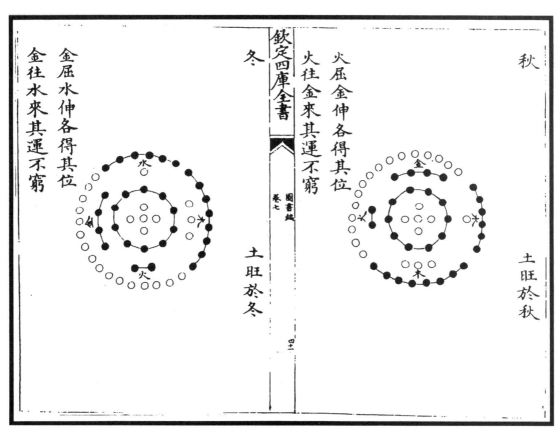

图 26　春夏秋冬四季图
（章潢《图书编》）

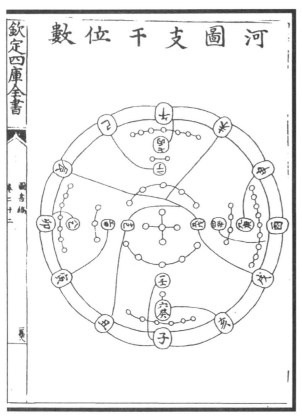

图 27 河图支干位数图
（章潢《图书编》）

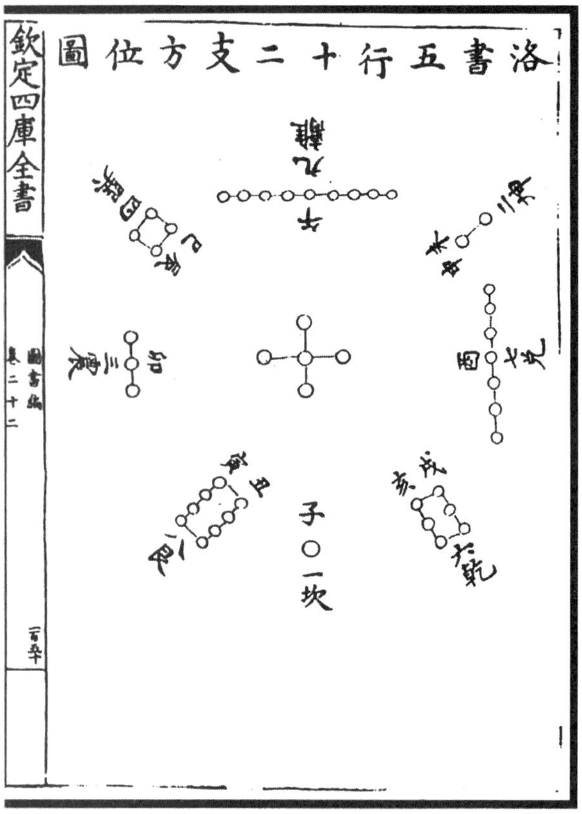

图 28 洛书五行十二支方位图
（章潢《图书编》）

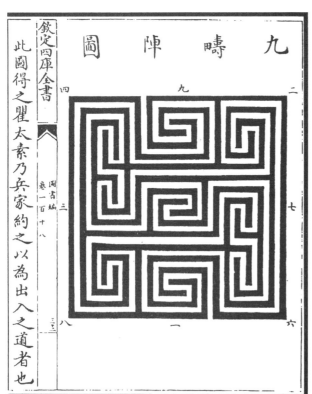

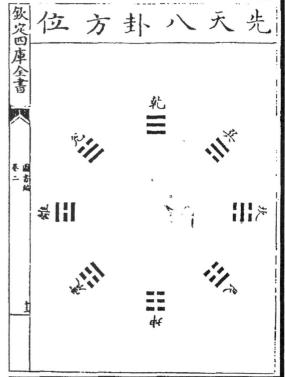

图 29 九畴阵图
（章潢《图书编》）

图 30 先天八卦方位图
（章潢《图书编》）

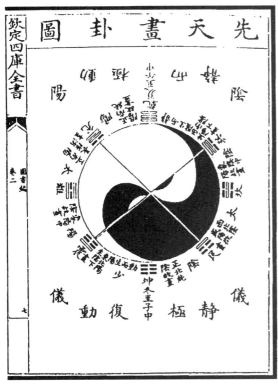

图 31　先天画卦图
（章潢《图书编》）

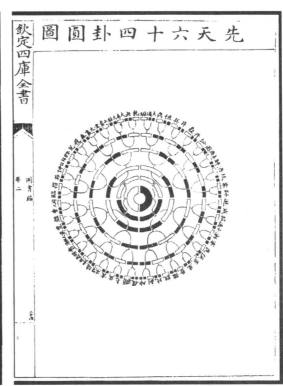

图 32　先天六十四卦圆图
（章潢《图书编》）

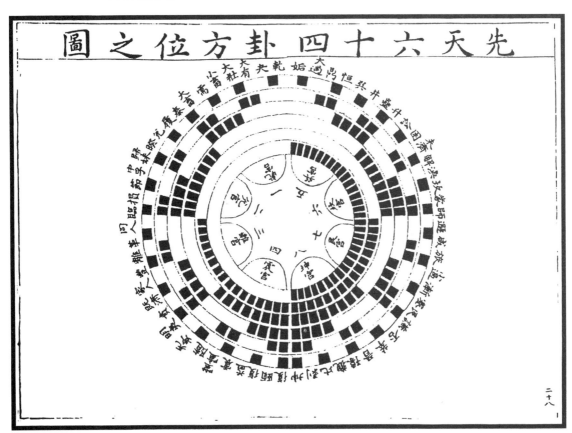

图 33　先天六十四卦方位之图
（章潢《图书编》）

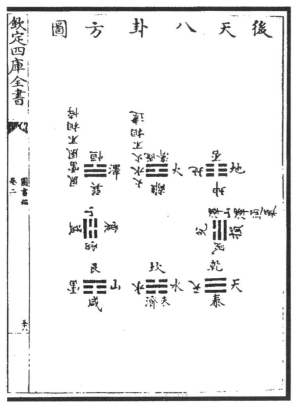

图 34　后天八卦方图
（章潢《图书编》）

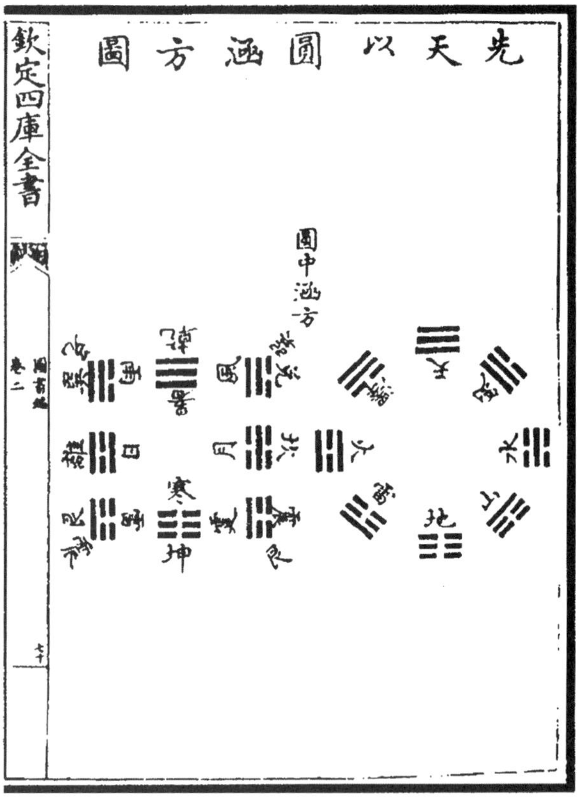

图 35　先天以圆涵方图
（章潢《图书编》）

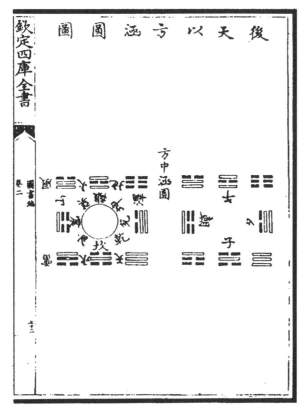

图 36　后天以方涵圆图
（章潢《图书编》）

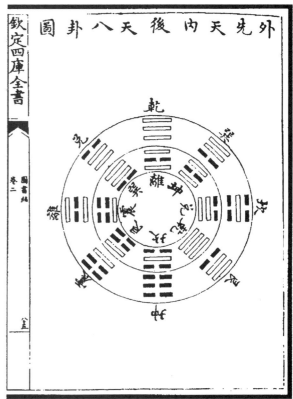

图 37　外先天内后天八卦图
（章潢《图书编》）

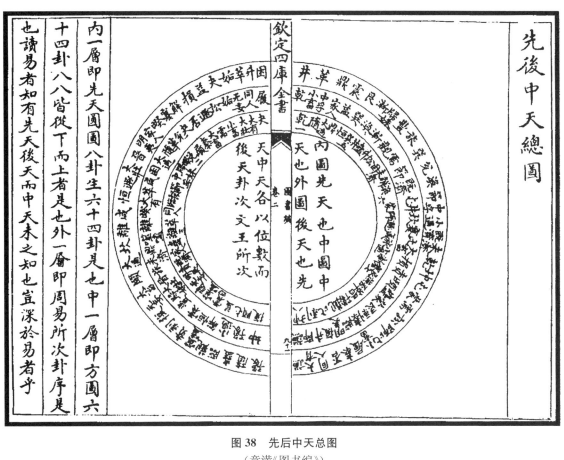

图 38　先后中天总图
（章潢《图书编》）

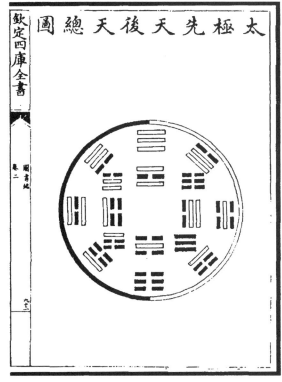

图 39　太极先天后天总图
（章潢《图书编》）

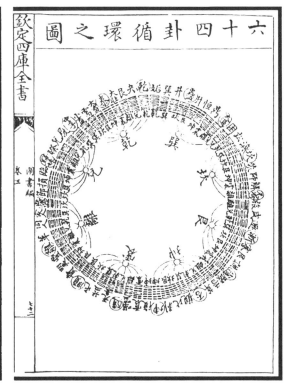

图 40　六十四卦循环之图
（章潢《图书编》）

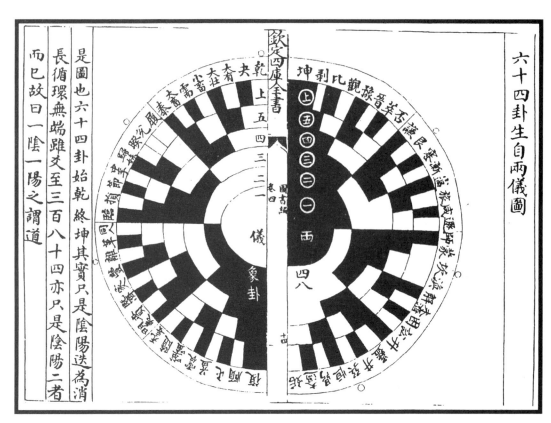

图41 六十四卦生自两仪图
（章潢《图书编》）

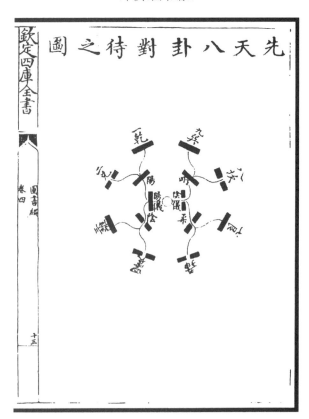

图42 先天八卦对待之图
（章潢《图书编》）

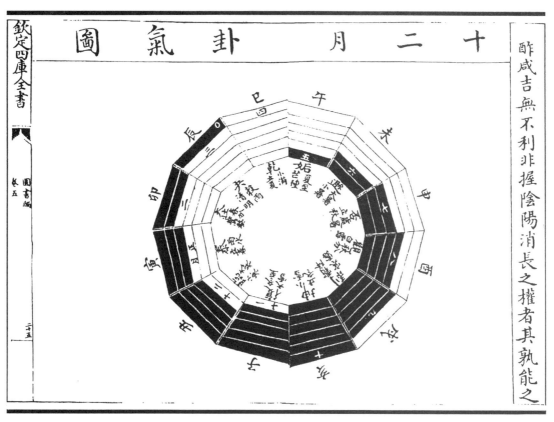

图 43　十二月卦气图
（章潢《图书编》）

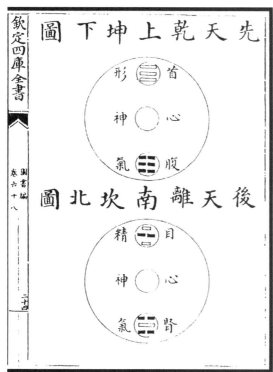

图 44　先天乾上坤下图
图 45　后天离南坎北图
（章潢《图书编》）

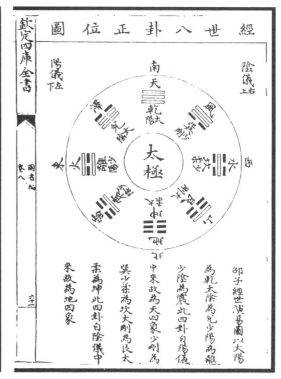

图 46　经世八卦正位图
（章潢《图书编》）

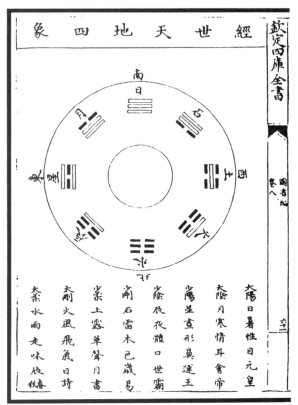

图 47 经世天地四象图
（章潢《图书编》）

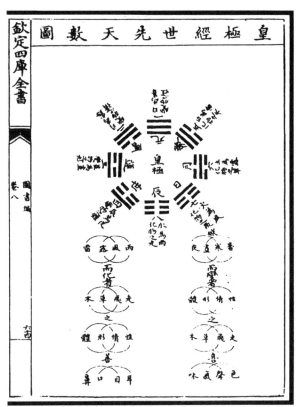

图 48 皇极经世先天数图
（章潢《图书编》）

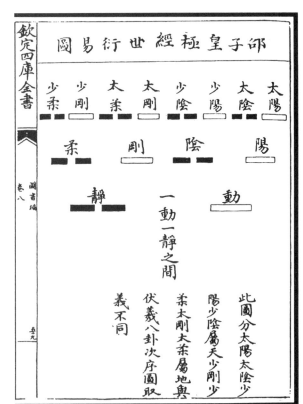

图 49 邵子皇极经世衍易图
（章潢《图书编》）

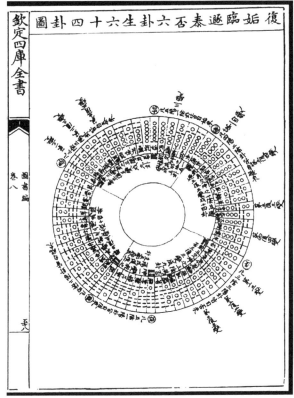

图 50 六卦生六十四卦图
（章潢《图书编》）

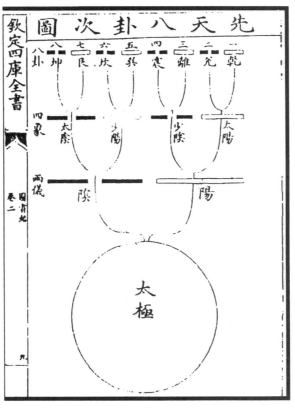

图 51　先天八卦次图
（章潢《图书编》）

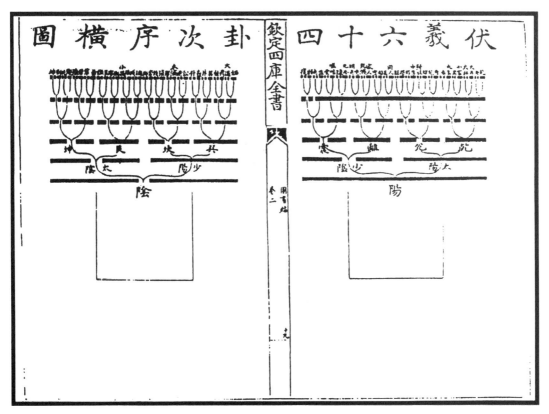

图 52　伏羲六十四卦次序横图
（章潢《图书编》）

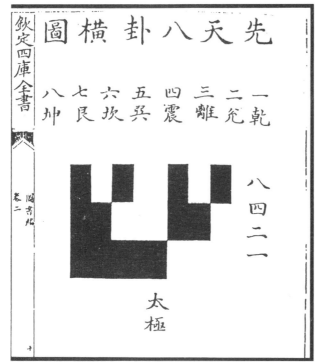

图 53　先天八卦横图
（章潢《图书编》）

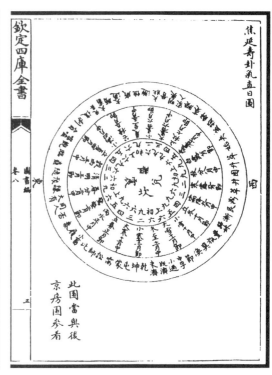

图 54　焦延寿卦气直日图
（章潢《图书编》）

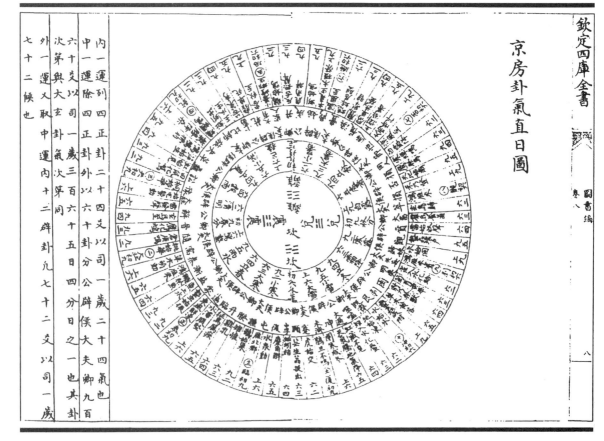

图 55　京房卦气直日图
（章潢《图书编》）

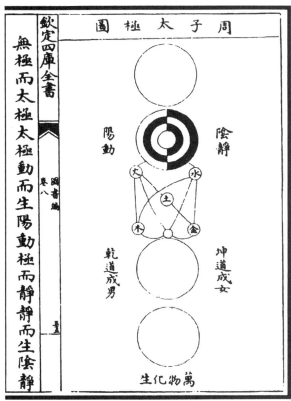

图 56 周子太极图
（章潢《图书编》）

图 57 古太极图
（章潢《图书编》）

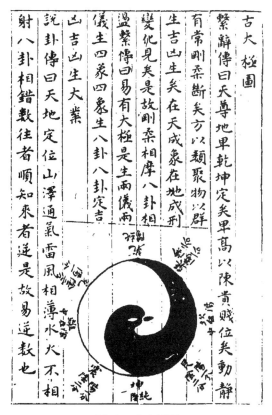

图 58 古大极图
（章潢《周易象义》）

图 59 易逆数图
（章潢《图书编》）

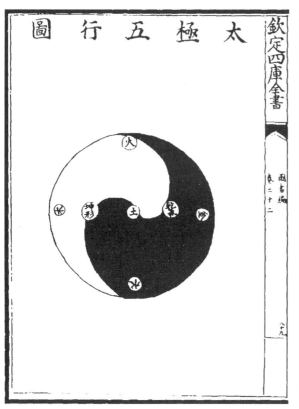

图 60　太极五行图
（章潢《图书编》）

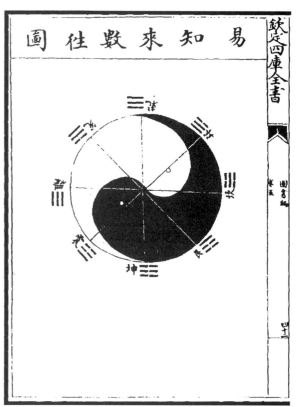

图 61　易知来数往图
（章潢《图书编》）

图 62　先天画卦图
（章潢《图书编》）

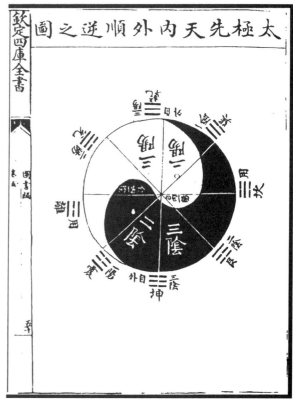

图 63　太极先天内外顺逆之图
（章潢《图书编》）

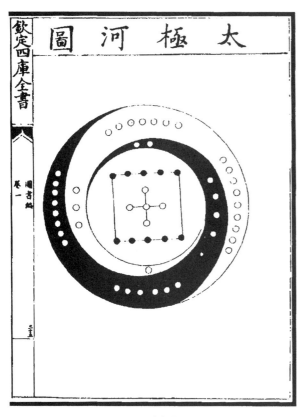

图 64　太极河图
（章潢《图书编》）

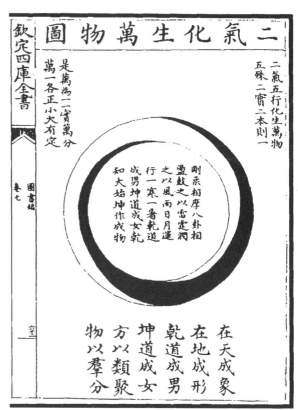

图 65　二气化生万物图
（章潢《图书编》）

图 66　造化象数体用之图
（章潢《图书编》）

图 67　太极图
（章潢《图书编》）

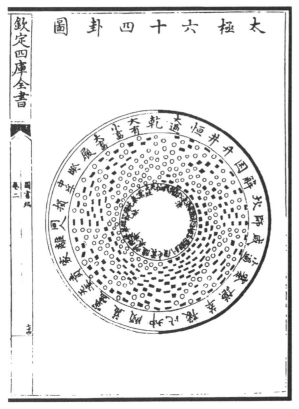

图68 太极六十四卦图
（章潢《图书编》）

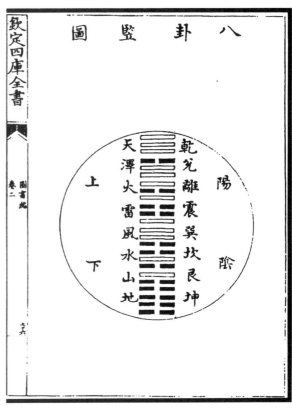

图69 八卦竖图
（章潢《图书编》）

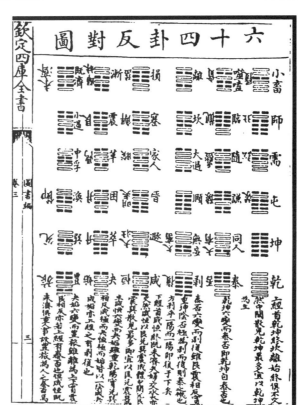

图70 六十四卦反对图
（章潢《图书编》）

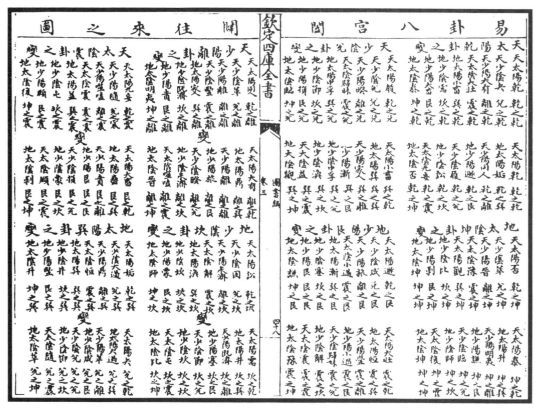

图 71　易卦八宫阖辟往来之图
（章潢《图书编》）

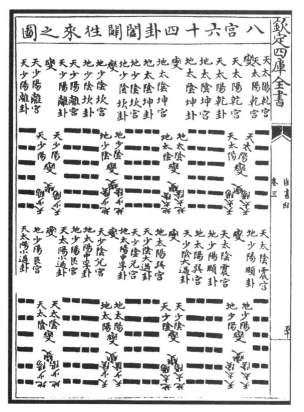

图 72-1　八宫六十四卦阖辟往来之图
（章潢《图书编》）

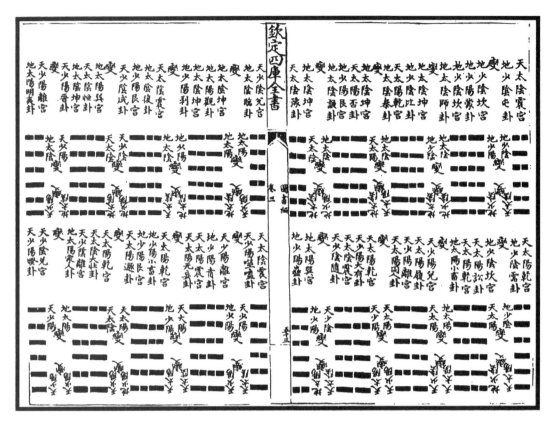

图 72-2 八宫六十四卦阖辟往来之图
（章潢《图书编》）

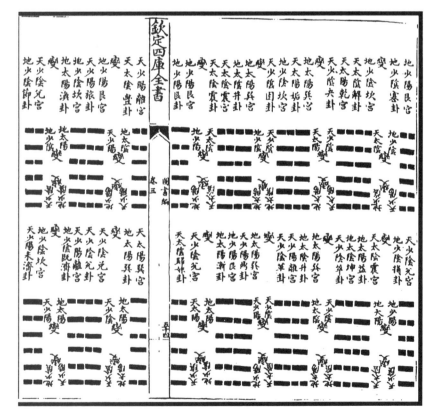

图 72-3 八宫六十四卦阖辟往来之图
（章潢《图书编》）

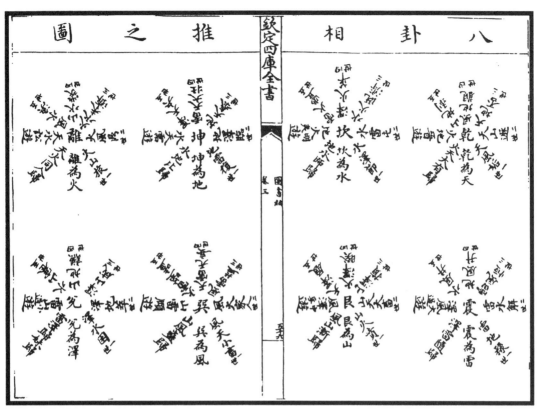

图 73 八卦相推之图
（章潢《图书编》）

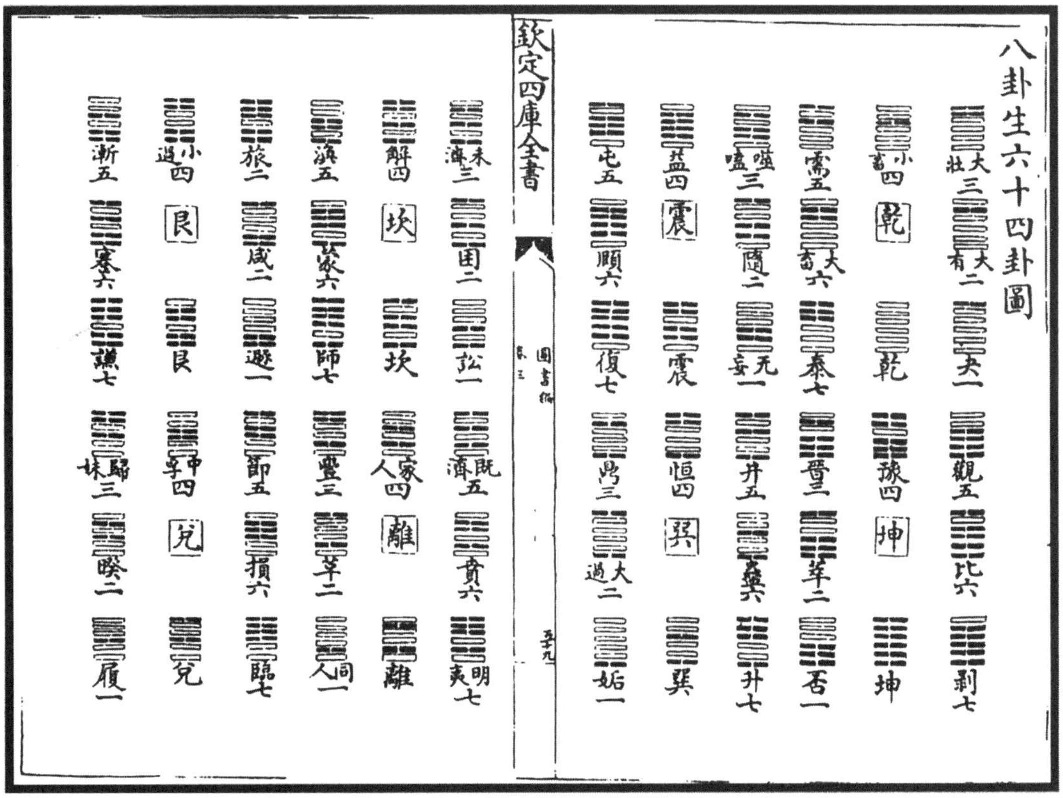

图 74 八卦生六十四卦图
（章潢《图书编》）

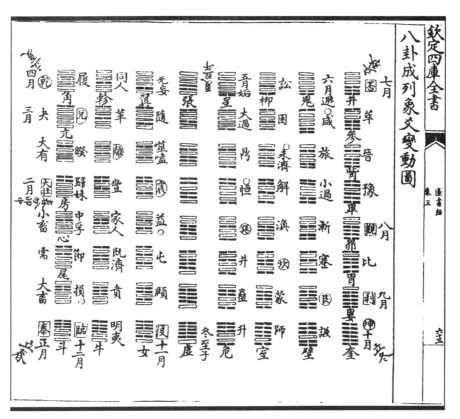

图 75　八卦成列象爻变动图
（章潢《图书编》）

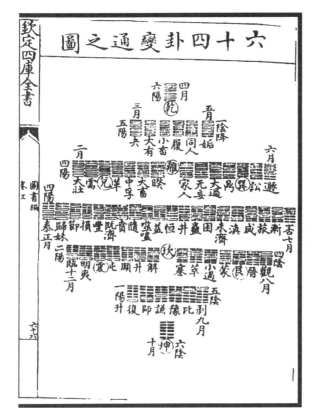

图 76　六十四卦变通之图
（章潢《图书编》）

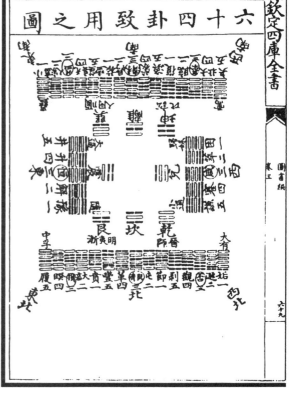

图 77　六十四卦致用之图
（章潢《图书编》）

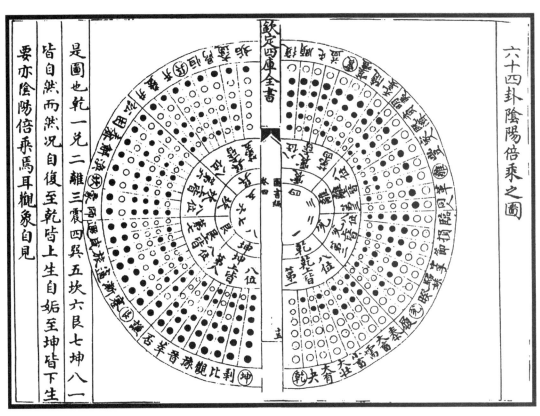

图 78　六十四卦阴阳倍乘之图
（章潢《图书编》）

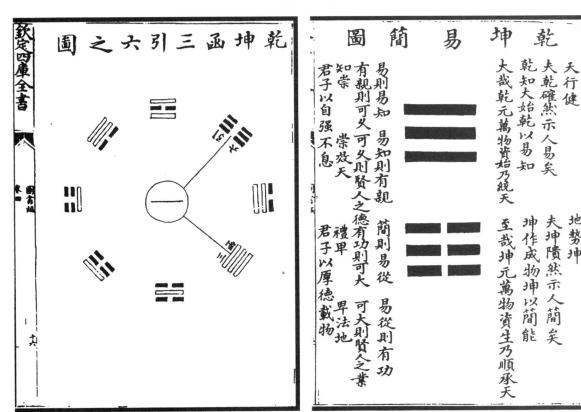

图 79　乾坤函三引六之图
（章潢《图书编》）

图 80　乾坤易简图
（章潢《图书编》）

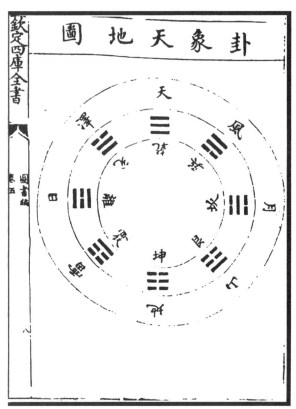

图 81　卦象天地图
（章潢《图书编》）

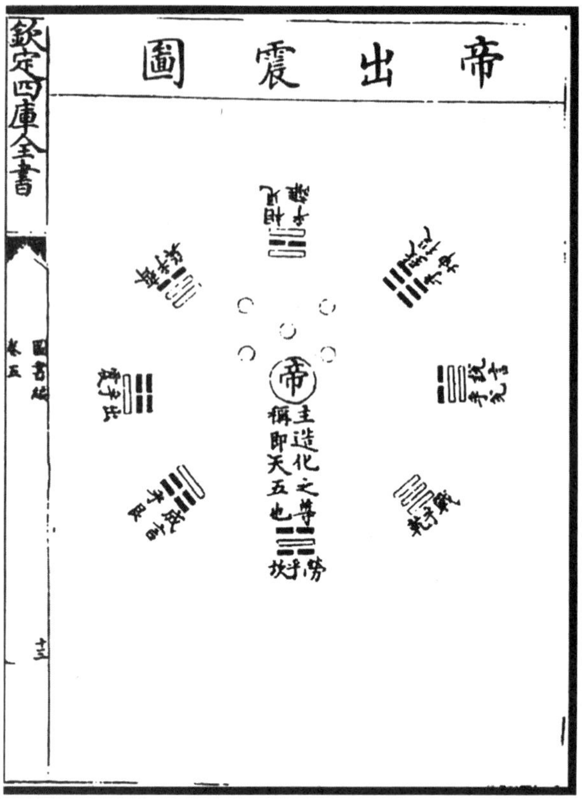

图 82　帝出震图
（章潢《图书编》）

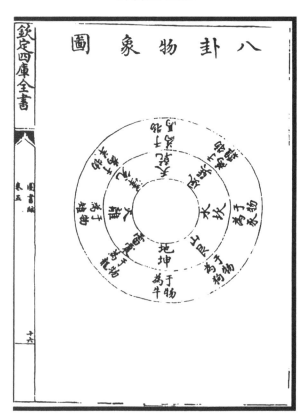

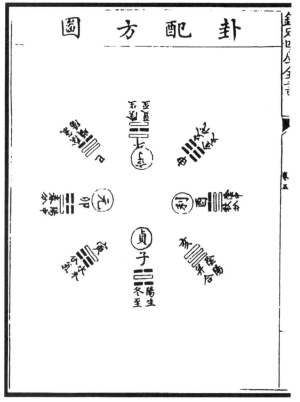

图 83　八卦物象图
（章潢《图书编》）

图 84　卦配方图
（章潢《图书编》）

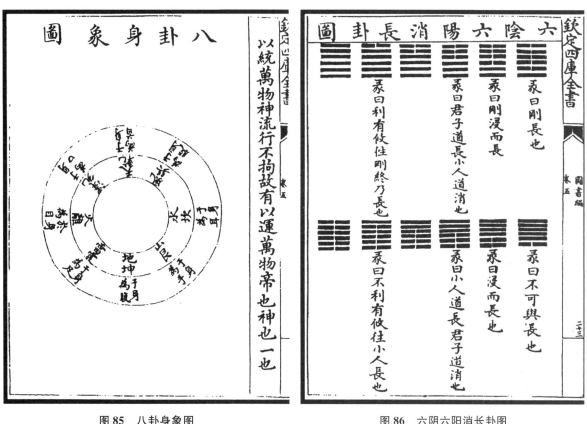

图85 八卦身象图
（章潢《图书编》）

图86 六阴六阳消长卦图
（章潢《图书编》）

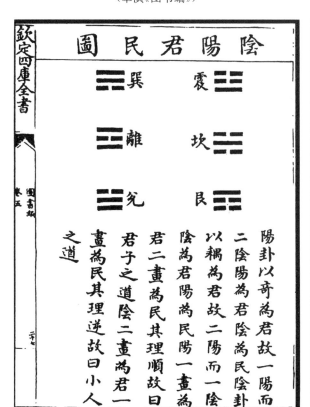

图87 阴阳君民图
（章潢《图书编》）

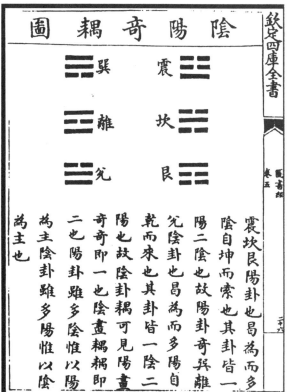

图88 阴阳奇偶图
（章潢《图书编》）

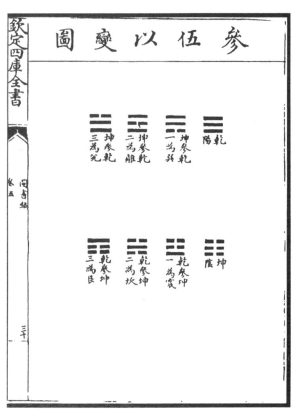

图89 参伍以变图
（章潢《图书编》）

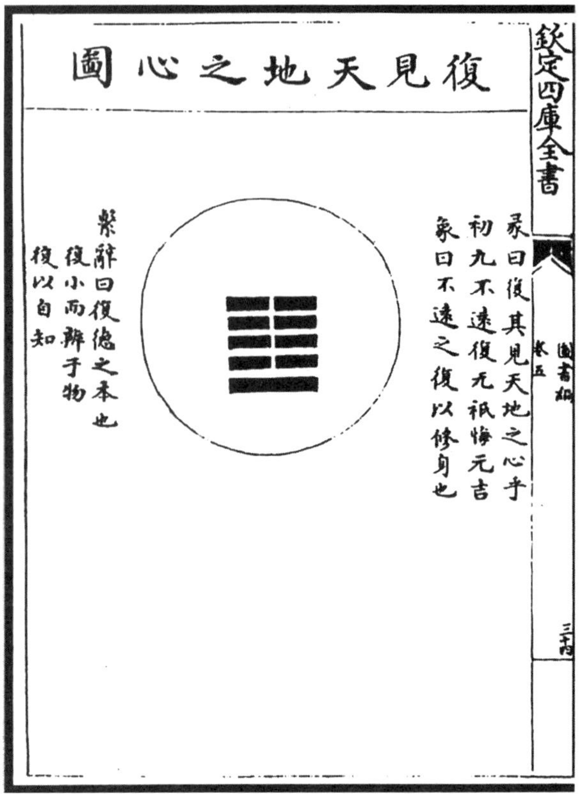

图90 复见天地之心图
（章潢《图书编》）

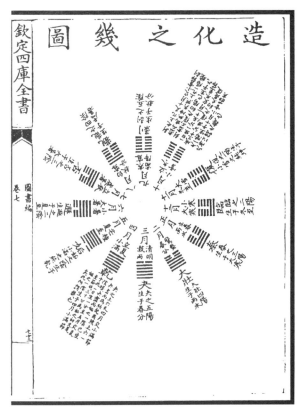

图91 造化之几图
（章潢《图书编》）

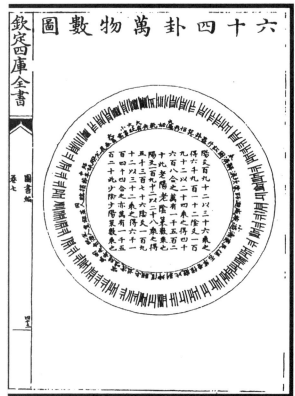

图92 六十四卦万物数图
（章潢《图书编》）

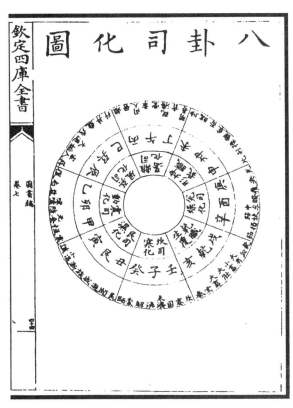

图 93 八卦司化图
（章潢《图书编》）

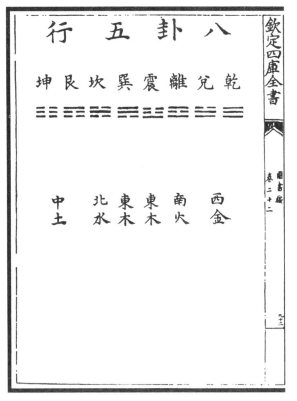

图 94 八卦五行图
（章潢《图书编》）

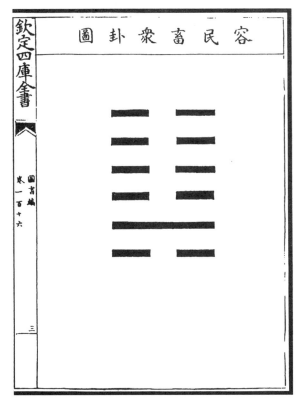

图 95 容民畜众卦图
（章潢《图书编》）

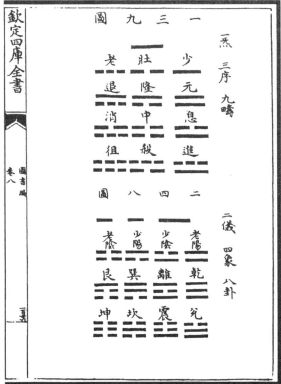

图 96 一三九图
图 97 二四八图
（章潢《图书编》）

图 98 三才之图
（章潢《图书编》）

图 99 日月为易图
（章潢《图书编》）

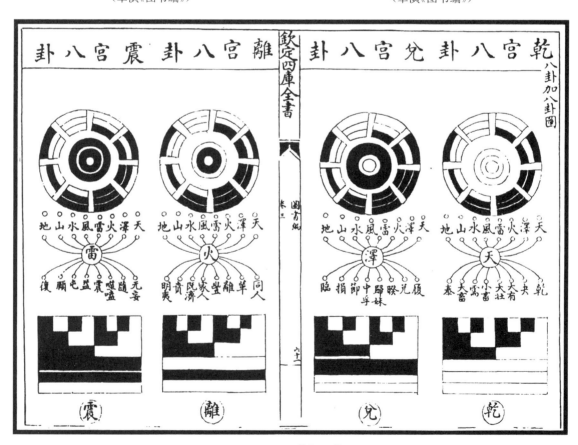

图 100-1 八卦加八卦图
（章潢《图书编》）

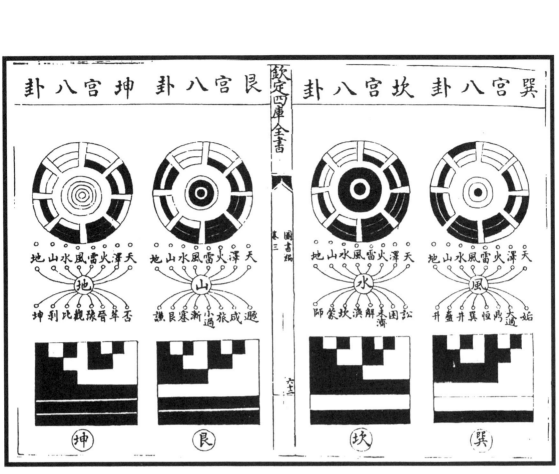

图 100-2　八卦加八卦图
（章潢《图书编》）

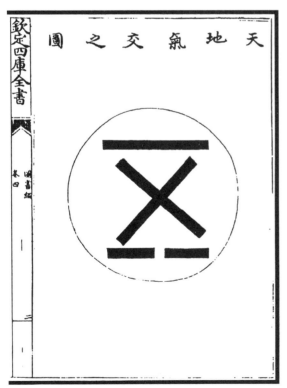

图 101　天地气交之图
（章潢《图书编》）

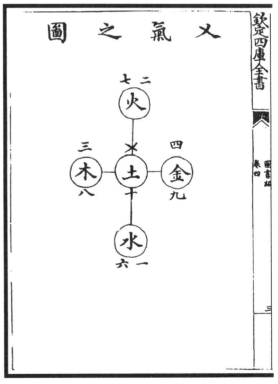

图 102　五气之图
（章潢《图书编》）

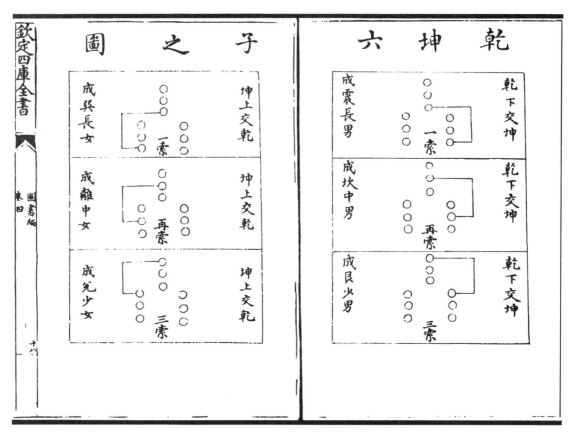

图103 乾坤六子之图
（章潢《图书编》）

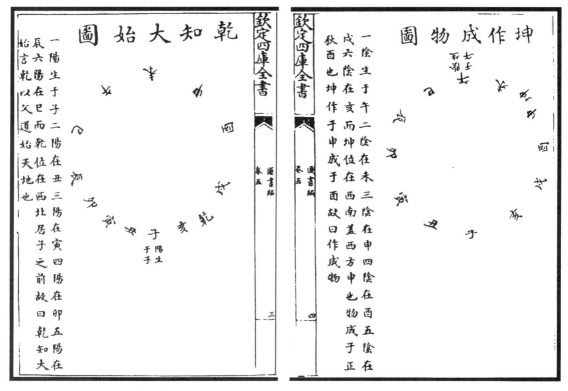

图104 乾知大始图
（章潢《图书编》）

图105 坤作成物图
（章潢《图书编》）

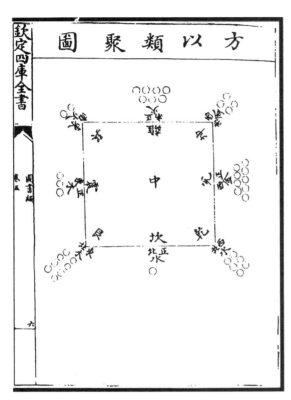

图 106 方以类聚图
（章潢《图书编》）

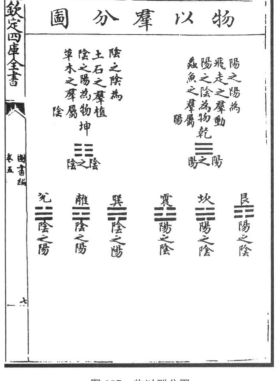

图 107 物以群分图
（章潢《图书编》）

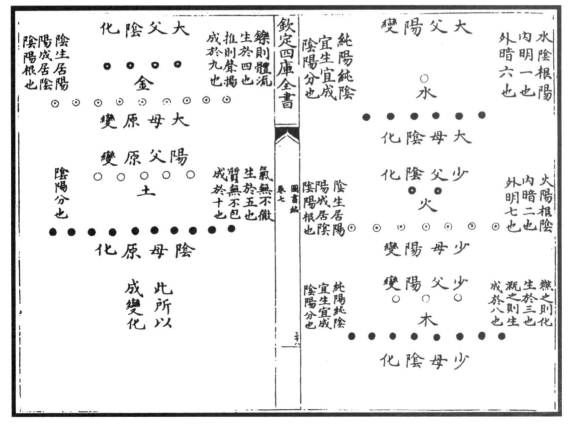

图 108 阴阳五行变化图
（章潢《图书编》）

图 109　通乎昼夜图
（章潢《图书编》）

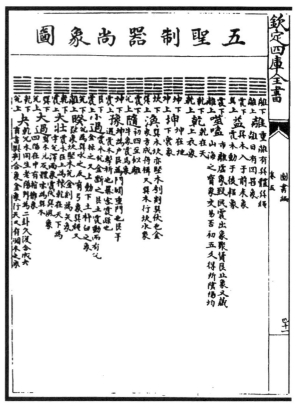

图 110　五圣制器尚象图
（章潢《图书编》）

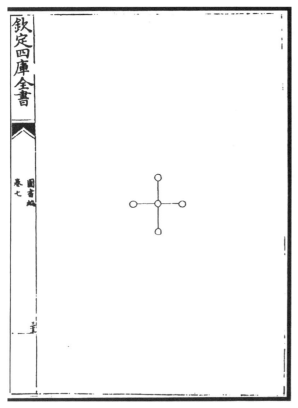

图 111　阴阳总会图
（章潢《图书编》）

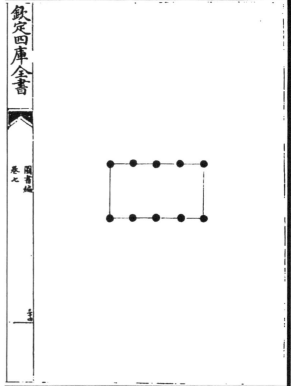

图 112　阴阳之原图
（章潢《图书编》）

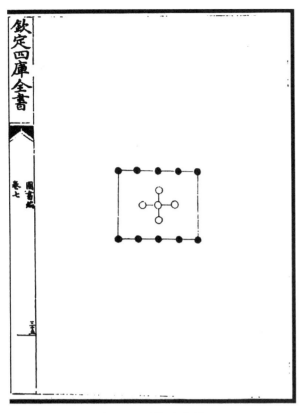

图113 阴阳之合图
（章潢《图书编》）

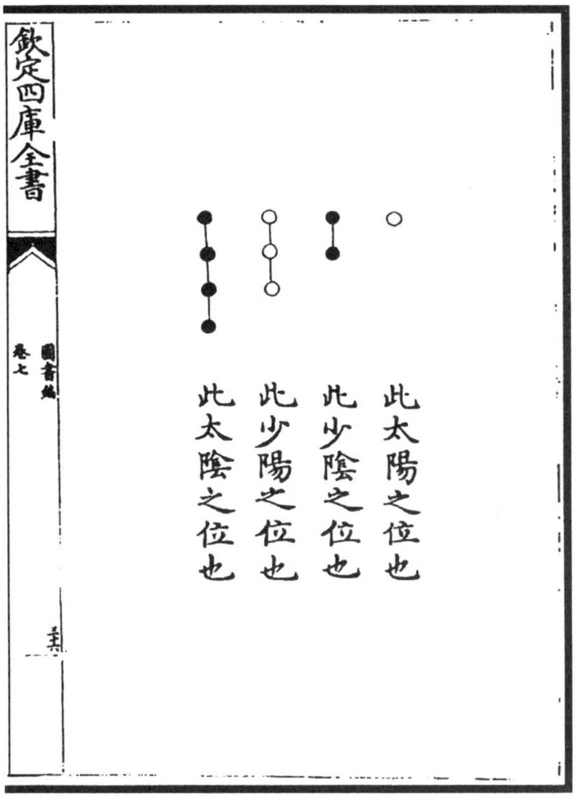

图114 四象位图
（章潢《图书编》）

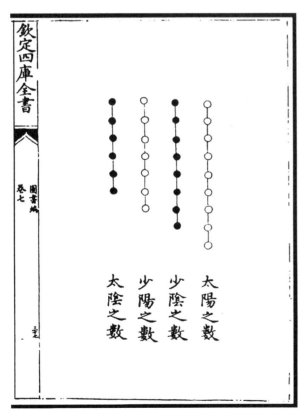

图115 四象数图
（章潢《图书编》）

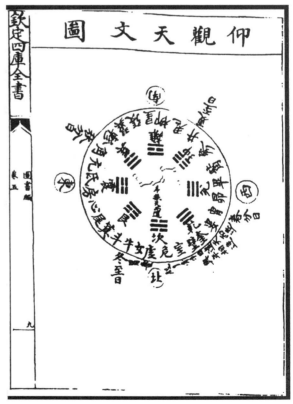

图116 仰观天文图
（章潢《图书编》）

图117 俯察地理图
（章潢《图书编》）

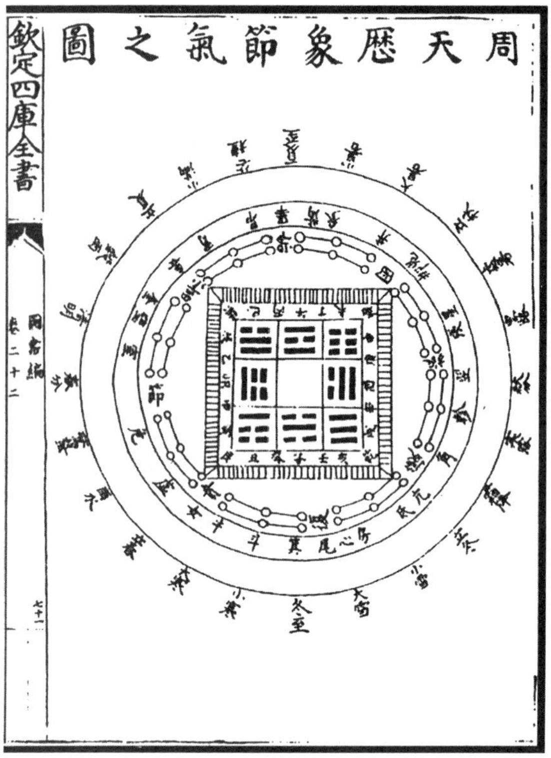

图118 周天历象节气之图
（章潢《图书编》）

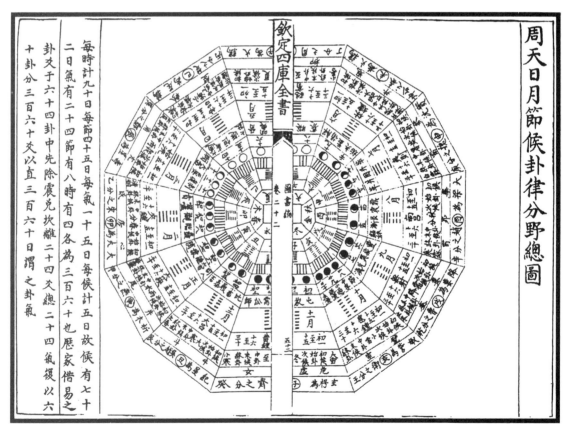

图119 周天日月节候卦律分野总图
（章潢《图书编》）

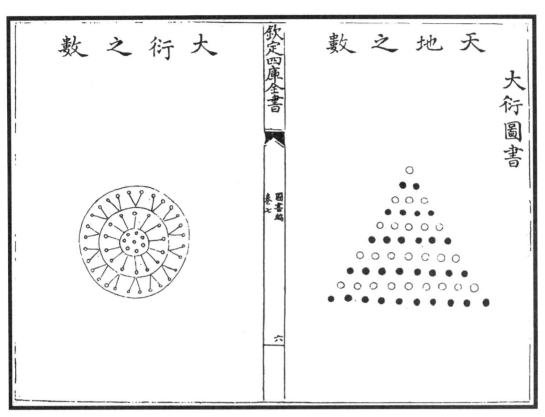

图 120　大衍之数图
（章潢《图书编》）

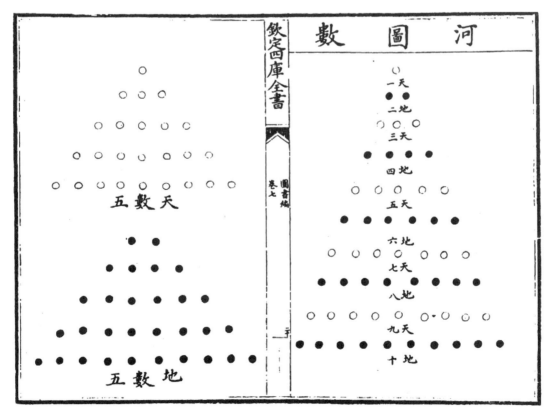

图 121-1　河图数图
（章潢《图书编》）

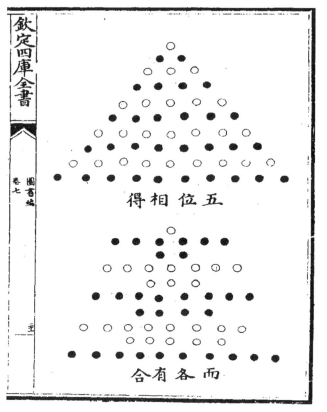

图 121-2 河图数图
（章潢《图书编》）

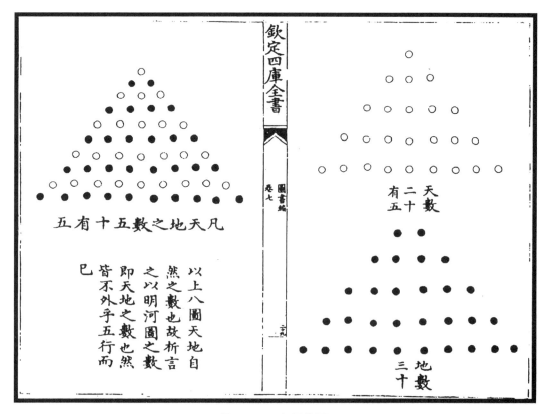

图 121-3 河图数图
（章潢《图书编》）

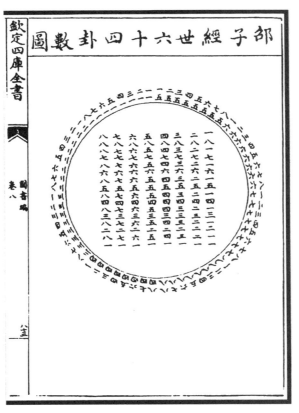

图 122　邵子经世六十四卦数图
（章潢《图书编》）

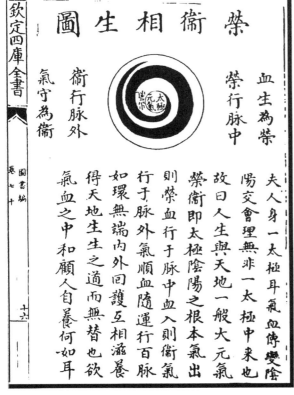

图 123　荣卫相生图
（章潢《图书编》）

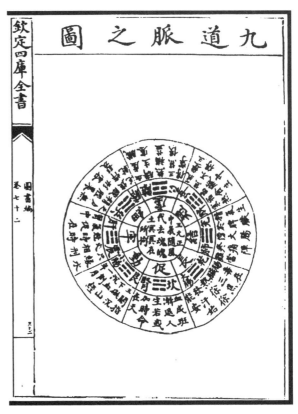

图 124　九道脉之图
（章潢《图书编》）

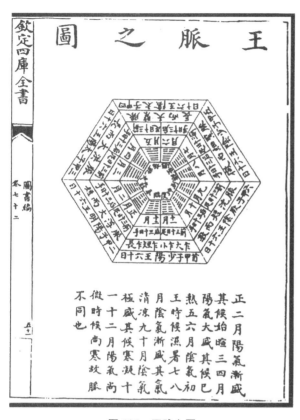

图 125　王脉之图
（章潢《图书编》）

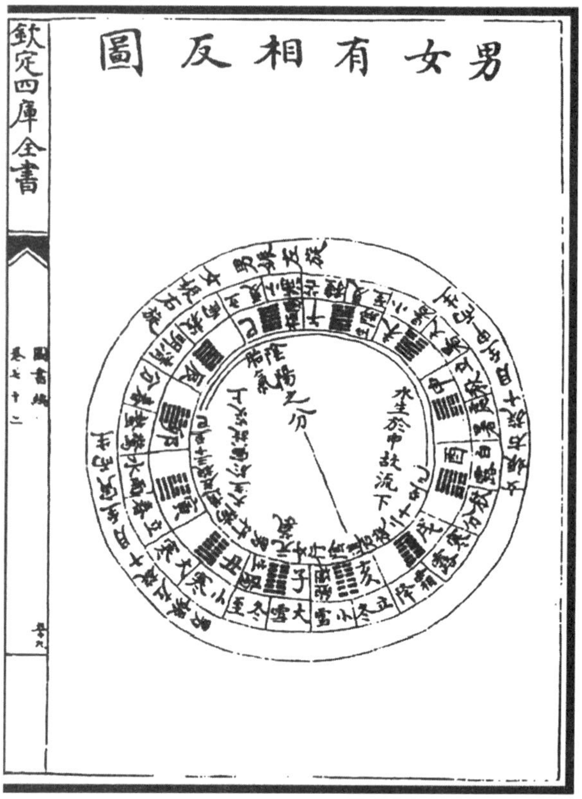

图 126　男女有相反图
（章潢《图书编》）

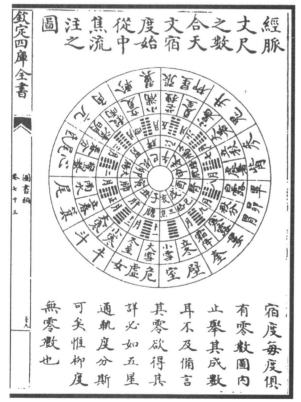

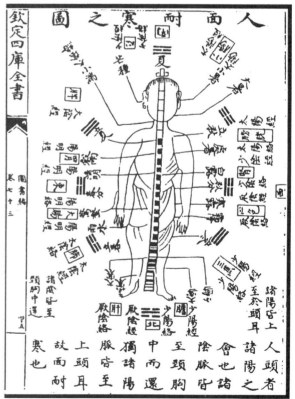

图 127　经脉合天文流注之图
（章潢《图书编》）

图 128　人面耐寒之图
（章潢《图书编》）

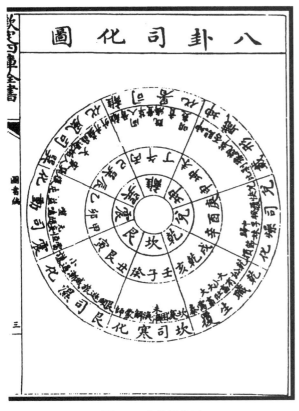

图 129 八卦司化图
（章潢《图书编》）

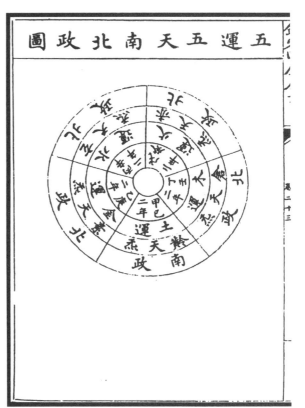

图 130 五运五天南北政图
（章潢《图书编》）

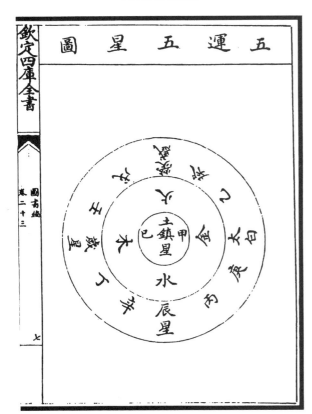

图 131 五运五星图
（章潢《图书编》）

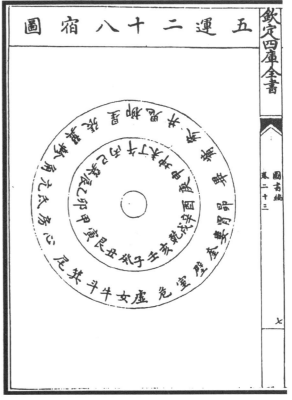

图 132 五运二十八宿图
（章潢《图书编》）

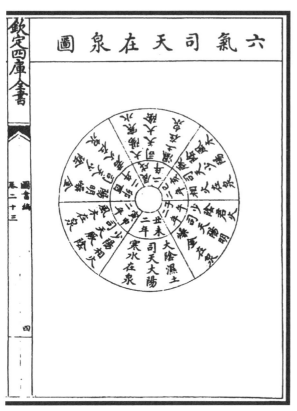

图 133　六气司天在泉图
（章潢《图书编》）

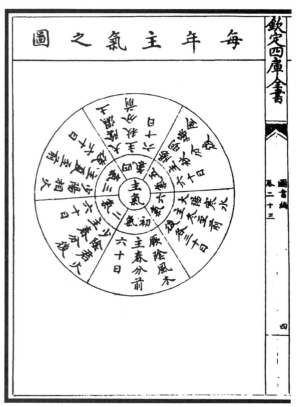

图 134　每年主气之图
（章潢《图书编》）

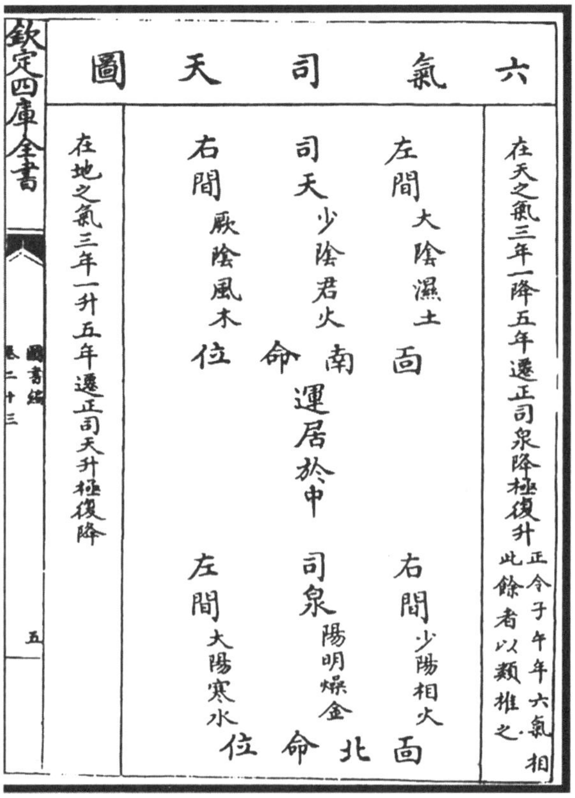

图 135　六气司天图
（章潢《图书编》）

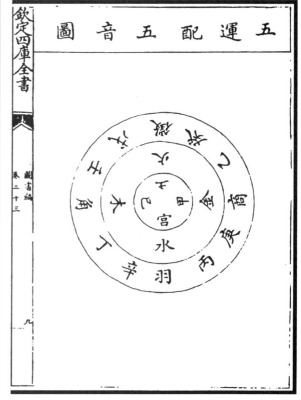

图 136　五运配五音图
（章潢《图书编》）

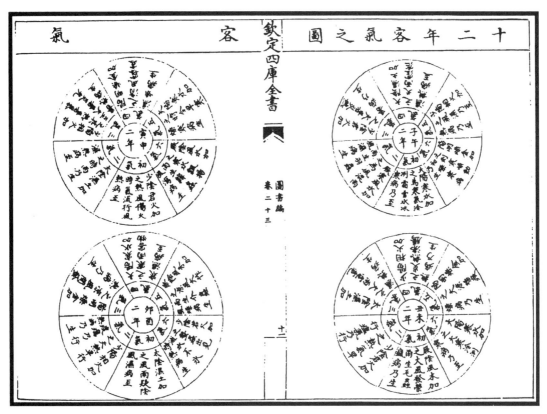

图 137-1 十二年客气之图
（章潢《图书编》）

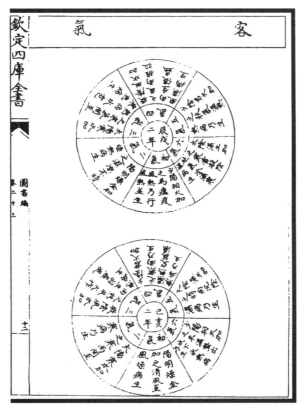

图 137-2 十二年客气之图
（章潢《图书编》）

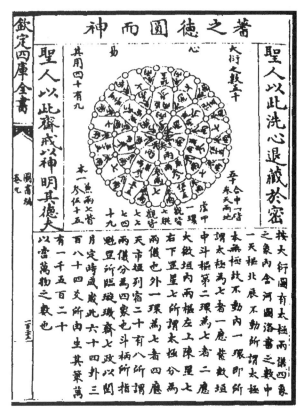

图 138　蓍之德圆而神图
（章潢《图书编》）

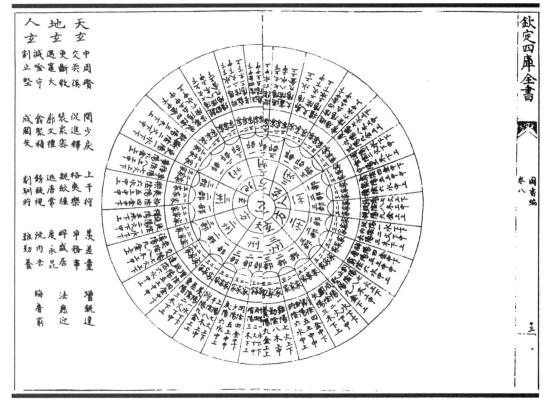

图 139　扬雄太玄方州部家八十一首图
（章潢《图书编》）

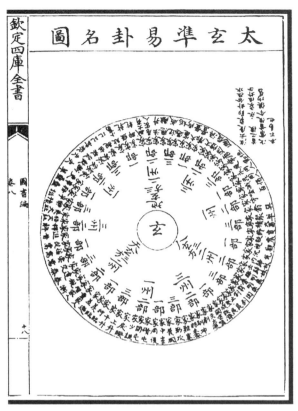

图 140　太玄准易卦名图
（章潢《图书编》）

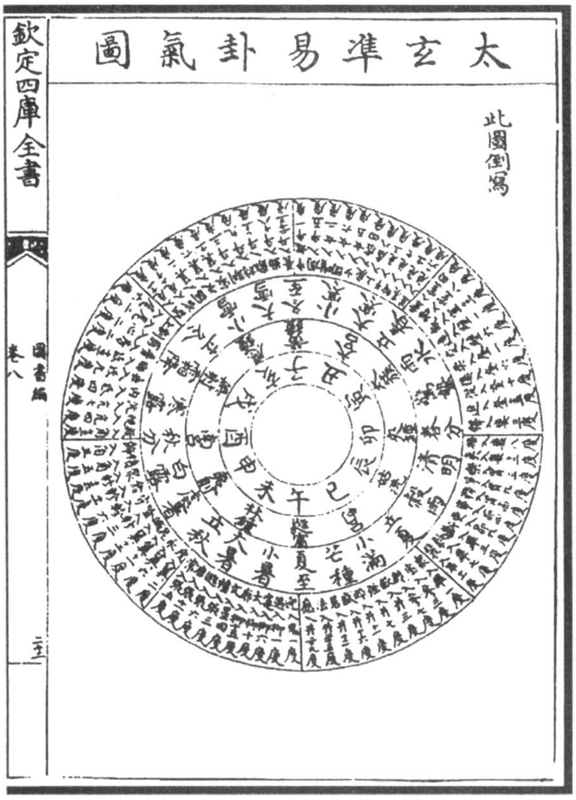

图 141　太玄准易卦气图
（章潢《图书编》）

图 142　关子明拟玄洞极经图
（章潢《图书编》）

图 143　次为图论图
（章潢《图书编》）

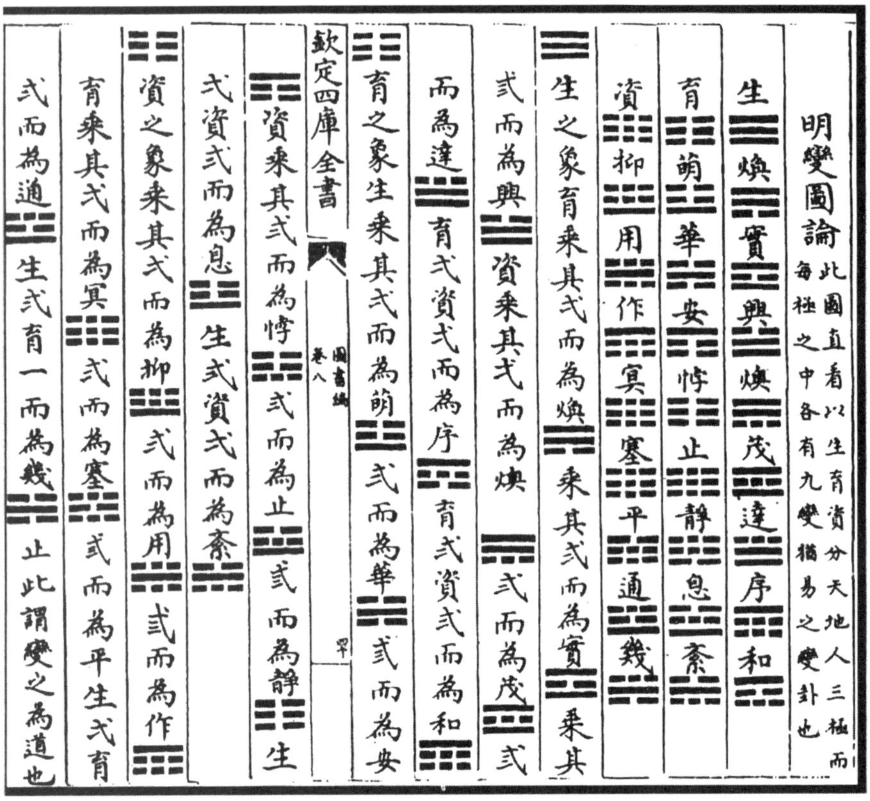

图144 明变图论图
（章潢《图书编》）

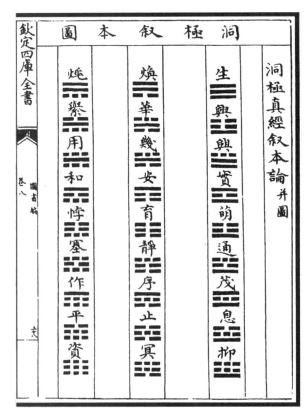

图145 洞极真经叙本论图
（章潢《图书编》）

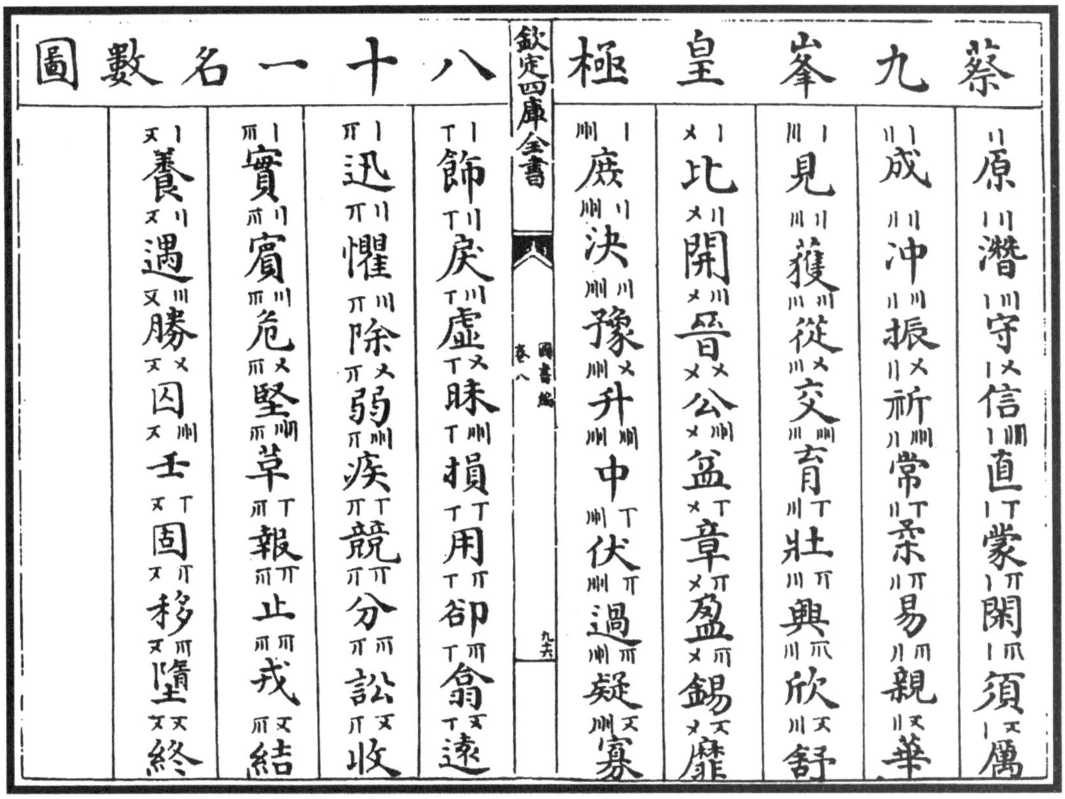

图146 蔡九峰皇极八十一名数图
（章潢《图书编》）

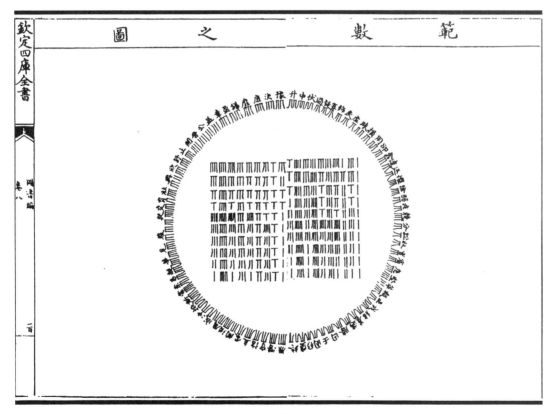

图147 范数之图
（章潢《图书编》）

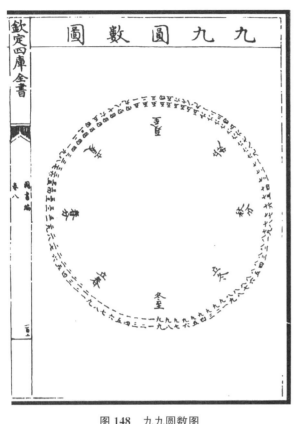

图 148　九九圆数图
（章潢《图书编》）

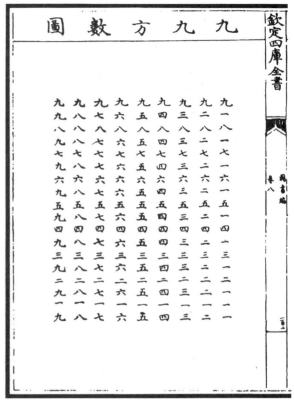

图 149　九九方数图
（章潢《图书编》）

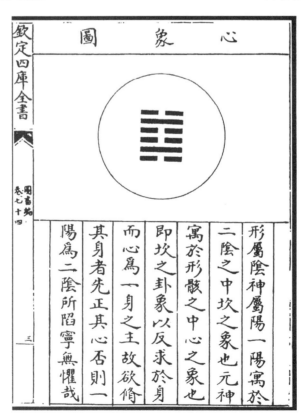

图 150　心象图
（章潢《图书编》）

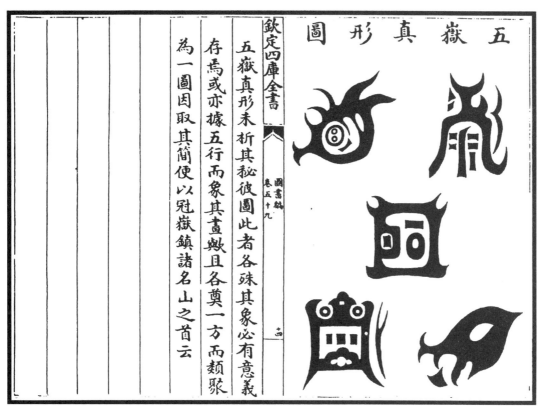

图 151　五岳真形图
（章潢《图书编》）

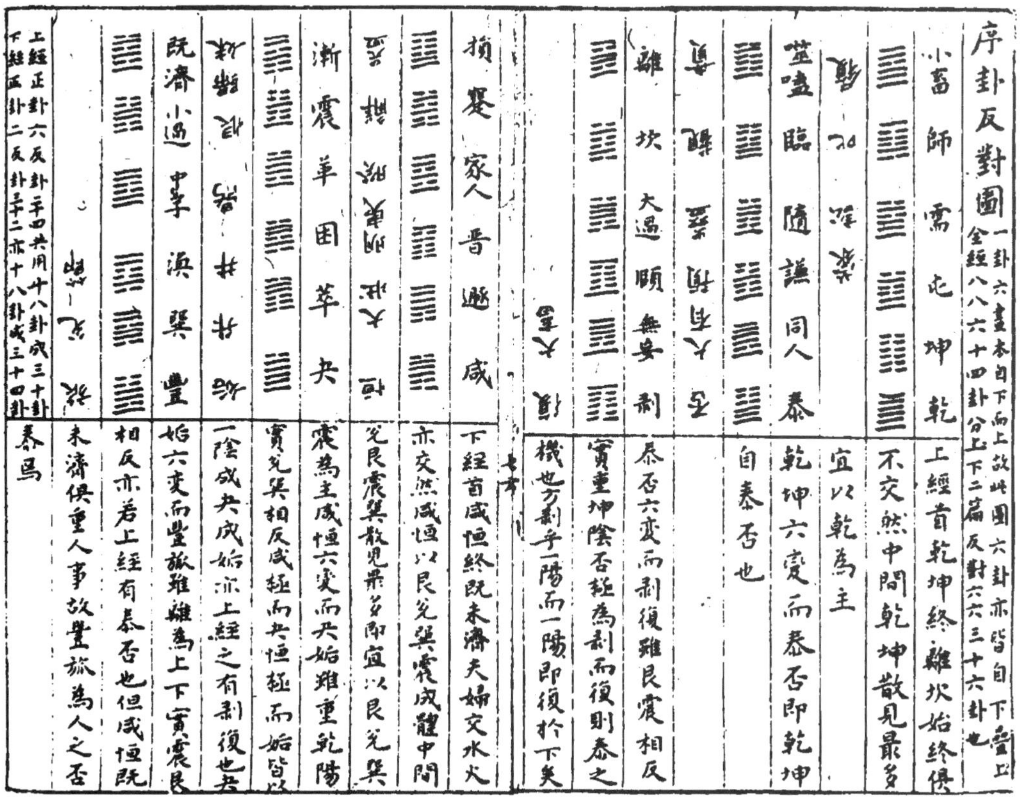

图 152　序卦反对图
（章潢《周易象义》）

图153　六十四卦方图
（章潢《图书编》）

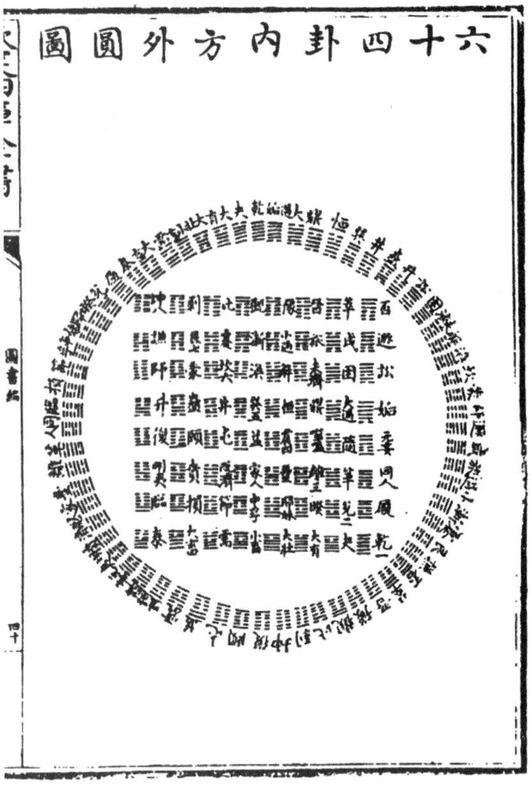

图154　六十四卦内方外圆图
（章潢《图书编》）

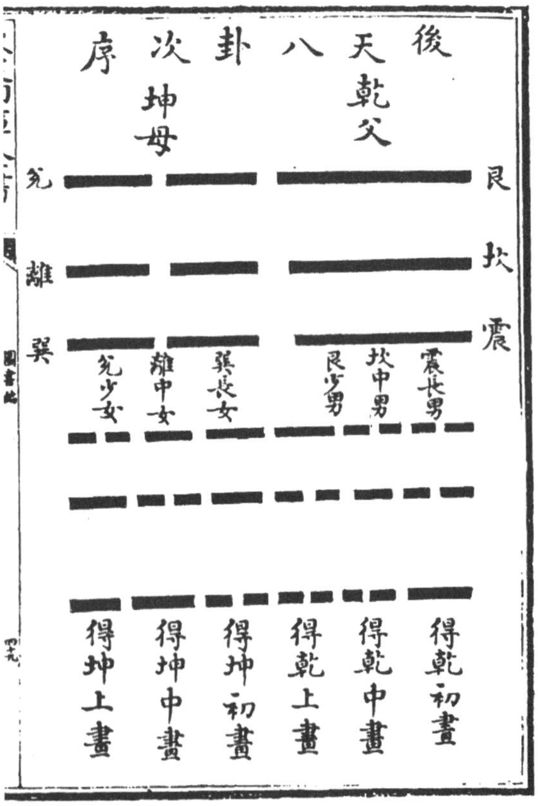

图155　后天八卦次序图
（章潢《图书编》）

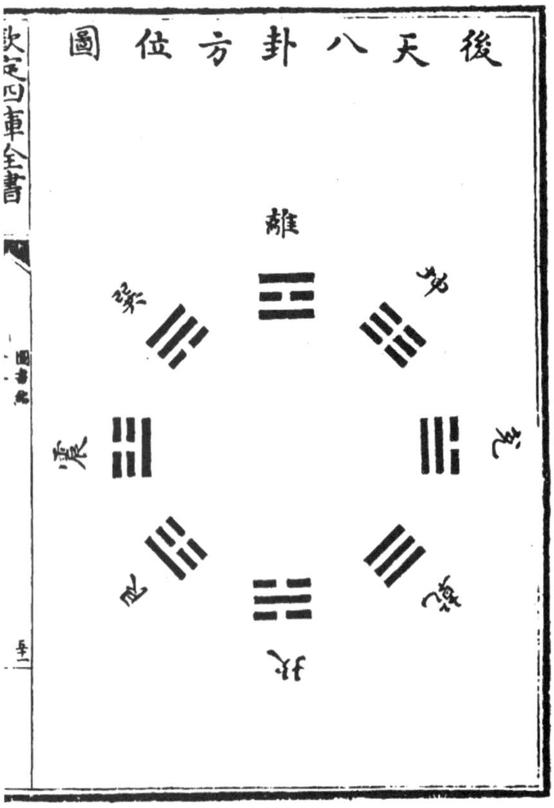

图156　后天八卦方位图
（章潢《图书编》）

周易序卦圖

上經以乾坤坎離為主以震巽艮兌為客主卦中乾
坤為君坎離為臣乾統坤坎先離

乾 坤	乾坤萬物父母
屯 蒙	震坎艮三男合
需 訟	乾坎合
師 比	坤坎合
小畜 履	乾合巽兌
泰 否	乾坤正體交
同人 大有	乾合離
謙 豫	坤合震艮
隨 蠱	震兌巽艮四偏卦合
臨 觀	坤統巽兌長二女
噬嗑 賁	離合震兌
剝 復	坤統震艮
无妄 大畜	乾統震艮

上經之始乾坤為主坤
從乾坤前乾主坎輔有
陽
交泰前乾主坎後坤經乾
坤雖交泰後坤經乾
緯有離無坎

上經之終坤為主離
用事客卦兌巽艮佐
之陽中之陰

图 157-1 周易序卦圖
（章潢《圖書編》）

下經以兌巽震艮為主以離坎坤乾為客主卦中兌
離相為陰中之陽

咸 恆	兌艮震巽交
遯 大壯	乾統震艮
晉 明夷	離合坤
家人 睽	離合兌巽
蹇 解	坎合震艮
損 益	咸恆交
夬 姤	兌巽御乾
萃 升	兌巽御坤
困 井	兌巽御坎
革 鼎	兌巽御離
震 艮	震艮對
漸 歸妹	巽兌震艮御離
豐 旅	震艮御離
巽 兌	兌巽御
渙 節	巽兌御坎
中孚 小過	巽兌長少二女對
既濟 未濟	水火交

下經之初主受客果
得乾坎則勝復得坤
離用事順而貴矣
二長交而具錯而坤
四正卦兌最貴於巽

下經之中主卦二少二
長別定伍尊氣其交
也脫客卦離坎囊括
乾坤不復見經為陰
中之陽

图 157-2 周易序卦圖
（章潢《圖書編》）

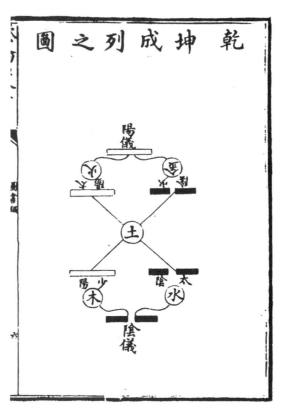

图 158　乾坤成列图
（章潢《图书编》）

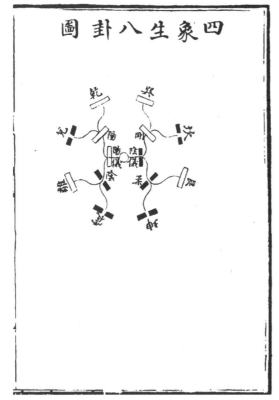

图 159　四象生八卦图
（章潢《图书编》）

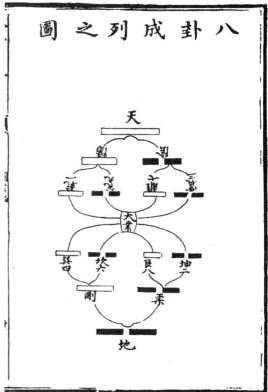

图 160　八卦成列之图
（章潢《图书编》）

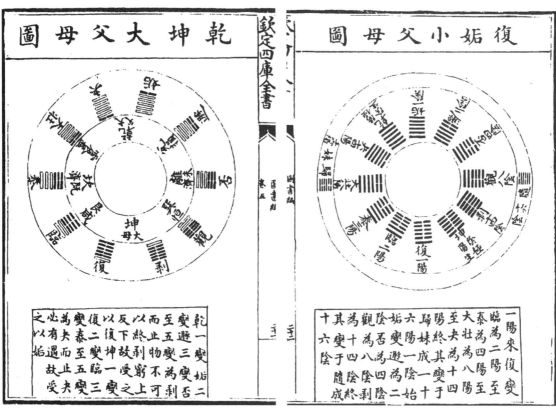

图161　乾坤大父母图
（章潢《图书编》）

图162　复姤小父母图
（章潢《图书编》）

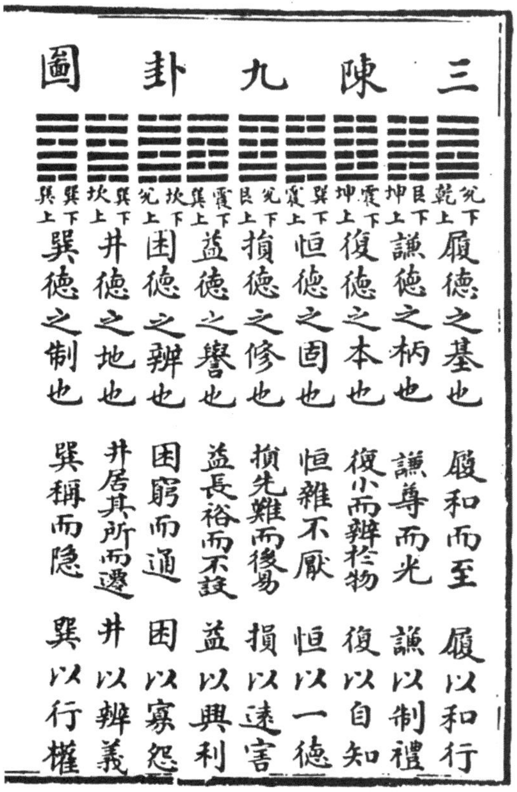

图163　三陈九卦图
（章潢《图书编》）

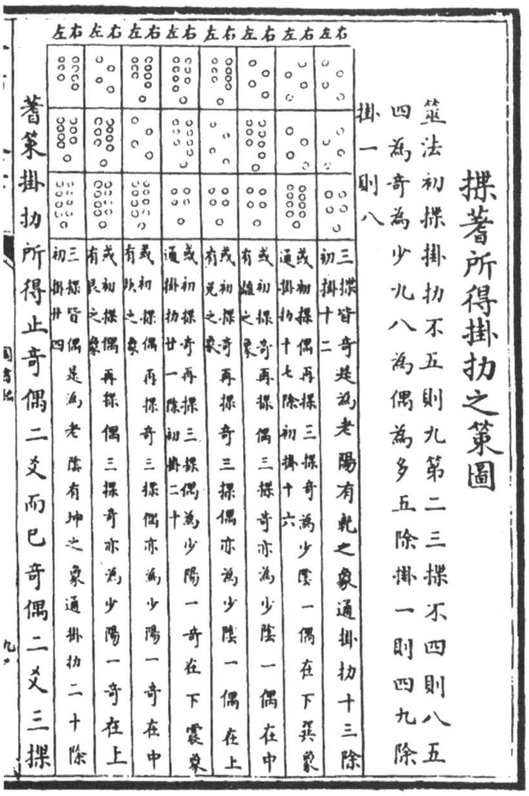

图164　揲蓍所得挂扐之策图
（章潢《图书编》）

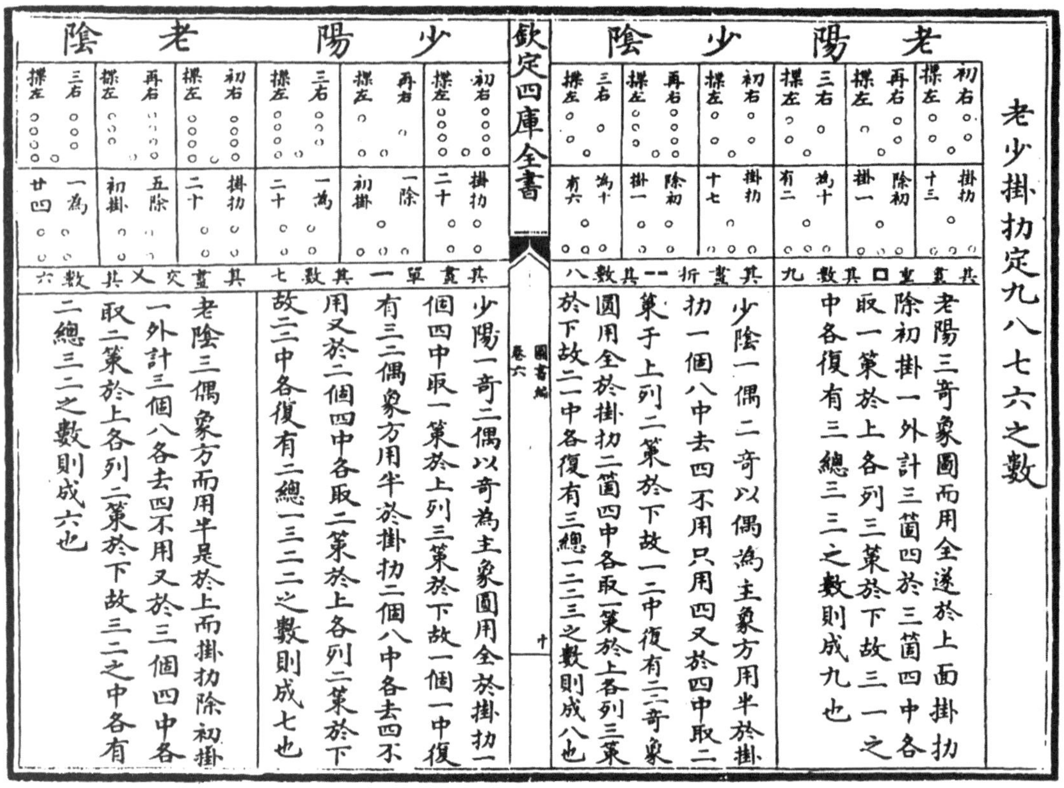

图 165 老少挂扐定九八七六之数图
（章潢《图书编》）

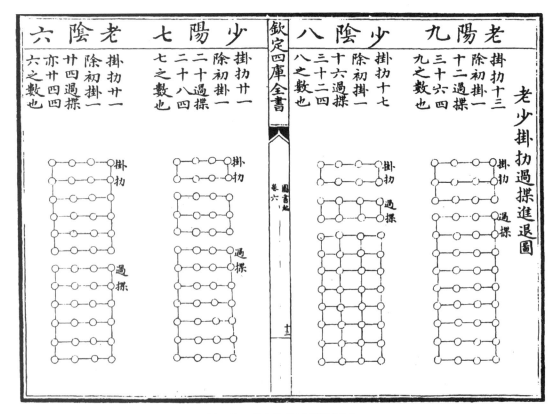

图 166 老少挂扐过揲进退图
（章潢《图书编》）

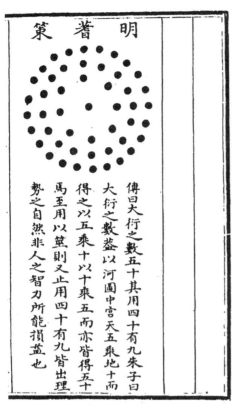

图 167 明蓍策图
（章潢《图书编》）

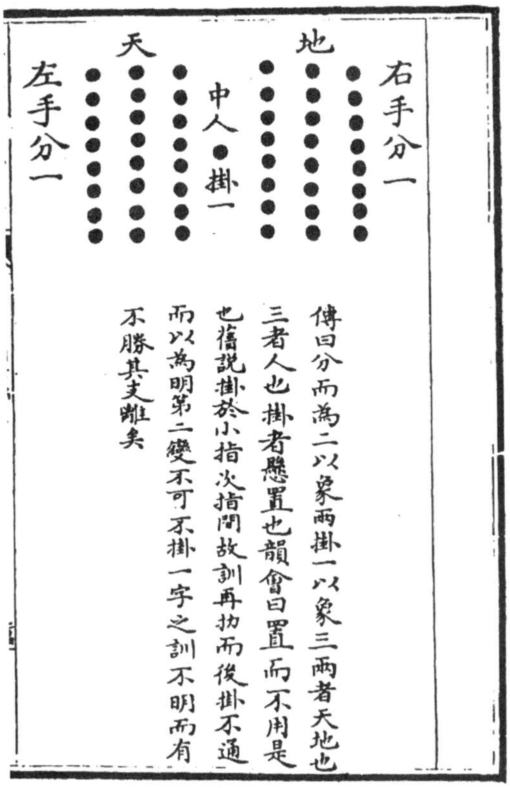

图 168 分而为二图
（章潢《图书编》）

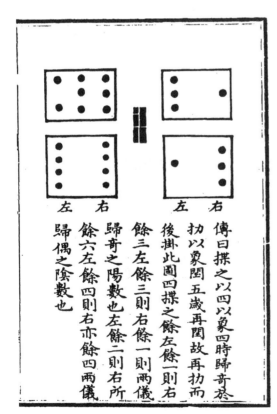

图 169 揲之以四以象四时图
（章潢《图书编》）

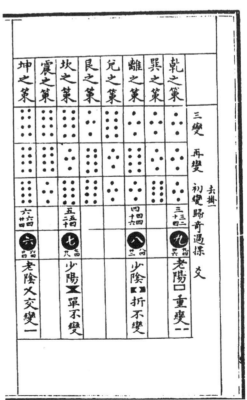

图 170-1 三变再变初变归奇过揲爻图
（章潢《图书编》）

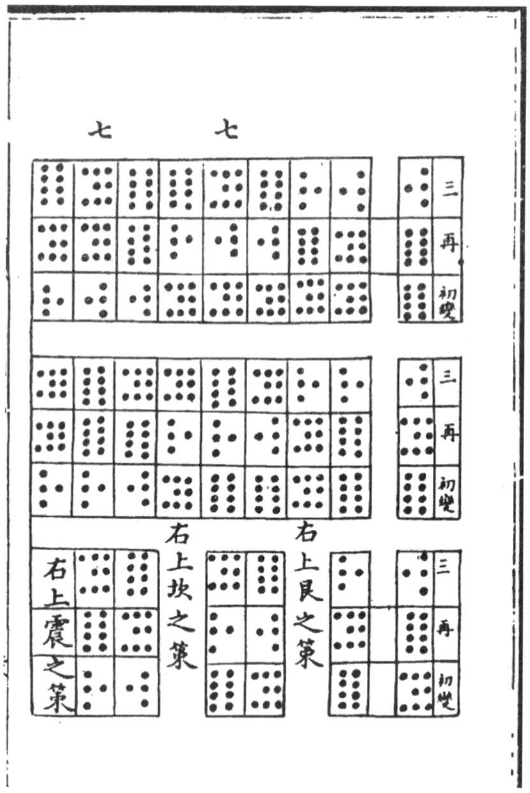

图 170-2　三变再变初变归奇过揲爻图
（章潢《图书编》）

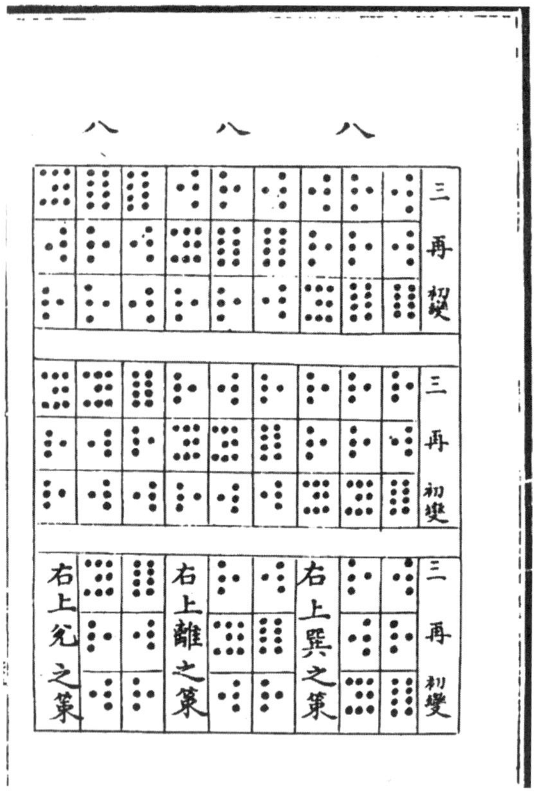

图 170-3　三变再变初变归奇过揲爻图
（章潢《图书编》）

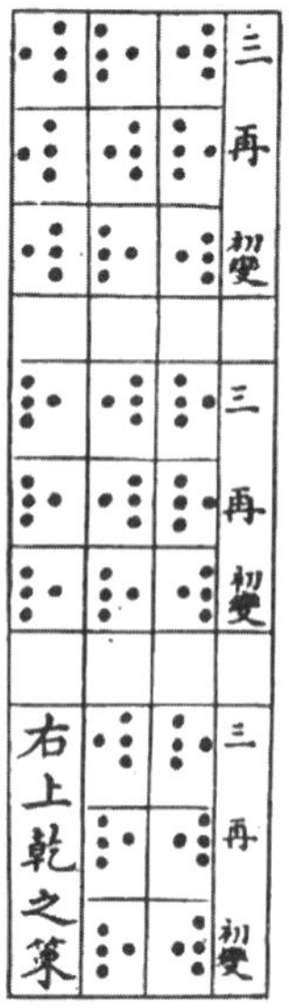

图 170-4　三变再变初变归奇过揲爻图
（章潢《图书编》）

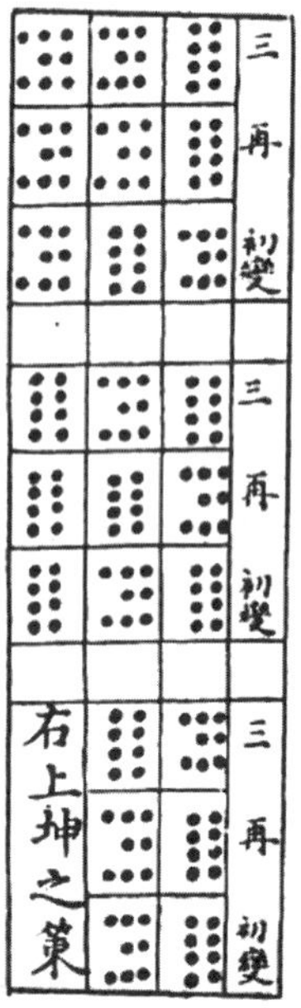

图 170-5　三变再变初变归奇过揲爻图
（章潢《图书编》）

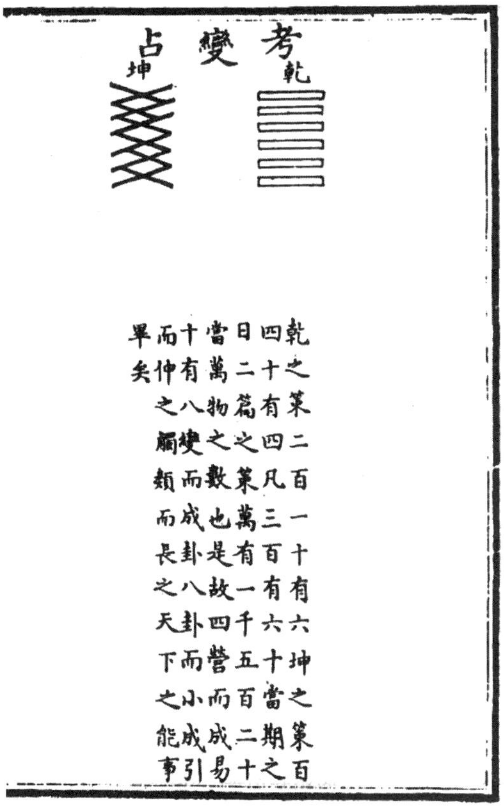

图171 考变占图
（章潢《图书编》）

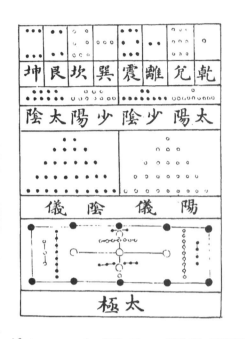

图172 太极两仪四象八卦象数图
（章潢《图书编》）

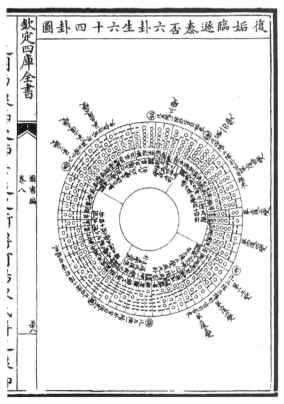

图173 复姤临遁泰否六卦生六十四卦图
（章潢《图书编》）

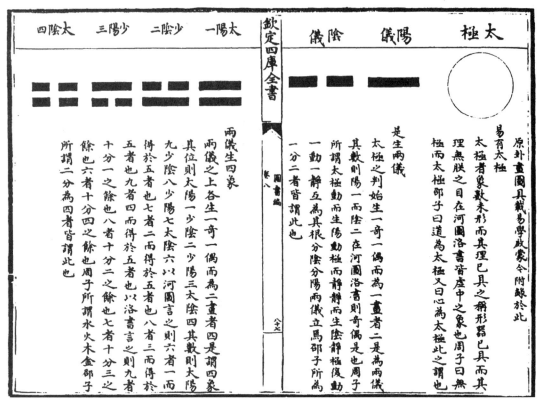

图 174-1 原卦画图
（章潢《图书编》）

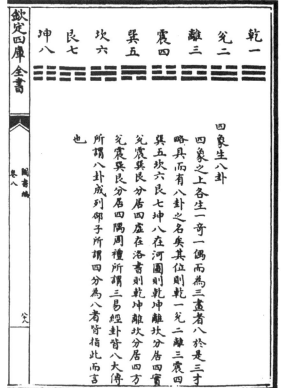

图 174-2 原卦画图
（章潢《图书编》）

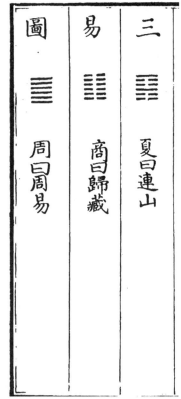

图 175 三易图
（章潢《图书编》）

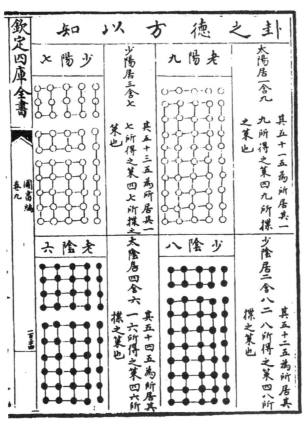

图 176　卦之德方以知图
（章潢《图书编》）

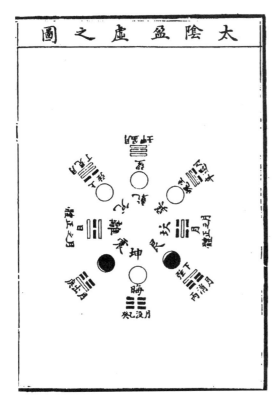

图 177　太阴盈虚之图
（章潢《图书编》）

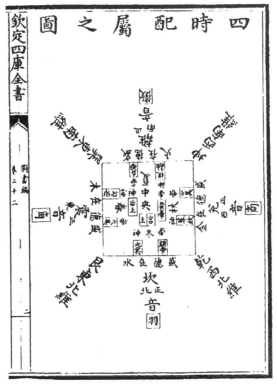

图 178　四时配属之图
（章潢《图书编》）

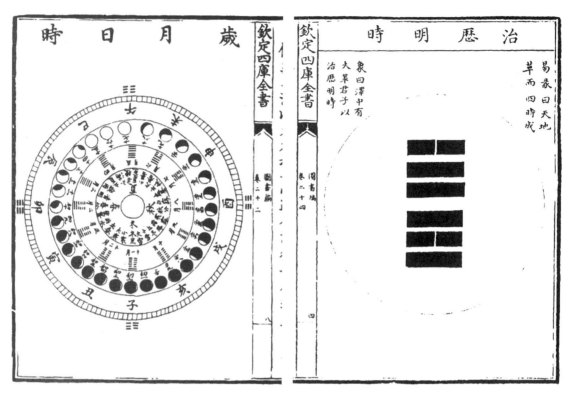

图 179　岁月日时图
（章潢《图书编》）

图 180　治历明时图
（章潢《图书编》）

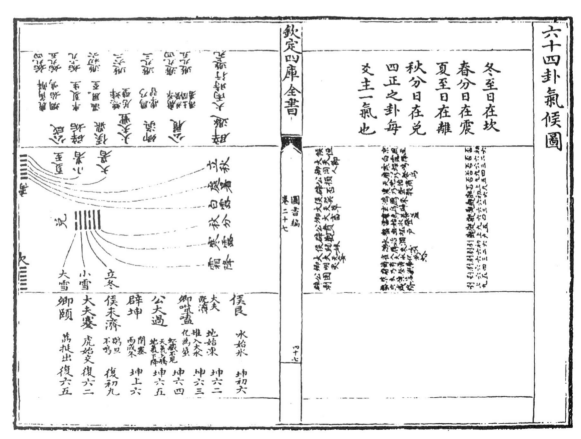

图 181-1　六十四卦气候图
（章潢《图书编》）

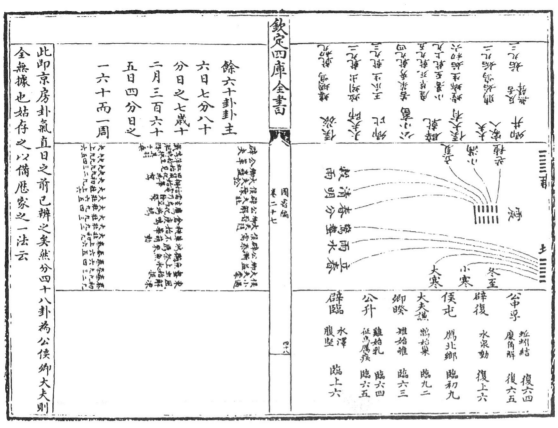

图 181-2　六十四卦气候图
（章潢《图书编》）

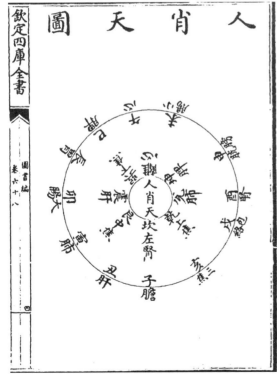

图 182　人肖天图
（章潢《图书编》）

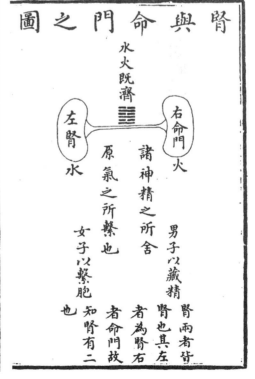

图 183　肾与命门之图
（章潢《图书编》）

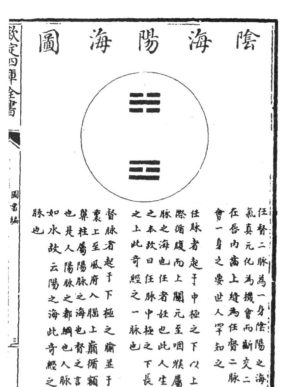

图184　阴海阳海图
（章潢《图书编》）

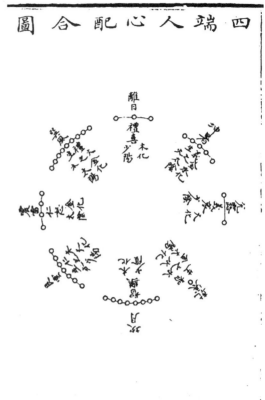

图185　四端人心配合图
（章潢《图书编》）

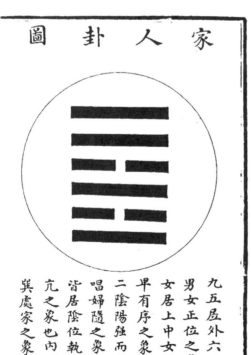

图186　家人卦图
（章潢《图书编》）

图187　天地自然之礼图
（章潢《图书编》）

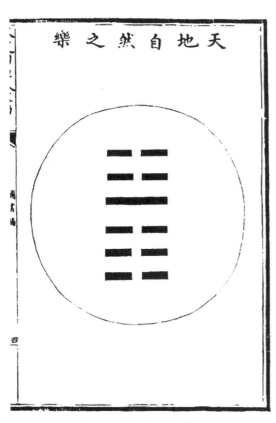

图 188 天地自然之乐图
（章潢《图书编》）

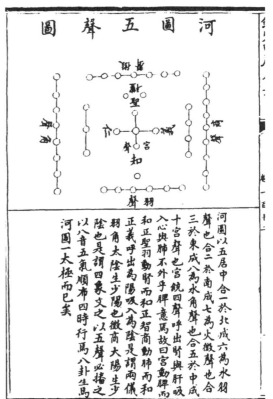

图 189 河图五声图
（章潢《图书编》）

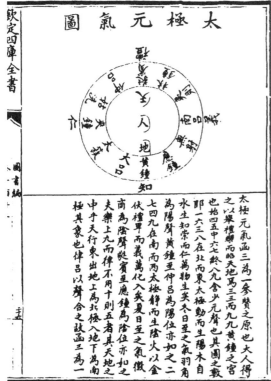

图 190 太极元气图
（章潢《图书编》）

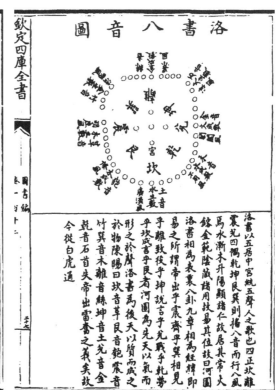

图 191 洛书八音图
（章潢《图书编》）

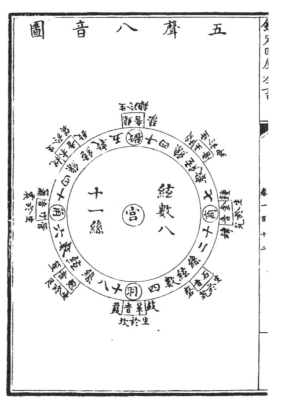

图 192　五声八音图
（章潢《图书编》）

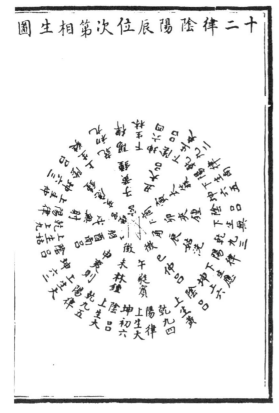

图 193　十二律阴阳辰位次第相生图
（章潢《图书编》）

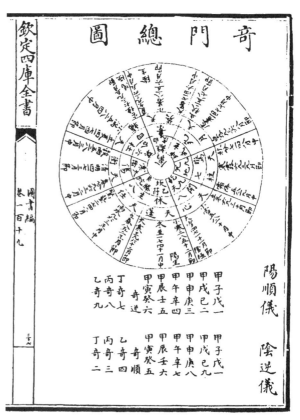

图 194　奇门总图
（章潢《图书编》）

赵台鼎

生卒年不详，字长玄，号华池，自号丹华洞主，明四川内江人。大学士赵贞吉（1508—1576）之子，幼承家学，旁通医卜。著有《脉望》八卷。现存有《周易》图像三幅。

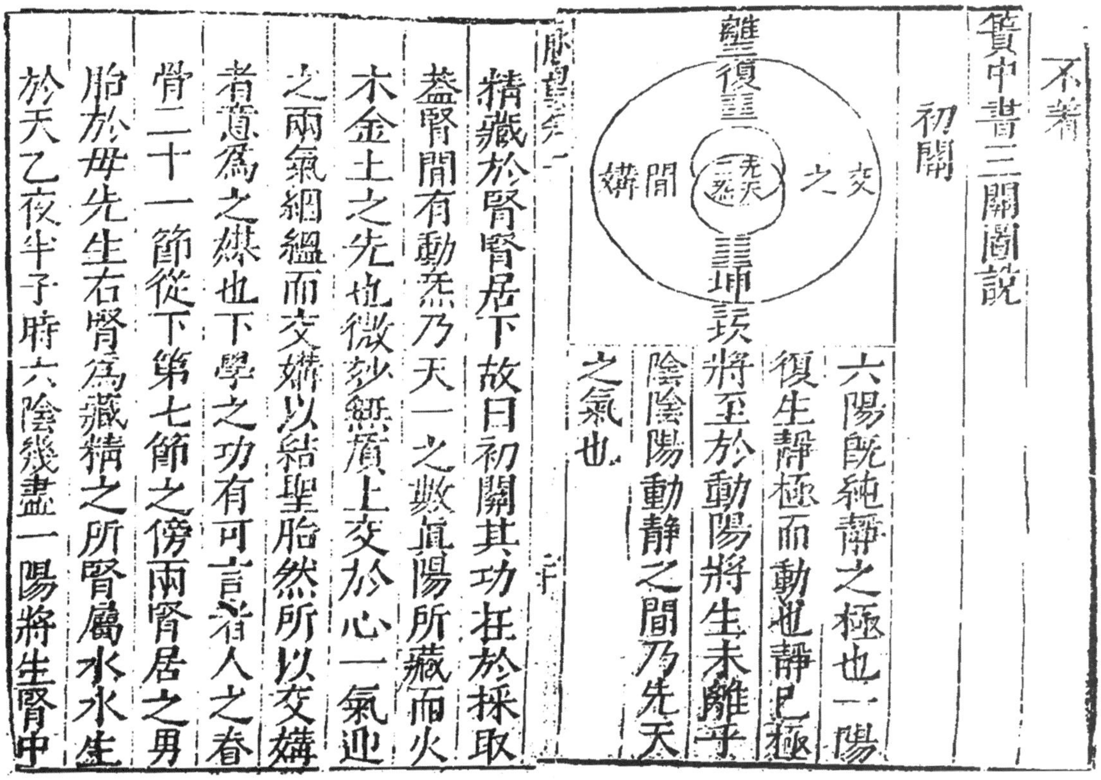

图1　箕中书三关图
（赵台鼎《脉望》）

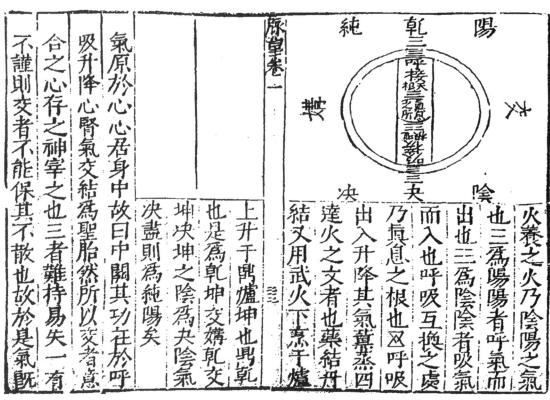

图 2　箕中书三关图
（赵台鼎《脉望》）

图 3　箕中书三关图
（赵台鼎《脉望》）

王圻(1530—1615)

字元翰,号洪洲,明南直隶嘉定(今上海嘉定)人。嘉靖四十三年(1564)举人,四十四年即登三甲进士。历任清江县令、万安知县、云南道监察御史、福建佥事、邛州判官、曹县县令、开州丞、青州同知等职,后拜陕西布政司参议,不受,辞官归乡里。编纂《续文献通考》《稗史汇编》《三才图会》等书。现存有《周易》图像九幅。

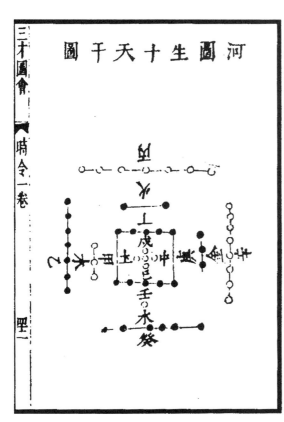

图1 河图生十天干图
（王圻《三才图会》）

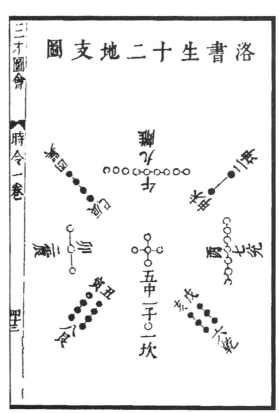

图2 洛书生十二地支图
（王圻《三才图会》）

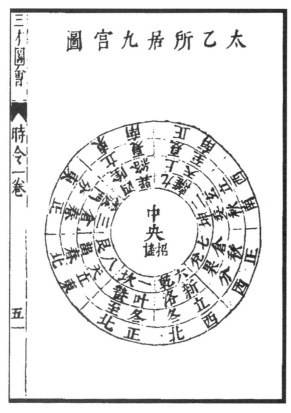

图3 太乙所居九宫图
（王圻《三才图会》）

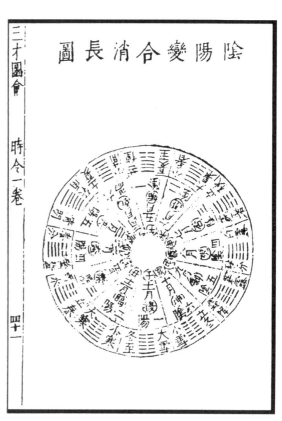

图4 阴阳变合消长图
（王圻《三才图会》）

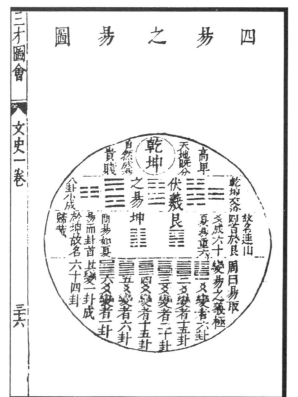

图5 四易之易图
（王圻《三才图会》）

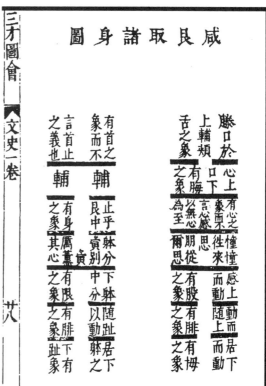

图6 咸艮取诸身图
（王圻《三才图会》）

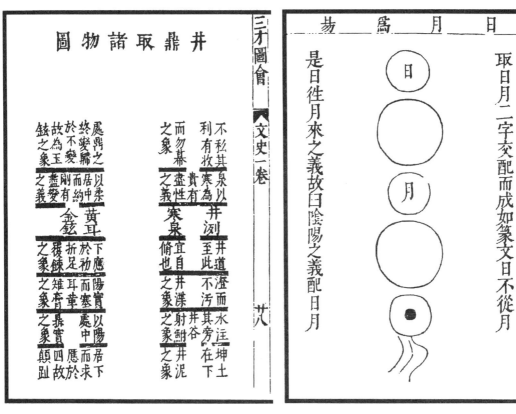

图7 井鼎取诸物图
（王圻《三才图会》）

图8 日月为易图
（王圻《三才图会》）

图9 九畴本洛书数图
（王圻《三才图会》）

杨时乔(1531—1609)

字宜迁,又字照庵,号止庵,学者称"止庵先生",明江西上饶人。嘉靖四十四年(1565年)进士,任工部主事、礼部员外郎、尚宝司丞、尚宝司卿、南京通政司右通政、南京太仆丞、南京太常卿、吏部左侍郎等职。师从湛若水门人吕怀。著有《周易例论》二卷、《周易古文》二卷、《周易古今文全书》二十一卷、《易学启蒙集注》五卷、《龟卜考》一卷等多种。现存有《周易》图像一百零一幅。

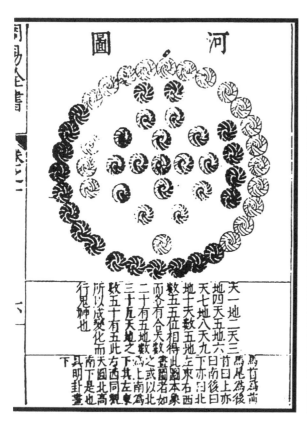

图1　河图
(杨时乔《周易全书》)

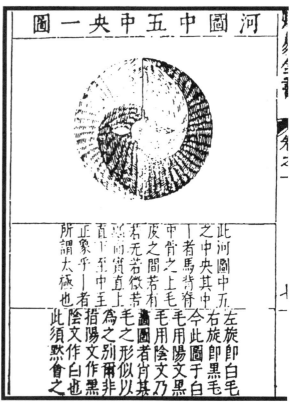

图2　河图中五中央一图
(杨时乔《周易全书》)

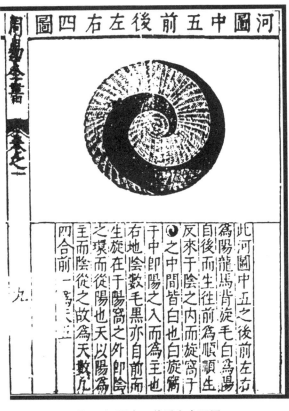

图 3　河图中五前后左右四图
（杨时乔《周易全书》）

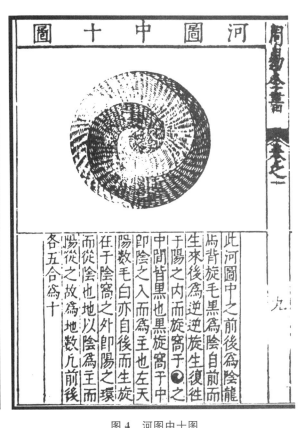

图 4　河图中十图
（杨时乔《周易全书》）

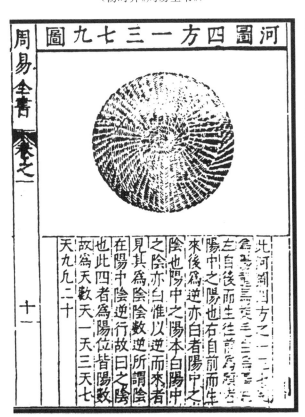

图 5　河图四方一三七九图
（杨时乔《周易全书》）

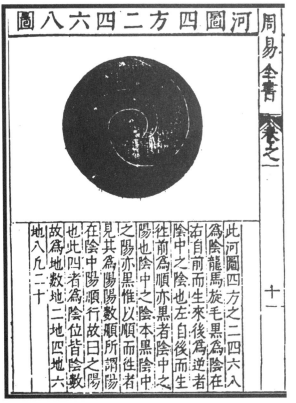

图 6　河图四方二四六八图
（杨时乔《周易全书》）

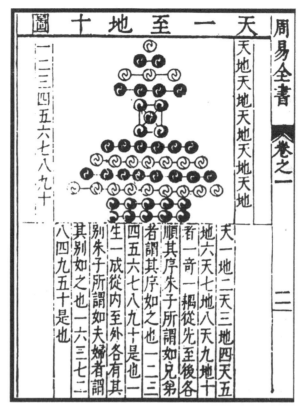

图 7　天一至地十图
（杨时乔《周易全书》）

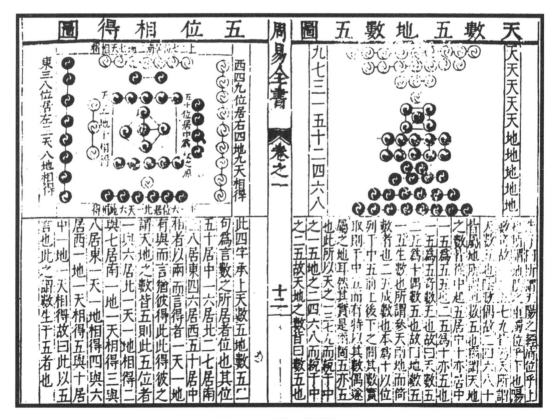

图 8-1　天地之数四图
（杨时乔《周易全书》）

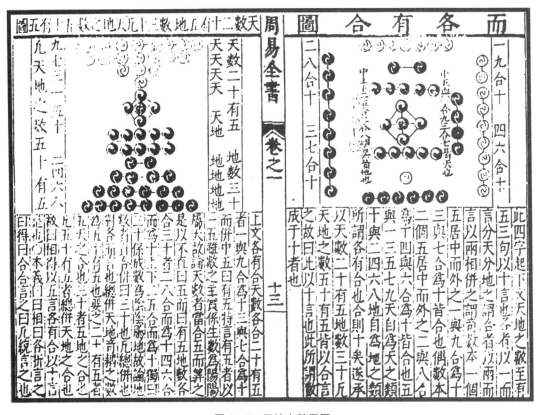

图 8-2 天地之数四图
（杨时乔《周易全书》）

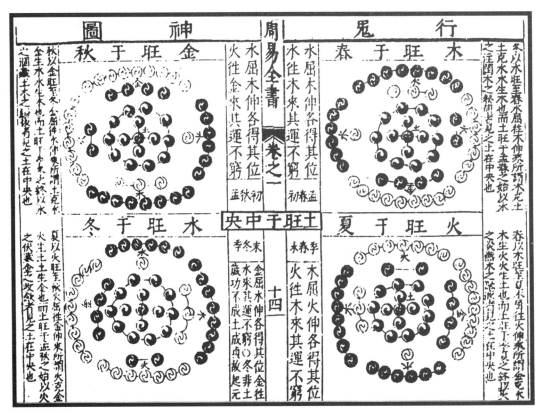

图 9 行鬼神图
（杨时乔《周易全书》）

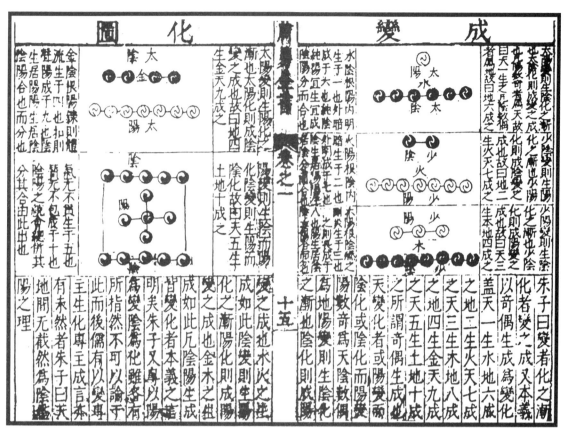

图 10　成变化图
（杨时乔《周易全书》）

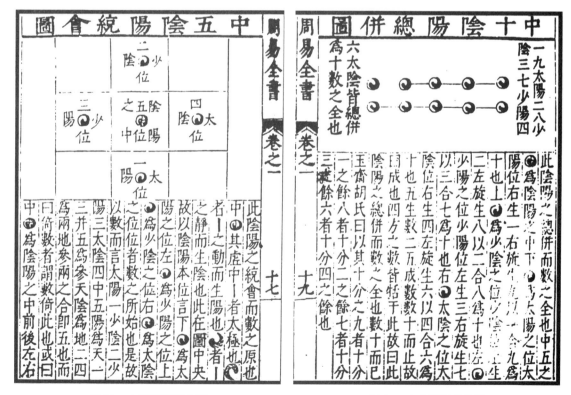

图 11　中五阴阳统会图
（杨时乔《周易全书》）

图 12　中十阴阳总并图
（杨时乔《周易全书》）

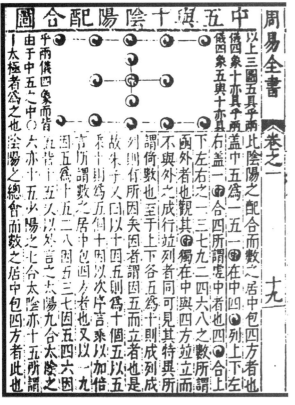

图13　中五与十阴阳配合图
（杨时乔《周易全书》）

图14　阴阳太少位数图
（杨时乔《周易全书》）

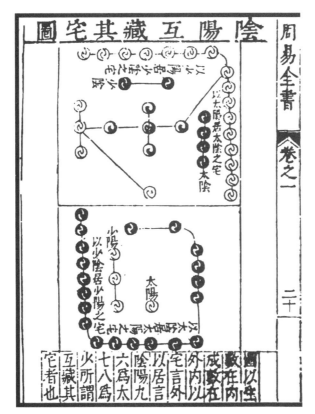

图15　阴阳互藏其宅图
（杨时乔《周易全书》）

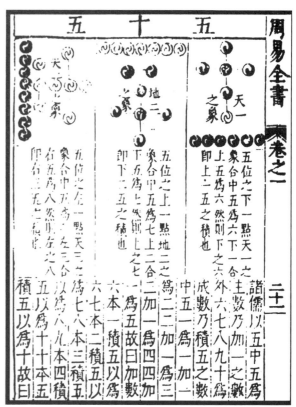
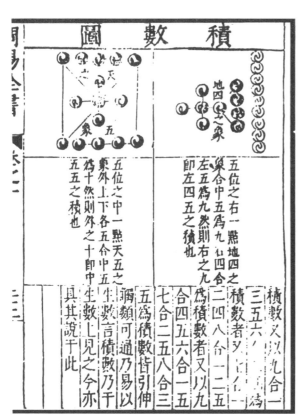

图 16　五十五积数图
（杨时乔《周易全书》）

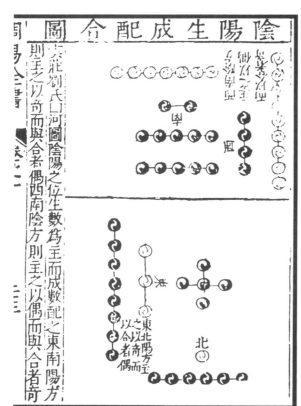

图 17　阴阳生成配合图
（杨时乔《周易全书》）

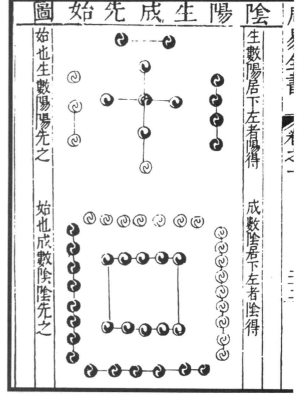

图 18　阴阳生成先始图
（杨时乔《周易全书》）

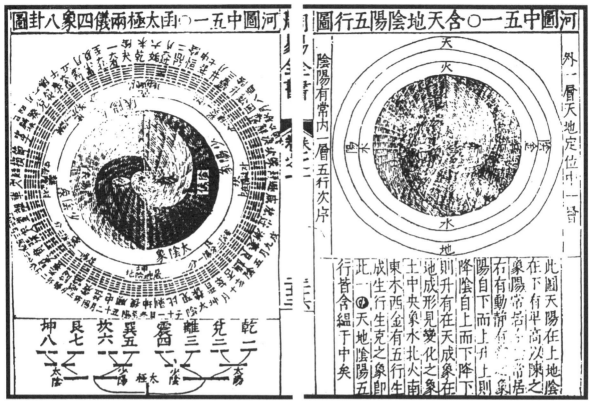

图19　河图中五一○函太极两仪四象八卦图
（杨时乔《周易全书》）

图20　河图中五一○含天地阴阳五行图
（杨时乔《周易全书》）

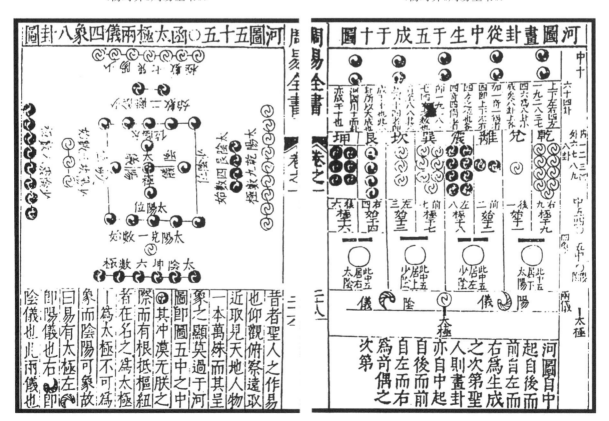

图21　河图五十五○函太极两仪四象八卦图
（杨时乔《周易全书》）

图22　河图画卦从中生于五成于十图
（杨时乔《周易全书》）

图 23　洛书
（杨时乔《周易全书》）

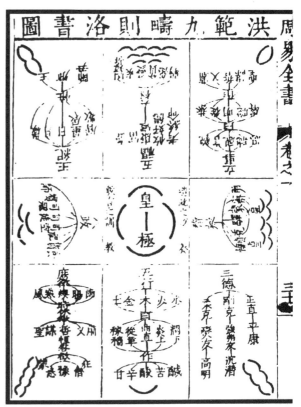

图 24　洪范九畴则洛书图
（杨时乔《周易全书》）

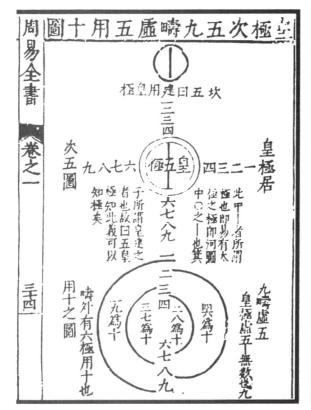

图 25　皇极次五九畴虚五用十图
（杨时乔《周易全书》）

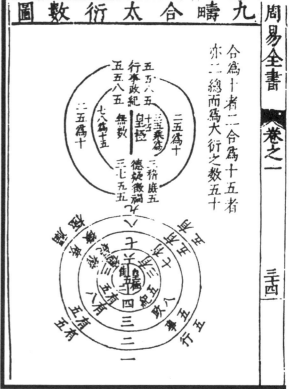

图 26　九畴合大衍数图
（杨时乔《周易全书》）

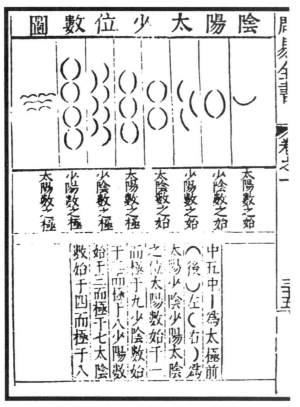

图 27 阴阳太少位数图
（杨时乔《周易全书》）

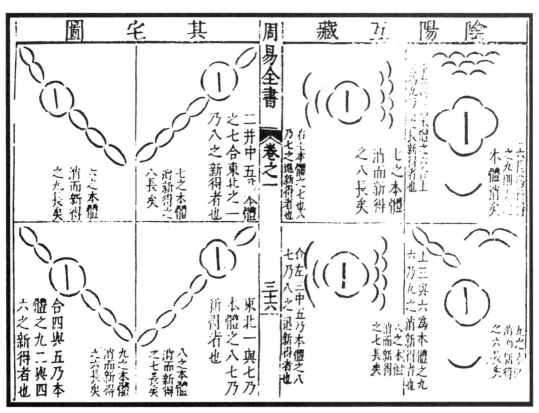

图 28 阴阳互藏其宅图
（杨时乔《周易全书》）

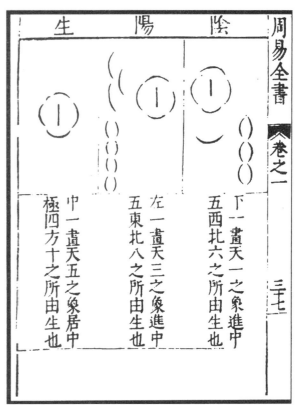
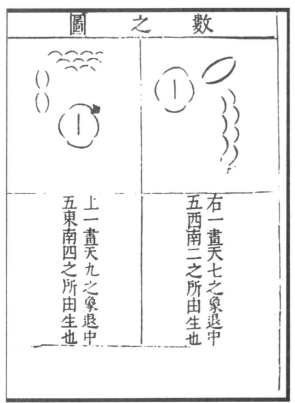

图 29　阴阳生数之图
（杨时乔《周易全书》）

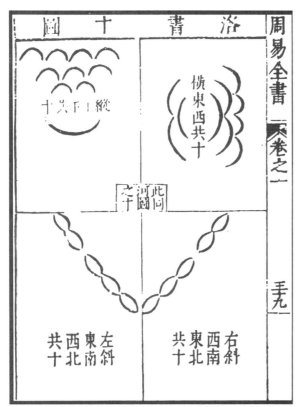

图 30　洛书十图
（杨时乔《周易全书》）

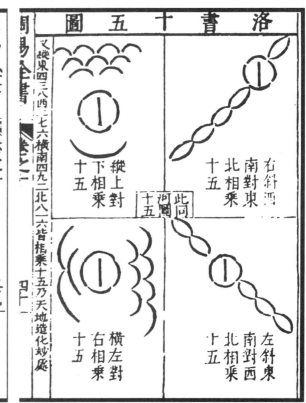

图 31　洛书十五图
（杨时乔《周易全书》）

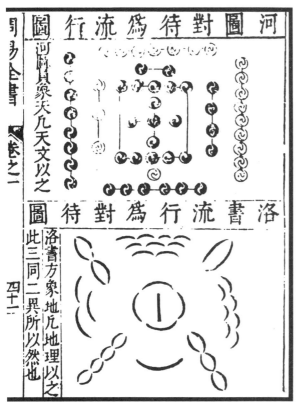

图 32　河图对待为流行图　图 33　洛书流行为对待图
（杨时乔《周易全书》）

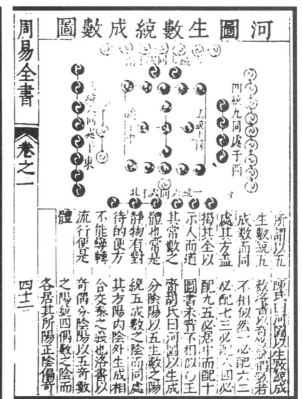

图 34　河图生数统成数图
（杨时乔《周易全书》）

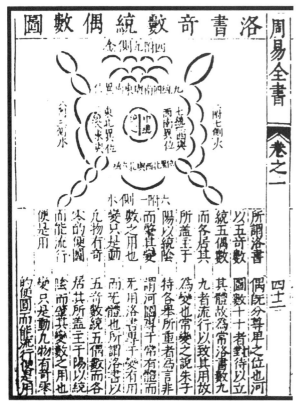

图 35　洛书奇数统偶数图
（杨时乔《周易全书》）

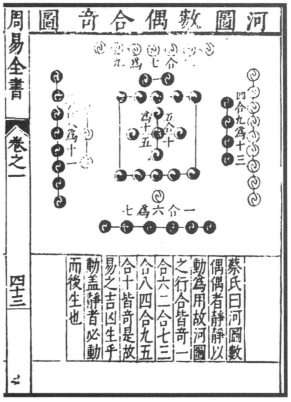

图 36　河图数偶合奇图
（杨时乔《周易全书》）

图 37　洛书数奇合偶图
（杨时乔《周易全书》）

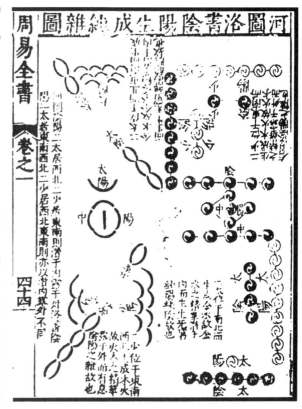

图 38　河图洛书阴阳生成纯杂图
（杨时乔《周易全书》）

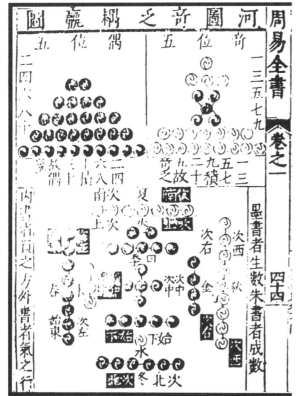

图 39　河图奇乏偶赢图
（杨时乔《周易全书》）

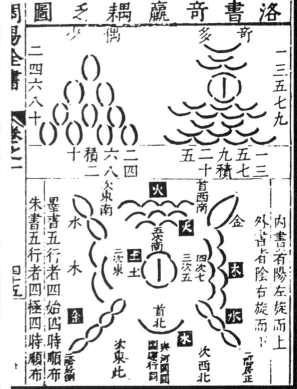

图 40　洛书奇赢偶乏图
（杨时乔《周易全书》）

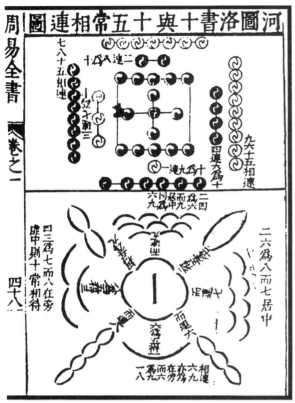

图 41　河图洛书十与十五常相连图
（杨时乔《周易全书》）

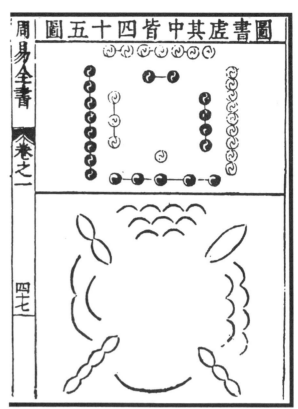

图 42　图书虚其中皆四十五图
（杨时乔《周易全书》）

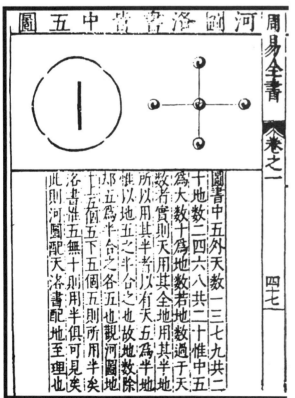

图 43　河图洛书皆中五图
（杨时乔《周易全书》）

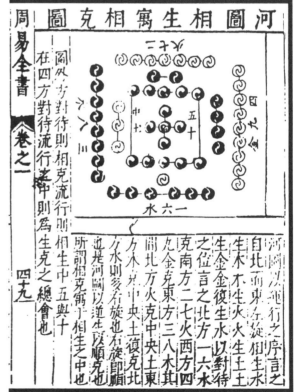

图 44　河图相生寓相克图
（杨时乔《周易全书》）

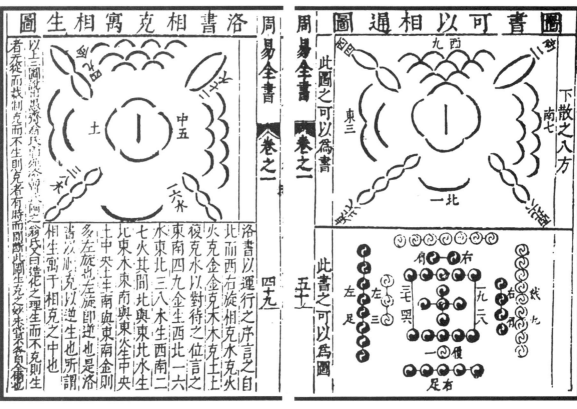

图 45　洛书相克寓相生图
（杨时乔《周易全书》）

图 46　图书可以相通图
（杨时乔《周易全书》）

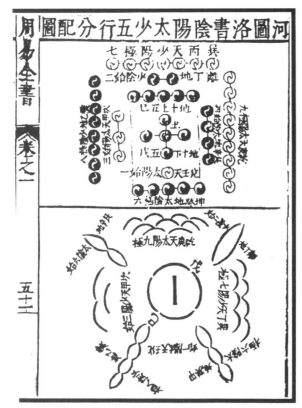

图 47　河图洛书阴阳太少五行分配图
（杨时乔《周易全书》）

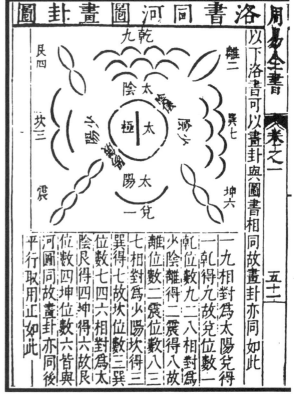

图 48　洛书同河图画卦图
（杨时乔《周易全书》）

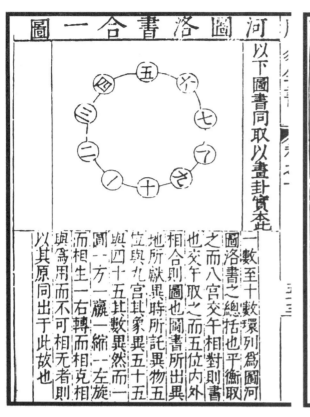

图 49 河图洛书合一图
（杨时乔《周易全书》）

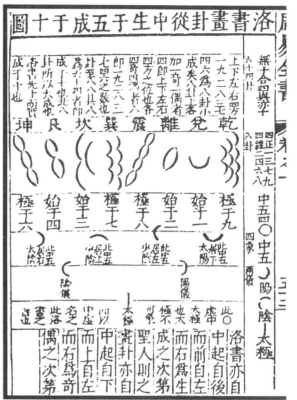

图 50 洛书画卦从中生于五成于十图
（杨时乔《周易全书》）

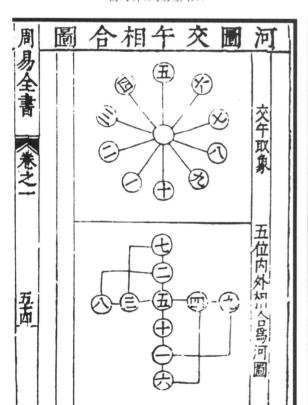

图 51 河图交午相合图
（杨时乔《周易全书》）

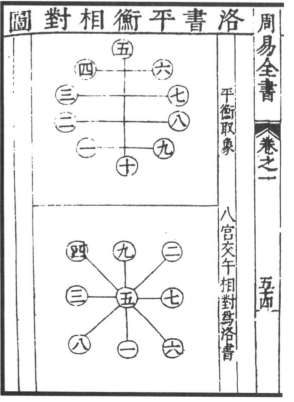

图 52 洛书平衡相对图
（杨时乔《周易全书》）

图53 龙马图
（杨时乔《周易全书》）

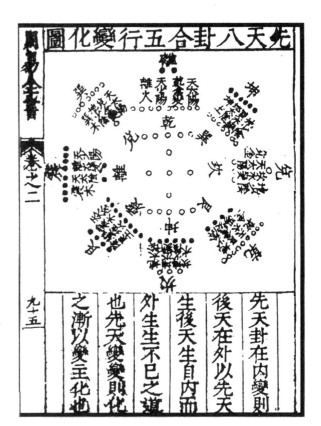

图54 先天八卦合五行变化图
（杨时乔《周易全书》）

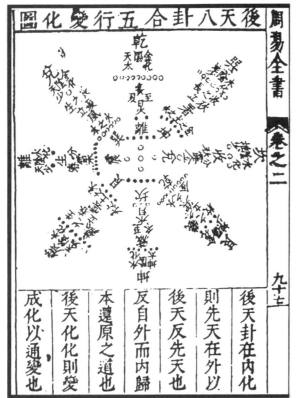

图55 后天八卦合五行变化图
（杨时乔《周易全书》）

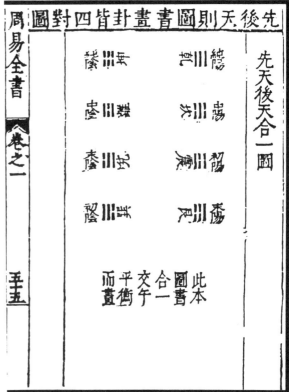

图56 先后天则图书画卦皆四对图
（杨时乔《周易全书》）

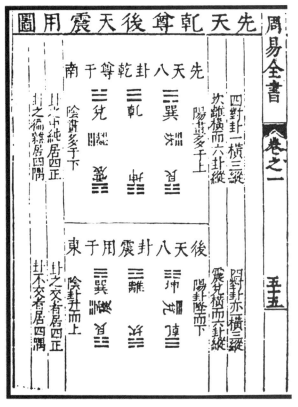

图 57　先天乾尊后天震用图
（杨时乔《周易全书》）

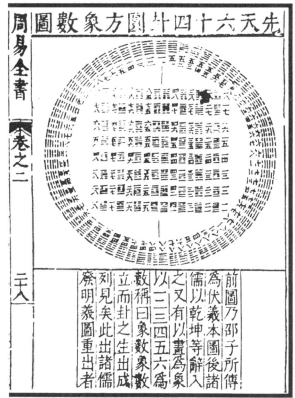

图 58　先天六十四卦圆方象数图
（杨时乔《周易全书》）

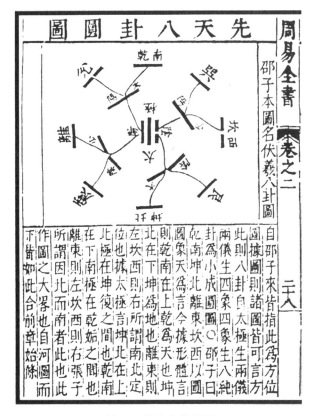

图 59　先天八卦圆图
（杨时乔《周易全书》）

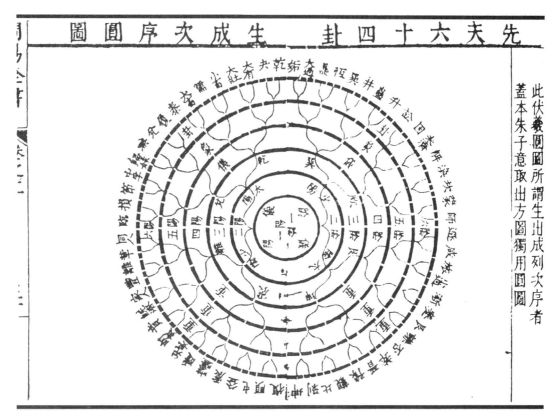

图 60　先天六十四卦生成次序圆图
（杨时乔《周易全书》）

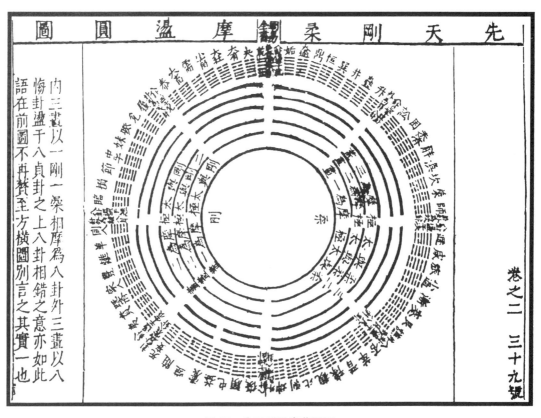

图 61　先天刚柔摩荡圆图
（杨时乔《周易全书》）

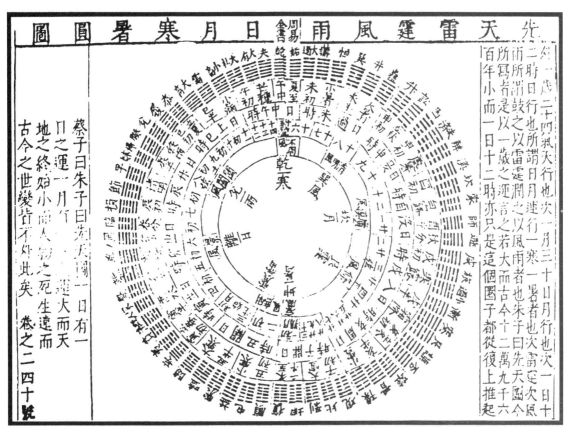

图 62　先天雷霆风雨日月寒暑圆图
（杨时乔《周易全书》）

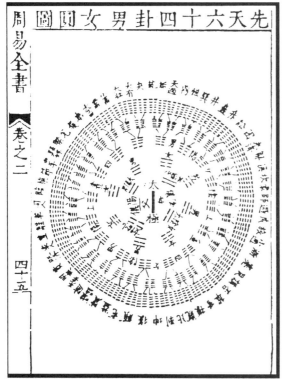

图 63　先天六十四卦男女圆图
（杨时乔《周易全书》）

图 64　先天乾坤大父母图
（杨时乔《周易全书》）

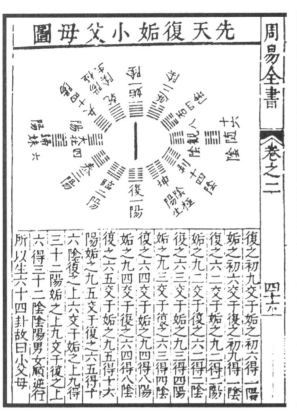

图 65　先天复姤小父母图
（杨时乔《周易全书》）

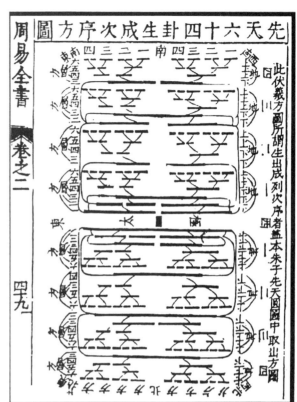

图 66　先天六十四卦生成次序方图
（杨时乔《周易全书》）

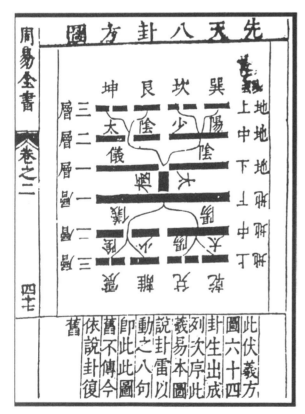

图 67　先天八卦方图
（杨时乔《周易全书》）

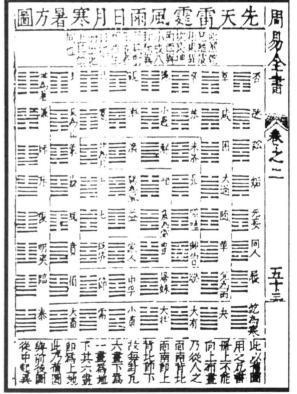

图 68　先天雷霆风雨日月寒暑方图
（杨时乔《周易全书》）

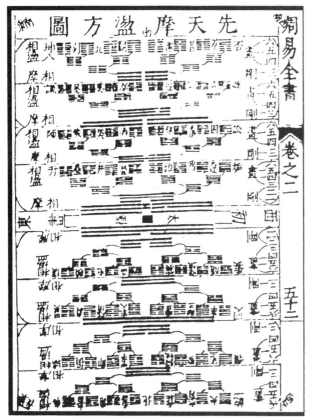

图69 先天摩荡方图
（杨时乔《周易全书》）

图70 先天男女方图
（杨时乔《周易全书》）

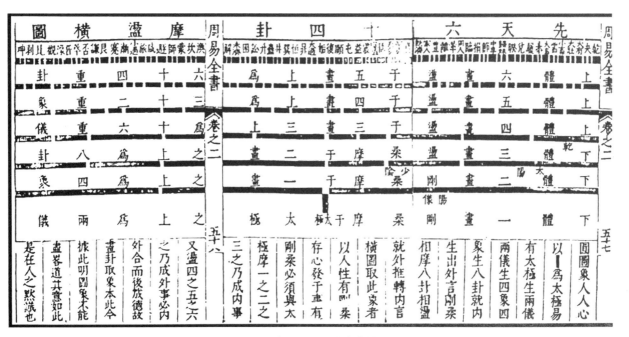

图71 先天六十四卦摩荡横图
（杨时乔《周易全书》）

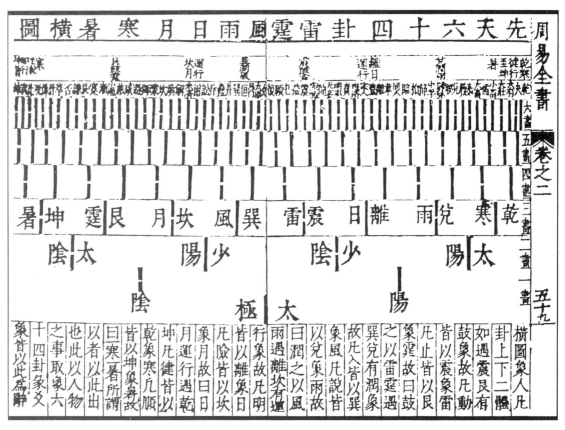

图 72　先天六十四卦雷霆风雨日月寒暑横图
（杨时乔《周易全书》）

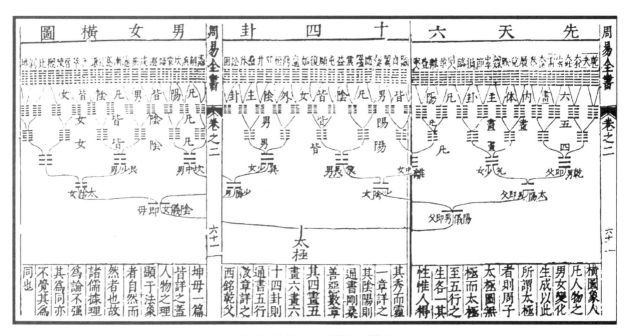

图 73　先天六十四卦男女横图
（杨时乔《周易全书》）

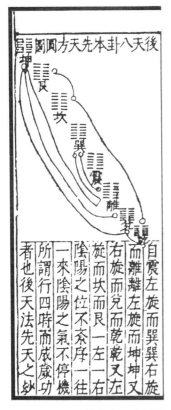

图 74　后天八卦本先天方圆图
（杨时乔《周易全书》）

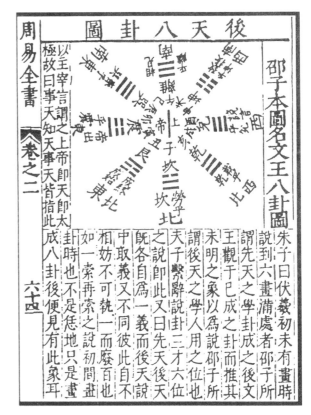

图 75　后天八卦图
（杨时乔《周易全书》）

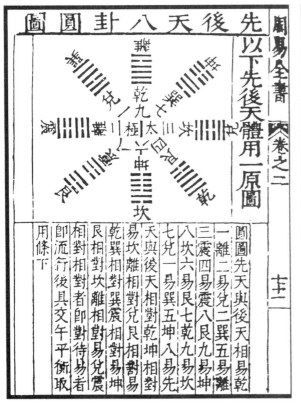

图 76　先后天八卦圆图
（杨时乔《周易全书》）

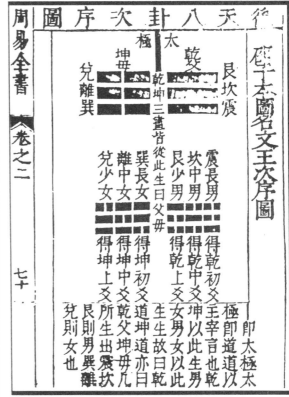

图 77　后天八卦次序图
（杨时乔《周易全书》）

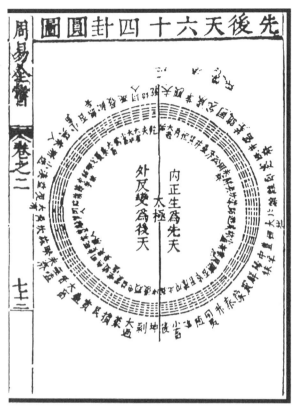

图 78　先后天六十四卦圆图
（杨时乔《周易全书》）

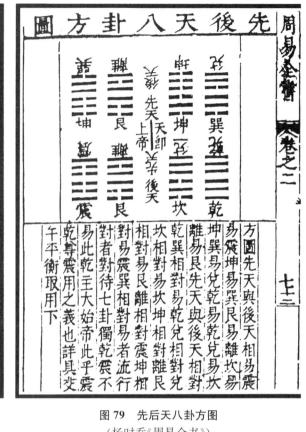

图 79　先后天八卦方图
（杨时乔《周易全书》）

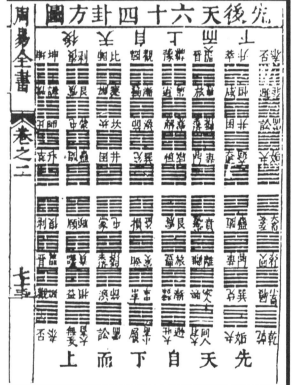

图 80　先后天六十四卦方图
（杨时乔《周易全书》）

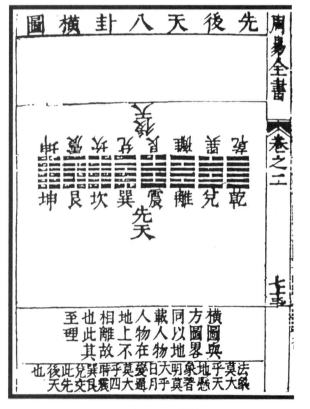

图 81　先后天八卦横图
（杨时乔《周易全书》）

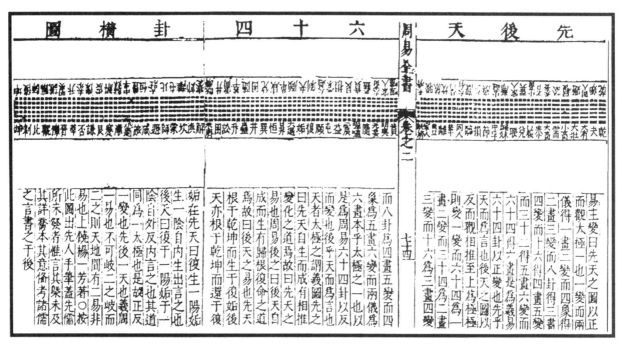

图 82　先后天六十四卦横图
（杨时乔《周易全书》）

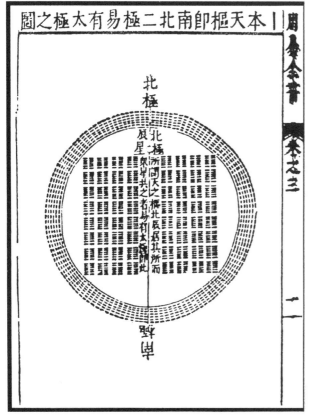

图 83　本天枢即南北二极易有太极之图
（杨时乔《周易全书》）

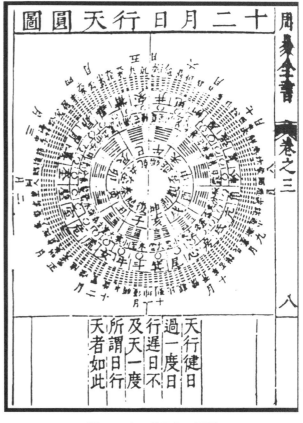

图 84　十二月日行天圆图
（杨时乔《周易全书》）

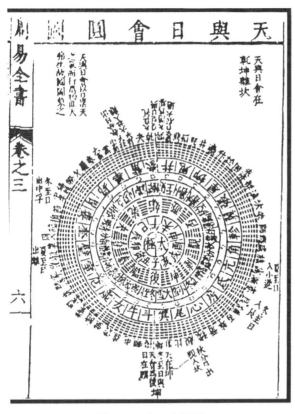

图 85　天与日会圆图
（杨时乔《周易全书》）

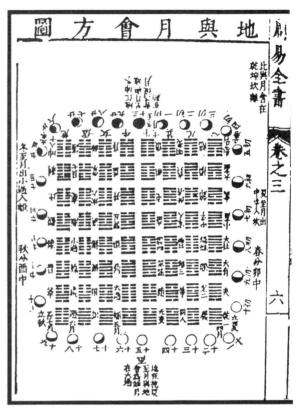

图 86　地与月会方图
（杨时乔《周易全书》）

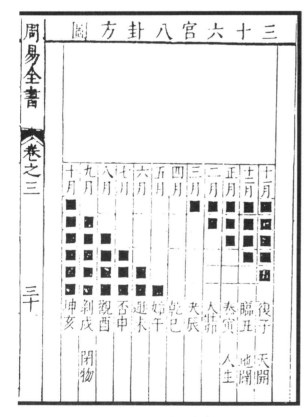

图 87　三十六宫八卦方图
（杨时乔《周易全书》）

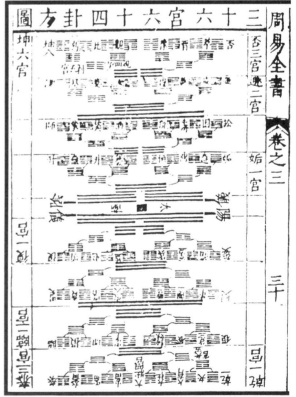

图 88　三十六宫六十四卦方图
（杨时乔《周易全书》）

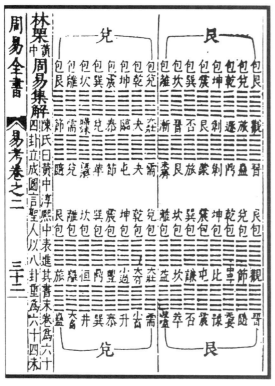

图 89　卦象互包图
（杨时乔《周易全书》）

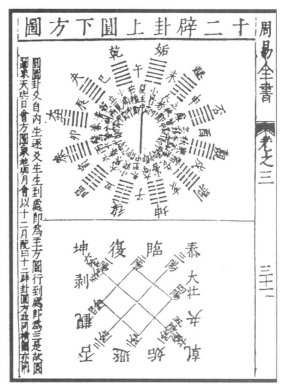

图 90　十二辟卦上圆下方图
（杨时乔《周易全书》）

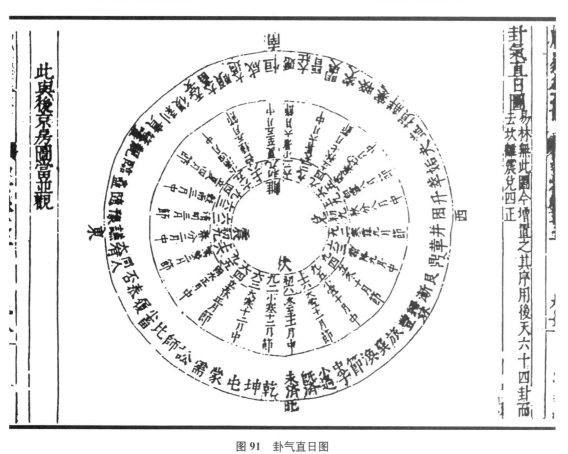

图 91　卦气直日图
（杨时乔《周易全书》）

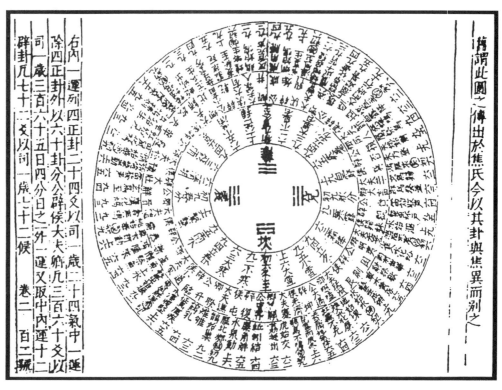

图 92　卦气图
（杨时乔《周易全书》）

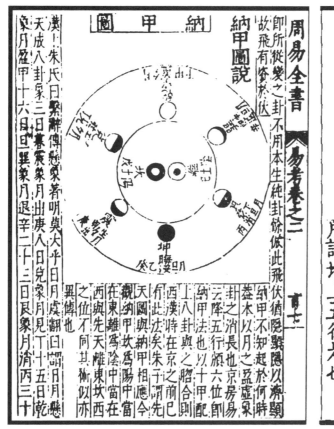

图 93　纳甲图
（杨时乔《周易全书》）

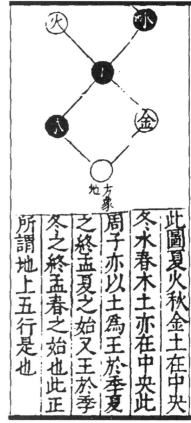

图 94　地上五行图
（杨时乔《周易全书》）

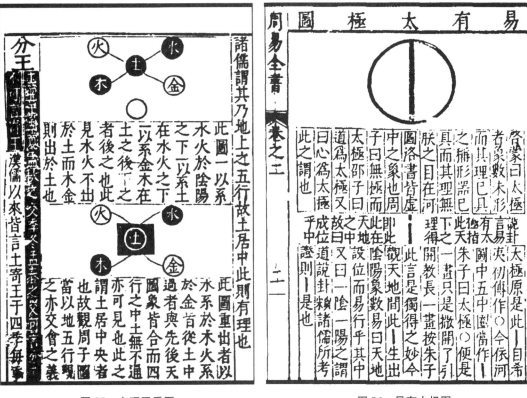

图95　土旺四季图
（杨时乔《周易全书》）

图96　易有太极图
（杨时乔《周易全书》）

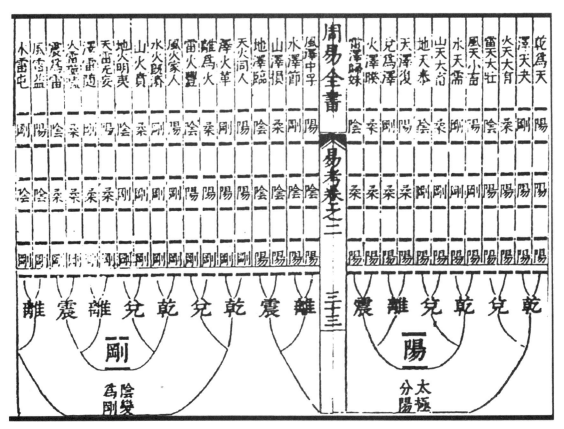

图97-1　太极阴阳兼体图
（杨时乔《周易全书》）

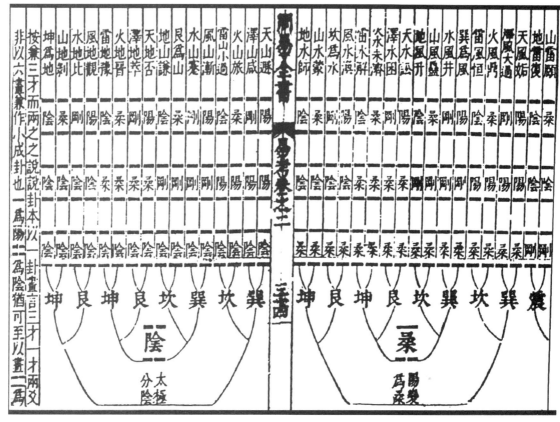

图 97-2　太极阴阳兼体图
（杨时乔《周易全书》）

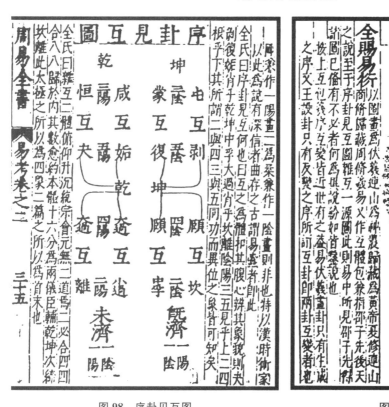

图 98　序卦见互图
（杨时乔《周易全书》）

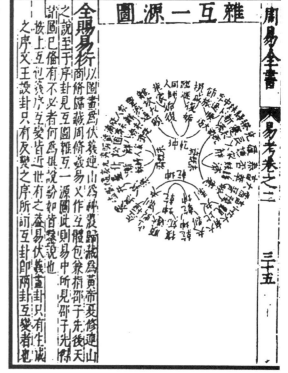

图 99　杂互一源图
（杨时乔《周易全书》）

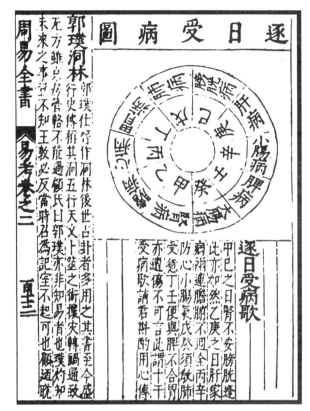

图 100 逐日受病图
（杨时乔《周易全书》）

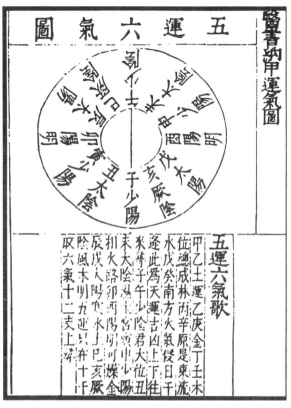

图 101 五运六气图
（杨时乔《周易全书》）

姜震阳

生卒年不详,字复亨,明南直隶邳州(治今江苏睢宁古邳镇)人。著有《新镌十名家批评易传阐庸》一百卷。现存有《周易》图像二幅。

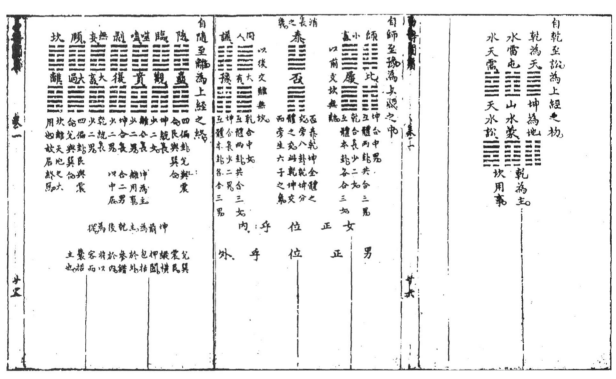

图1 自乾至讼为上经之初、自师至豫为上经之中、自随至离为上经之终图
(姜震阳《易传阐庸》)

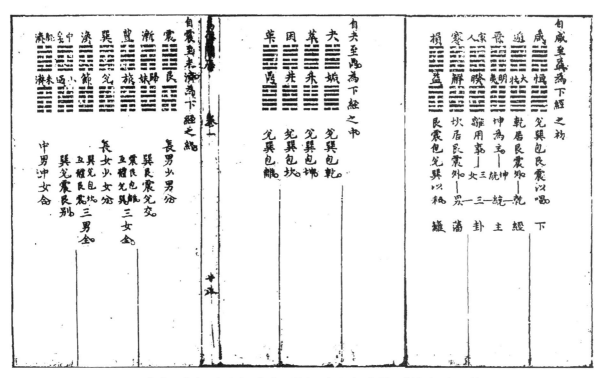

图 2　自咸至益为下经之初、自夬至鼎为下经之中、自震至未济为下经之终图
（姜震阳《易传阐庸》）

程大位(1533—1606)

字汝思,号宾渠,明南直隶休宁(今黄山市屯溪)人。明代著名数学家、珠算家,认为数学起源于《易经》"河图洛书"。著有《算法统宗》十七卷。现存有《周易》图像二幅。

图1 龙马负图图
(程大位《算法统宗》)

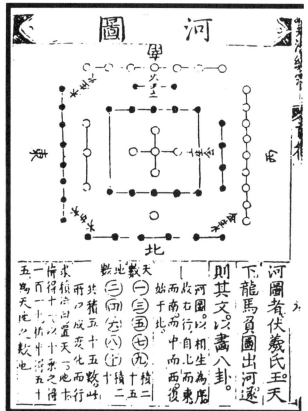

图2 河图
(程大位《算法统宗》)

林绍周

生卒年不详,号寒竹山人,明湖广湘潭(今湖南湘潭)人。著有《增编参赞秘传天横大要》二卷,纂辑《新刊理气详辩纂要三台便览通书正宗》二十卷首一卷等。现存有《周易》图像四幅。

图1　太极图
(林绍周《新刊理气详辩纂要三台便览通书正宗》)

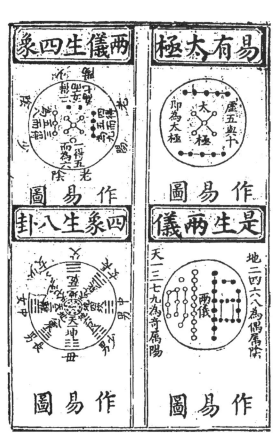

图2　太极四生图
(林绍周《新刊理气详辩纂要三台便览通书正宗》)

图3 天地定位之图
（林绍周《新刊理气详辩纂要三台便览通书正宗》）

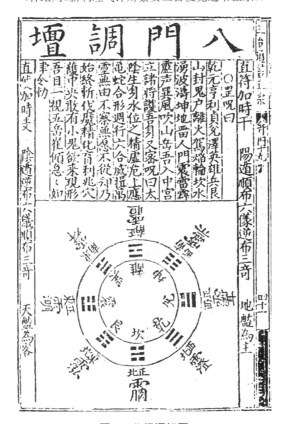

图4 八门调坛图
（林绍周《新刊理气详辩纂要三台便览通书正宗》）

陈第(1541—1617)

字季立,号一斋,晚号温麻山农,别署五岳游人,明福建连江人。万历诸生。早年在俞大猷幕下,后随戚继光平定倭乱,出守古北口,任蓟镇游击将军。富藏书,精音韵之学。著有《伏羲图赞》六卷、《毛诗古音考》四卷、《屈宋古音义》三卷等。现存有《周易》图像三幅。

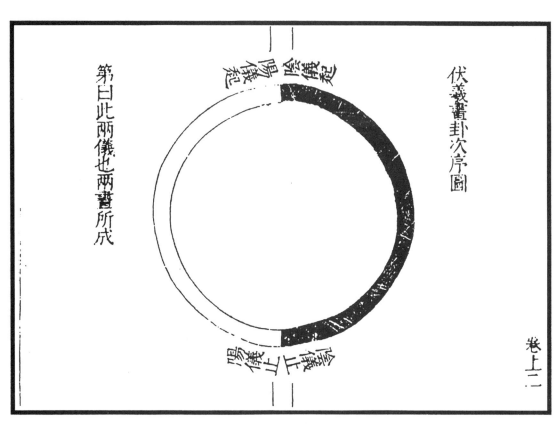

图 1-1 伏羲画卦次序图
(陈第《伏羲图赞》)

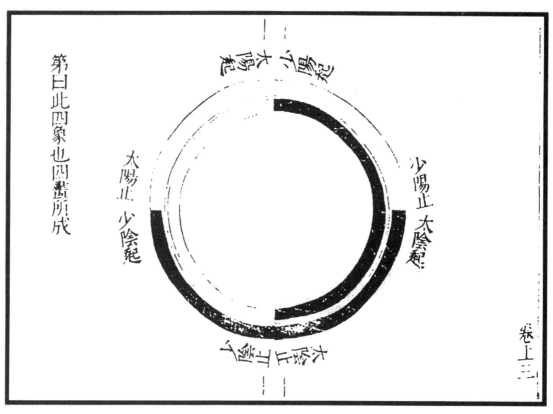

图1-2 伏羲画卦次序图
（陈第《伏羲图赞》）

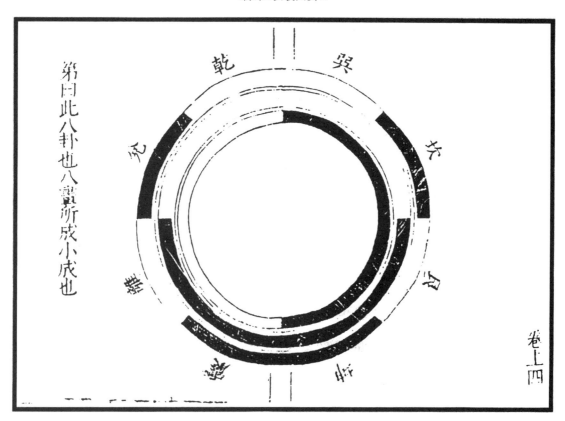

图1-3 伏羲画卦次序图
（陈第《伏羲图赞》）

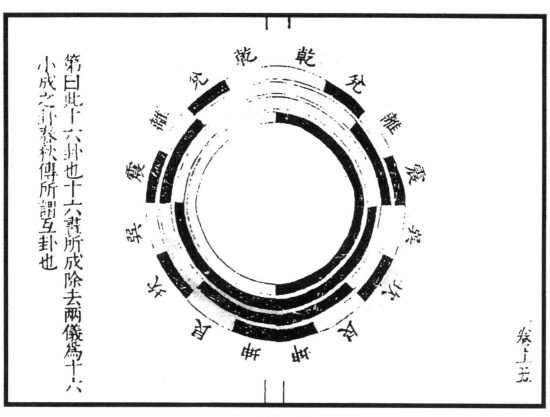

图 1-4 伏羲画卦次序图
(陈第《伏羲图赞》)

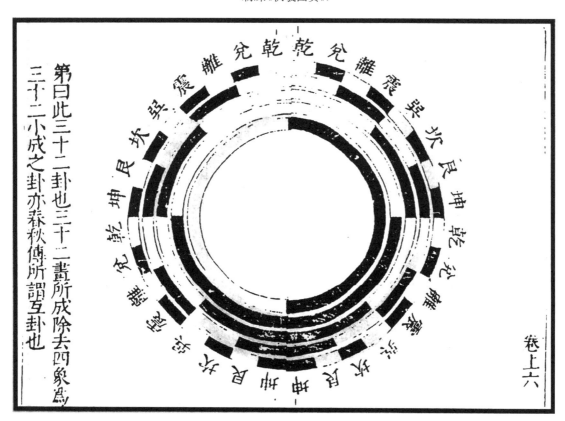

图 1-5 伏羲画卦次序图
(陈第《伏羲图赞》)

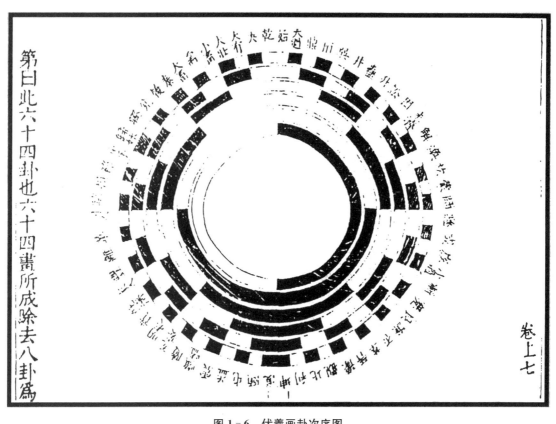

图 1-6 伏羲画卦次序图
（陈第《伏羲图赞》）

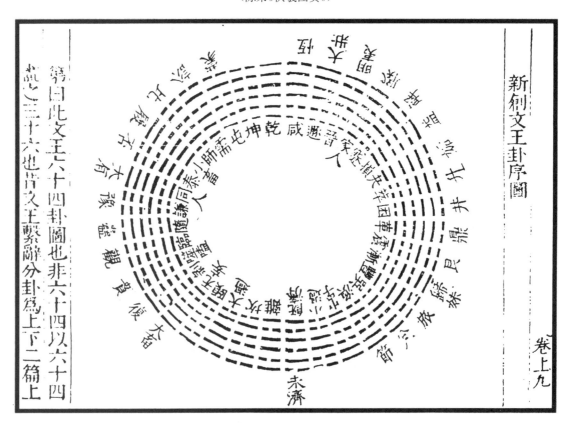

图 2 新创文王卦序图
（陈第《伏羲图赞》）

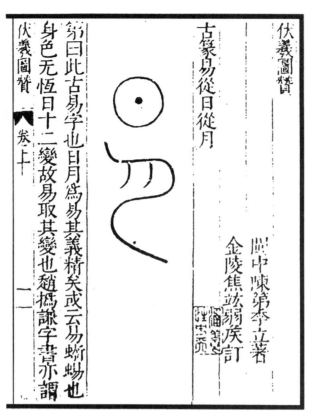

图 3　古篆易从日从月图
（陈第《伏羲图赞》）

钱一本(1546—1617)

字国端,别号启新,学者称其为"启新先生",明南直隶武进县(今江苏常州)人。万历十一年(1583)进士。历任庐陵知县、福建道监察御史、广西巡按御史。与顾宪成分主东林书院讲席,为"东林八君子"之一。天启初追赠太仆寺卿。著有《周易像象管见》九卷、《易象抄》六卷、《续象抄》二卷、《范衍》十卷、《遁世编》等。现存有《周易》图像十幅。

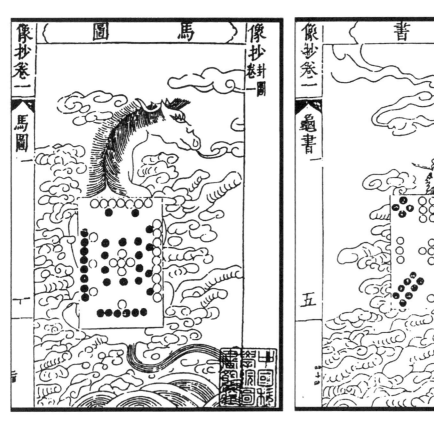

图1 马图
(钱一本《易像抄》)

图2 龟书
(钱一本《易像抄》)

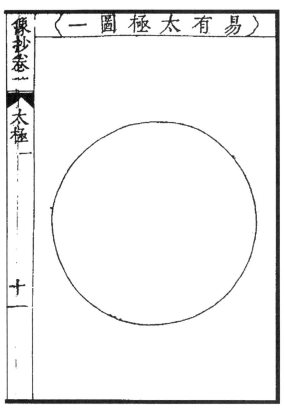

图 3 易有太极图一
（钱一本《易像抄》）

图 4 易有太极图二
（钱一本《易像抄》）

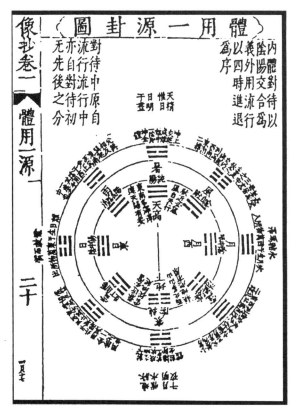

图 5 体用一源卦图
（钱一本《易像抄》）

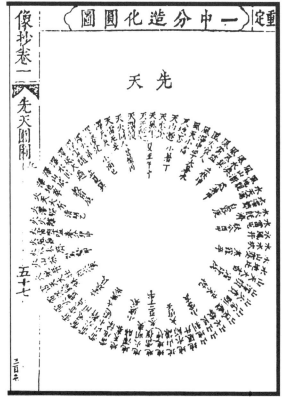

图 6 重定一中分造化圆图
（钱一本《易像抄》）

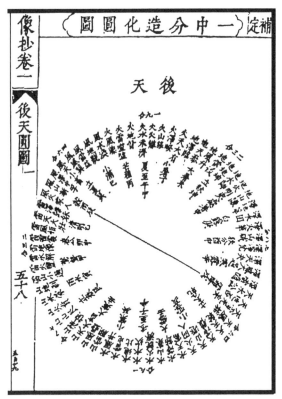
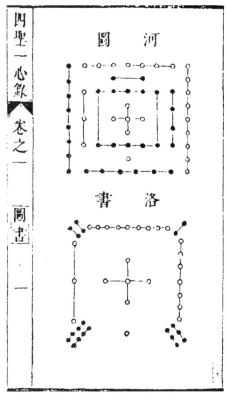

图7 补定一中分造化圆图
（钱一本《易像抄》）

图8 河图
图9 洛书
（钱一本《四圣一心录》）

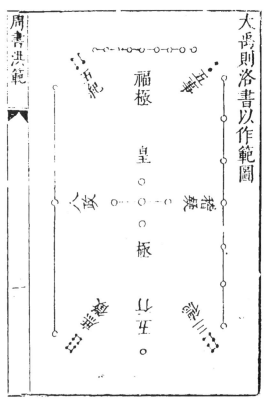

图10 大禹则洛书以作范图
（钱一本《范衍》）

王肯堂（1549—1613）

字宇泰，号损庵，自号念西居士、郁冈斋主，明南直隶金坛（今江苏金坛）人。万历十七年（1589）进士，选为翰林检讨，后为备员史馆，转福建参政。于经学、律学、医学、书法皆有造诣。著有《论语义府》二十卷、《尚书要旨》三十卷、《律例笺释》三十卷、《郁冈斋笔麈》四卷、《古今医统正脉全书》四十四卷、《医镜》四卷，刻有《郁冈斋法帖》十卷等。现存有《周易》图像二幅。

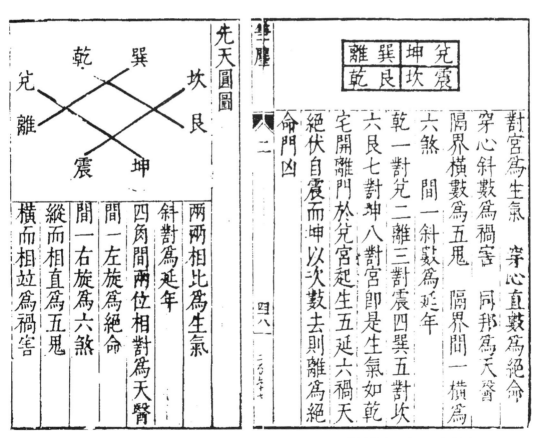

图1　先天圆图
（王肯堂《郁冈斋笔麈》）

图2　紫微卦座即先天图之变图
（王肯堂《郁冈斋笔麈》）

朱谋㙔(？—1624)

字明父，一字郁仪，明南直隶濠州（今安徽凤阳）人。明朝皇室裔胄，宁献王曾孙，袭封镇国中尉，万历二十二年(1594)受命理石城王府事。平生端谨自好，不嗜享乐，潜精于学，尤好易学、天文、地理及文字训诂。谥"贞静先生"。著有《周易象通》八卷、《诗故》十卷、《春秋戴记》、《鲁论笺》、《骈雅》七卷等。现存有《周易》图像一幅。

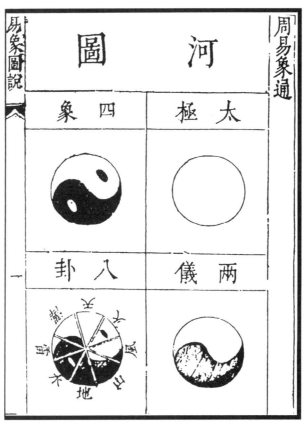

图1　河图
（朱谋㙔《周易象通》）

陈实功(1555—1636)

字毓仁,号若虚,明江苏南通人。明代著名外科学家。自幼精研外科医术,师从著名文学家、医学家李沦溟。著有《外科正宗》一书。现存有《周易》图像一幅。

图1 尻神图
(陈实功《外科正宗》)

岳元声（1557—1628）

字之初，号石帆，别号潜初，明浙江嘉兴人。万历十一年（1583）进士，授知旌德县，迁国子监丞，进工部郎中，因争三王并封和关白之乱，削籍归。天启元年（1621），起历光禄少卿、太常卿、北太仆卿、晋南兵部右侍郎，以劾魏忠贤不法罢。归聚徒讲学于天心书院，卒赠南京兵部尚书。著有《潜初自文集》十二卷、《潜初杂著》十卷。现存有《周易》图像四幅。

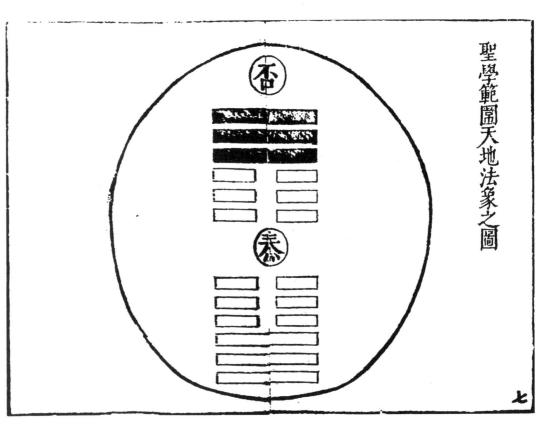

图 1-1　圣学范围天地法象之图
（岳元声《圣学范围图说》）

图 1-2 圣学范围天地法象之图
（岳元声《圣学范围图说》）

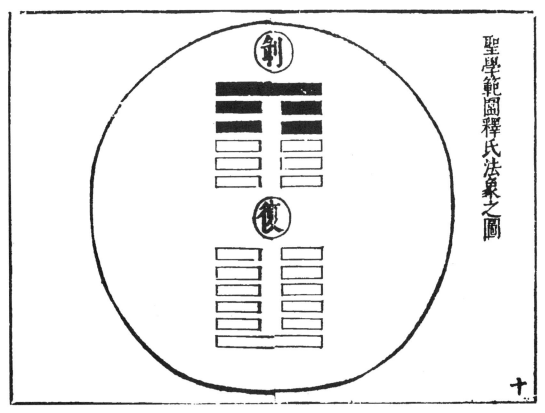

图 2-1 圣学范围释氏法象之图
（岳元声《圣学范围图说》）

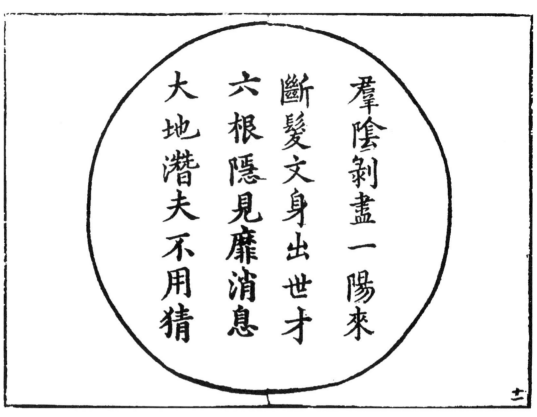

图 2-2　圣学范围释氏法象之图
（岳元声《圣学范围图说》）

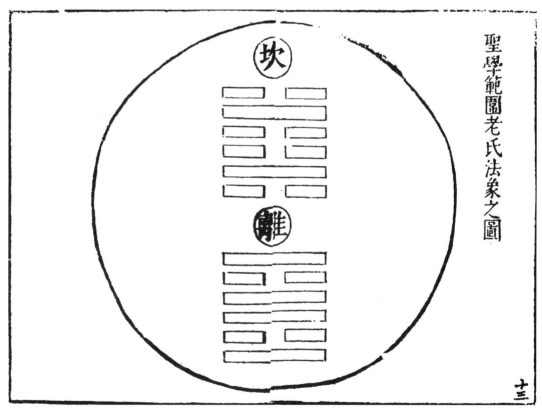

图 3-1　圣学范围老氏法象之图
（岳元声《圣学范围图说》）

图 3-2 圣学范围老氏法象之图
（岳元声《圣学范围图说》）

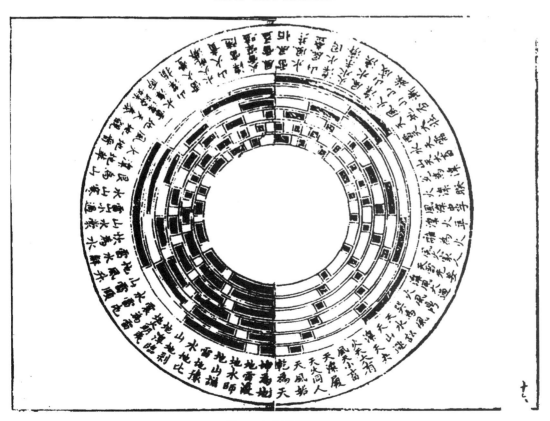

图 4 六十四卦圆图
（岳元声《圣学范围图说》）

郝敬(1558—1639)

字仲舆,号楚望,明湖广京山(今湖北京山)人。幼称神童,万历十七年(1589)进士。历官缙云、永嘉知县,擢礼科给事中,迁户科,坐事谪宜兴县丞、江阴县知县,辞归著书。著有《九经解》,凡一百六十五卷,一百六十七万余言,包括《周易正解》二十卷、《尚书辩解》、《毛诗原解》、《周礼完解》、《仪礼节解》、《礼记通解》、《春秋直解》、《孟子说解》,另有《谈经》(一名《经解绪言》)九卷,提其大要,总题《山草堂集》。还著有《史记琐琐》二卷、《时习新知》六卷、《小山草》十卷等。现存有《周易》图像六幅。

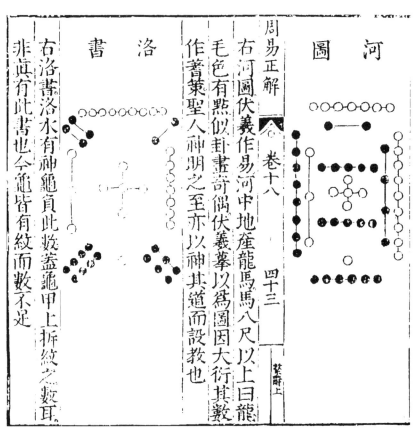

图 1 河图
图 2 洛书
(郝敬《周易正解》)

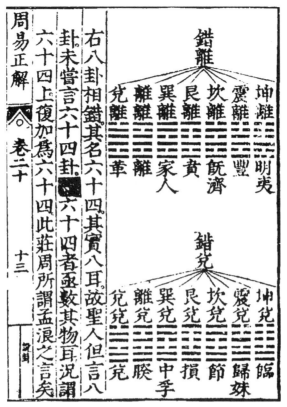

图3-1 八卦相错之图
（郝敬《周易正解》）

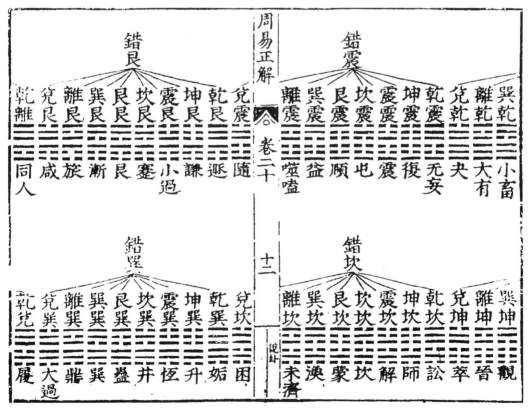

图3-2 八卦相错之图
（郝敬《周易正解》）

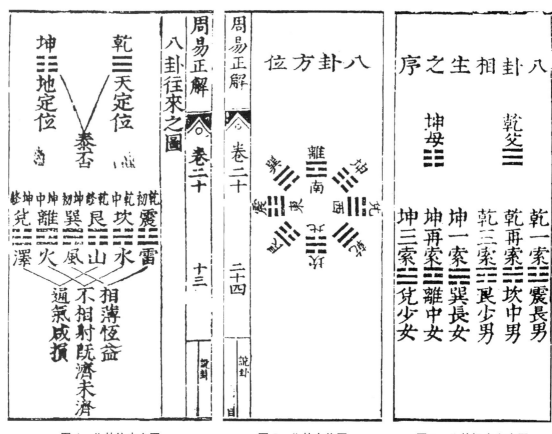

图 4　八卦往来之图
（郝敬《周易正解》）

图 5　八卦方位图
（郝敬《周易正解》）

图 6　八卦相生之序图
（郝敬《周易正解》）

李本固(1558—?)

字维宁,别号震门,明山东临清人。万历二十年(1592)进士。历四县知县,有政声,迁工部,出为河南归德知府,仕至太仆寺少卿。著有《周易古本全书汇编》十七卷。现存有《周易》图像十二幅。

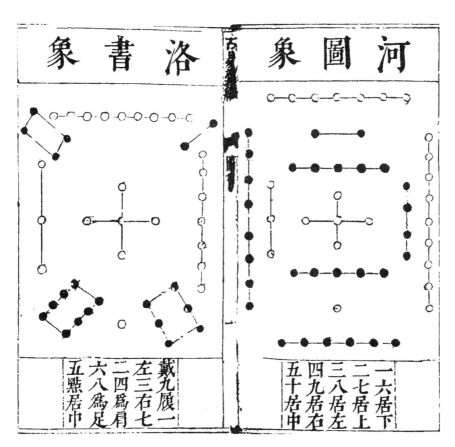

图1　河图象图
图2　洛书象图
(李本固《周易古本全书汇编》)

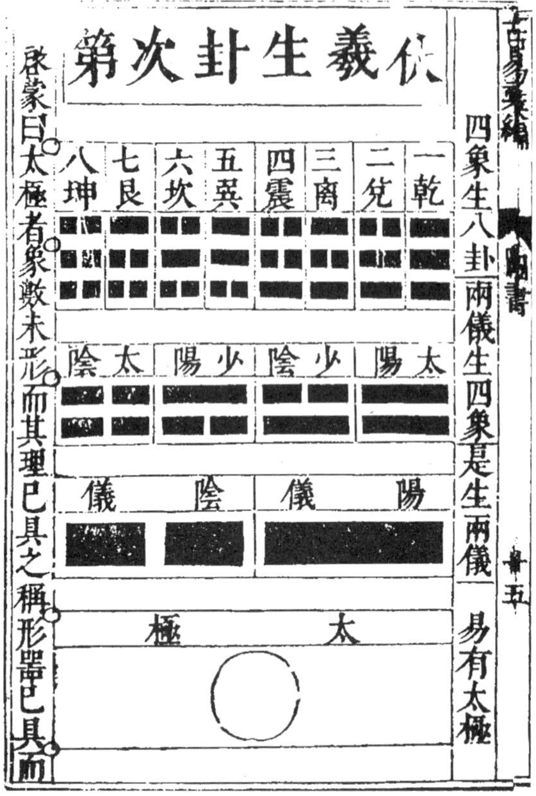

图 3 伏羲生卦次第图
（李本固《周易古本全书汇编》）

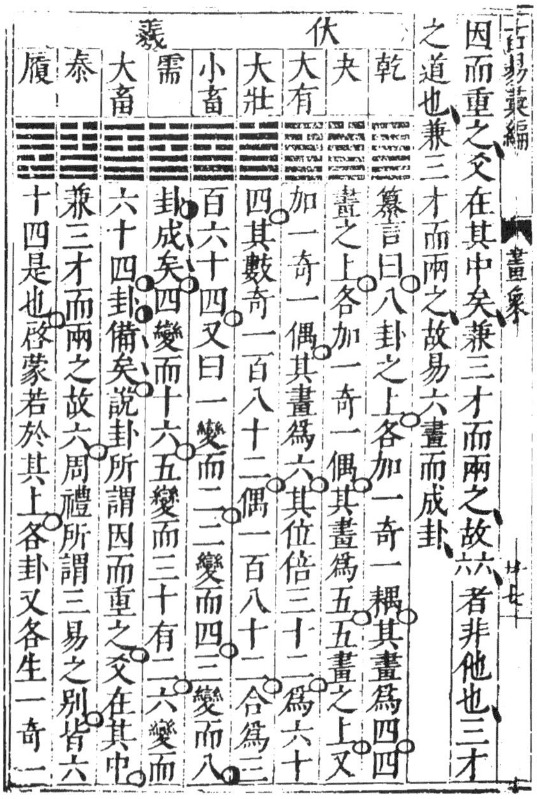

图 4-1 伏羲先天因重六十四卦生成次第衡图
（李本固《周易古本全书汇编》）

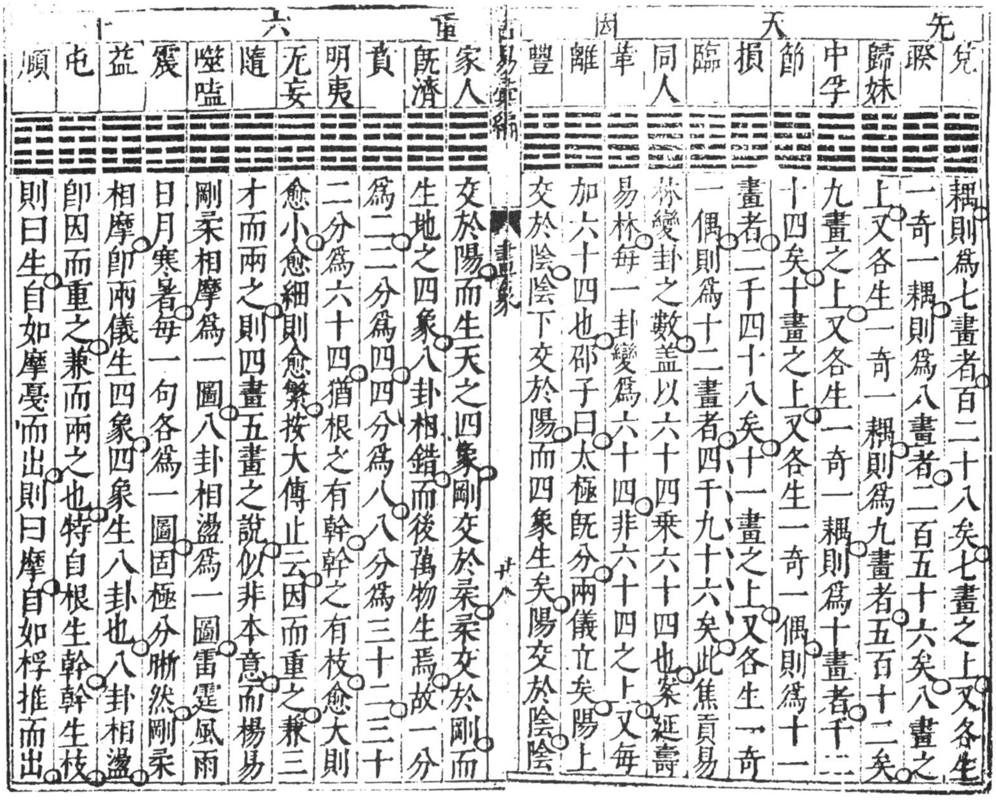
先天因重六十
古易彙編　書象　廿八
兌　睽　歸妹　中孚　節　損　臨　同人　革　離　豐
家人　既濟　賁　明夷　无妄　隨　噬嗑　震　益　屯　頤
耦則爲七畫者百二十八矣七畫之上又各生一奇一耦則爲八畫者二百五十六矣八畫之上又各生一奇一耦則爲九畫者五百十二矣九畫之上又各生一奇一耦則爲十畫者千二十四矣十畫之上又各生一奇一偶則爲十一畫者二千四十八矣十一畫之上又各生一奇一偶則爲十二畫者四千九十六矣此焦貢易林變卦之數蓋以六十四乘六十四也案延壽易林每一卦變爲六十四非六十四之上又每加六十四也邵子曰太極既分兩儀立矣陽上交於陰陰下交於陽而四象生矣陽交於陰陰交於陽而生天之四象剛交於柔柔交於剛而生地之四象八卦相錯而後萬物生焉故一分爲二二分爲四四分爲八八分爲三十二三十二分爲六十四猶根之有幹幹之有枝愈大則愈小愈細則愈繁按大傳止云因而重之兼三才而兩之則四畫五畫之說似非本意而楊易剛柔相摩爲一圖八卦相盪爲一圖雷霆風雨日月寒暑每一句各爲一圖固極分晰然剛柔相摩即兩儀生四象四象生八卦也八卦相盪即因而重之兼而兩之也特自根生幹幹生枝則曰生自如摩戛而出則曰摩自如桴推而出

图 4-2　伏羲先天因重六十四卦生成次第衡图

（李本固《周易古本全书汇编》）

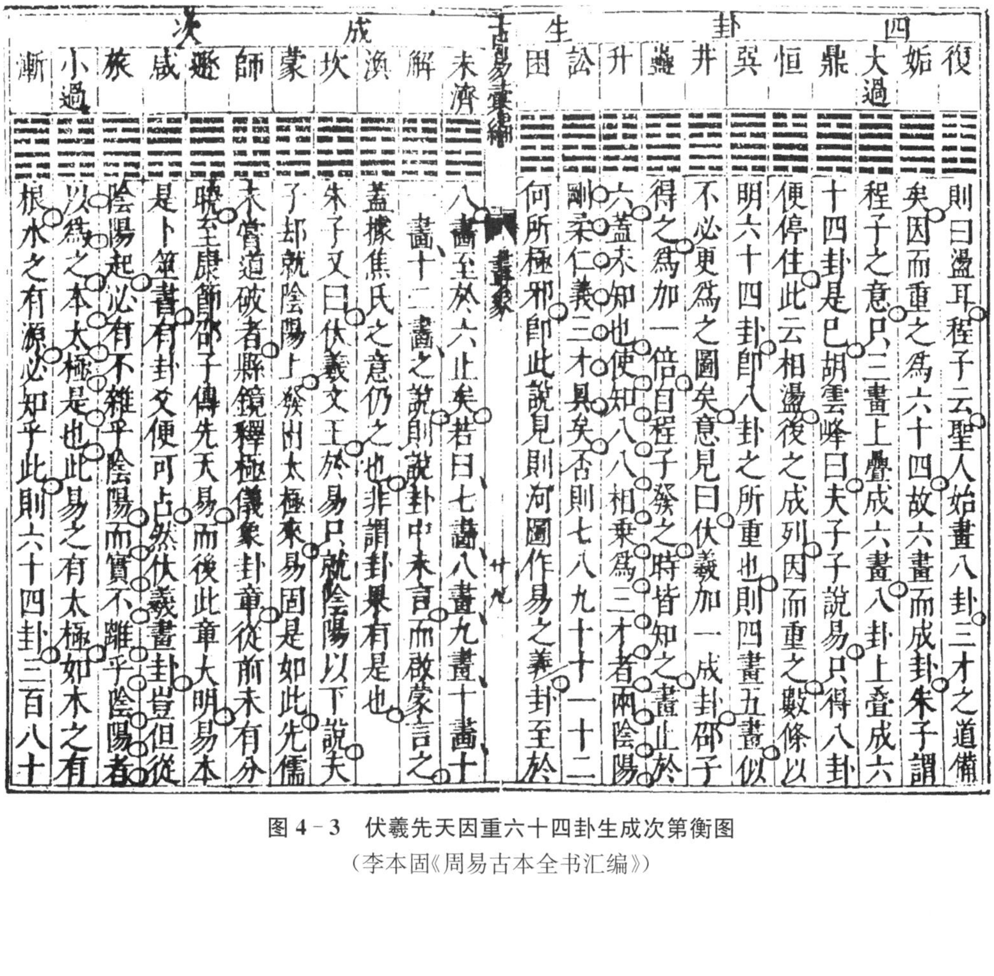
四卦生成次
古易彙編　書象　廿九
復　姤　大過　鼎　恒　巽　井　蠱　升　訟　困
未濟　解　渙　坎　蒙　師　遯　咸　旅　小過　漸
則曰盪耳程子云聖人始畫八卦三才之道備矣因而重之爲六十四故六畫而成卦朱子謂程子之意只三畫上疊成六畫八卦上疊成六十四卦是巳胡雲峰曰夫子說易只得八卦便停住此云相盪後之成列因而重之數條以明六十四卦即八卦之所重也則四畫五畫似不必更爲之圖矣意見曰伏羲加一成卦邵子得之爲加一倍自程子發之時皆知之畫止於六蓋未知也使知八八相乘爲三才者兩陰陽剛柔仁義三才具矣否則七八九十十一十二何所極邪即此說見則河圖作易之義卦至於八畫至於六止矣若曰七畫八畫九畫十畫十畫十二畫之說則說卦中未言而啟蒙言之蓋據焦氏之意仍之也非謂卦果有是也朱子又曰伏羲文王於易只就陰陽以下說夫了却就陰陽上發出太極來易固是如此先儒未嘗道破者縣鏡釋極儀象卦章從前未有分晰至康節邵子傳先天易而後此章大明易本是卜筮書有卦爻便可占然伏羲畫卦豈但從陰陽起必有不雜乎陰陽而實不離乎陰陽者以爲之本太極是也此易之有太極如木之有根水之有源必知乎此則六十四卦三百八十

图 4-3　伏羲先天因重六十四卦生成次第衡图

（李本固《周易古本全书汇编》）

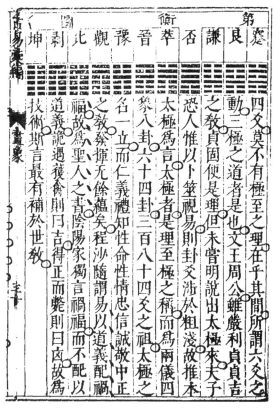

图4-4 伏羲先天因重六十四卦生成次第衡图
（李本固《周易古本全书汇编》）

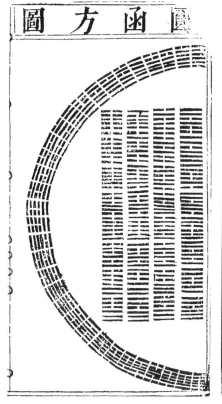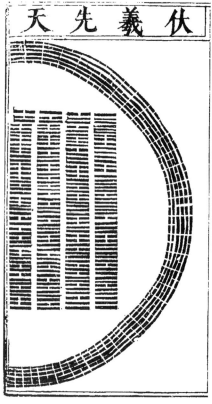

图5 伏羲先天圆函方图
（李本固《周易古本全书汇编》）

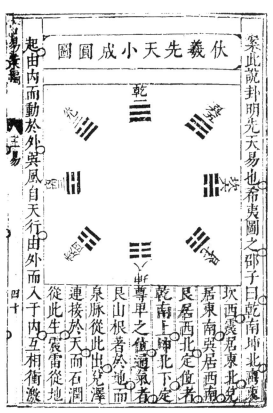

图6 伏羲先天小成圆图
（李本固《周易古本全书汇编》）

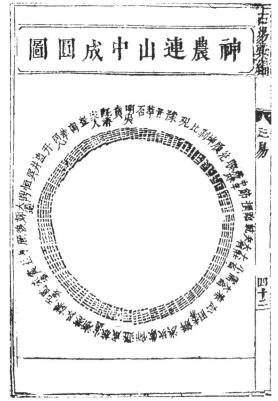

图7 神农连山中成圆图
（李本固《周易古本全书汇编》）

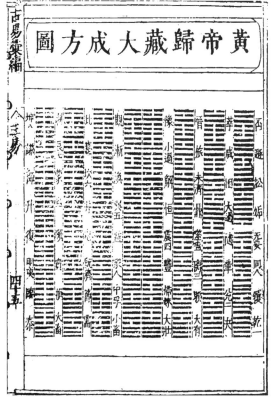

图8 黄帝归藏大成方图
（李本固《周易古本全书汇编》）

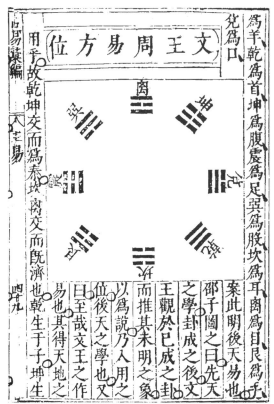

图9 文王周易方位图
（李本固《周易古本全书汇编》）

图 10　文王周易次第图
（李本固《周易古本全书汇编》）

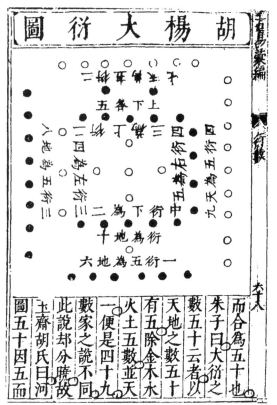

图 11　胡杨大衍图
（李本固《周易古本全书汇编》）

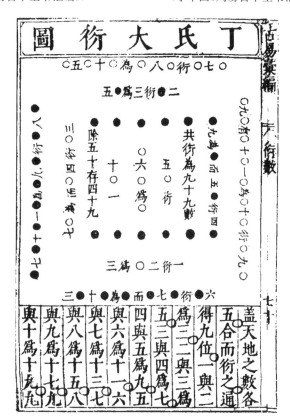

图 12　丁氏大衍图
（李本固《周易古本全书汇编》）

张介宾(1563—1640)

字会卿,号景岳,别号通一子,明浙江会稽(今浙江绍兴)人。先世居四川绵竹,因军功而择居会稽。张氏早年遵父训精研《内经》,并博览群书,后从名医金英学习,精于医道。著有《类经》三十二卷、《医易义》、《太极图论》等。现存有《周易》图像十六幅。

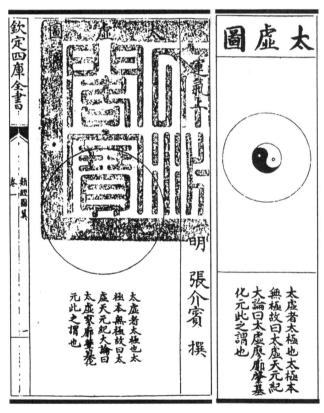

图1 太虚二图
(张介宾《类经图翼》)

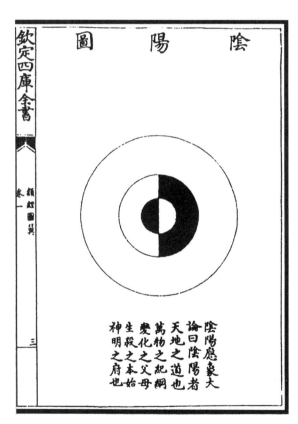

图2 阴阳图
(张介宾《类经图翼》)

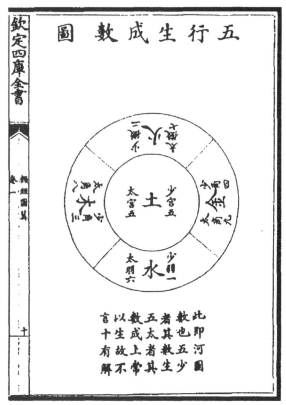

图3 五行成数图
（张介宾《类经图翼》）

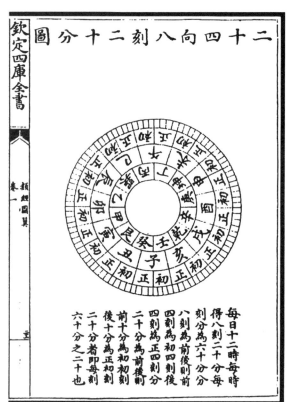

图4 二十四向八刻二十分图
（张介宾《类经图翼》）

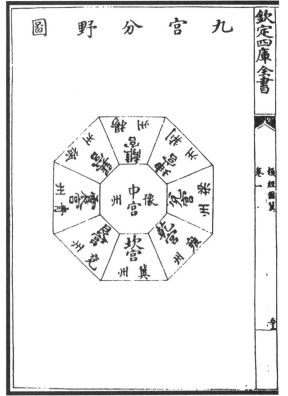

图5 九宫分野图
（张介宾《类经图翼》）

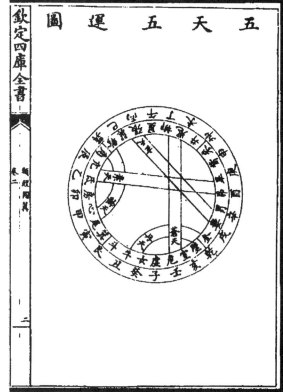

图6 五天五运图
（张介宾《类经图翼》）

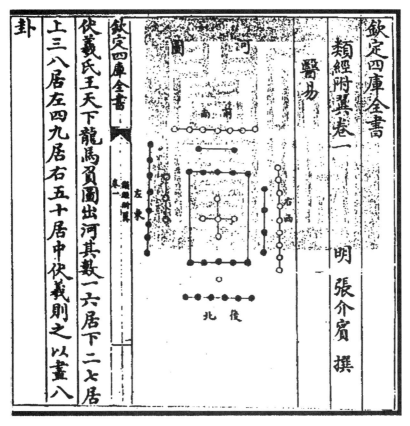

图 7 河图
（张介宾《类经附翼》）

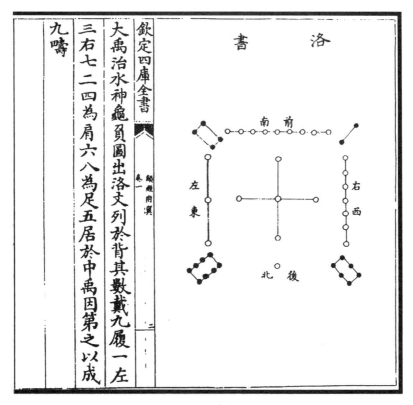

图 8 洛书
（张介宾《类经附翼》）

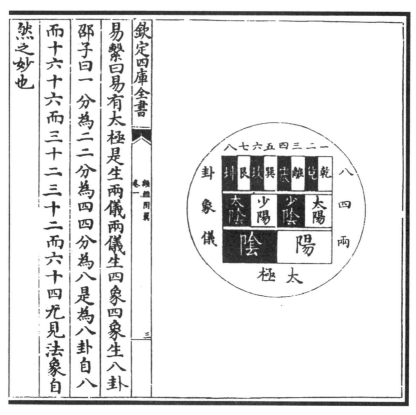

图9 太极八卦方圆图
（张介宾《类经附翼》）

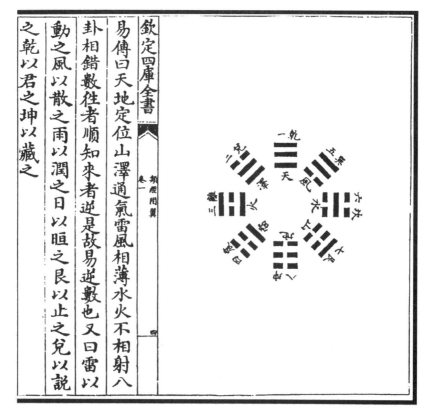

图10 先天八卦方位属象图
（张介宾《类经附翼》）

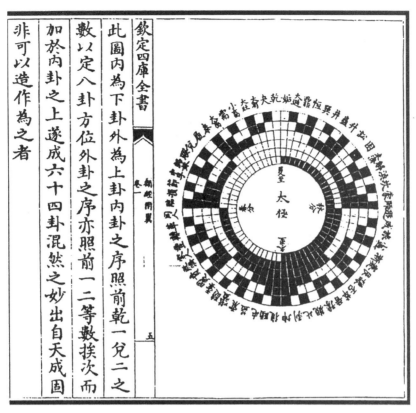

图 11 太极六十四卦圆图
（张介宾《类经附翼》）

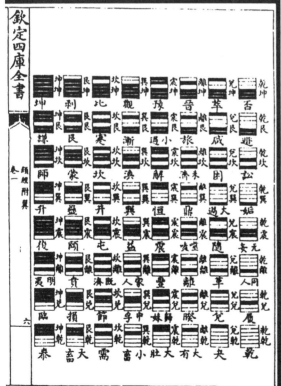

图 12 六十四卦方图
（张介宾《类经附翼》）

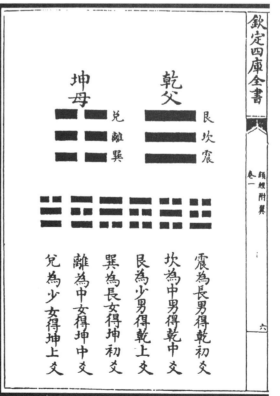

图 13 乾父坤母图
（张介宾《类经附翼》）

图 14　后天八卦图
（张介宾《类经附翼》）

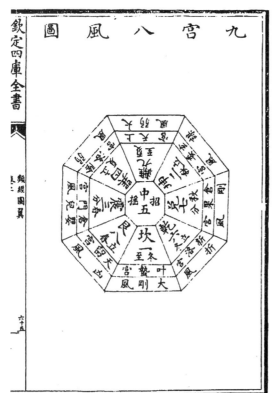

图 15　九宫八风图
（张介宾《类经图翼》）

图 16　律吕相生卦气图
（张介宾《类经附翼》）

李奇玉（1573—1644）

字元美，自号荆阳，明浙江秀水（今浙江嘉兴）人。万历三十一年（1603）举人，崇祯元年（1628）进士，选武学教授，迁国子博士，历南京工部主事，改兵部员外郎，官至汝宁府知府。师从高攀龙学《易》。著有《雪园易义》四卷、《图说》一卷。现存有《周易》图像二十二幅。

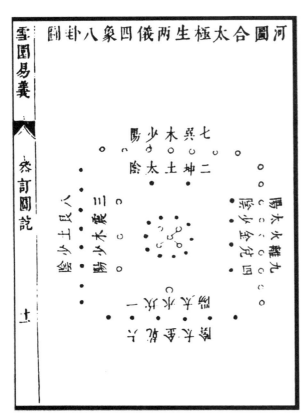

图1 河图合太极生两仪四象八卦图
（李奇玉《雪园易义》）

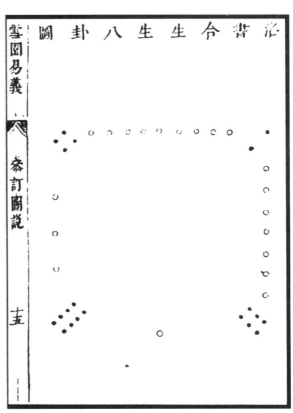

图2 洛书合生生八卦图
（李奇玉《雪园易义》）

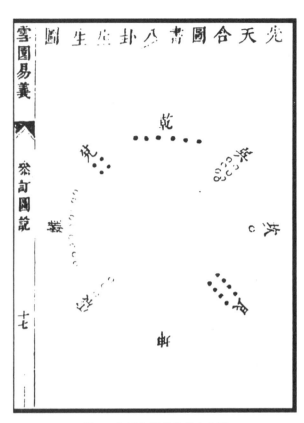

图3 先天合图书八卦生生图
（李奇玉《雪园易义》）

图4 后天合生生八卦图
（李奇玉《雪园易义》）

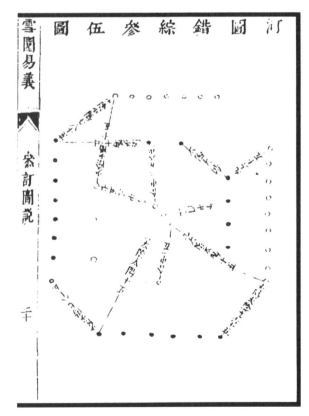

图5 河图错综参伍图
（李奇玉《雪园易义》）

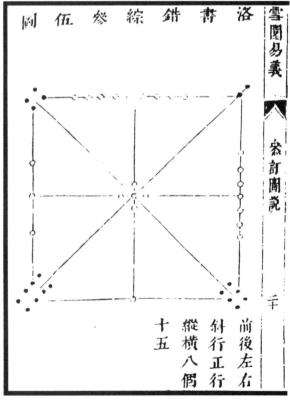

图6 洛书错综参伍图
（李奇玉《雪园易义》）

图7 河图合八卦对待图
（李奇玉《雪园易义》）

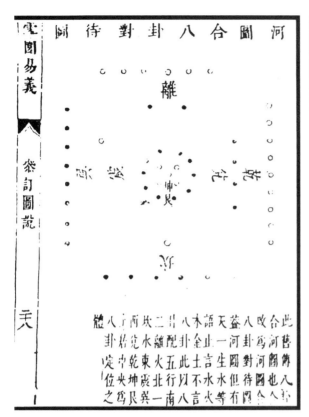

图8 河图合八卦流行图
（李奇玉《雪园易义》）

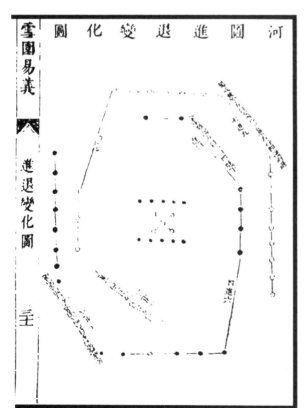

图9 河图进退变化图
（李奇玉《雪园易义》）

图10 洛书进退变化图
（李奇玉《雪园易义》）

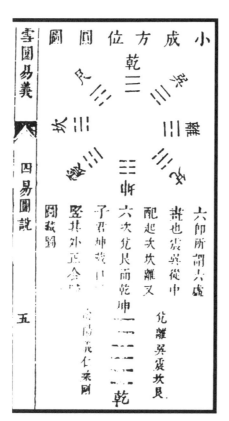

图 11 小成方位圆图
（李奇玉《雪园易义》）

图 12 六十四卦归藏方图
（李奇玉《雪园易义》）

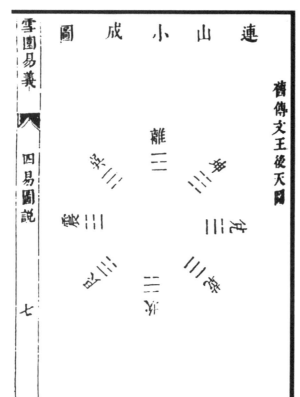

图 13 连山小成图
（李奇玉《雪园易义》）

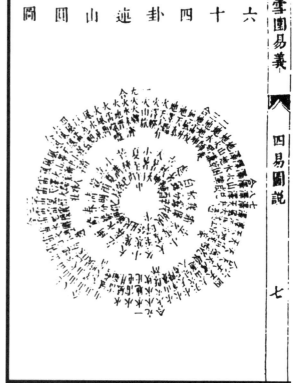

图 14 六十四卦连山圆图
（李奇玉《雪园易义》）

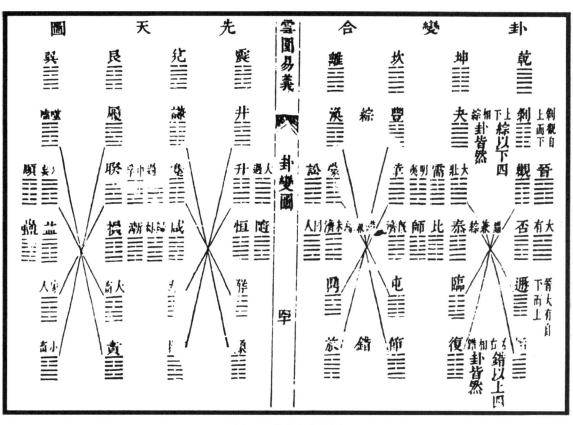

图 15　卦变合先天图
（李奇玉《雪园易义》）

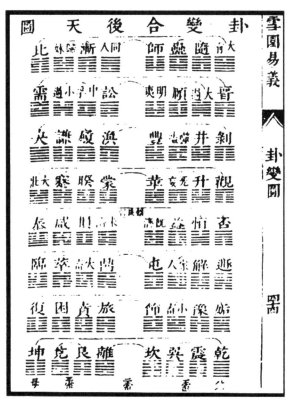

图 16　卦变合后天图
（李奇玉《雪园易义》）

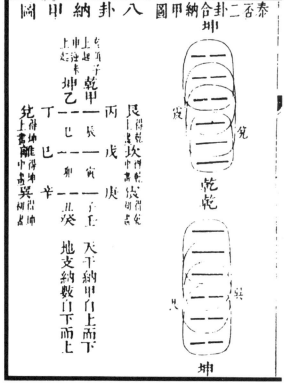

图 17　八卦纳甲图
（李奇玉《雪园易义》）

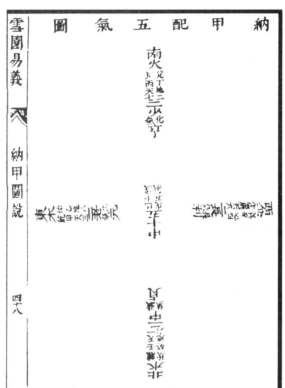

图 18　纳甲配五气图
（李奇玉《雪园易义》）

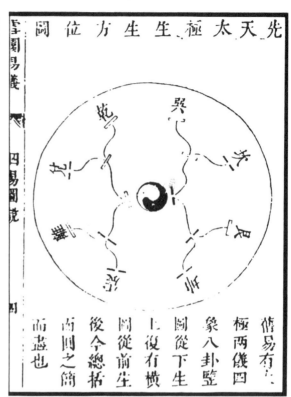

图 19　先天太极生生方位图
（李奇玉《雪园易义》）

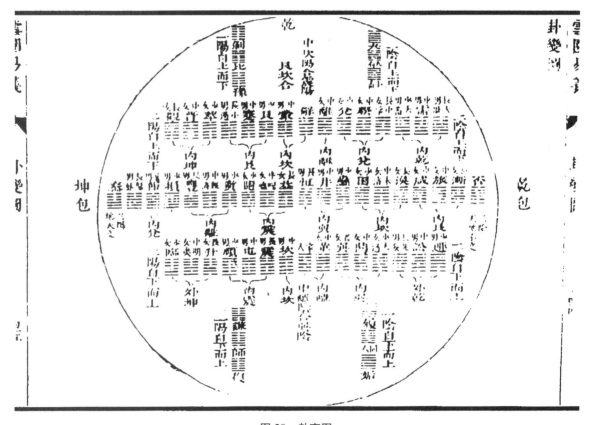

图 20　卦变图
（李奇玉《雪园易义》）

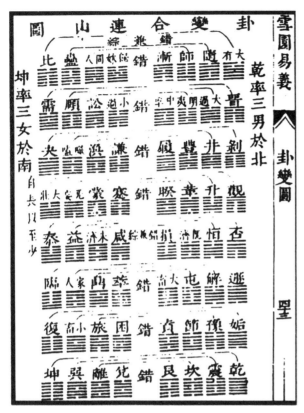

图 21　卦变合连山图
（李奇玉《雪园易义》）

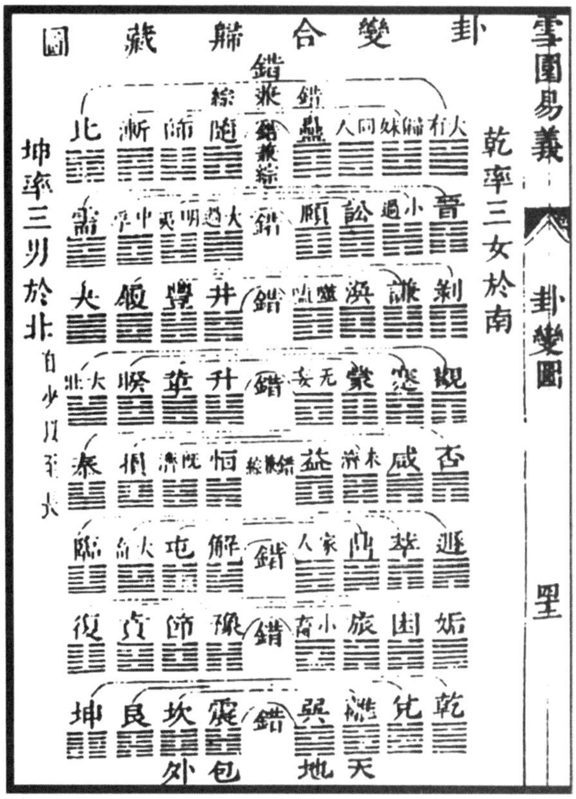

图 22　卦变合归藏图
（李奇玉《雪园易义》）

徐之镆

生卒年不详,明福建建阳人。万历时诸生,专研奇门之学。著有《罗经顶门针简易图解》二卷、《选择禽奇盘例定局》五卷等。现存有《周易》图像十二幅。

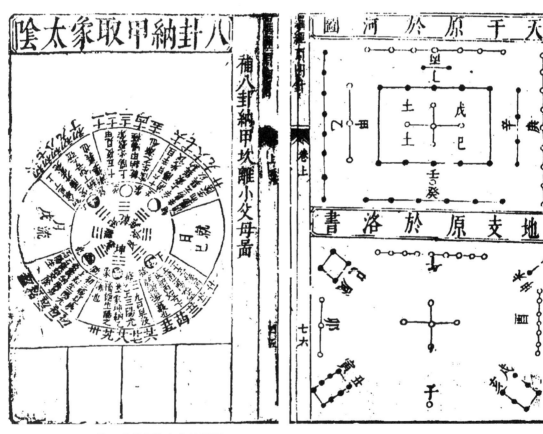

图1 补八卦纳甲坎离小父母图
（徐之镆《重镌罗经顶门针简易图解》）

图2 天干原于河图
图3 地支原于洛书图
（徐之镆《重镌罗经顶门针简易图解》）

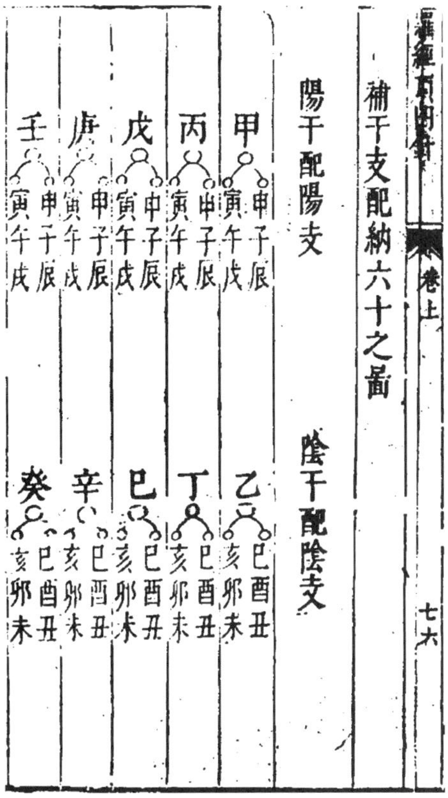

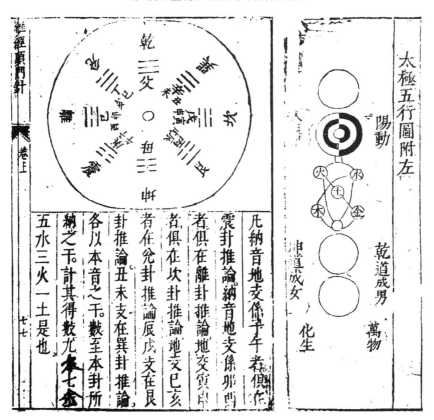

图4 补干支配纳六十之图
（徐之镆《重镌罗经顶门针简易图解》）

图5 八卦乾坤大父母取配纳音之图
（徐之镆《重镌罗经顶门针简易图解》）

图6 太极五行图
（徐之镆《重镌罗经顶门针简易图解》）

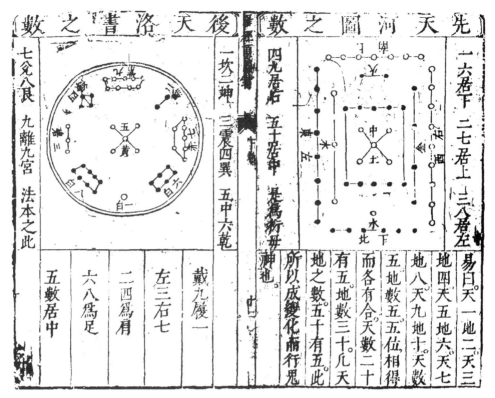

图7　先天河图之数图
图8　后天洛书之数图
(徐之镆《重镌罗经顶门针简易图解》)

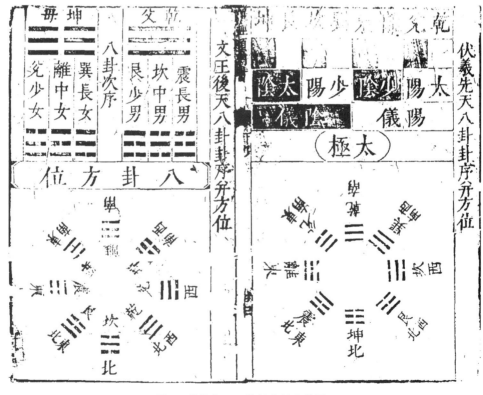

图9　伏羲先天八卦卦序并方位图
图10　文王后天八卦卦序并方位图
(徐之镆《重镌罗经顶门针简易图解》)

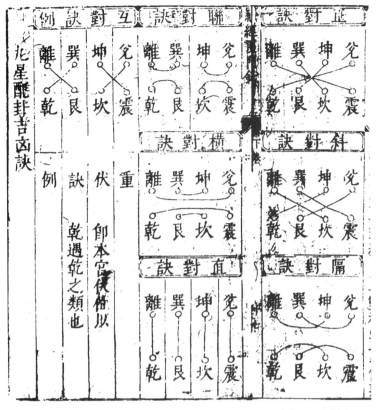

图 11　正对诀、斜对诀、隔对诀、联对诀、横对诀、直对诀、互对诀例图
（徐之镆《重镌罗经顶门针简易图解》）

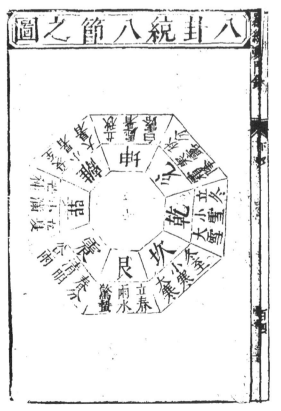

图 12　八卦统八节之图
（徐之镆《重镌罗经顶门针简易图解》）

李长茂

生卒年不详,字明南,号拙翁,自号强恕居士,明山东章丘人。万历间选贡,清顺治年间先后任南皮知县、江宁知事,卸任后寓居南京。自幼聪颖异常,淹贯经术,好《周易》,专攻象数易学,又精于算学,取算家之言,编纂《算海说详》九卷。现存有《周易》图像五幅。

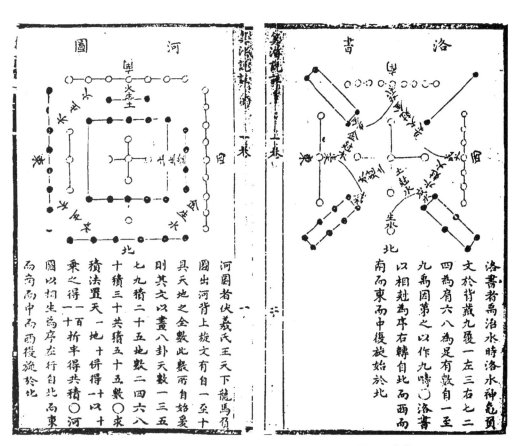

图1 河图
(李长茂《算海说详》)

图2 洛书
(李长茂《算海说详》)

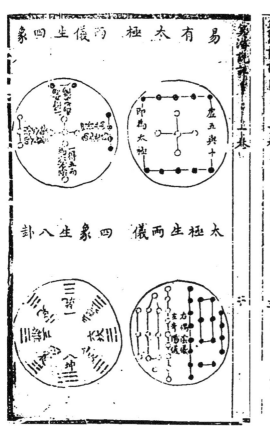

图3 易有太极、太极生两仪、两仪生四象、四象生八卦图
（李长茂《算海说详》）

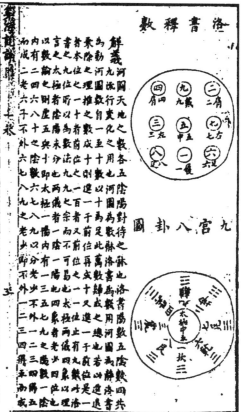

图4 洛书释数图
图5 九宫八卦图
（李长茂《算海说详》）

徐三重

生卒年不详,字伯同,号鸿州,又号崇晦老人,明南直隶华亭(今上海松江)人。万历五年(1577)进士,官至刑部主事,引疾请归,念父老遂致仕,父卒谢病归籍,家居著述四十余年。著有《庸斋日记》八卷、《信古余论》八卷、《牖景录》二卷、《采芹录》四卷、《鸿洲杂著》十八卷、《徐氏家则》一卷、《是斋幽事》一卷、《史记通表》二卷等。现存有《周易》图像十一幅。

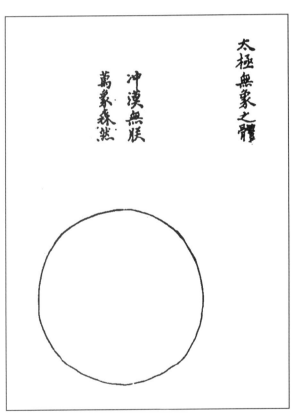

图1　太极无象之体图
（徐三重《信古余论》）

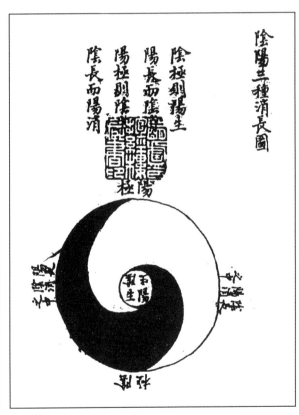

图2　阴阳三种消长图
（徐三重《信古余论》）

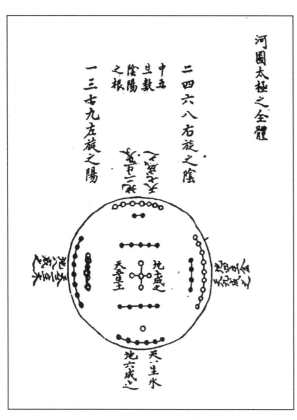

图3　河图太极之全体图
（徐三重《信古余论》）

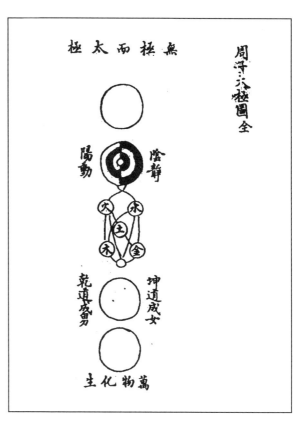

图4　周子太极图
（徐三重《信古余论》）

图5　周子太极阴阳五行图
（徐三重《信古余论》）

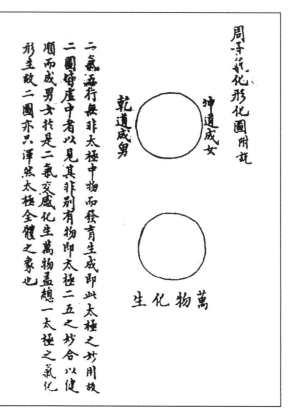

图6　周子气化形化图
（徐三重《信古余论》）

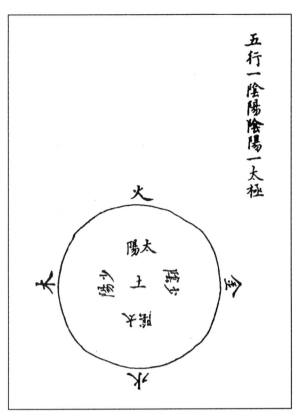

图7 五行一阴阳,阴阳一太极图
（徐三重《信古余论》）

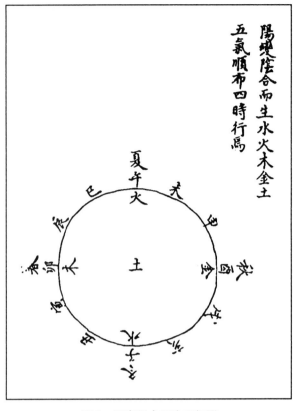

图8 阳变阴合而生五行图
（徐三重《信古余论》）

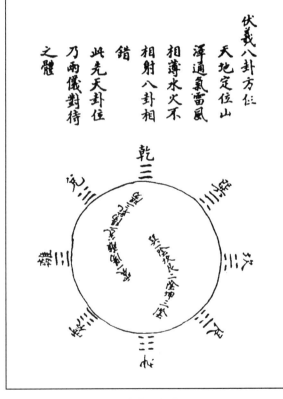

图9 伏羲八卦方位图
（徐三重《信古余论》）

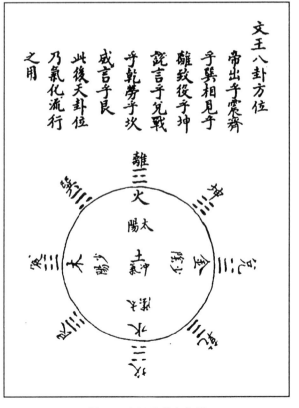

图10 文王八卦方位图
（徐三重《信古余论》）

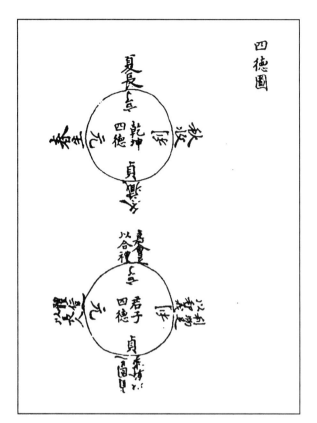

图 11 四德图
(徐三重《信古余论》)

汪邦柱　江柟

汪邦柱,生卒年不详,字如石,明江苏南京人。万历四十七年(1619)年进士,曾任湖广道右参议。精于易学。

江柟,生卒年不详,字楚余,明江苏南京人。万历年间(1573—1620)举人。

两人合著《易经会通》(又名《周易会通》)十二卷。现存有《周易》图像十幅。

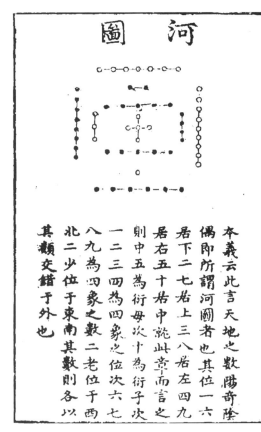

图1　河图
(汪邦柱、江柟《易经会通》)

图2　八卦次序图
(汪邦柱、江柟《易经会通》)

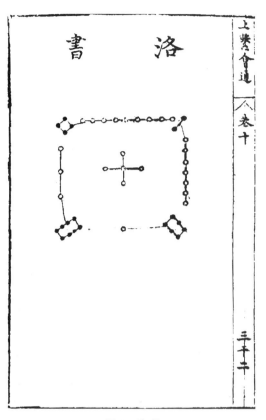

图 3　洛书
（汪邦柱、江桷《易经会通》）

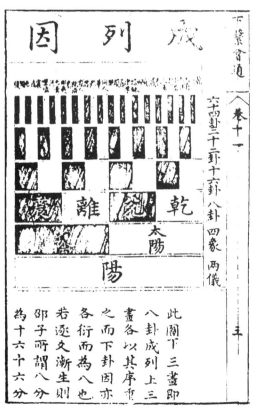
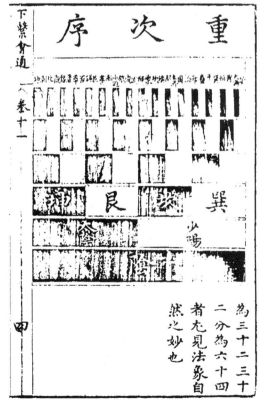

图 4　成列因重次序图
（汪邦柱、江桷《易经会通》）

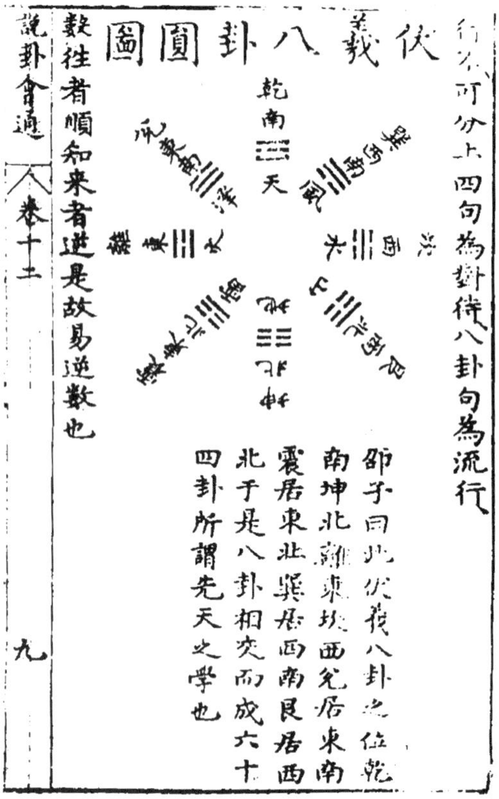

图5 伏羲八卦圆图
（汪邦柱、江柟《易经会通》）

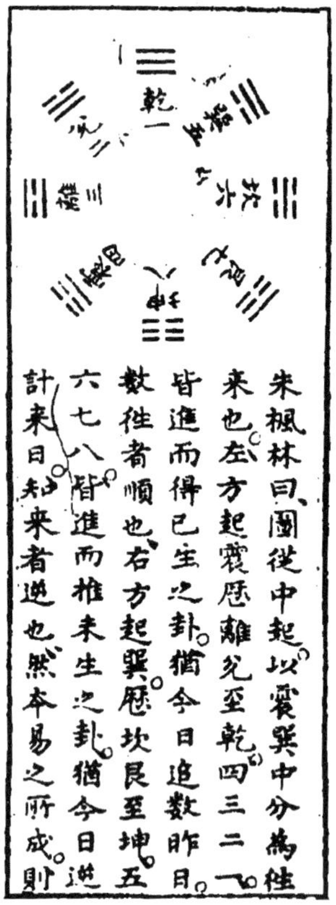

图6 逆数图
（汪邦柱、江柟《易经会通》）

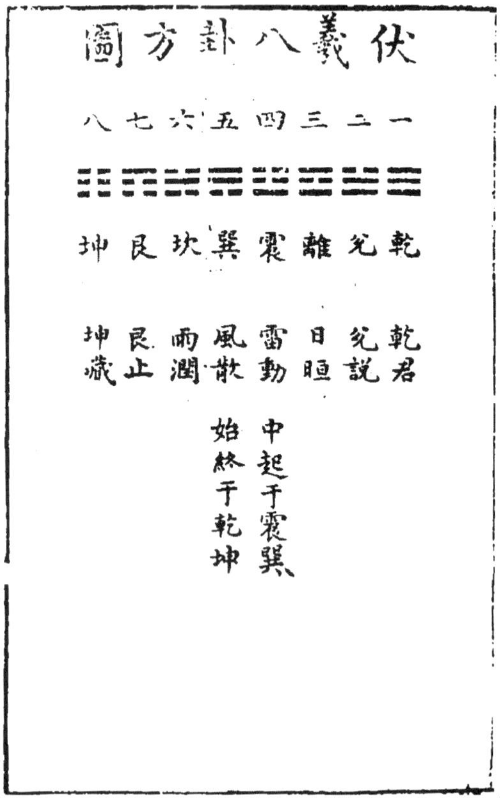

图7 伏羲八卦方图
（汪邦柱、江柟《易经会通》）

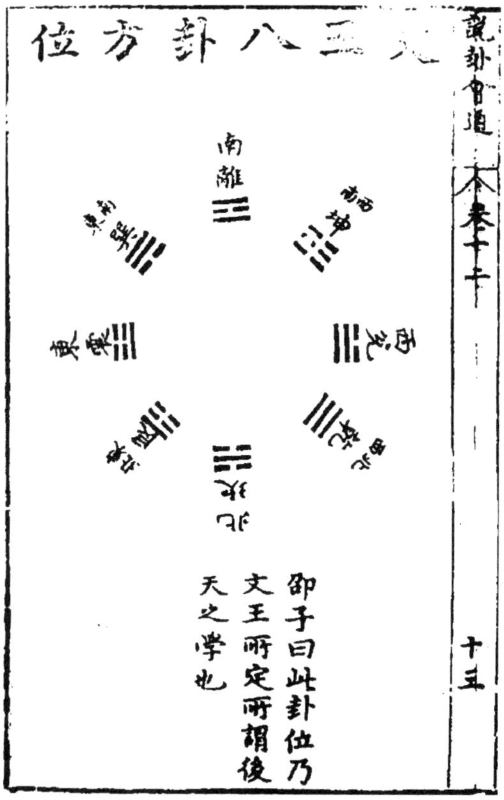

图8 文王八卦方位图
（汪邦柱、江柟《易经会通》）

图9 万物随帝出入图
(汪邦柱、江柟《易经会通》)

图10 文王八卦次序图
(汪邦柱、江柟《易经会通》)

吴惟顺

生卒年不详,字长卿,明四川新都(今四川成都新都区)人。生平事迹无考。辑有《兵镜》二十卷。现存有《周易》图像三幅。

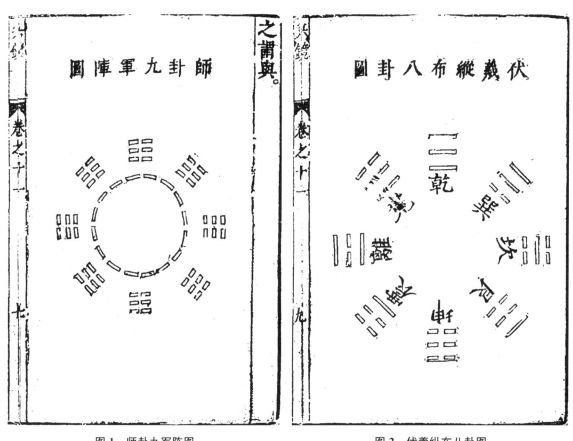

图1　师卦九军阵图
（吴惟顺《兵镜》）

图2　伏羲纵布八卦图
（吴惟顺《兵镜》）

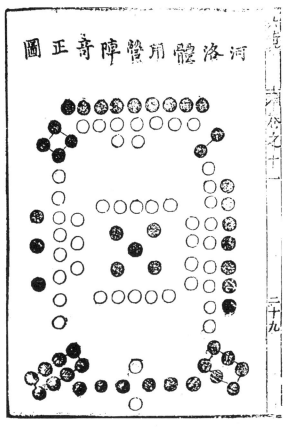

图3 河图体用营阵奇正图
（吴惟顺《兵镜》）

傅文兆

生卒年不详,明江西金溪人。著有《羲经十一翼》五卷。现存有《周易》图像二十九幅。

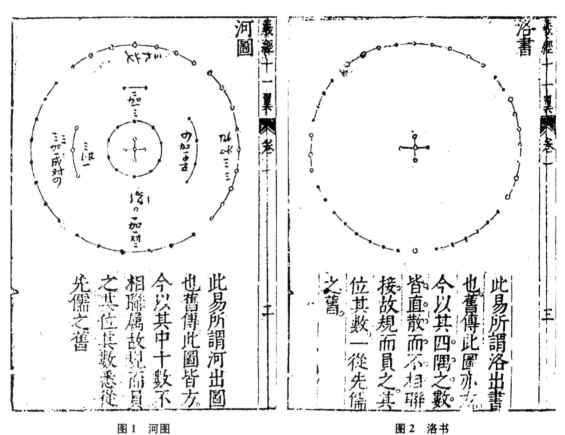

图1 河图
(傅文兆《羲经十一翼》)

图2 洛书
(傅文兆《羲经十一翼》)

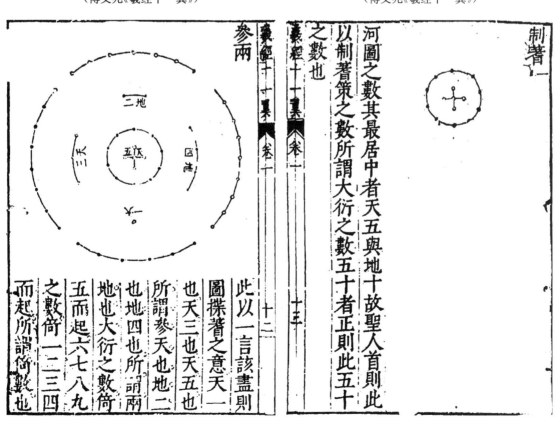

图3 犧画
（傅文兆《義经十一翼》）

图4 大衍图（则河图揲蓍）
（傅文兆《義经十一翼》）

图5 参两图
（傅文兆《義经十一翼》）

图6 制蓍图一
（傅文兆《義经十一翼》）

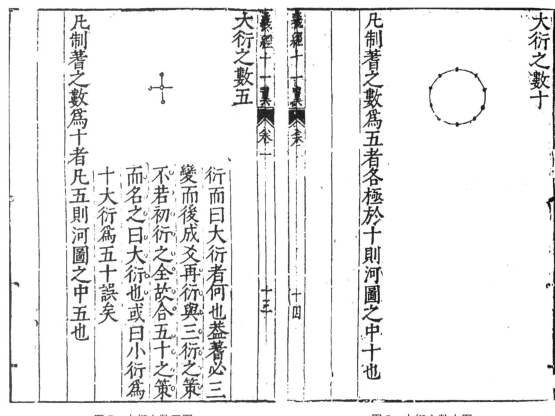

图7　大衍之数五图
（傅文兆《羲经十一翼》）

图8　大衍之数十图
（傅文兆《羲经十一翼》）

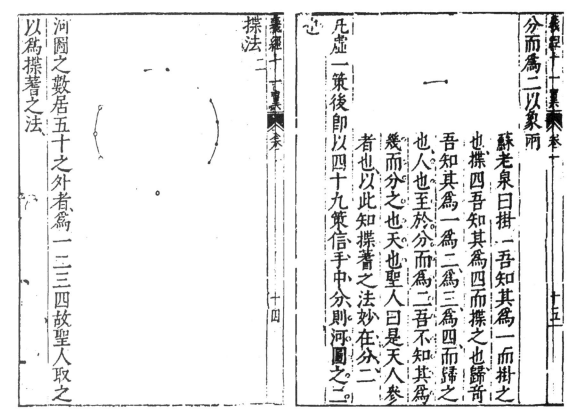

图9　揲法图二
（傅文兆《羲经十一翼》）

图10　分而为二以象两图
（傅文兆《羲经十一翼》）

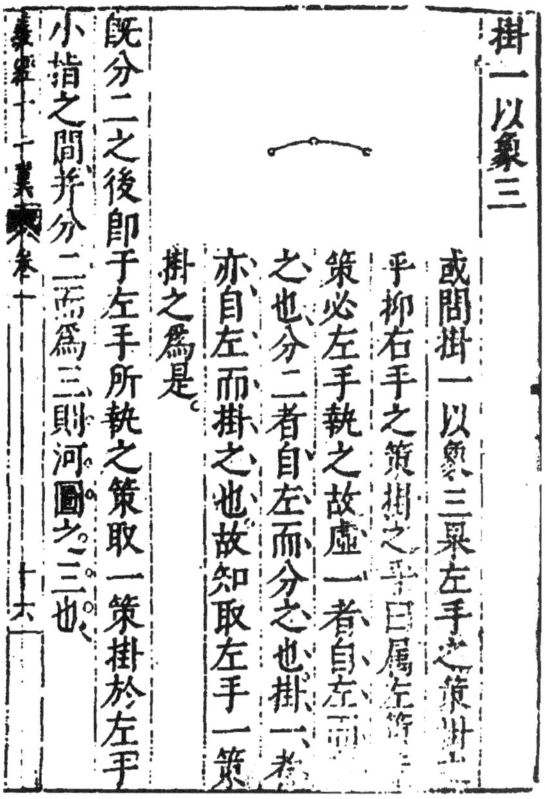

图 11　掛一以象三图
（傅文兆《羲经十一翼》）

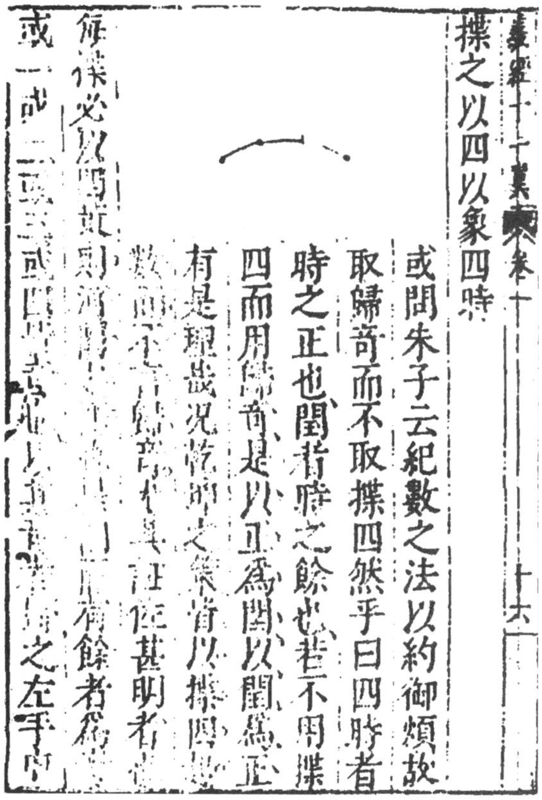

图 12　揲之以四以象四时图
（傅文兆《羲经十一翼》）

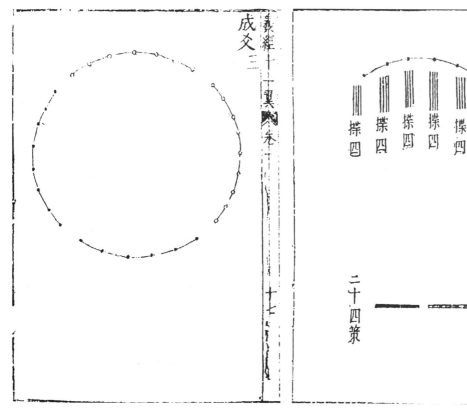

图 13　成爻三图
（傅文兆《羲经十一翼》）

图 14　初六图
（傅文兆《羲经十一翼》）

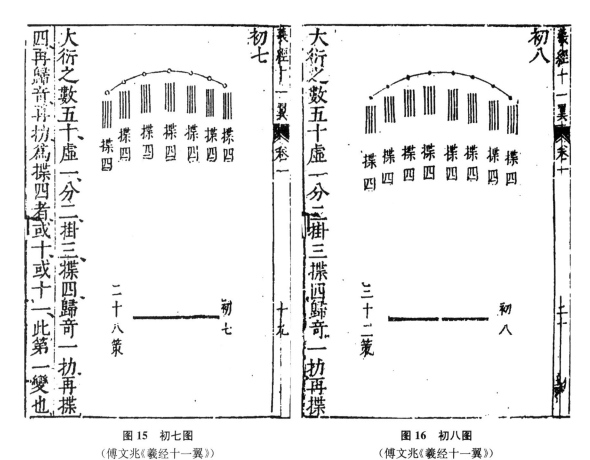

图 15　初七图
（傅文兆《羲经十一翼》）

图 16　初八图
（傅文兆《羲经十一翼》）

图 17　初九图
（傅文兆《羲经十一翼》）

图 18　用九图
（傅文兆《羲经十一翼》）

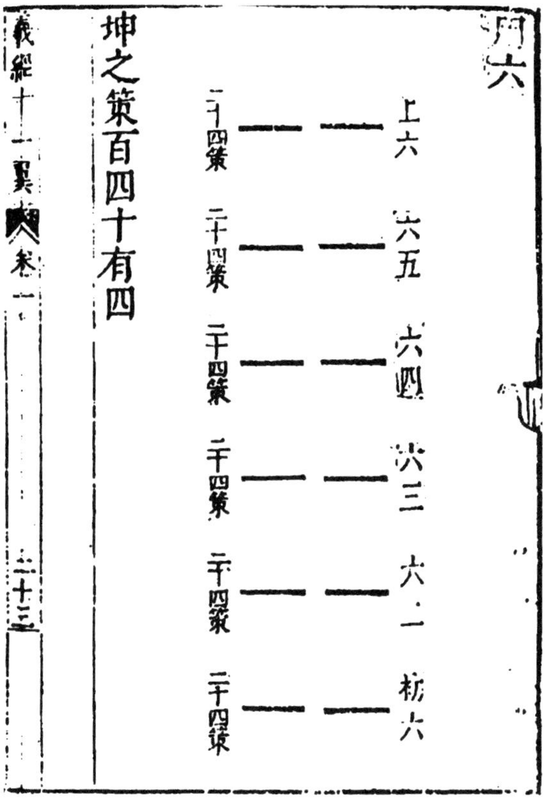

图 19　用六图
（傅文兆《羲经十一翼》）

图 20　洪范图
（傅文兆《羲经十一翼》）

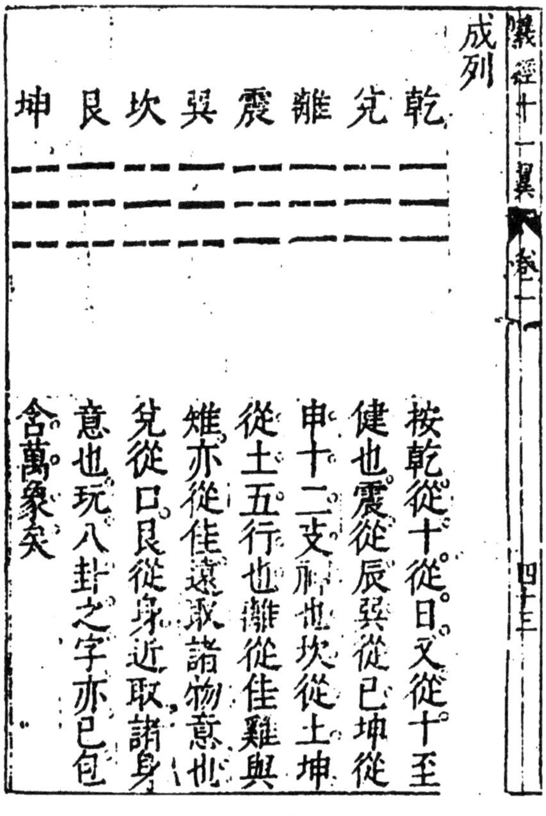

图 21　成列图
（傅文兆《羲经十一翼》）

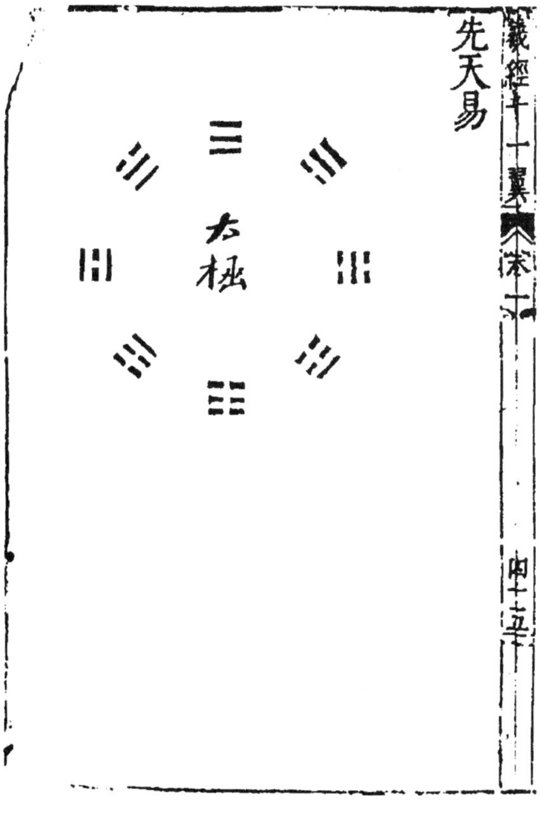

图 22　先天易图
（傅文兆《羲经十一翼》）

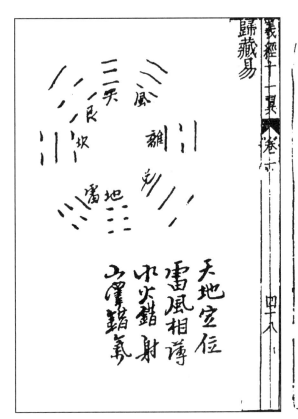

图 23 归藏易图
(傅文兆《羲经十一翼》)

图 24 连山易图
(傅文兆《羲经十一翼》)

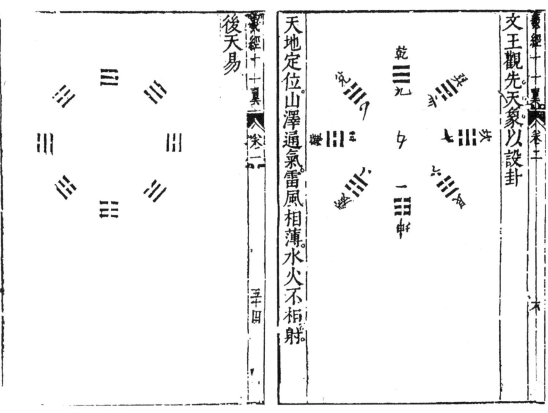

图 25 后天易图
(傅文兆《羲经十一翼》)

图 26 文王观先天象以设卦图
(傅文兆《羲经十一翼》)

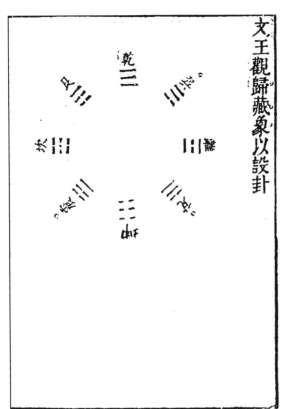

图 27　文王观归藏象以设卦图
（傅文兆《羲经十一翼》）

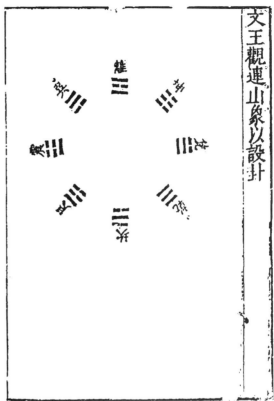

图 28　文王观连山象以设卦图
（傅文兆《羲经十一翼》）

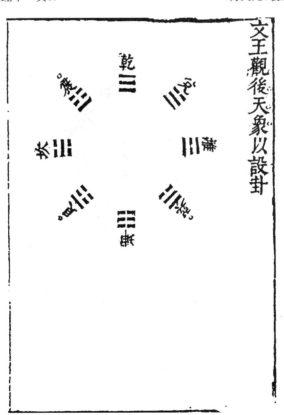

图 29　文王观后天象以设卦图
（傅文兆《羲经十一翼》）

程君房(1541—?)

字大约,以字行,又字幼博,号筱野,明南直隶歙县(今安徽歙县)人。精于制墨,其墨光洁细腻,款式花纹变化多端,深得文人士大夫喜爱。所著《程氏墨苑》,列墨品六部,约500余式,其中所收的墨名,如"天老对庭""清辉照海月""归马牧牛"等沿用至今。著有《幼博集》。现存有《周易》图像二十三幅。

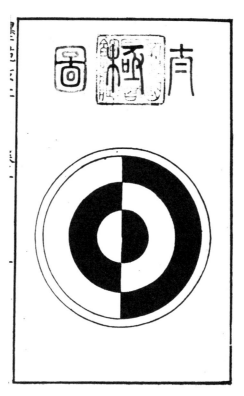

图1 太极图
(程君房《程氏墨苑》)

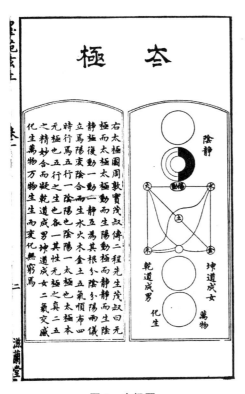

图 2 太极图
（程君房《程氏墨苑》）

图 3 根阴根阳图
（程君房《程氏墨苑》）

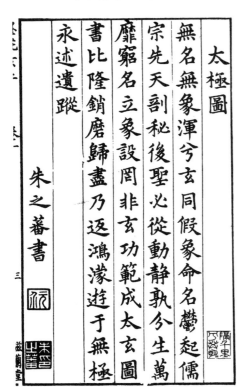

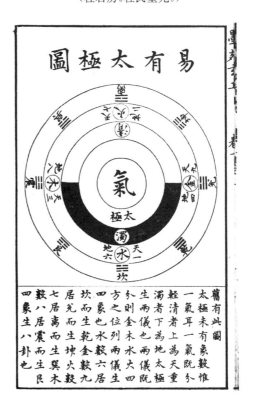

图 4 易有太极图
（程君房《程氏墨苑》）

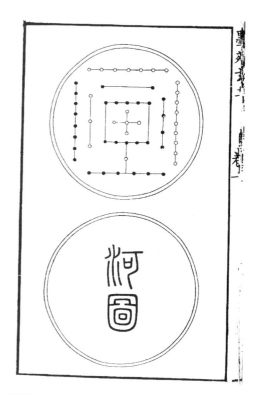

图5　河图
（程君房《程氏墨苑》）

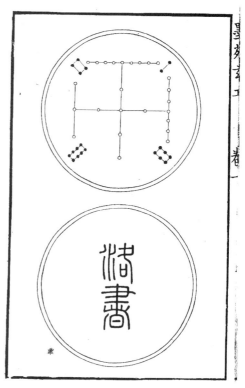

图6　洛书
（程君房《程氏墨苑》）

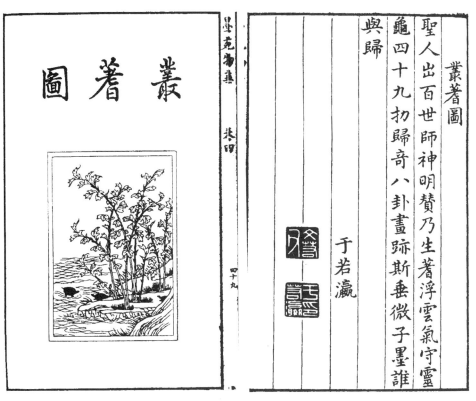

图7 丛蓍图
（程君房《程氏墨苑》）

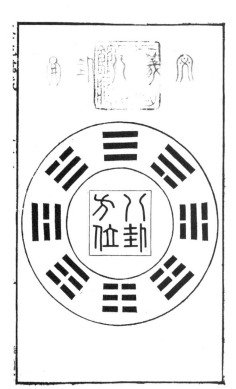

图8 伏羲八卦方位图
（程君房《程氏墨苑》）

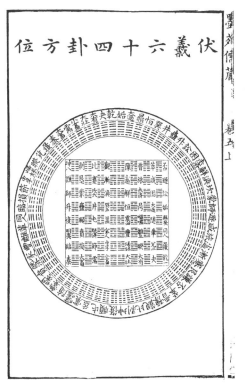

图9 伏羲六十四卦方位图
（程君房《程氏墨苑》）

龍行雨施
龍德正中當位以時乘彼玄雲
栙墨之池天下文明普乃德施
呼嗟乎龍兮
句吳顧秉謙題

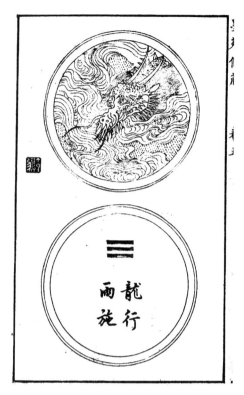

图 10　乾卦图
（程君房《程氏墨苑》）

牝馬之貞
我馬調良行地無疆得神
忘象牝牡驪黄玄素玄靜
動剛德方維玄維漢闓然
曰章
常道主

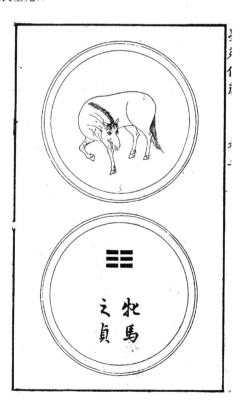

图 11　坤卦图
（程君房《程氏墨苑》）

图 12 离卦图
（程君房《程氏墨苑》）

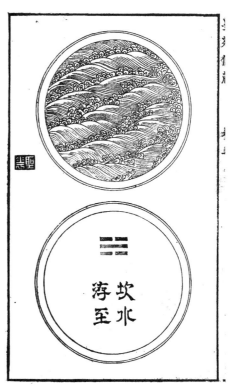

图 13 坎卦图
（程君房《程氏墨苑》）

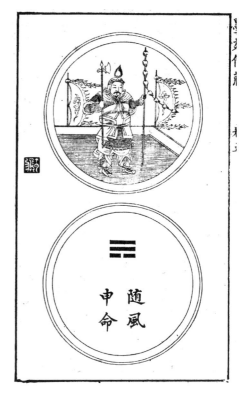

图 14　巽卦图
（程君房《程氏墨苑》）

巽

自青蘋之末而生者帝宣其结也极
万窍怒号而成者以遍万国也熏兮
其解愠者
九五之泽也嗟世其永宝之见者必
作也

澹园焦竑

图 15　震卦图
（程君房《程氏墨苑》）

古乐府咏游雷主器

水马年玄克来词臣献颂挨天才春雷游震
秋蟠开帝降元子骅颜回宗庙重罢何康弑
百拜誓首臣不敢起穆穆渊衷匪诚曷以黄
流在中粢盛止玄之又玄作天地始

陈之龙

兼山艮

晉之解艮者曰所以為梔者為輔也所以為防者為水也為興為梔為山為防斯近於固而不可行然則虞翻所云撓其三以飲臣臣气盡吞之者其程氏之糜也耶

湯賓尹書

图 16 艮卦图
（程君房《程氏墨苑》）

兌

天一气地兩澤疇象之曰友德用則共翊文明舍則相守以黙

潛園焦竑

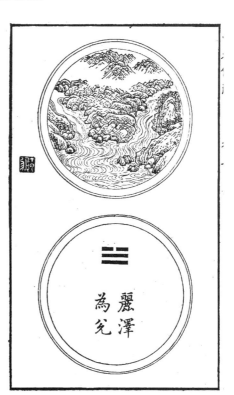

图 17 兑卦图
（程君房《程氏墨苑》）

解退頌

維墨維墨辨別白黑吉凶厥德爰分淑慝竺
乾儒墨翰墨垂則僉壬貪墨刑墨閒忒植茲
正直杜彼蟊賊竹挺勁節正色山立蘭茁幽
谷薦香上國荊榛叢棘投畀屛熄贄我
明辟助乃黜陟泉或可塞石將孔泚汗簡靡
逸揭如皎日

金陵朱之蕃書

图 18 解卦图
（程君房《程氏墨苑》）

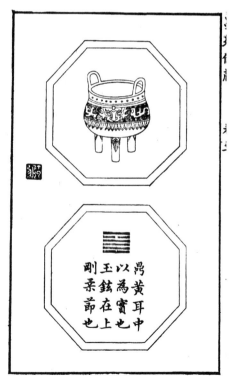

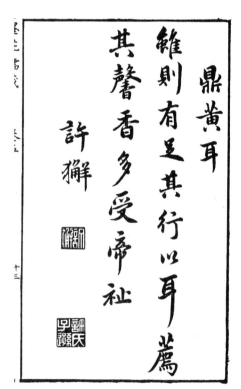

鼎黃耳

雖則有足其行以耳薦
其馨香多受帝祉

許獬

图 19 鼎卦图
（程君房《程氏墨苑》）

图20 渐卦图
（程君房《程氏墨苑》）

鸿渐羽仪

冥冥者鸿渐于烟霄希字
横空于何可指摹以子墨
羽仪清朝
天水赵世显

鸿渐于
陆其羽
可用为
仪

图21 中孚卦图
（程君房《程氏墨苑》）

鸣鹤在阴

仙人鲁控王子乔鸾皇接翼同孤高蕙
帐绕空出吴市千里一举凌丹霄网罗
却咲余声阎延伫皆埤犹得性孤鸣夜
半声更奇独舞霜前色逾净欲谓云中
似邶原不向林间饲支道主人驯养多
岁年就新去故仍留连声益翼欣省

鸣鹤在
阴其子
和之

图22 革卦图
（程君房《程氏墨苑》）

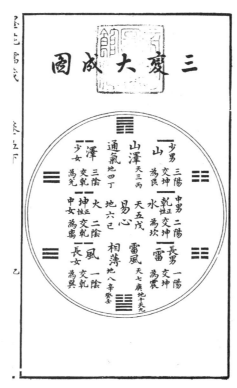

图23 三变大成图
（程君房《程氏墨苑》）

李修吉

生卒年不详,字允敬,明陕西同州(今陕西大荔)人。万历十四年(1586)进士,任户部主事。著有《理学迩言》二卷。现存有《周易》图像六幅。

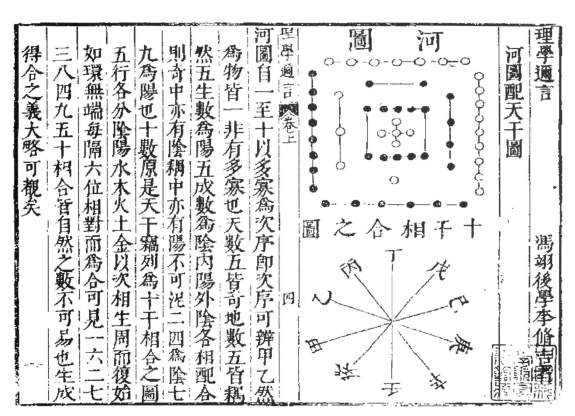

图1　河图配天干图
(李修吉《理学迩言》)

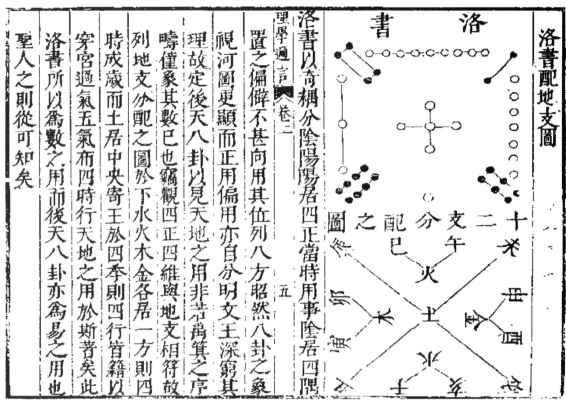

图 2　洛书配地支图
（李修吉《理学迩言》）

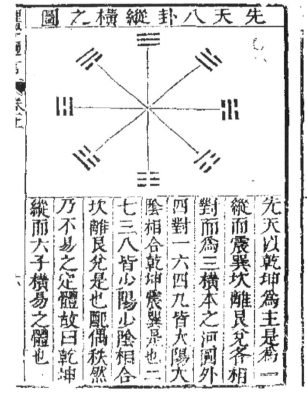

图 3　先天八卦纵横之图
（李修吉《理学迩言》）

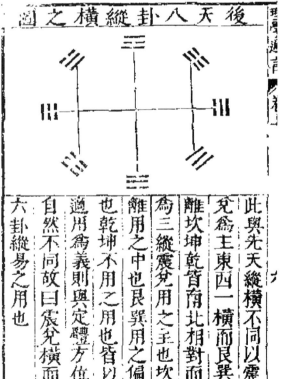

图 4　后天八卦纵横之图
（李修吉《理学迩言》）

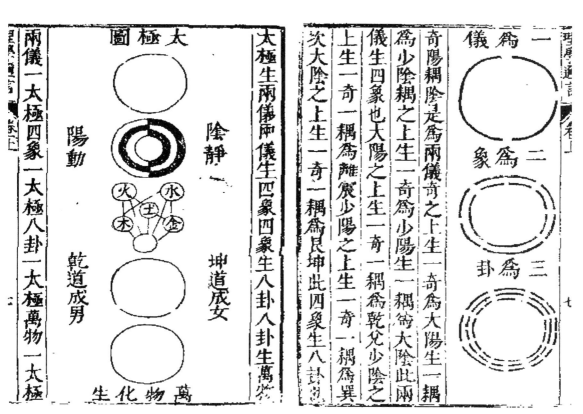

图5 太极图
（李修吉《理学迩言》）

图6 两仪四象八卦图
（李修吉《理学迩言》）

乔中和

生卒年不详,字还一,明直隶内丘(今河北内丘)人。万历二十六年(1598)拔贡,任垣曲知县。崇祯时,官太原府通判。归乡后,隐居石屋"乔家洞",以著述为事。著有《说易》十二卷、《图书衍》五卷、《大易通变》四卷、《说畴》一卷、《元韵谱》、《阴符经注》等。现存有《周易》图像二十六幅。

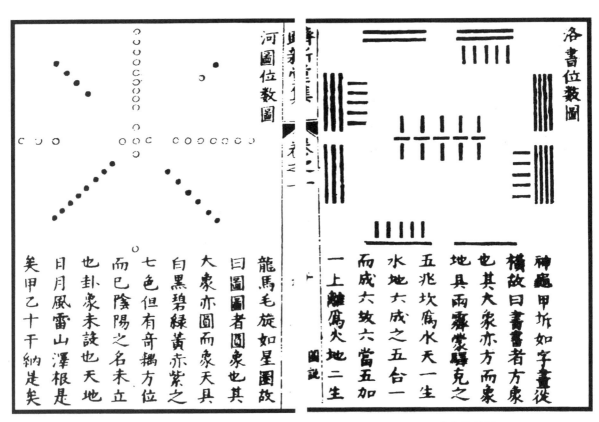

图1 河图位数图
(乔中和《说易》)

图2 洛书位数图
(乔中和《说易》)

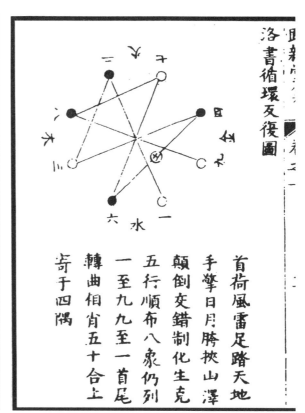

图3 河图循环反复图
（乔中和《说易》）

图4 洛书循环反复图
（乔中和《说易》）

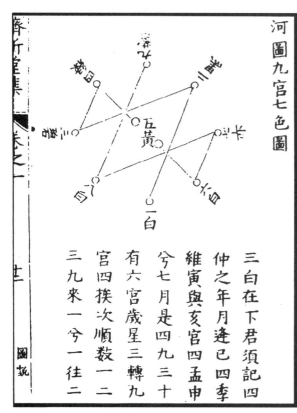

图5 河图九宫七色图
（乔中和《说易》）

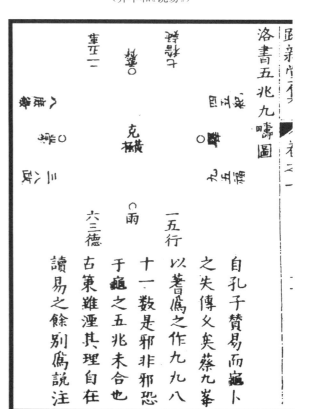

图6 洛书五兆九畴图
（乔中和《说易》）

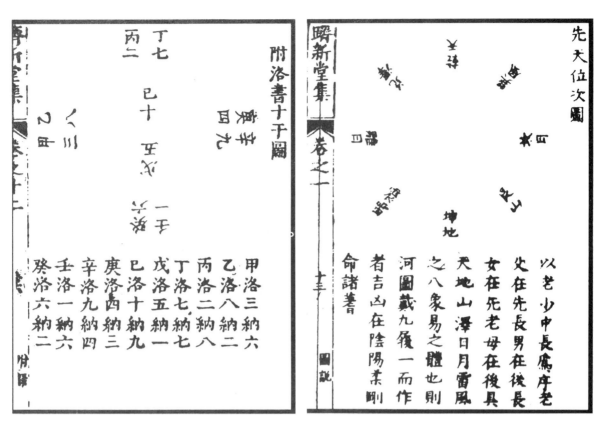

图7 洛书十干图
（乔中和《说易》）

图8 先天位次图
（乔中和《说易》）

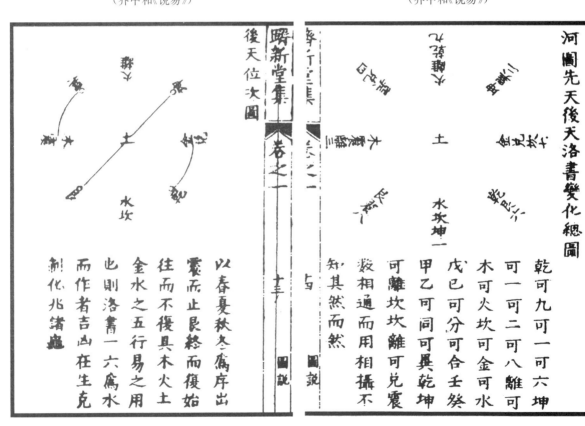

图9 后天位次图
（乔中和《说易》）

图10 河图先天后天洛书变化总图
（乔中和《说易》）

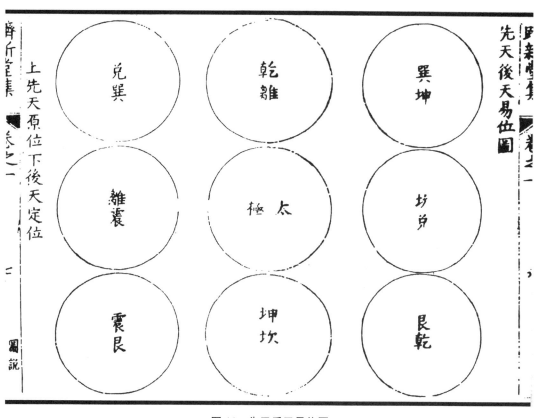

图 11　先天后天易位图
（乔中和《说易》）

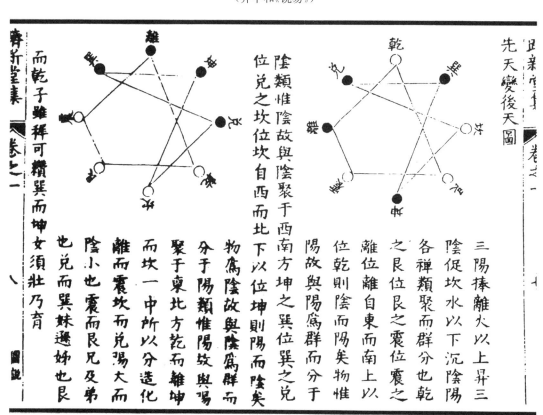

图 12　先天变后天图
（乔中和《说易》）

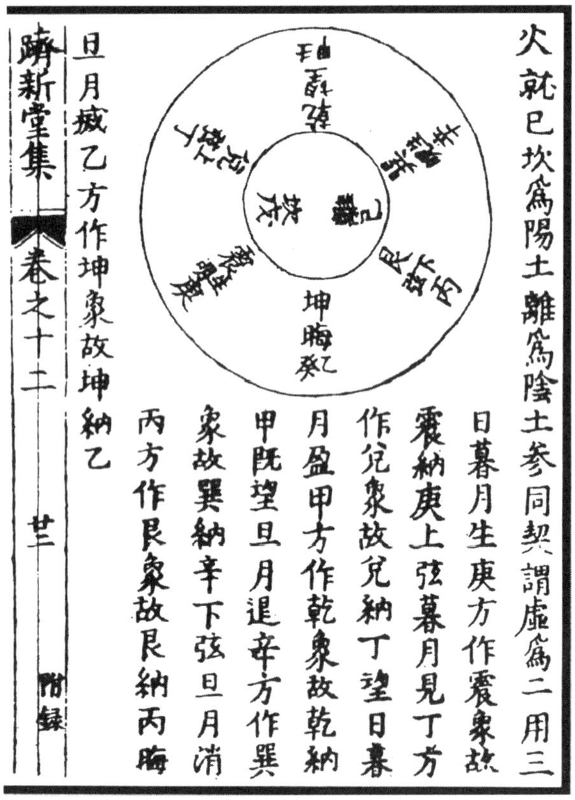

图 13　古纳甲图
（乔中和《说易》）

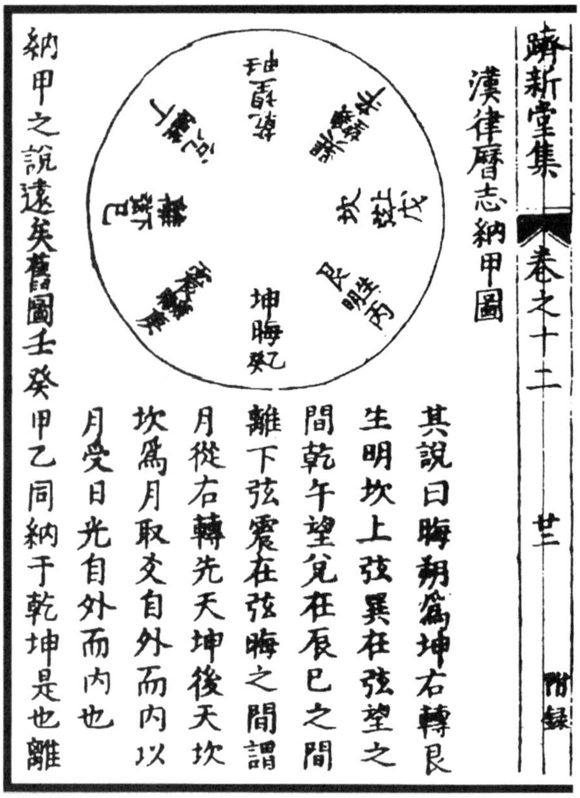

图 14　汉律历志纳甲图
（乔中和《说易》）

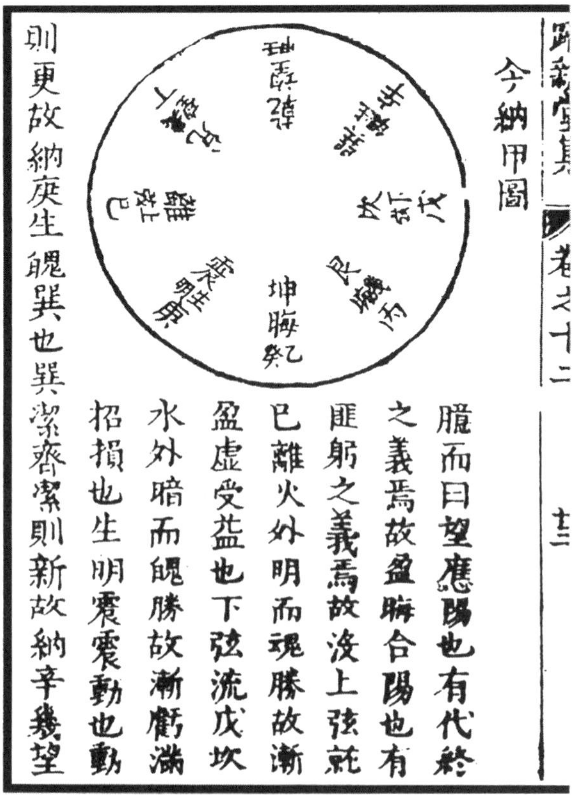

图 15　今纳甲图
（乔中和《说易》）

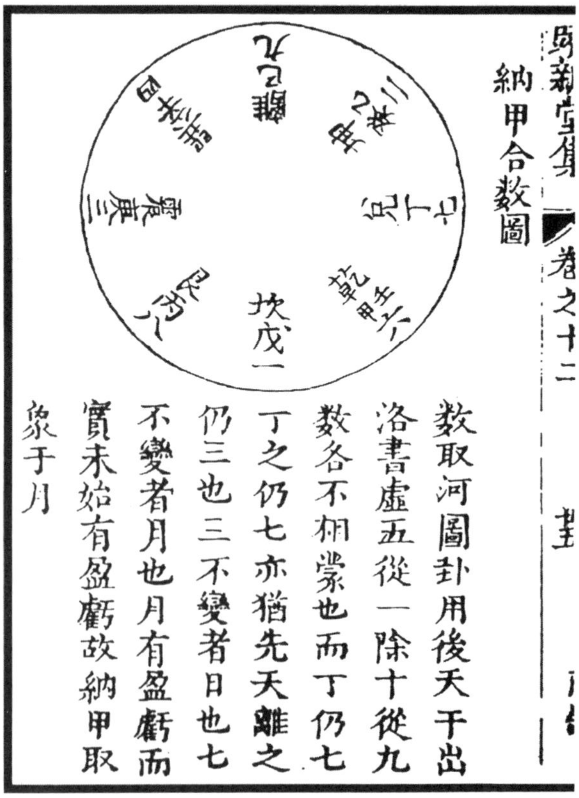

图 16　纳甲合数图
（乔中和《说易》）

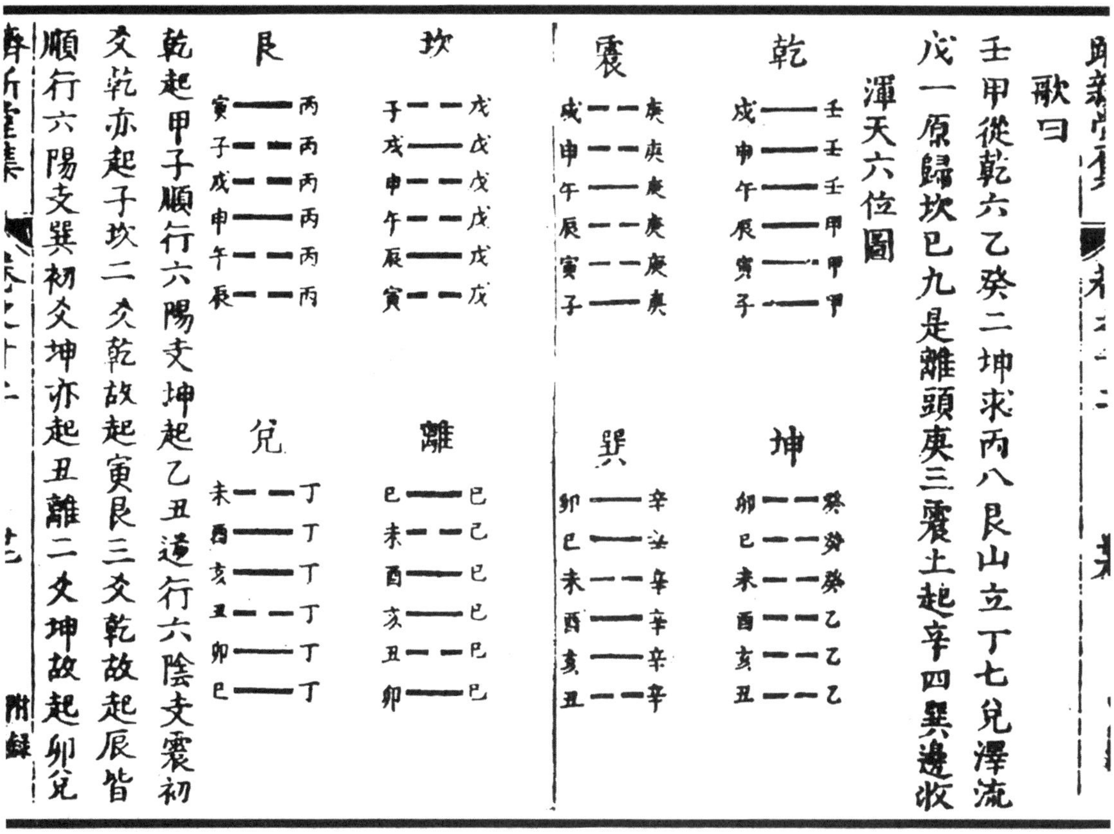

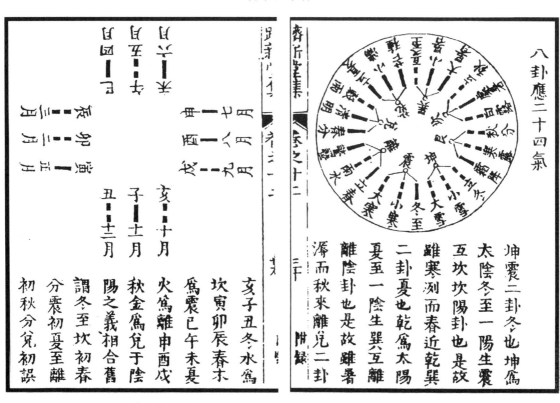

图 17 浑天六位图
（乔中和《说易》）

图 18 四卦配十二月图
（乔中和《说易》）

图 19 八卦应二十四气图
（乔中和《说易》）

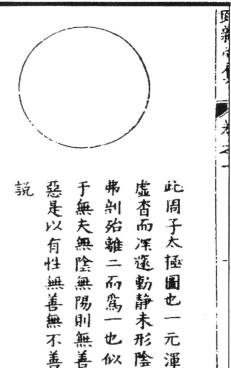

图 21 周子太极图
（乔中和《说易》）

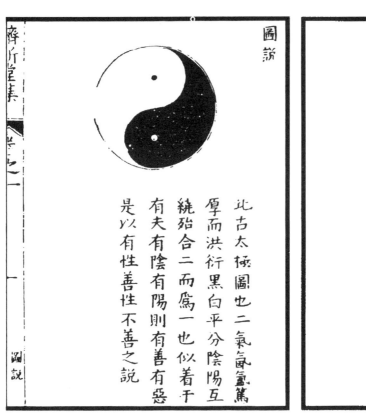

图 20 古太极图
（乔中和《说易》）

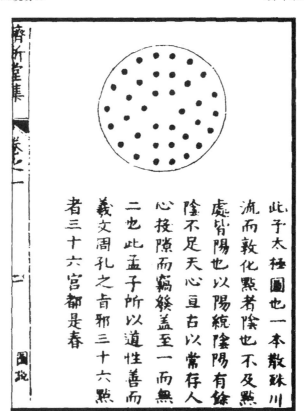

图 22 乔中和太极图
（乔中和《说易》）

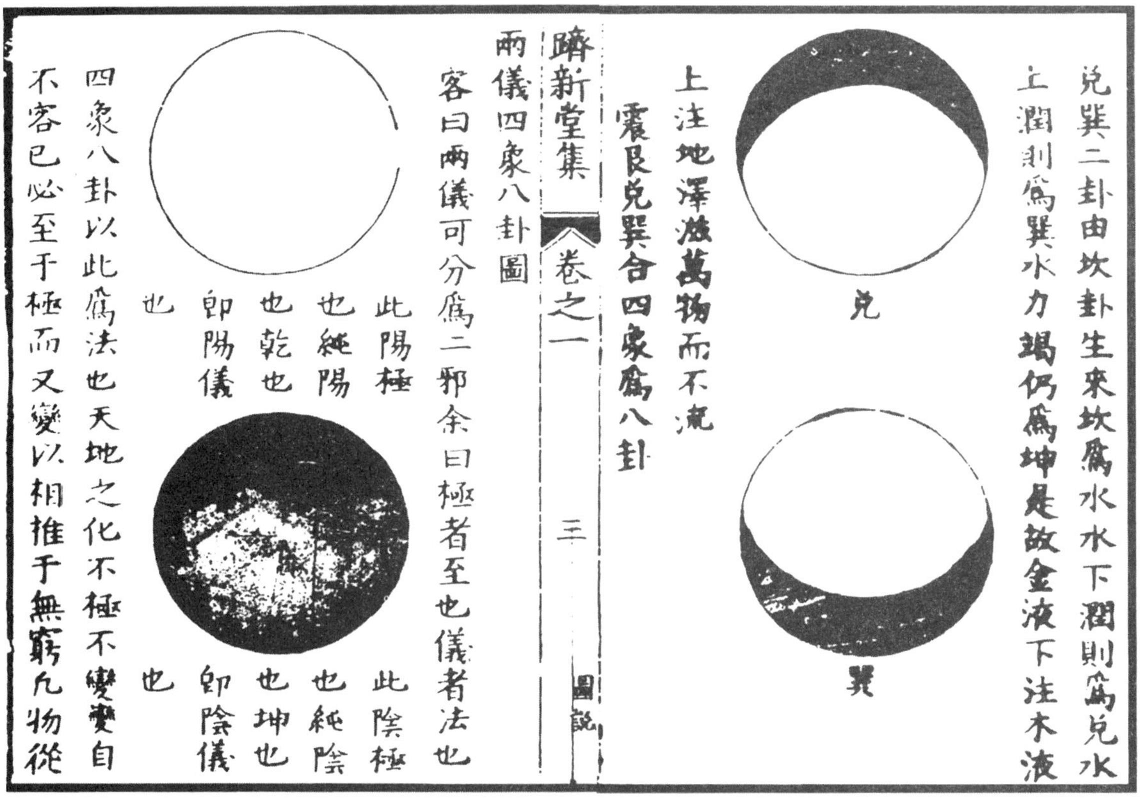

图 23-1 两仪四象八卦图
（乔中和《说易》）

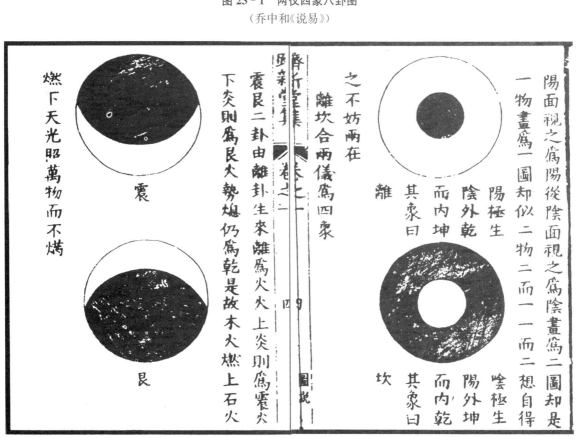

图 23-2 两仪四象八卦图
（乔中和《说易》）

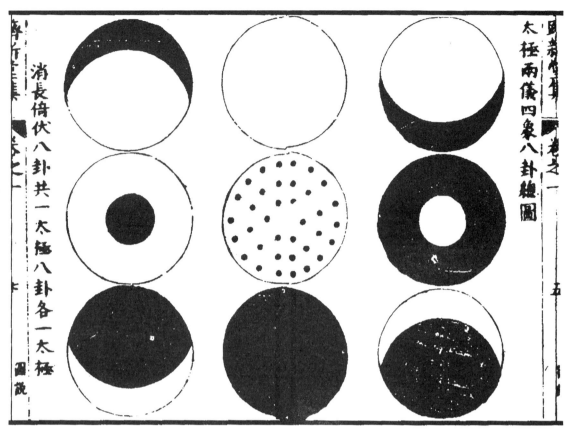

图 24　太极两仪四象八卦总图
（乔中和《说易》）

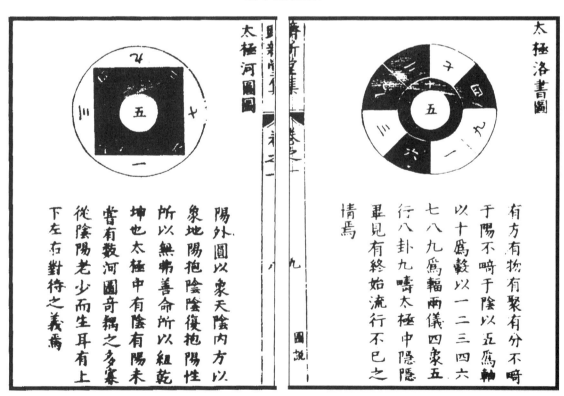

图 25　太极河图图　　　　　　　图 26　太极洛书图
（乔中和《说易》）　　　　　　　（乔中和《说易》）

胡献忠

生卒年不详,自号六六道人,明南直隶婺源(今江西婺源)人。著有《大统皇历经世》三卷,辑有《天文秘略说》一卷等。现存有《周易》图像四幅。

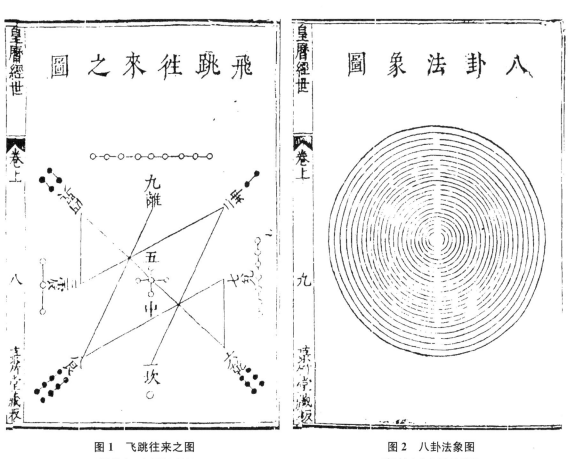

图1　飞跳往来之图
（胡献忠《皇历经世》）

图2　八卦法象图
（胡献忠《皇历经世》）

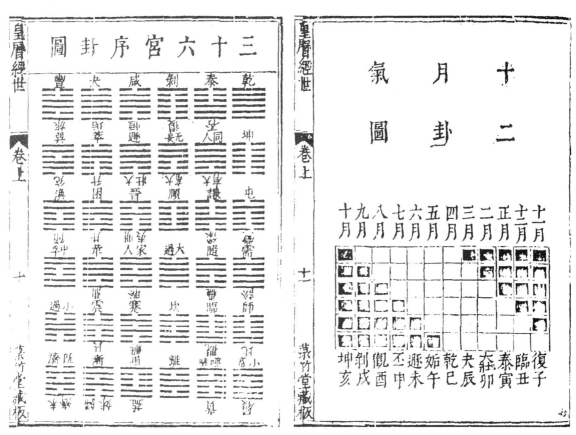

图3 三十六宫序卦图
（胡献忠《皇历经世》）

图4 十二月卦气图
（胡献忠《皇历经世》）

马莳

生卒年不详,字仲化,又字玄台,明浙江会稽(今浙江绍兴)人。曾任太医院正文,擅长针灸,撰成历史上第一部《黄帝内经》全注本《黄帝内经素问注证发微》九卷、《黄帝内经灵枢注证发微》九卷。现存有《周易》图像一幅。

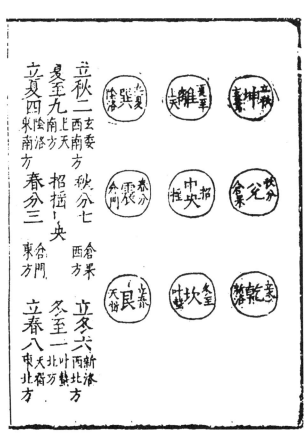

图1 九宫八风图
(马莳《黄帝内经灵枢注证发微》)

方于鲁

生卒年不详,本名大澂,以字行,后改字建元,明南直隶歙县(今安徽歙县)人。制墨有独创,为明代制墨业"歙派"代表人物。著有《方氏墨谱》六卷,列墨三百八十五式,计分国宝、国华、博古、博物、法宝、洪宝六类。墨谱为墨范的标本,绘刻极精工。《四家藏墨图录》著录有《文彩双鸳鸯》《五岳藏书》等墨。制作优美精致,上有"方于鲁制"等铭文。现存有《周易》图像四幅。

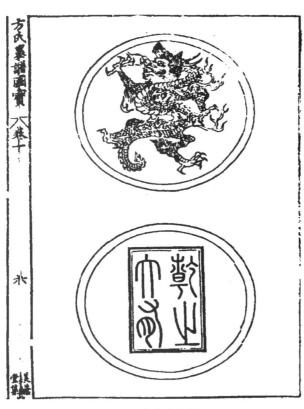

图1 乾之大有图
(方于鲁《方氏墨谱》)

图2 乾之同人图
(方于鲁《方氏墨谱》)

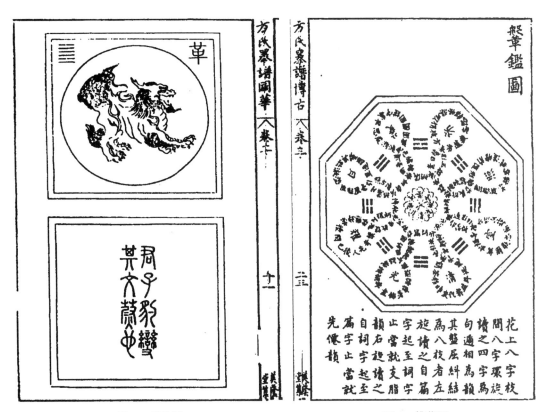

图3 革卦图　　　　　　　　图4 鏊鉴图
（方于鲁《方氏墨谱》）　　（方于鲁《方氏墨谱》）

涵蟾子

生卒年不详,号紫霞山人。生平无考。辑有《金丹正理大全诸真玄奥集成》九卷。现存有《周易》图像十一幅。

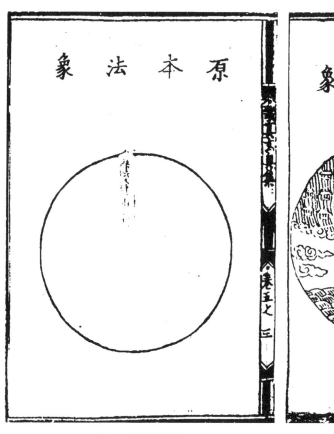

图1 原本法象图
(涵蟾子辑《金丹正理大全诸真玄奥集成》)

图2 乾坤法象图
(涵蟾子辑《金丹正理大全诸真玄奥集成》)

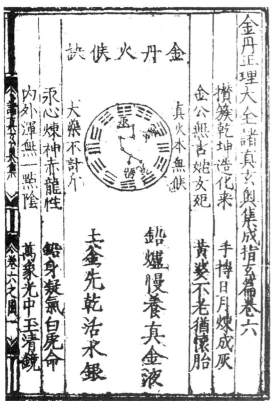

图3 金丹火候诀图
（涵蟾子辑《金丹正理大全诸真玄奥集成》）

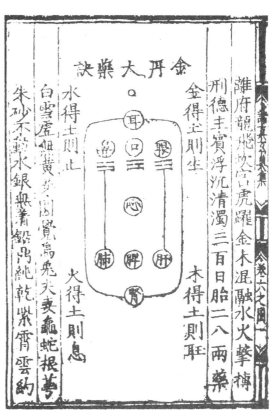

图4 金丹大药诀图
（涵蟾子辑《金丹正理大全诸真玄奥集成》）

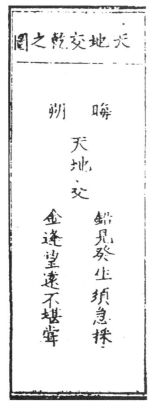

图5 天地交乾之图
（涵蟾子辑《金丹正理大全诸真玄奥集成》）

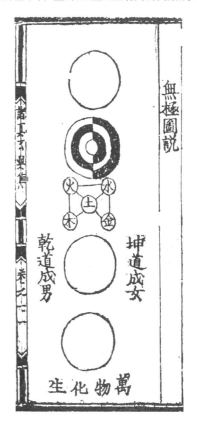

图6 无极图说
（涵蟾子辑《金丹正理大全诸真玄奥集成》）

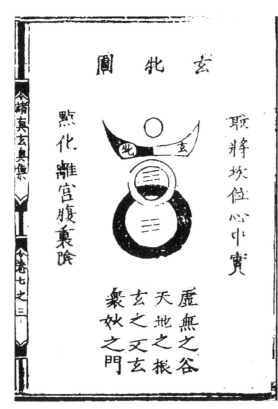

图7 玄牝图
（涵蟾子辑《金丹正理大全诸真玄奥集成》）

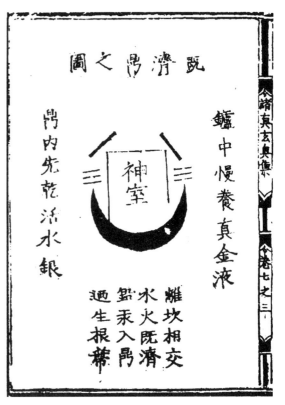

图8 既济鼎之图
（涵蟾子辑《金丹正理大全诸真玄奥集成》）

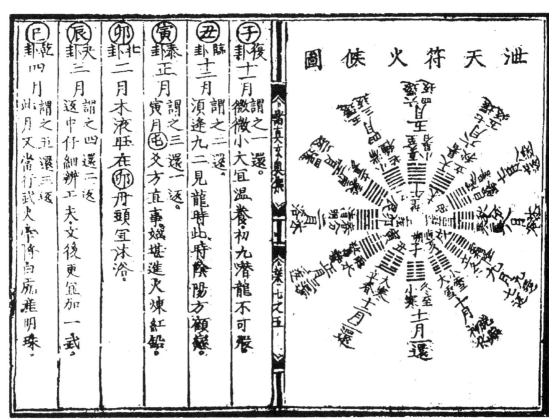

图9 泄天符火候图
（涵蟾子辑《金丹正理大全诸真玄奥集成》）

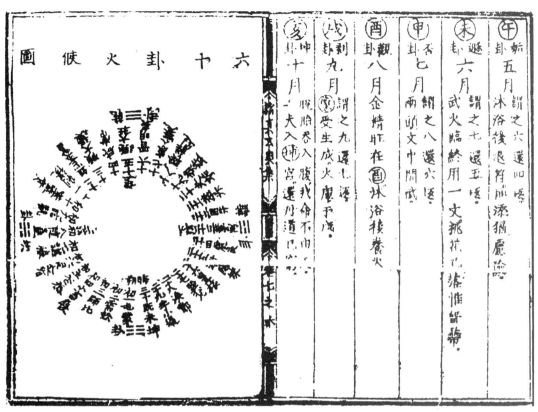

图10　六十卦火候图
（涵蟾子辑《金丹正理大全诸真玄奥集成》）

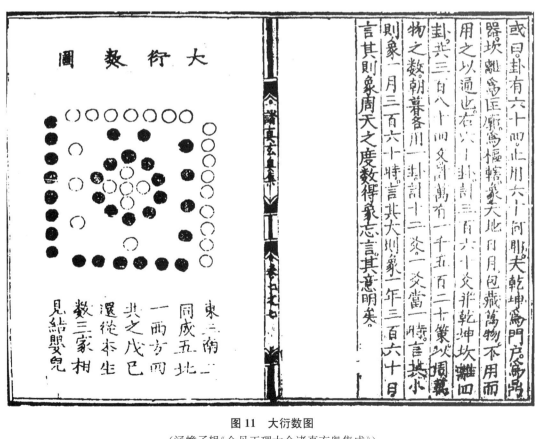

图11　大衍数图
（涵蟾子辑《金丹正理大全诸真玄奥集成》）

王鸣鹤

生卒年不详,字羽卿,明南直隶山阳(今江苏淮安)人。万历十四年(1586)武进士,授淮安卫指挥同知,升胡广郧襄守备,平定郧县军变有功,晋升湖广行部司佥事,升陕西游击,累官至五军营左副将,广西总兵,骠骑大将军,南京右府都督佥事。著有《登坛必究》四十卷、《跕远集》四卷、《平黎纪事》一卷、《火攻答》等。现存有《周易》图像二幅。

图1 师卦九军阵图
(王鸣鹤《登坛必究》)

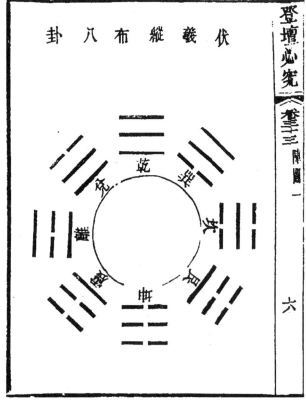

图2 伏羲纵布八卦图
(王鸣鹤《登坛必究》)

张元蒙

生卒年不详,字叔正,号屏野,明南直隶太仓州(今江苏太仓)人。师从陆寰,与著名文士王世贞为同学。著有《读易纂》五卷、《经书解》等。现存有《周易》图像一幅。

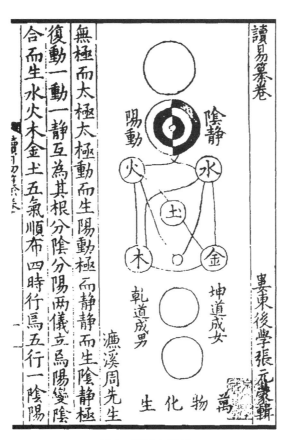

图1 周氏太极图
(张元蒙《读易纂》)

刘宗周（1578—1645）

字起东，号念台，又号克念子，明山阴（今浙江绍兴）人。因讲学于山阴蕺山，学者称"蕺山先生"。万历二十九年（1601）进士，历官礼部主事、右通政、顺天府尹、工部侍郎，至左都御史。南京破后，绝食而死。著有《周易古文钞》三卷、《读易图说》一卷、《刘蕺山集》十七卷等。现存有《周易》图像二幅。

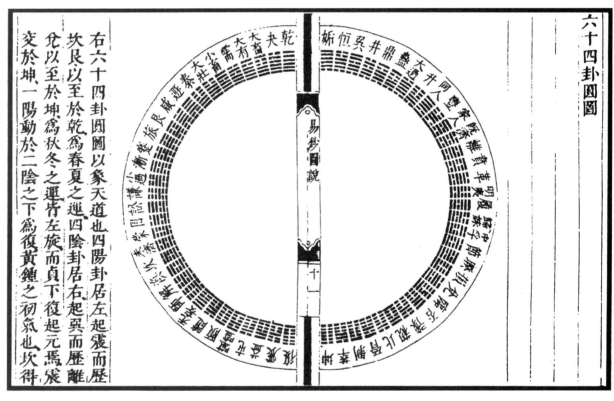

图1　六十四卦圆图
（刘宗周《易钞图说》）

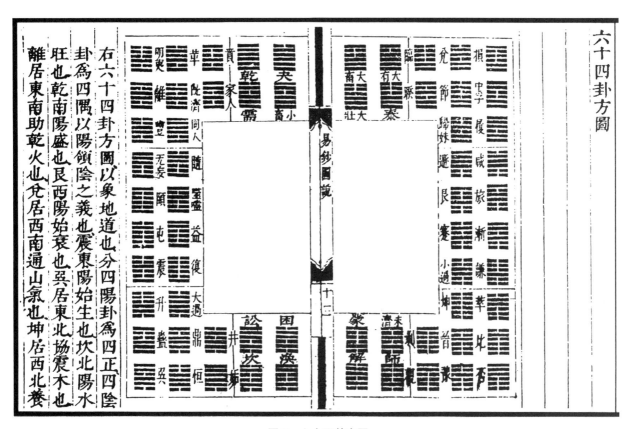

图 2 六十四卦方图
（刘宗周《易钞图说》）

释元贤(1578—1657)

法字永觉，俗姓蔡，名懋德，明福建建阳人。宋儒蔡元定十四世孙。二十五岁始问佛法，四十岁出家，曹洞宗禅师，无明慧经禅师法嗣。著有《补灯录》《继灯录》《开元寺志》等，后人编有《永觉禅师广录》三十卷。现存有《周易》图像一幅。

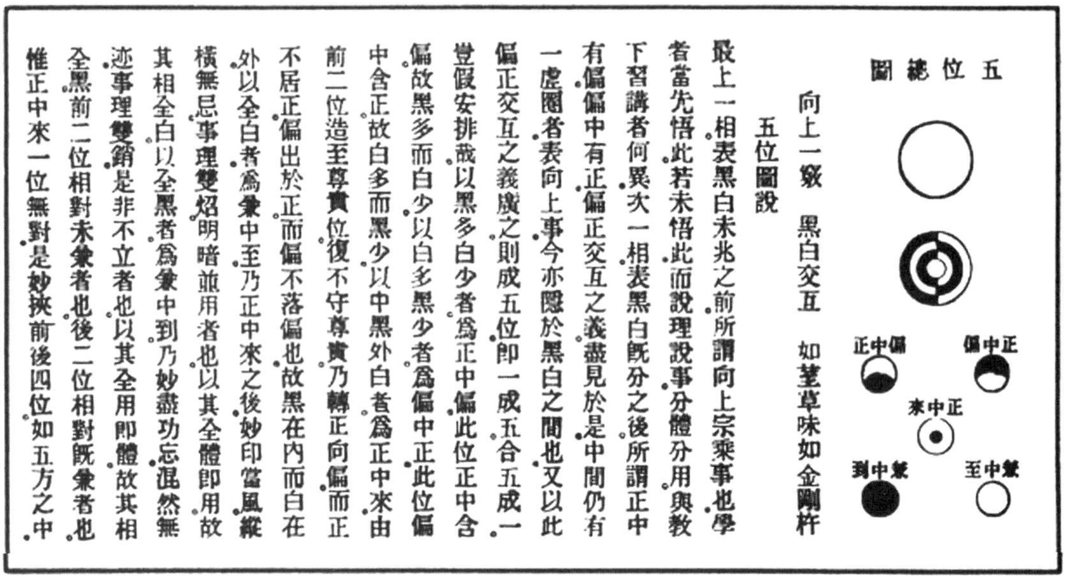

向上一竅　黑白交互　如荎草味如金剛杵

五位圖說

最上一相表黑白未兆之前所謂向上宗乘事也學者當先悟此若未悟此而說理說事分體分用與教下習講者何異次一相表黑白既分之後所謂正中有偏偏中有正偏正交互之義盡見於是中間仍有一虛圈者表向上事今亦隱於黑白之間也又以此偏正交互之義廣之則成五位卽一成五合五成一豈假安排哉以黑多白少者爲正中偏此位正中含偏故黑多而白少以白多黑少者爲偏中正此位偏中含正故白多而黑少以中黑外白者爲正中來由前二位造至尊貴位復不守尊貴乃轉正向偏而正不居正偏出於正而偏不落偏也故黑在內而白在外以全白者爲兼中至乃正中來之後妙印當風縱橫無忌事理雙炤明暗並用者也以其全體卽用故其相全白以全黑者爲兼中到乃妙盡功忘混然無迹事理雙銷是非不立者也以其全用卽體故其相全黑前二位相對未兼者也後二位相對既兼者也惟正中來一位無對是妙挾前後四位如五方之中

一四三七　永覺元賢禪師廣錄卷二十七

图 1　五位总图

(元贤《洞上古彻》)

林迈佳(1584—1665)

字子笃,别号遂一,又称龙山野人,学者称其"道訾先生""抱环先生""一庵(凝庵)子",明福建诏安人。家学蔚然,潜心力学。万历四十四年(1616)与黄道周同为庠生,四十六年同入闽闱,落归,不再应试,终身研《易》,以善观天象名。著有《环中一贯图》四卷。现存有《周易》图像四十八幅。

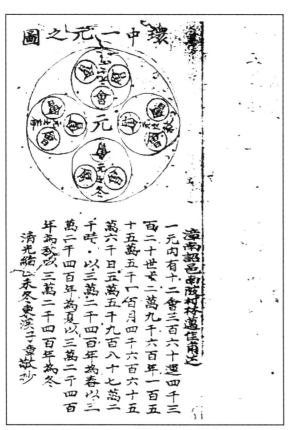

图1 环中一元之图
(林迈佳《环中一贯图》)

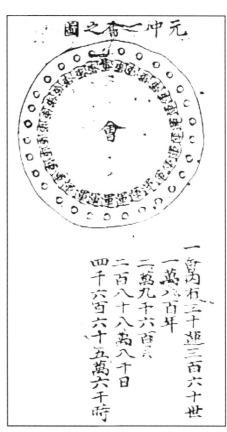

图2 元中一会之图
(林迈佳《环中一贯图》)

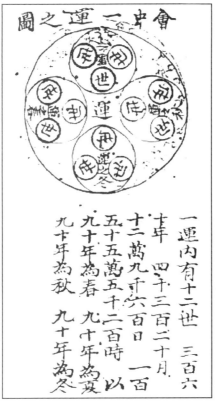

图3 会中一运之图
(林迈佳《环中一贯图》)

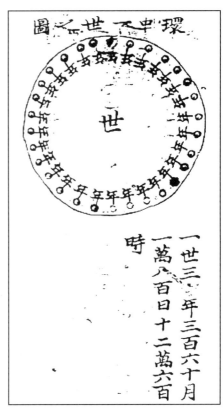

图4 环中一世之图
(林迈佳《环中一贯图》)

图5 世中一年之图
(林迈佳《环中一贯图》)

图6 年中一月之图
(林迈佳《环中一贯图》)

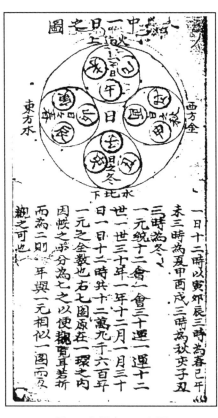

图7 七月中一日之图
（林迈佳《环中一贯图》）

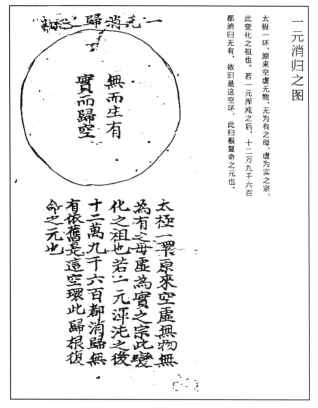

图8 一元消归之图
（林迈佳《环中一贯图》）

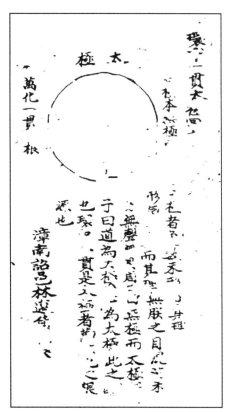

图9 太极图
（林迈佳《环中一贯图》）

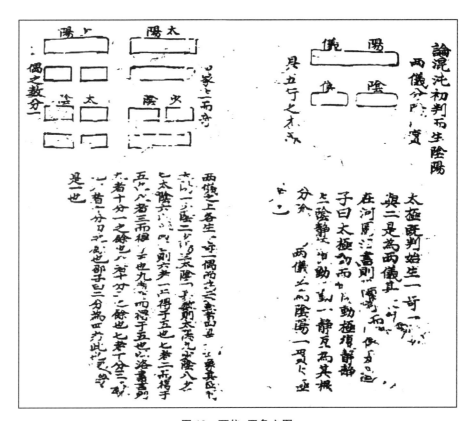

图10 两仪、四象之图
（林迈佳《环中一贯图》）

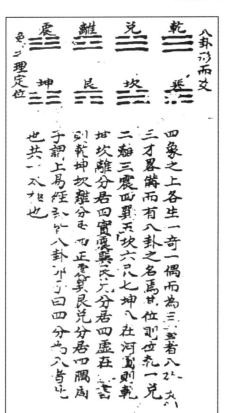

图11 八卦之图
（林迈佳《环中一贯图》）

图12 先天八卦之图
（林迈佳《环中一贯图》）

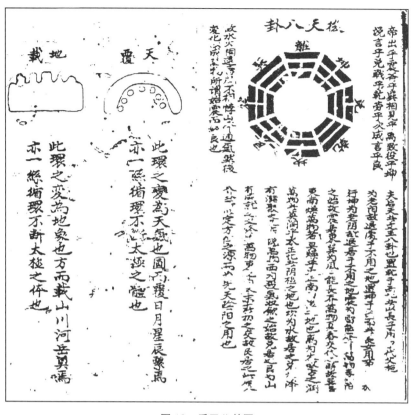

图13　后天八卦图
（林迈佳《环中一贯图》）

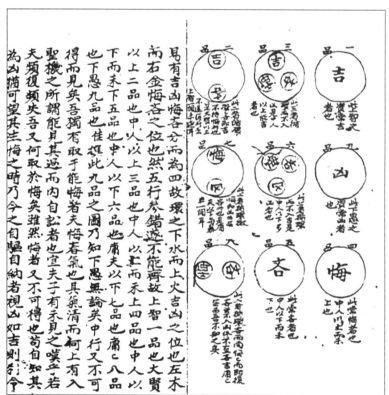
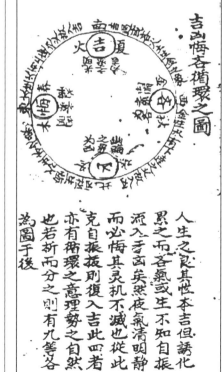

图14　吉凶悔吝循环之图
（林迈佳《环中一贯图》）

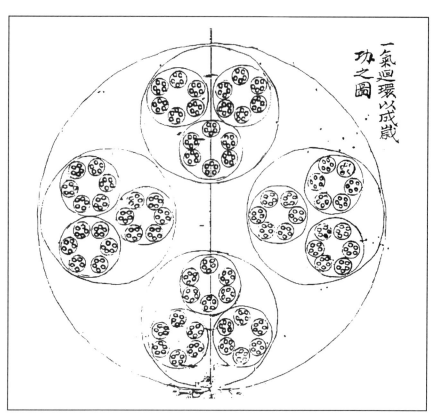

图 15-1　一气回环以成岁功之图
（林迈佳《环中一贯图》）

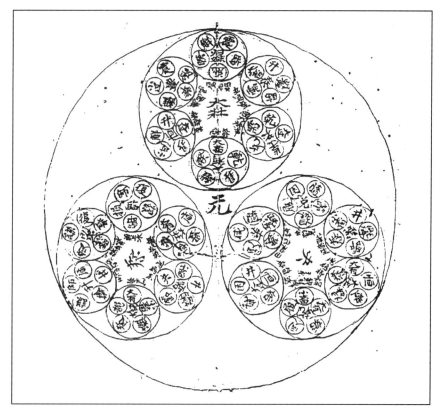

图 15-2　一气回环以成岁功之图
（林迈佳《环中一贯图》）

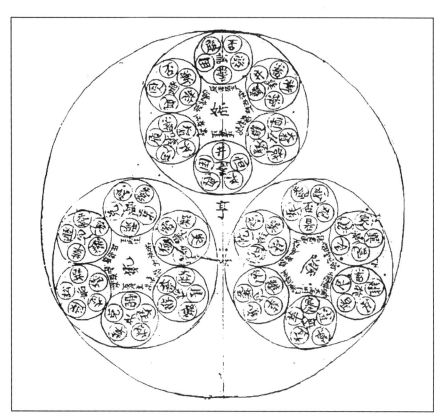

图 15-3　一气回环以成岁功之图
（林迈佳《环中一贯图》）

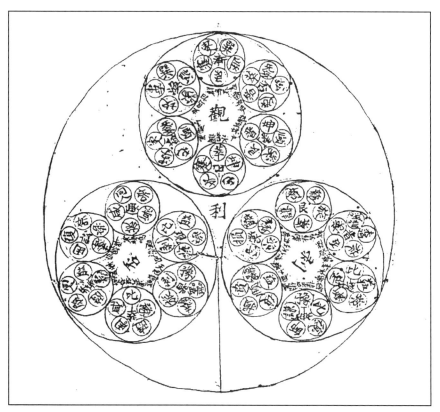

图 15-4　一气回环以成岁功之图
（林迈佳《环中一贯图》）

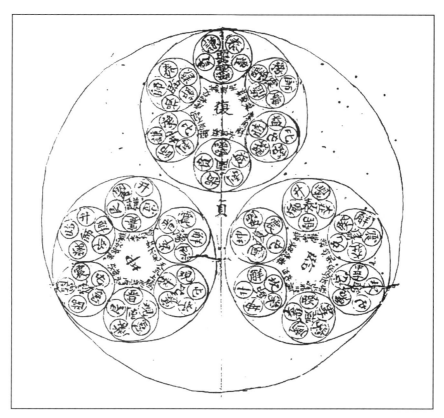

图 15-5 一气回环以成岁功之图
（林迈佳《环中一贯图》）

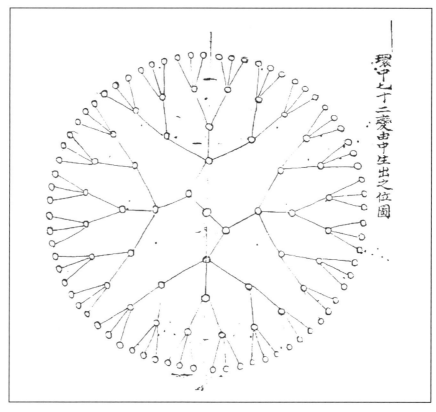

图 16 环中七十二变由中生出之位图
（林迈佳《环中一贯图》）

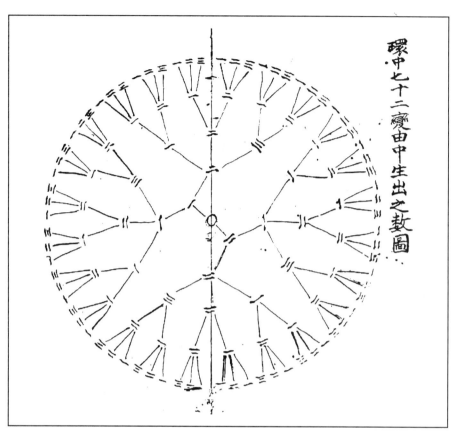

图 17 环中七十二变由中生出之数图
（林迈佳《环中一贯图》）

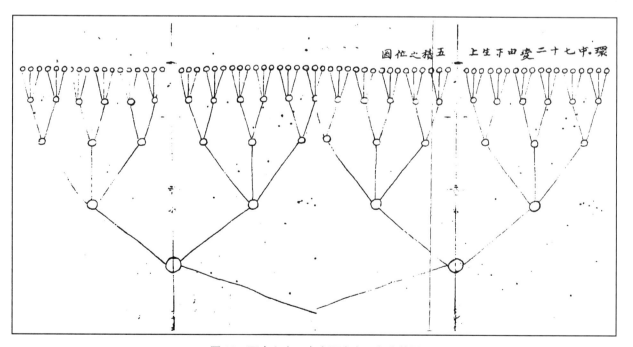

图 18 环中七十二变由下生上五积之位图
（林迈佳《环中一贯图》）

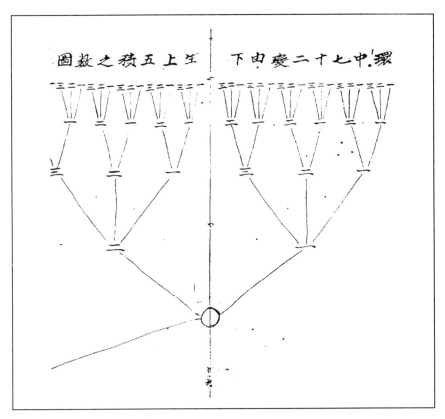

图 19　环中七十二变由下生上五积之数图
（林迈佳《环中一贯图》）

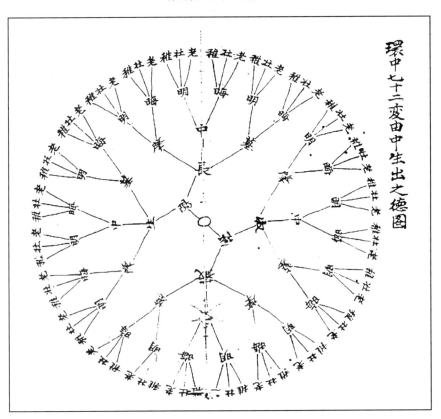

图 20　环中七十二变由中生出之德图
（林迈佳《环中一贯图》）

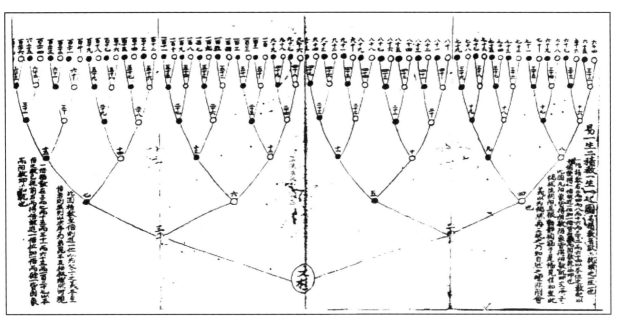

图 21　易一生二积数一生一之图
（林迈佳《环中一贯图》）

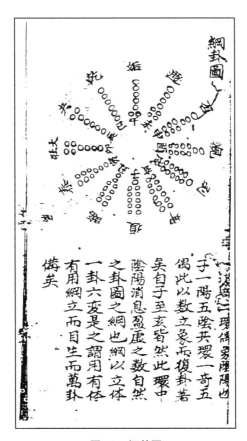

图 22　纲卦图
（林迈佳《环中一贯图》）

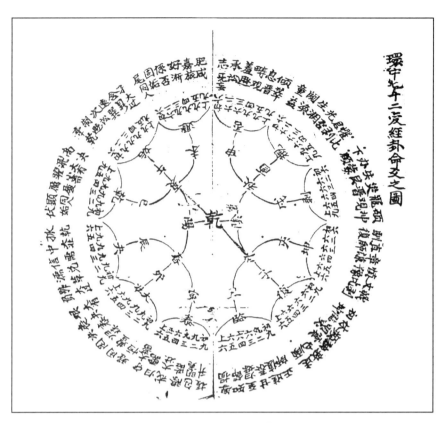

图 23　环中七十二变经卦命爻之图
（林迈佳《环中一贯图》）

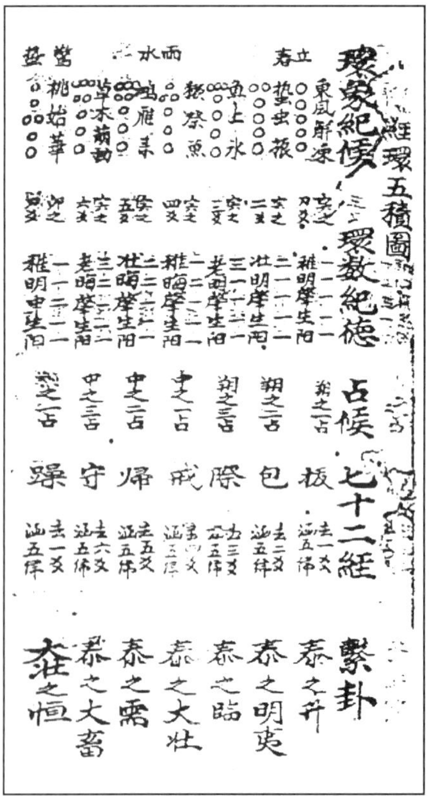

图 24-1　经环五积图
（林迈佳《环中一贯图》）

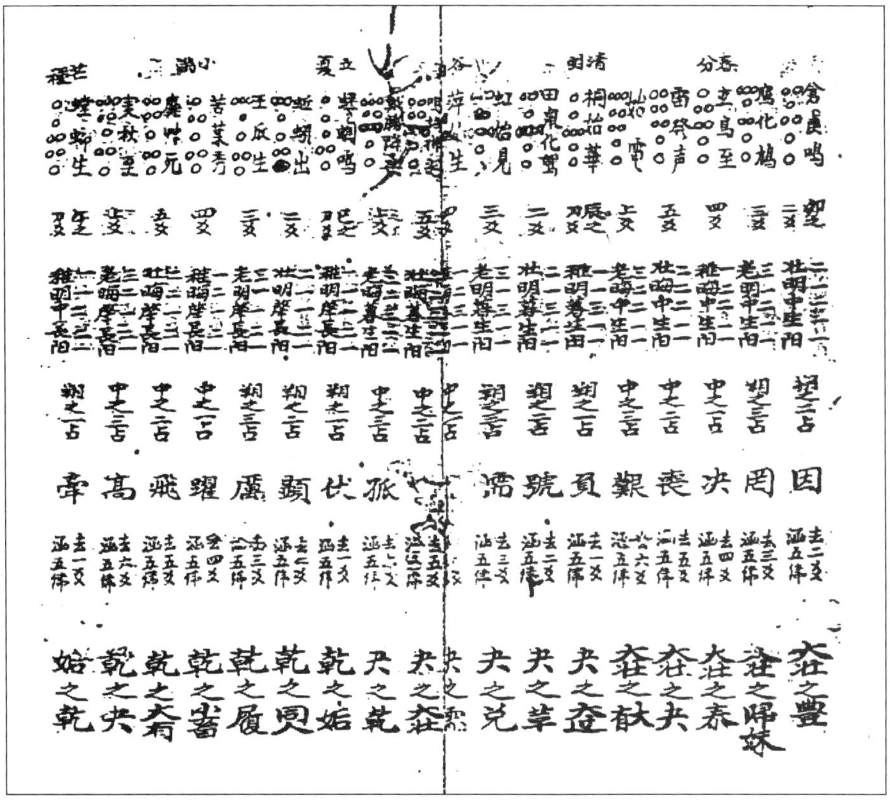

图 24-2 经环五积图
（林迈佳《环中一贯图》）

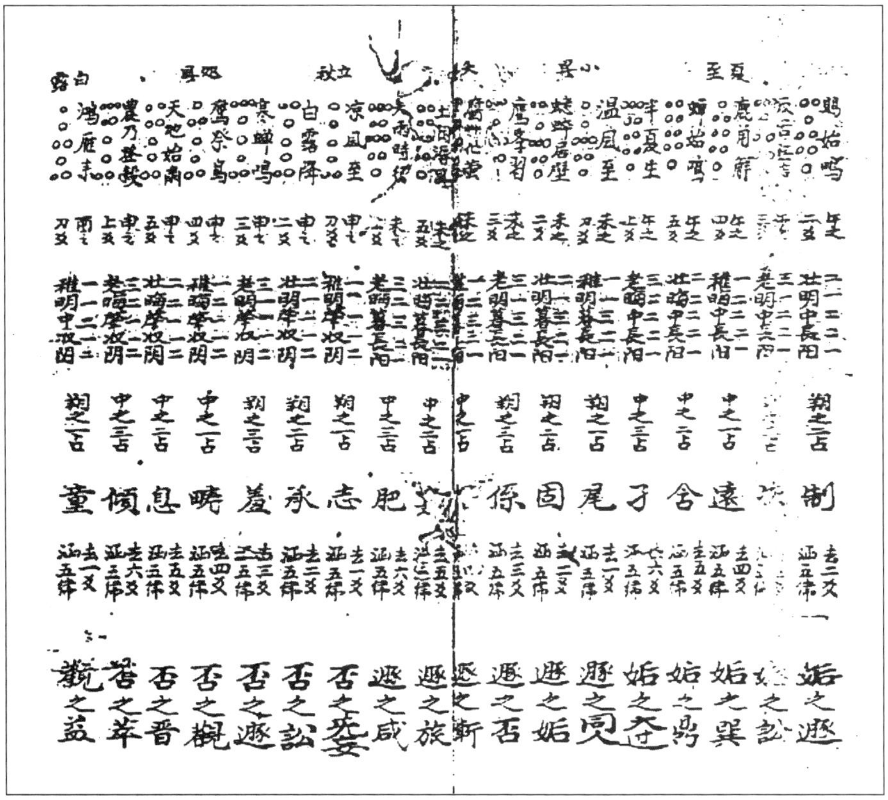

图 24-3 经环五积图
（林迈佳《环中一贯图》）

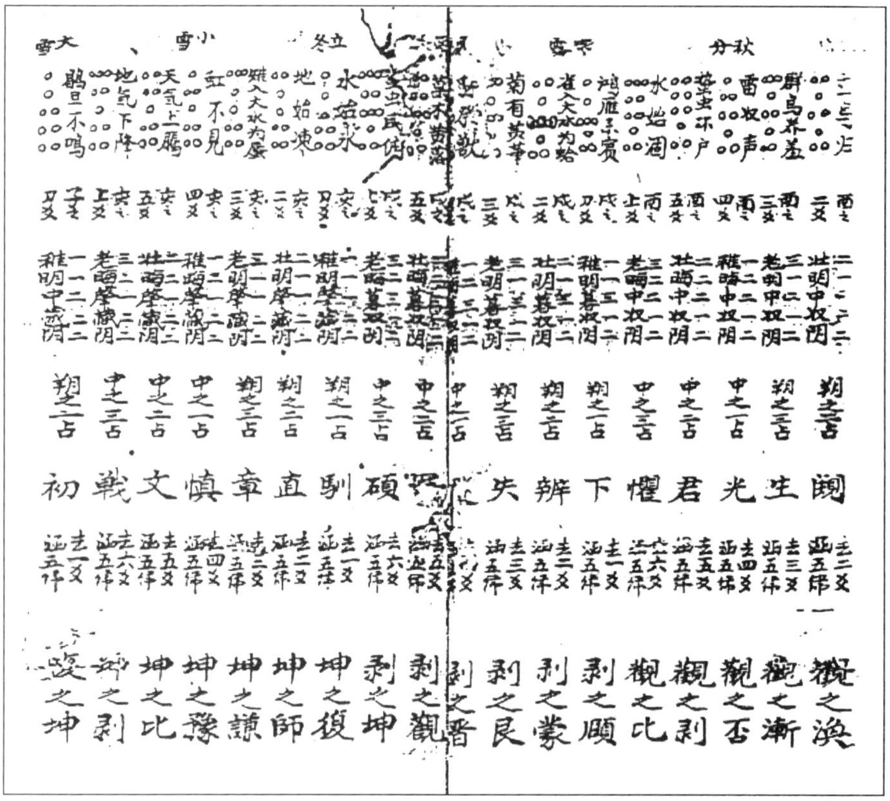

图 24-4　经环五积图
（林迈佳《环中一贯图》）

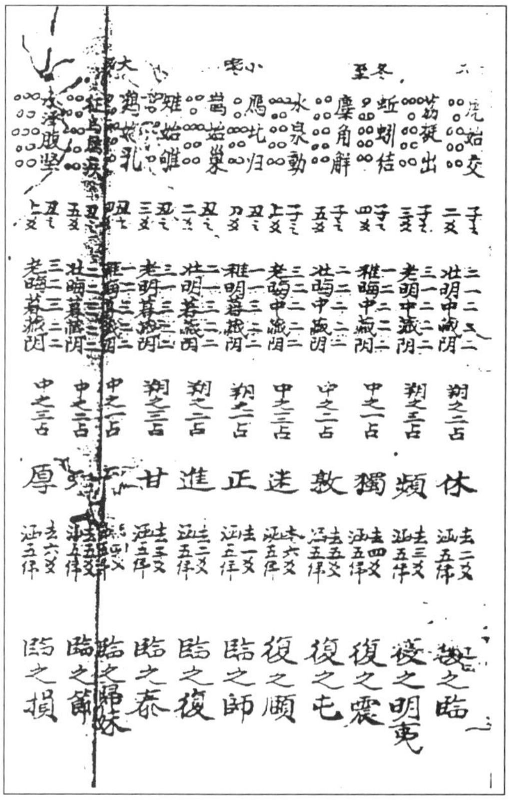

图 24-5　经环五积图
（林迈佳《环中一贯图》）

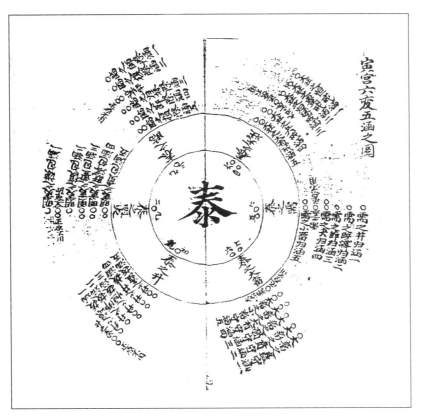

图 25　寅宫六经用卦之图
（林迈佳《环中一贯图》）

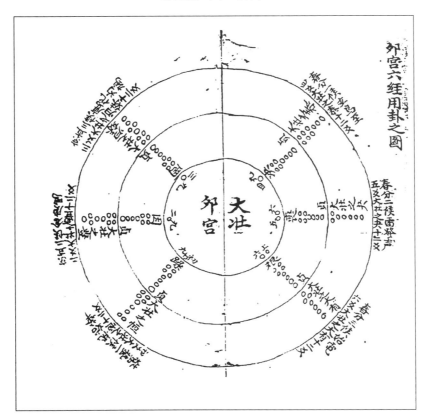

图 26　卯宫六经用卦之图
（林迈佳《环中一贯图》）

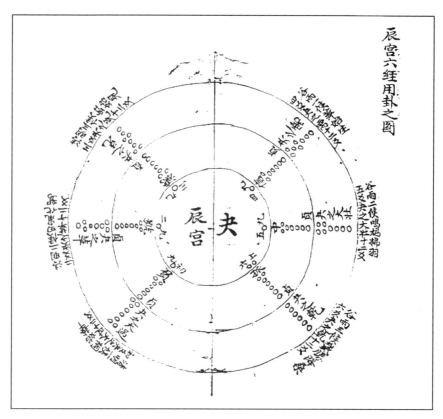

图 27　辰宫六经用卦之图
（林迈佳《环中一贯图》）

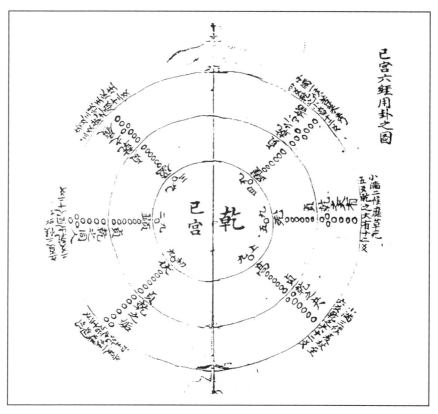

图 28　巳宫六经用卦之图
（林迈佳《环中一贯图》）

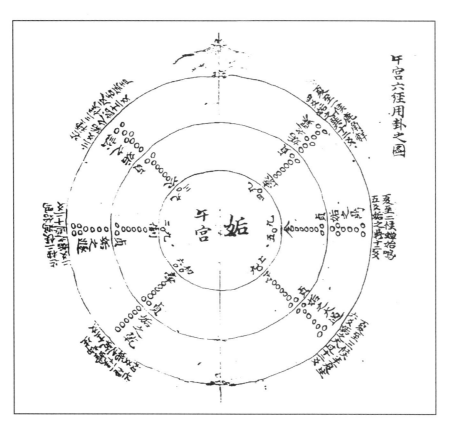

图 29　午宫六经用卦之图
（林迈佳《环中一贯图》）

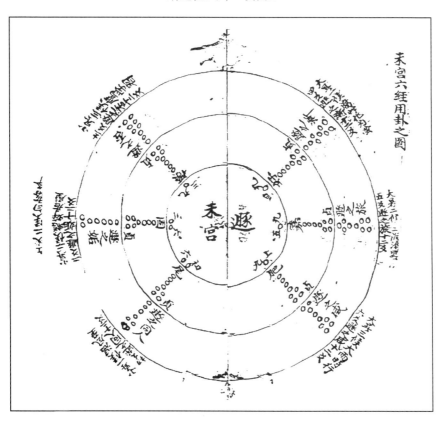

图 30　未宫六经用卦之图
（林迈佳《环中一贯图》）

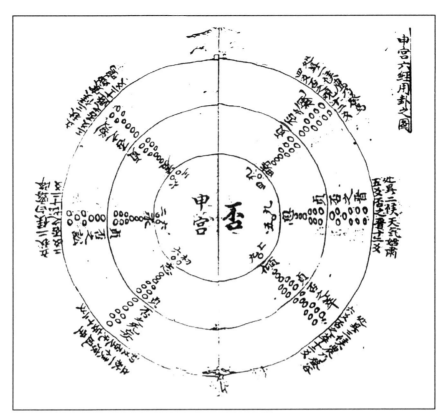

图 31　申宫六经用卦之图
（林迈佳《环中一贯图》）

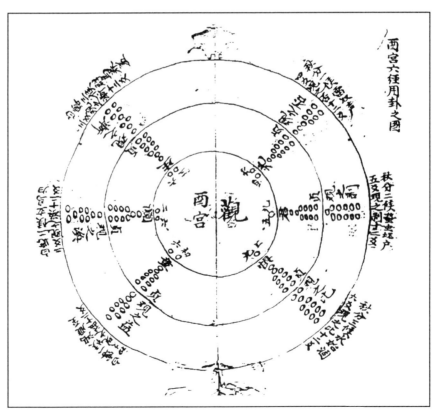

图 32　酉宫六经用卦之图
（林迈佳《环中一贯图》）

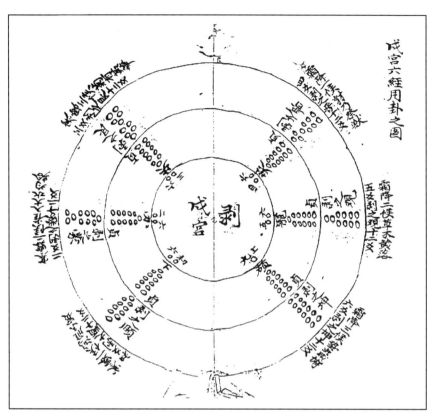

图 33　戌宫六经用卦之图
（林迈佳《环中一贯图》）

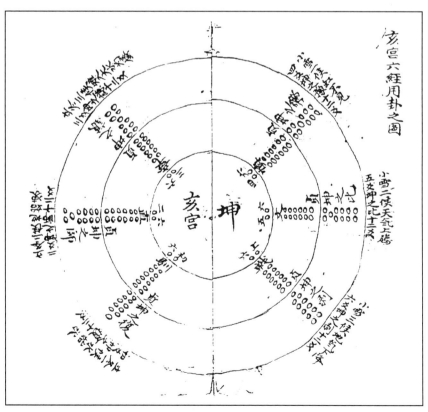

图 34　亥宫六经用卦之图
（林迈佳《环中一贯图》）

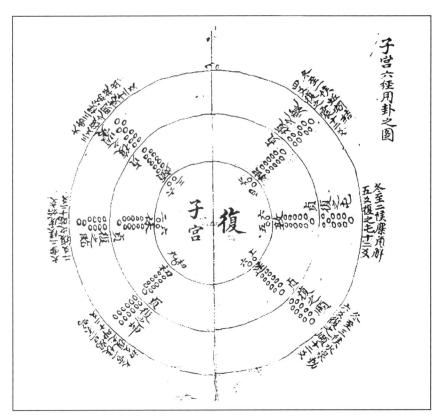

图35　子宫六经用卦之图
（林迈佳《环中一贯图》）

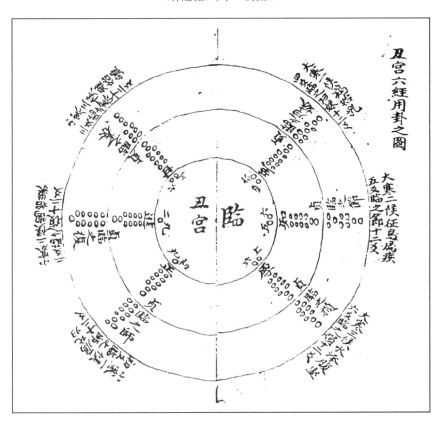

图36　丑宫六经用卦之图
（林迈佳《环中一贯图》）

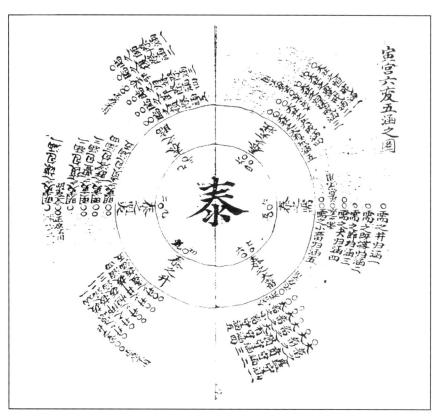

图 37　寅宫六变五涵之图
（林迈佳《环中一贯图》）

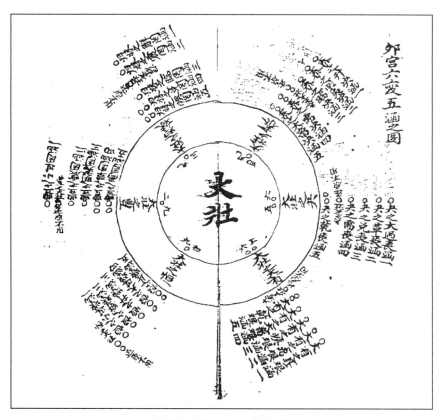

图 38　卯宫六变五涵之图
（林迈佳《环中一贯图》）

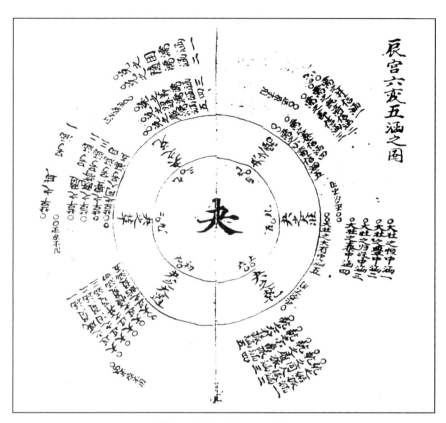

图 39　辰宫六变五涵之图
（林迈佳《环中一贯图》）

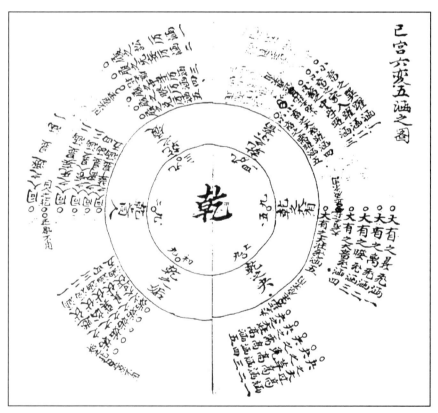

图 40　巳宫六变五涵之图
（林迈佳《环中一贯图》）

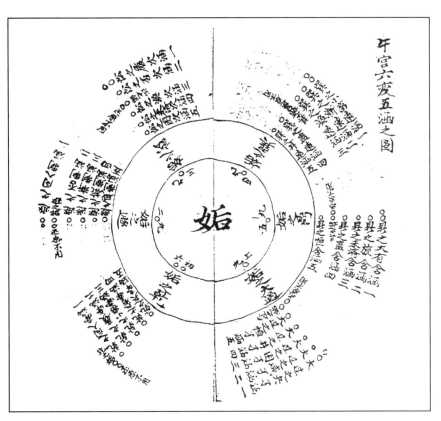

图 41　午宫六变五涵之图
（林迈佳《环中一贯图》）

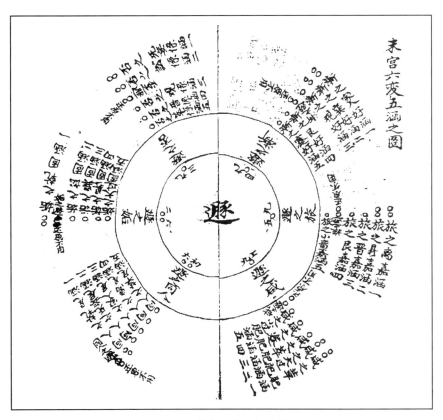

图 42　未宫六变五涵之图
（林迈佳《环中一贯图》）

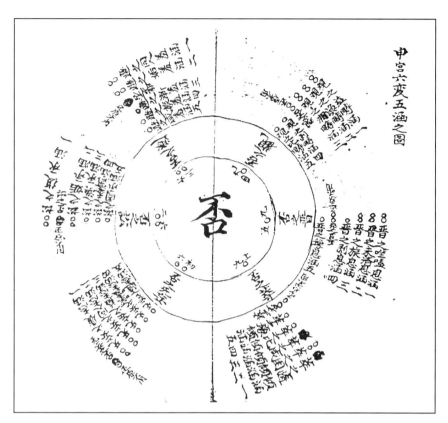

图 43　申宫六变五涵之图
（林迈佳《环中一贯图》）

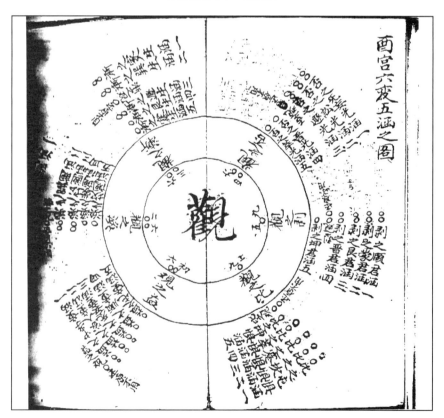

图 44　酉宫六变五涵之图
（林迈佳《环中一贯图》）

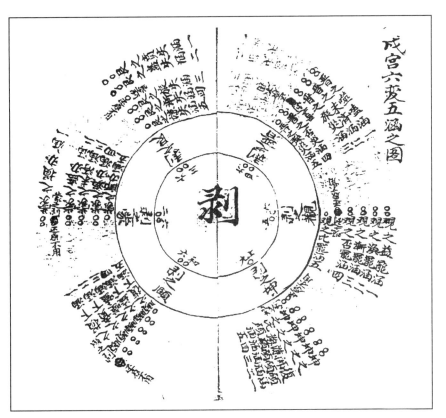

图 45　戌宫六变五涵之图
（林迈佳《环中一贯图》）

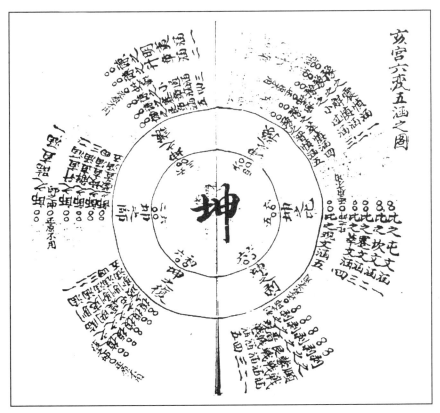

图 46　亥宫六变五涵之图
（林迈佳《环中一贯图》）

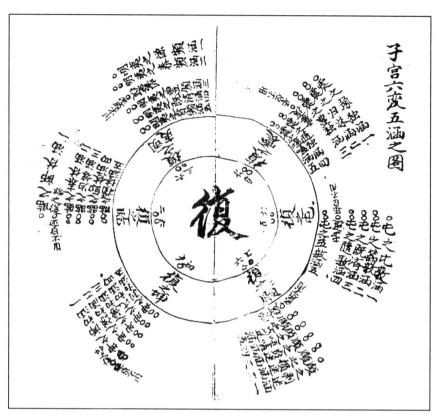

图 47　子宫六变五涵之图
（林迈佳《环中一贯图》）

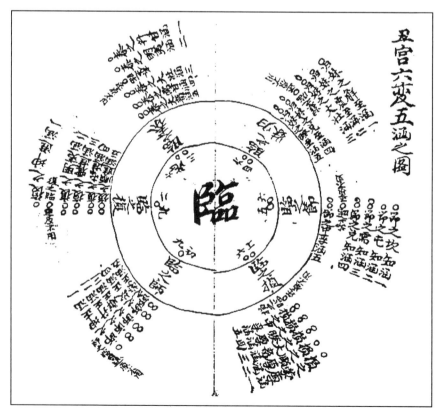

图 48　丑宫六变五涵之图
（林迈佳《环中一贯图》）

黄端伯(1585—1645)

字元公,一作元功,号迎祥、海岸道人,明江西黎川人。崇祯元年(1628)进士。除宁波府推官,福王时官礼部仪制司郎中。南京破,殉节。清乾隆四十年(1775)赐谥忠节。生平好佛,为曹洞宗博山派元来禅师最著名的俗家弟子之一。著有《易疏》五卷、《瑶光阁集》十三卷等。现存有《周易》图像十六幅。

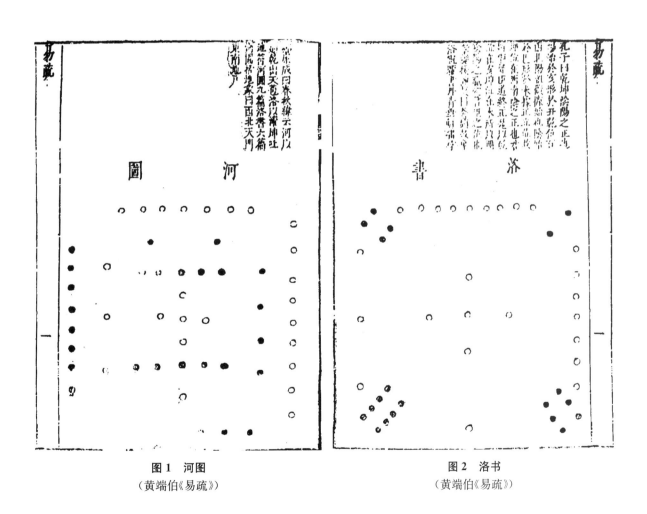

图1　河图
(黄端伯《易疏》)

图2　洛书
(黄端伯《易疏》)

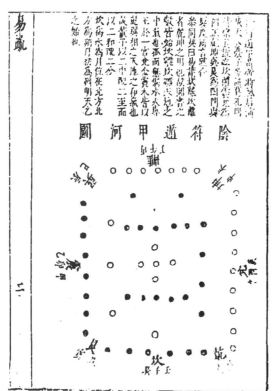

图3　阴符遁甲河图
（黄端伯《易疏》）

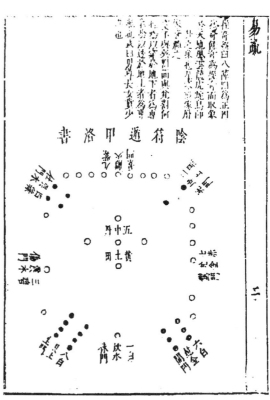

图4　阴符遁甲洛书
（黄端伯《易疏》）

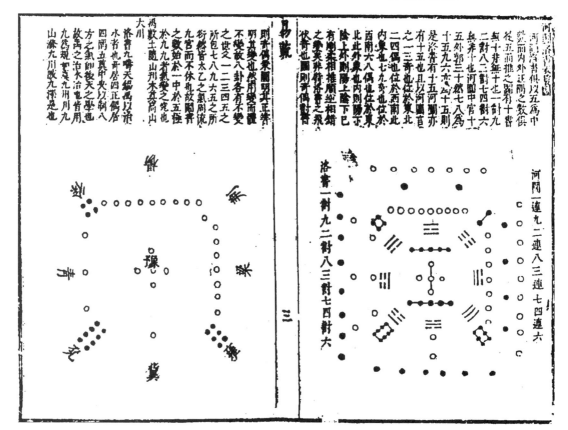

图5　河图洛书□□图
（黄端伯《易疏》）

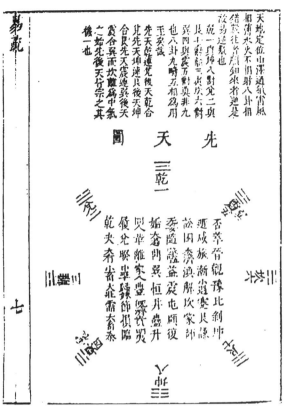

图6 先天图
（黄端伯《易疏》）

图7 帝出震图
（黄端伯《易疏》）

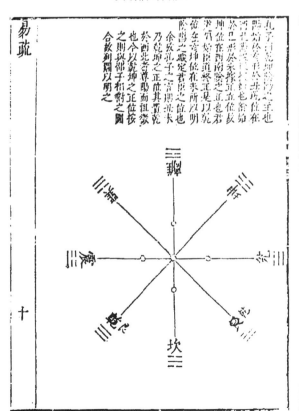

图8 阳始于亥形于丑图
（黄端伯《易疏》）

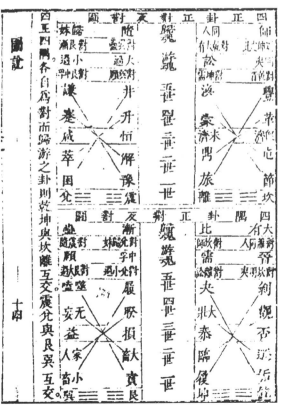

图9 四正卦正对反对图
（黄端伯《易疏》）

图 10　八卦顺行图
（黄端伯《易疏》）

图 11　八卦逆行图
（黄端伯《易疏》）

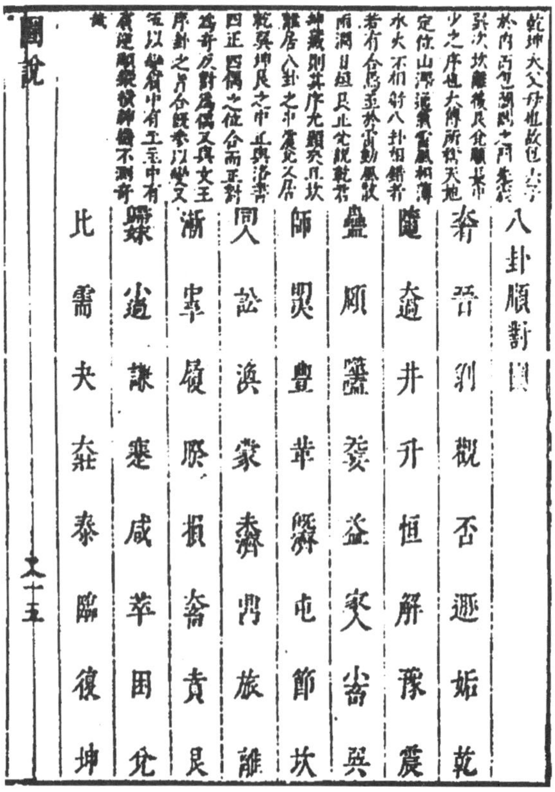

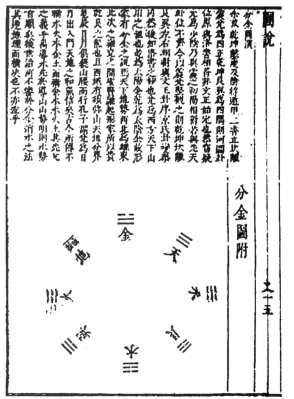

图 12　八卦顺对图
（黄端伯《易疏》）

图 13　分金图附
（黄端伯《易疏》）

揲蓍一變中八卦圖

陰變

三揲皆偶 ╳ 坤 陰之陽

初十會 再八會 共二十四會 四

二偶一奇 ☷ 艮 陰之陽

初十會 再八會 共二十四會 四

一偶一奇一偶 ☵ 坎 陰之陽

初十會 再八會 共二十五會 四

初十會 再九會 共二十六會 四

一奇二偶 ☳ 震 陰之陽

初十一會 再九會 共二十七會 四

陽變

一偶二奇 ☴ 巽 陽之陰

初十會 再九會 共二十七會 四

十六

图 14-1 揲蓍一變中八卦圖
（黄端伯《易疏》）

一奇一偶一奇 ☲ 離 陽之陰

初十一會 再九會 共二十八會 四

二奇一偶 ☱ 兌 陽之陰

初十一會 再九會 共二十九會 四

三揲皆奇 ☰ 乾 陽之陰

初十一會 再十會 共三十會 四

十七

图 14-2 揲蓍一變中八卦圖
（黄端伯《易疏》）

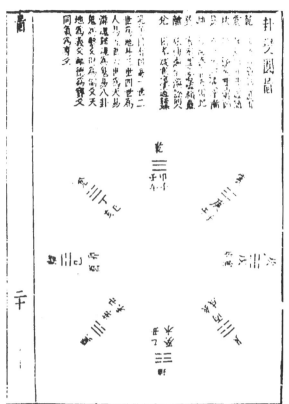

图 15 卦变圆图
（黄端伯《易疏》）

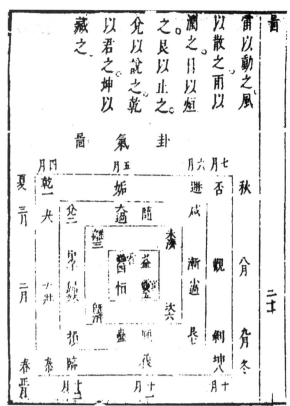

图 16 卦气图
（黄端伯《易疏》）

黄道周(1585—1646)

字幼元、幼平,别字细遵,号螭若,一号石斋,学者称其"石斋先生",明福建漳浦人。天启二年(1622)进士,选庶吉士、任翰林院编修。崇祯时期,历任翰林院编修、右中允、左谕德、经筵日讲官兼少詹事。南明弘光朝任礼部尚书、隆武朝拜少保、太子太师、吏部与兵部尚书、武英殿大学士等。因抗清失败被俘。隆武二年(1646)殉国,赐谥忠烈,追赠文明伯。著有《易本象》四卷、《易象正》十六卷、《三易洞玑》十六卷、《洪范明义》等。现存有《周易》图像四十八幅。

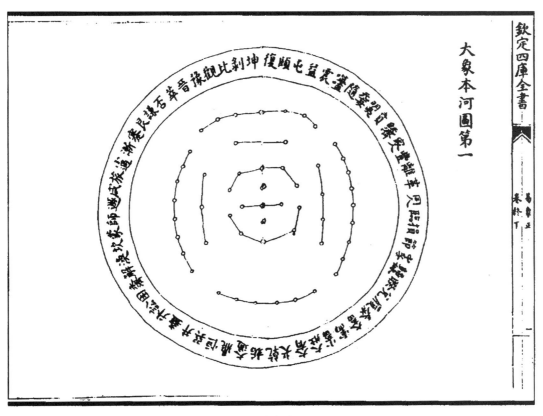

图1 大象本河图
(黄道周《易象正》)

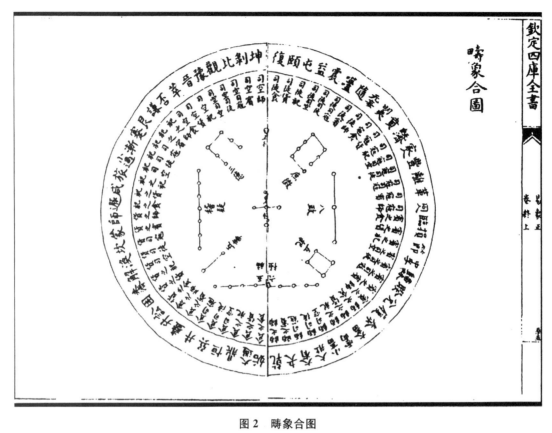

图 2　畴象合图
（黄道周《易象正》）

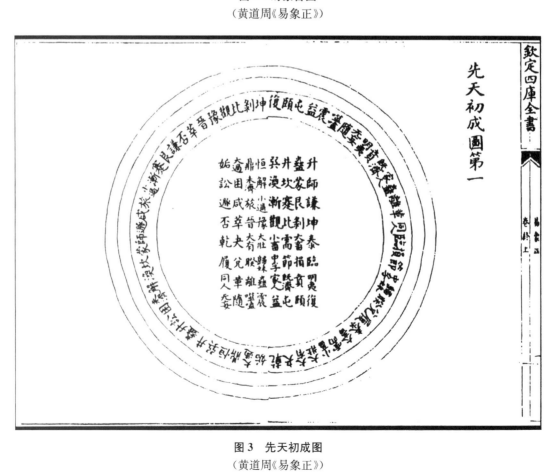

图 3　先天初成图
（黄道周《易象正》）

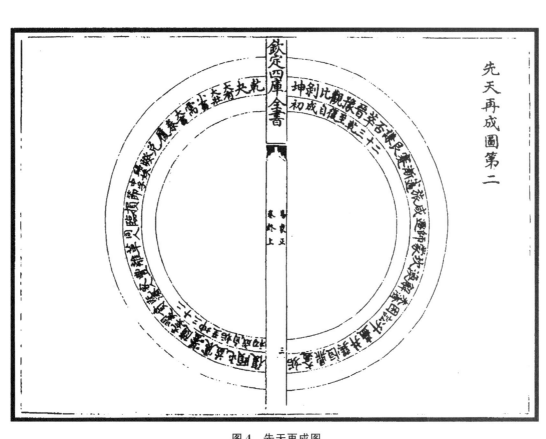

图 4　先天再成图
（黄道周《易象正》）

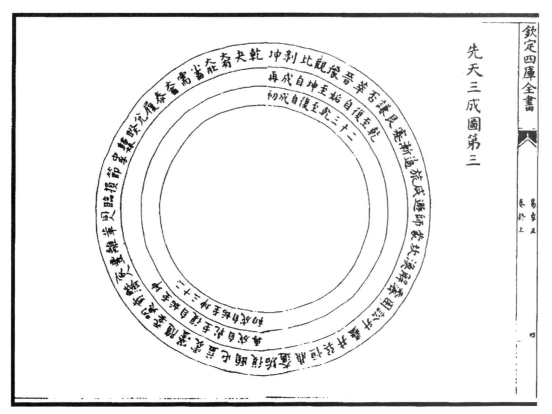

图 5　先天三成图
（黄道周《易象正》）

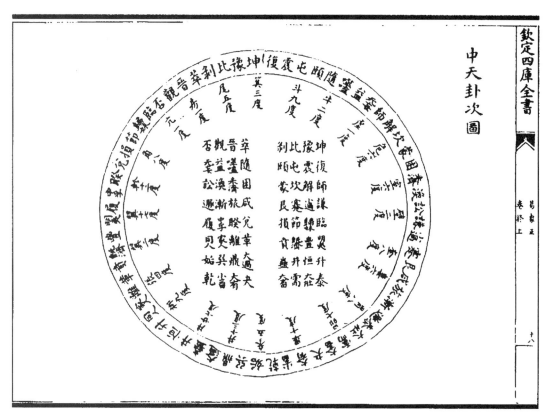

图 6　中天卦次图
（黄道周《易象正》）

图 7　后天卦次图
（黄道周《易象正》）

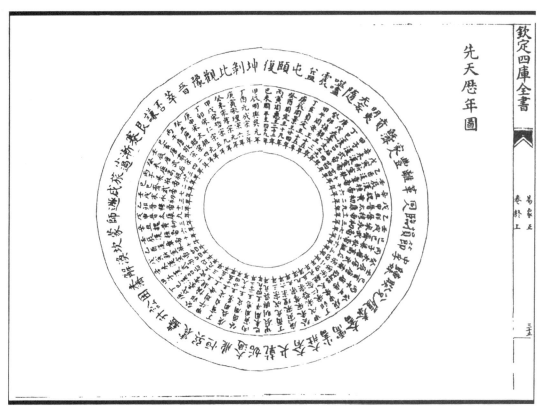

图 8　先天历年图
（黄道周《易象正》）

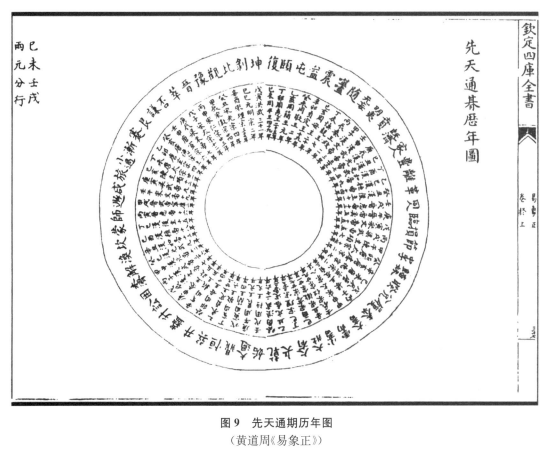

图 9　先天通期历年图
（黄道周《易象正》）

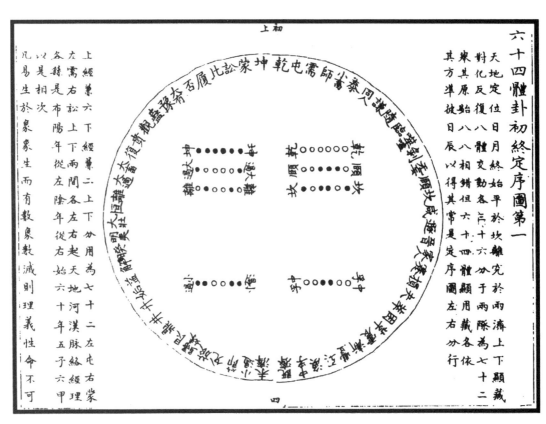

图 10　六十四体卦初终定序图
（黄道周《易象正》）

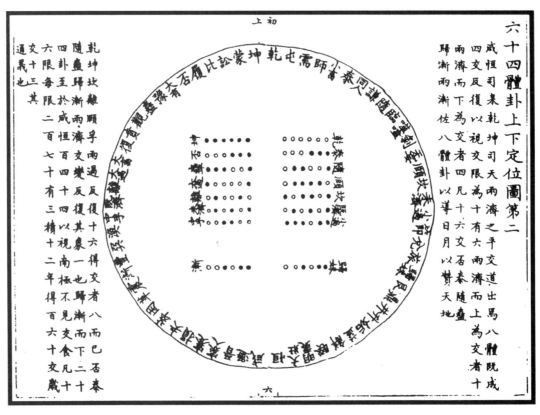

图 11　六十四体卦上下定位图
（黄道周《易象正》）

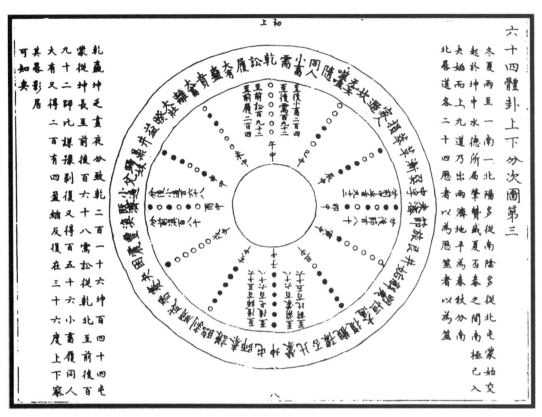

图 12　六十四体卦上下分次图
（黄道周《易象正》）

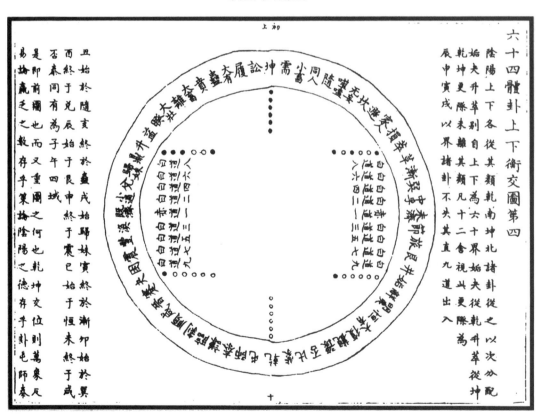

图 13　六十四体卦上下衡交图
（黄道周《易象正》）

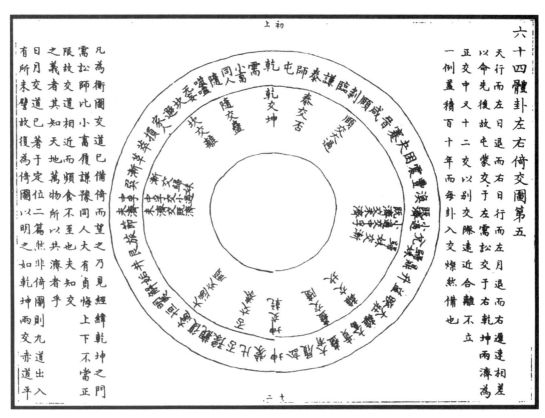

图 14　六十四体卦左右倚交图
（黄道周《易象正》）

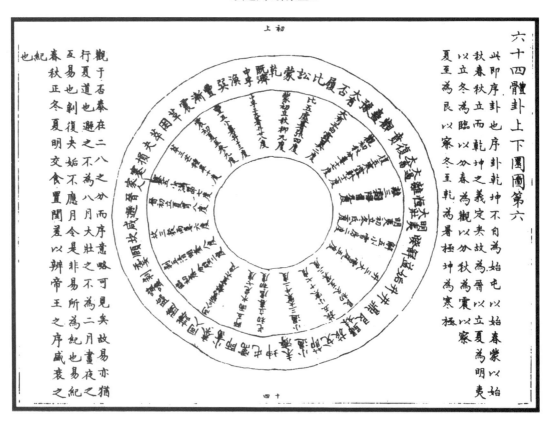

图 15　六十四体卦上下圆图
（黄道周《易象正》）

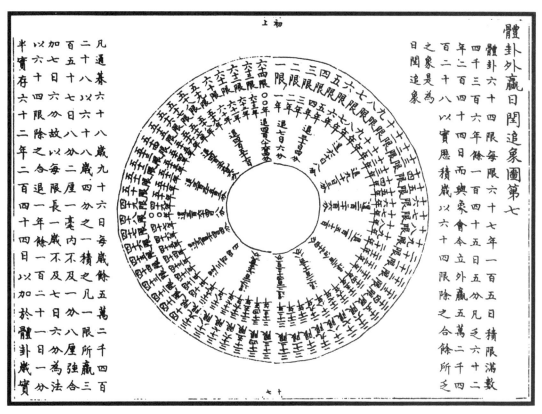

图 16　卦体外赢日闰追象图
（黄道周《易象正》）

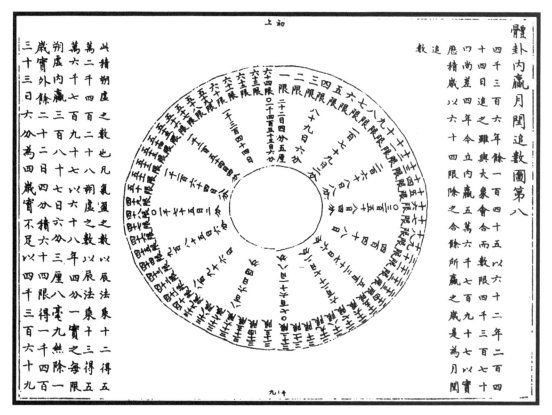

图 17　卦体内赢月闰追数图
（黄道周《易象正》）

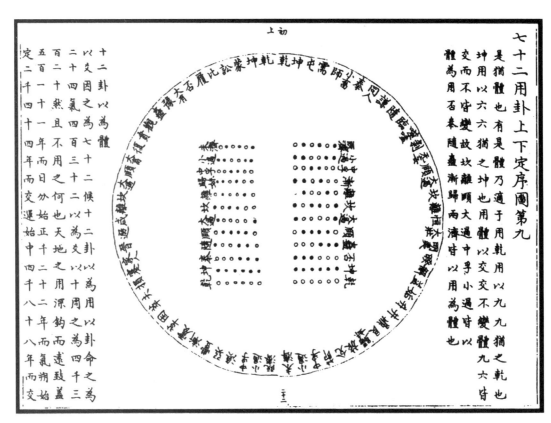

图 18　七十二用卦上下定序图
（黄道周《易象正》）

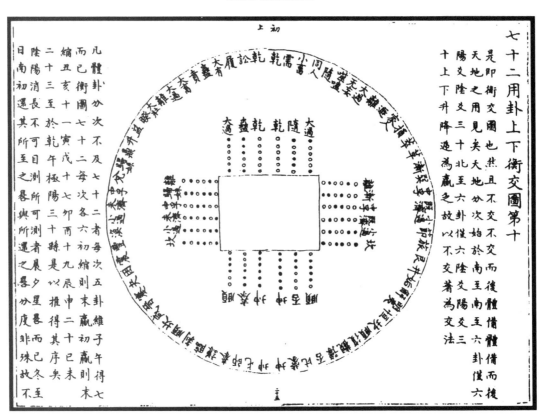

图 19　七十二用卦上下衡交图
（黄道周《易象正》）

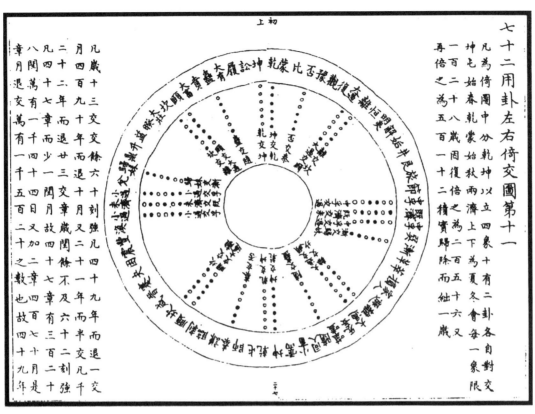

图 20　七十二用卦左右倚交图
（黄道周《易象正》）

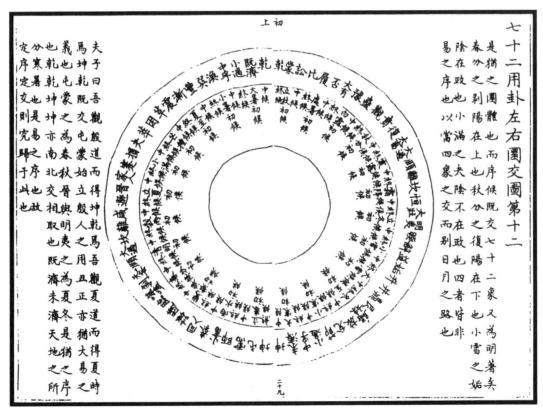

图 21　七十二用卦左右圆交图
（黄道周《易象正》）

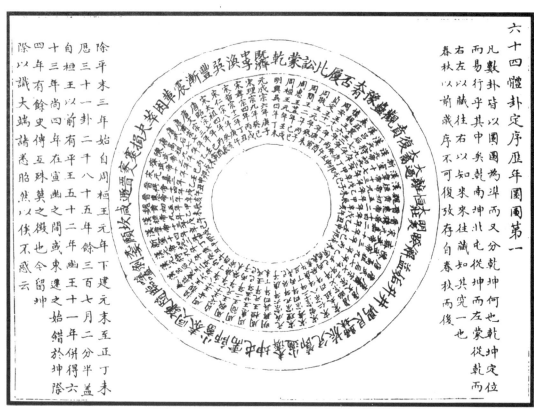

图22　六十四体卦定序历年圆图
（黄道周《易象正》）

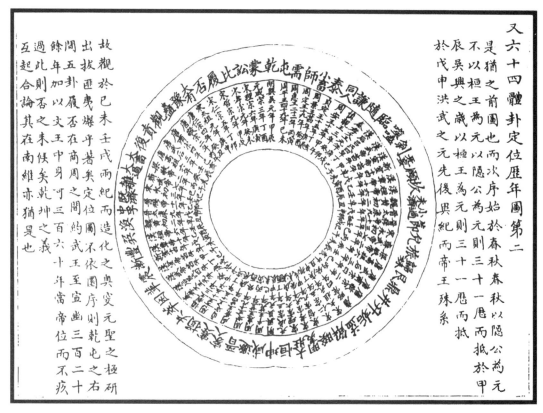

图23　又六十四体卦定位历年图
（黄道周《易象正》）

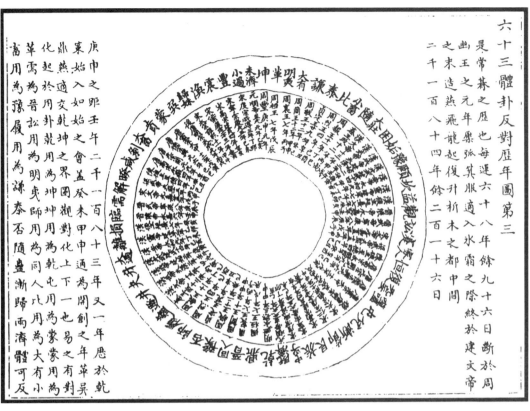

图 24　六十三体卦反对历年图
（黄道周《易象正》）

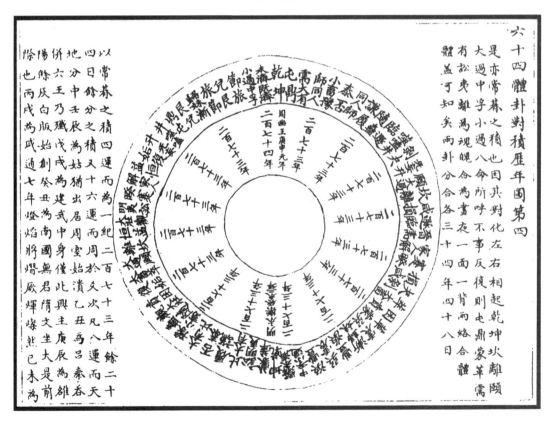

图 25　六十四体卦对积历年图
（黄道周《易象正》）

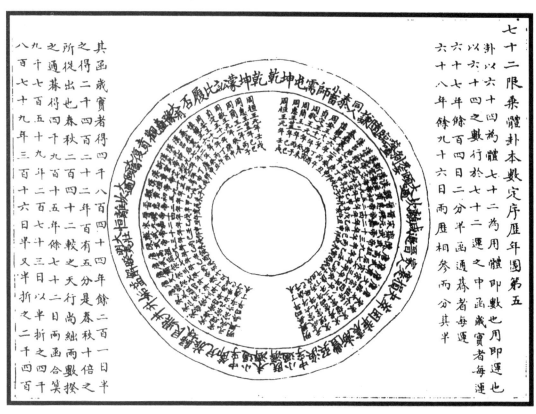

图26　七十二限乘体卦本数定序历年图
（黄道周《易象正》）

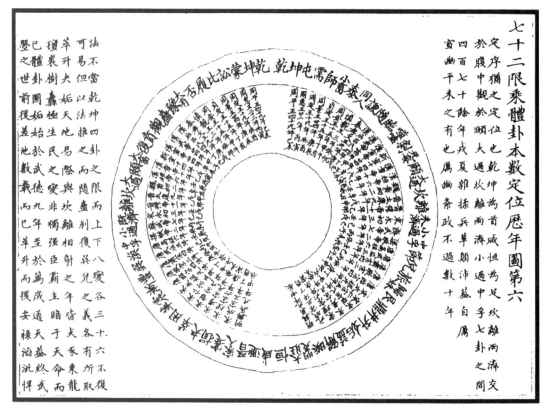

图27　七十二限乘体卦本数定位历年图
（黄道周《易象正》）

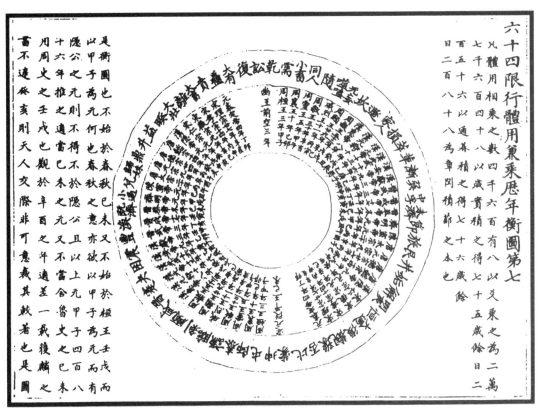

图 28　六十四限行体用兼乘历年衡图
（黄道周《易象正》）

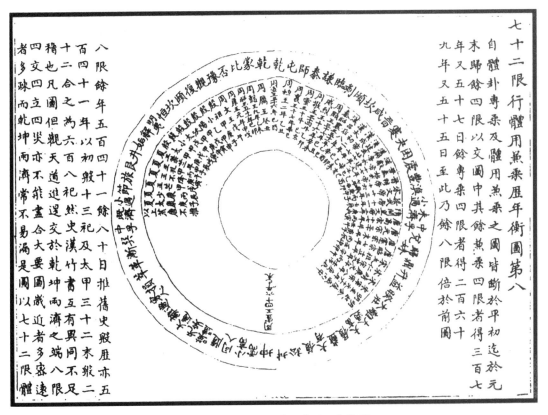

图 29　七十二限行体用兼乘历年衡图
（黄道周《易象正》）

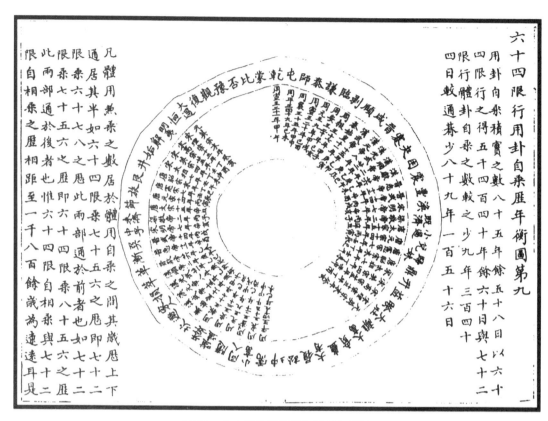

图30 六十四限行用卦自乘历年衡图
（黄道周《易象正》）

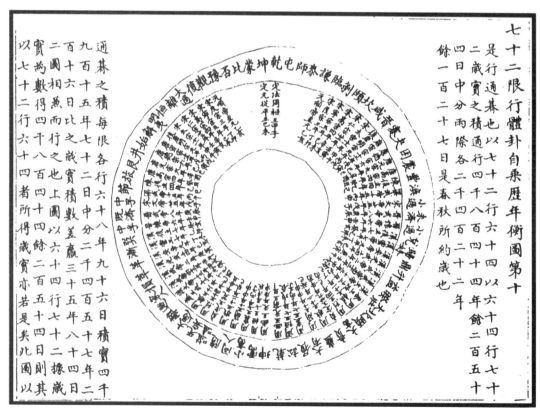

图31 七十二限行体卦自乘历年衡图
（黄道周《易象正》）

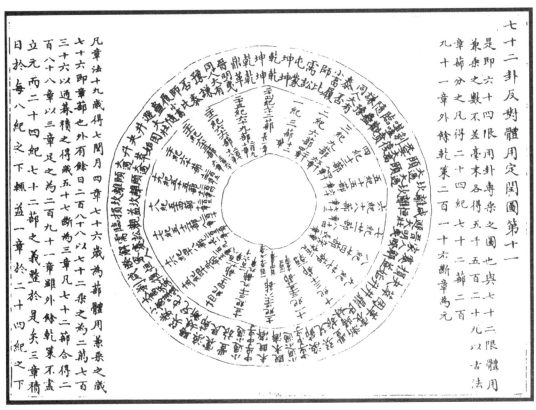

图32　七十二卦反对体用定闰图
（黄道周《易象正》）

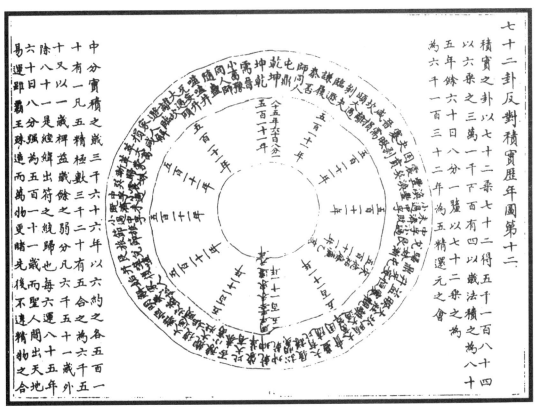

图33　七十二卦反对积实历年图
（黄道周《易象正》）

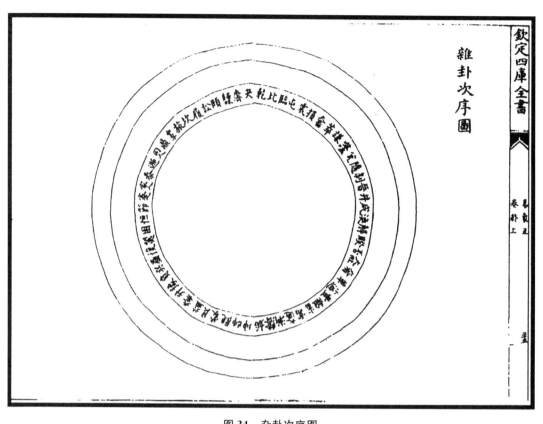

图 34 杂卦次序图
（黄道周《易象正》）

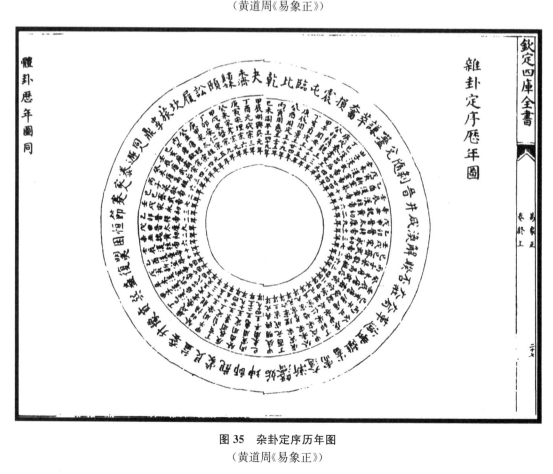

图 35 杂卦定序历年图
（黄道周《易象正》）

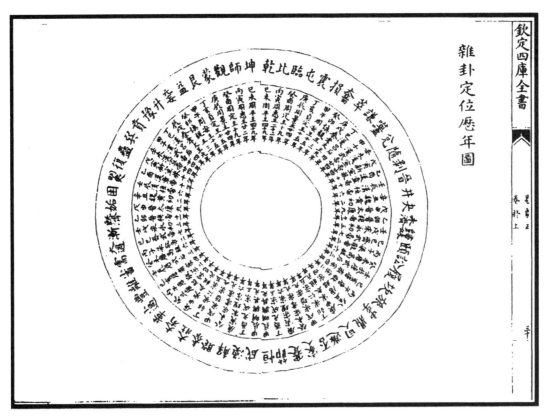

图 36　杂卦定位历年图
（黄道周《易象正》）

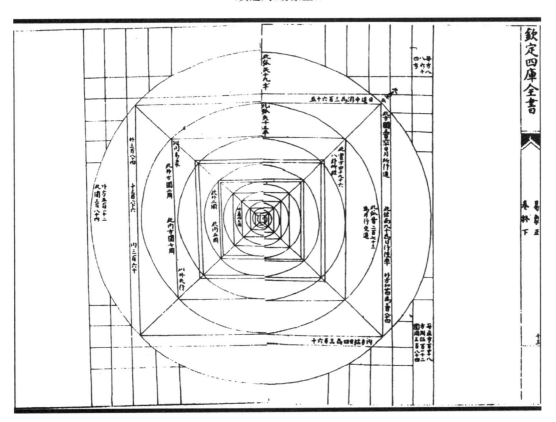

图 37　天方图
（黄道周《易象正》）

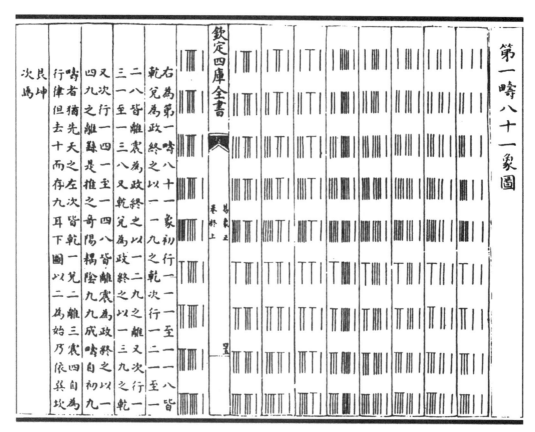

图38　第一畴八十一象图
（黄道周《易象正》）

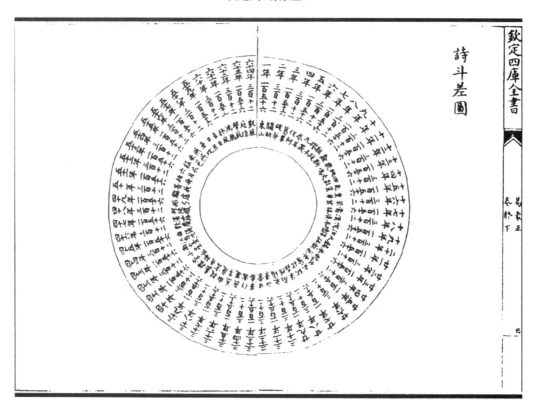

图39　诗斗差图
（黄道周《易象正》）

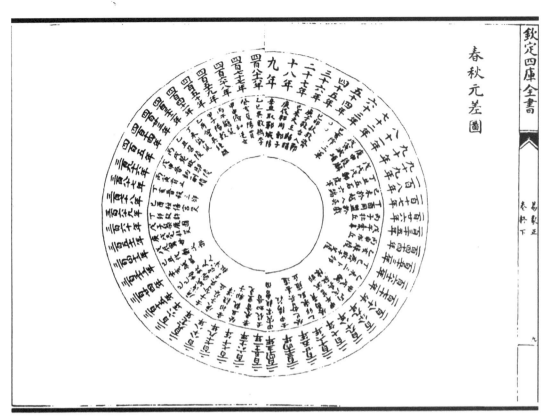

图 40　春秋元差图
（黄道周《易象正》）

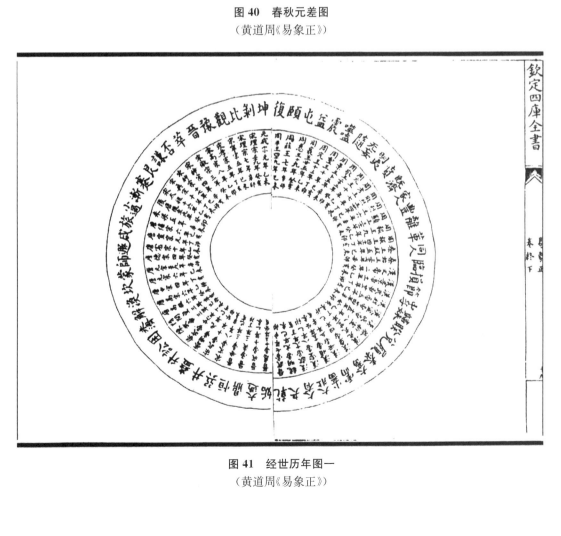

图 41　经世历年图一
（黄道周《易象正》）

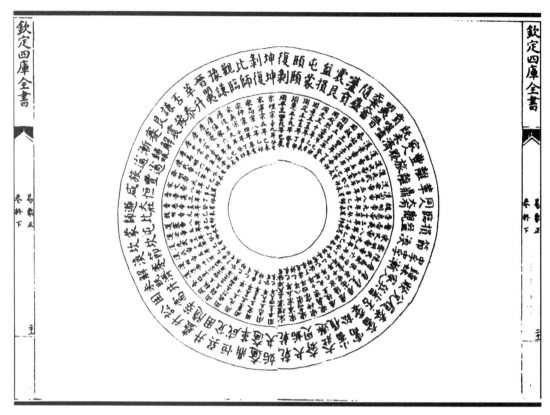

图 42 经世历年图二
（黄道周《易象正》）

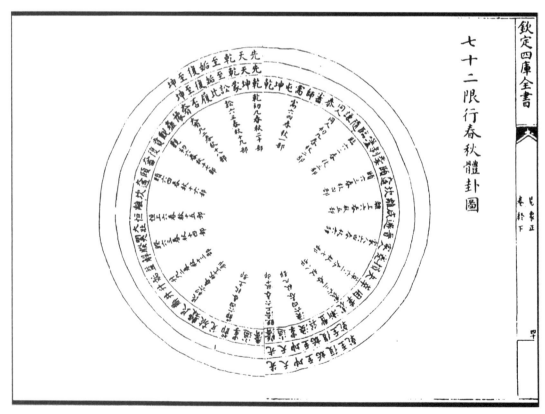

图 43 七十二限行春秋体卦图
（黄道周《易象正》）

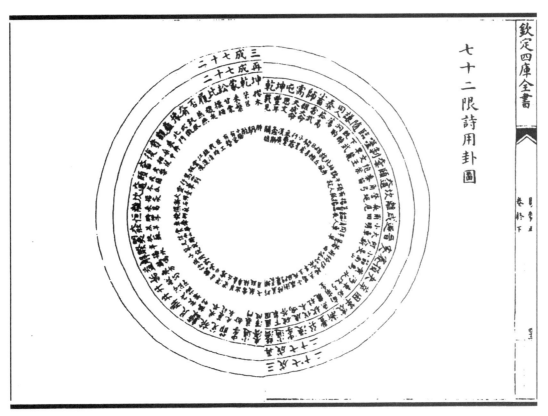

图 44　七十二限诗用卦图
（黄道周《易象正》）

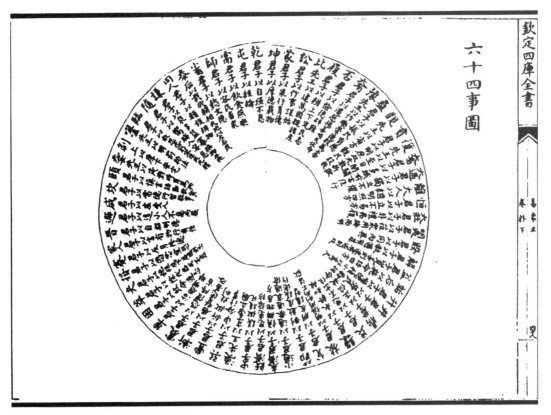

图 45　六十四事图
（黄道周《易象正》）

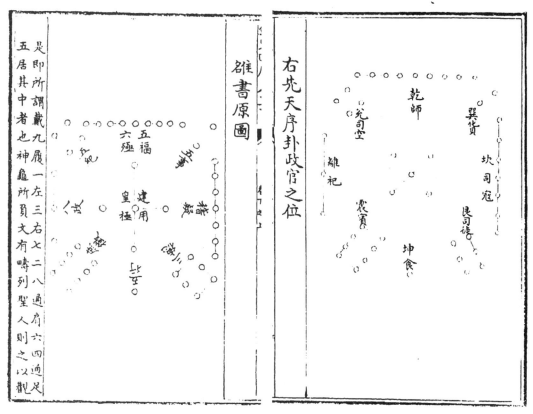

图46　洛书原图
（黄道周《洪范明义》）

图47　先天序卦政官之位
（黄道周《洪范明义》）

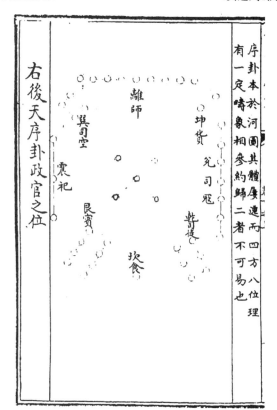

图48　后天序卦政官之位
（黄道周《洪范明义》）

蔡鼎(1588—1655)

字可挹,号无能,明福建晋江人。精研易学星纬,言屡奇验。明末孙承宗督师燕辽,征为参谋。上疏劾魏忠贤,触怒潜避。崇祯即位,命绘像,访求不受,退隐卓岩。南明立于闽,拜为左军之师,辞归。著有《易蔡》十卷。现存有《周易》图像四幅。

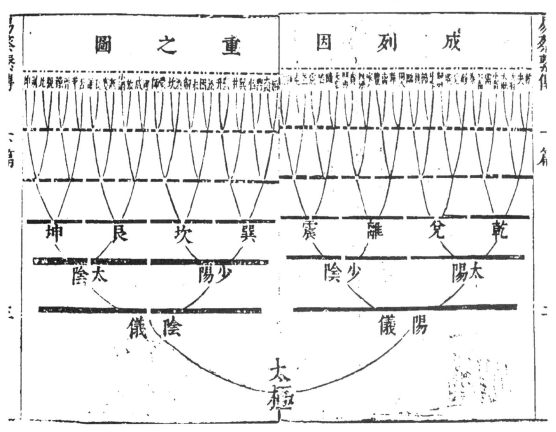

图1　成列因重之图
（蔡鼎《易蔡系传》）

图 2　伏羲先天八卦图
（蔡鼎《易蔡系传》）

图 3　逆数图
（蔡鼎《易蔡系传》）

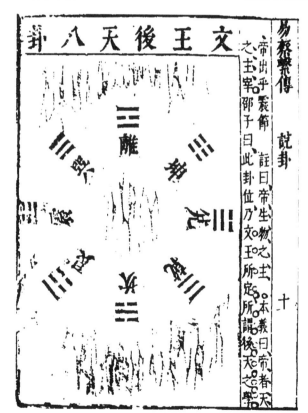

图 4　文王后天八卦图
（蔡鼎《易蔡系传》）

洪守美

生卒年不详,字在中,明南直隶泾县(今安徽泾县)人。少以易名家,年八十好之不衰,撰《易经揆一》,旨在举业讲章,流通数十载。还著有《易经解醒》四卷、《调元要录》等。现存有《周易》图像二幅。

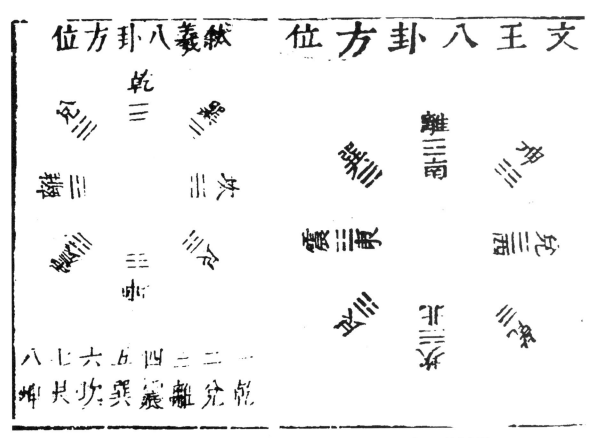

图1 伏羲八卦方位图　　　　　图2 文王八卦方位图
（洪守美《易经解醒》）　　　　（洪守美《易经解醒》）

萧云从(1596—1673)

字尺木,号默思,又号无闷道人、于湖鱼人、忍辱金刚、石人、梅石道人等,明安徽当涂人。山水画家。代表作《离骚图》和《太平山水图》,对日本绘画影响深远。现存有《周易》图像十五幅。

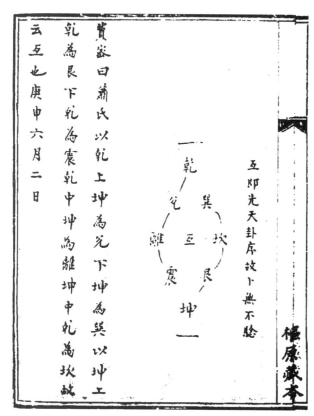

图1 互邱先天卦序故卜无不验图
（萧云从《易存》）

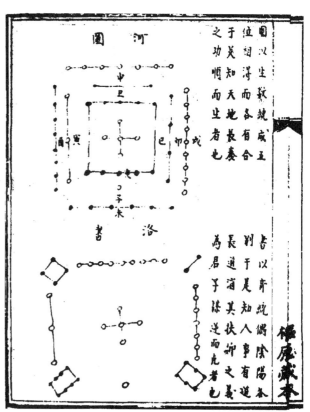

图2 河图
图3 洛书
（萧云从《易存》）

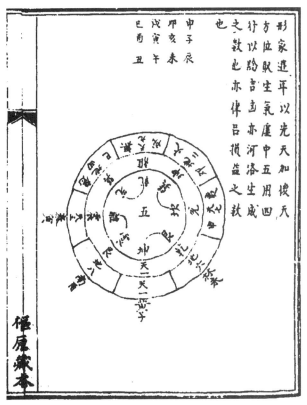

图4 先天、后天、五行、律吕损益图
（萧云从《易存》）

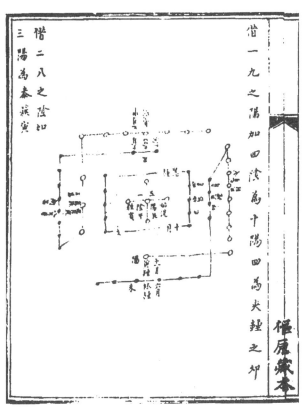

图5 洛书图合方卦位算数图
（萧云从《易存》）

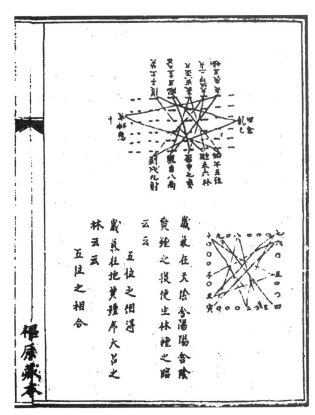

图6 五位相得相合图
（萧云从《易存》）

图7 圆图六十四卦四分图
（萧云从《易存》）

图9　相对皆九图
（萧云从《易存》）

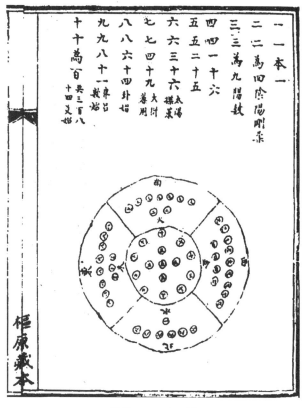

图8　一一本一图
（萧云从《易存》）

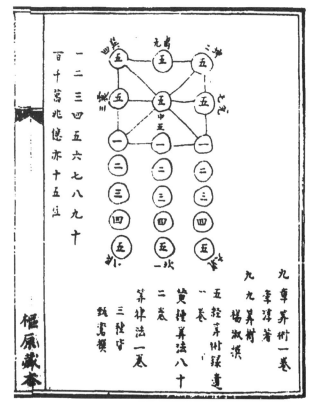

图10　十五位图
（萧云从《易存》）

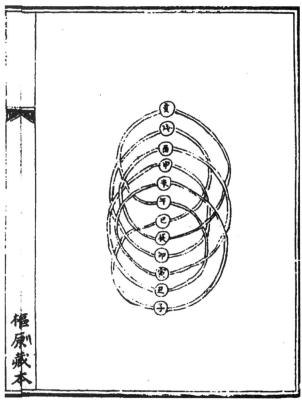

图11　十二地支图
（萧云从《易存》）

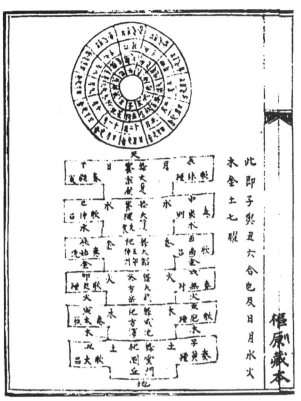

图 12　六合七曜图
（萧云从《易存》）

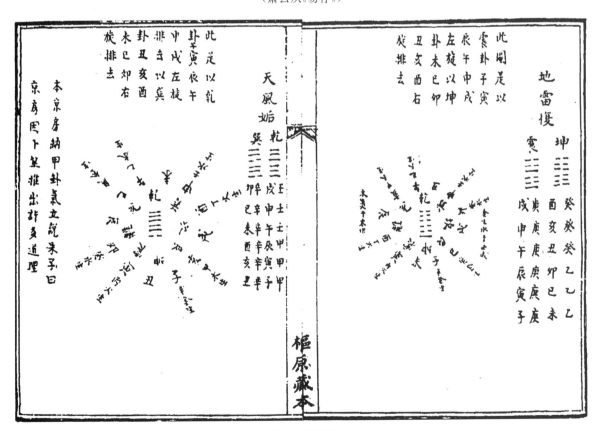

图 13　复姤图
（萧云从《易存》）

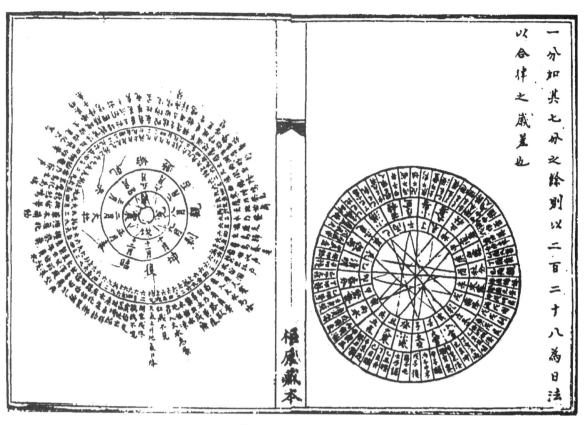

图 14　日法合岁差图
（萧云从《易存》）

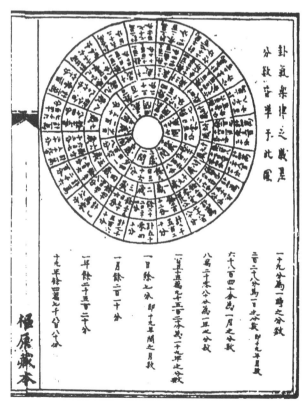

图 15　卦气乐律图
（萧云从《易存》）

文安之(1592—1659)

字汝止,号铁庵,明湖广夷陵(今湖北宜昌)人。天启二年(1622)进士,改庶吉士,授检讨。迁南司业,被奸臣构陷而削籍归。顺治七年(南明永历四年,1650)在广西拜东阁大学士,加太子太保,兼吏、兵部尚书,总督川湖诸处军务,大倡"扶明抗清",永明王逃入缅甸后,复明无望,赍志以卒。著有《易偭》十四卷,另有诗文集《铁庵稿》《略园集》等。现存有《周易》图像五幅。

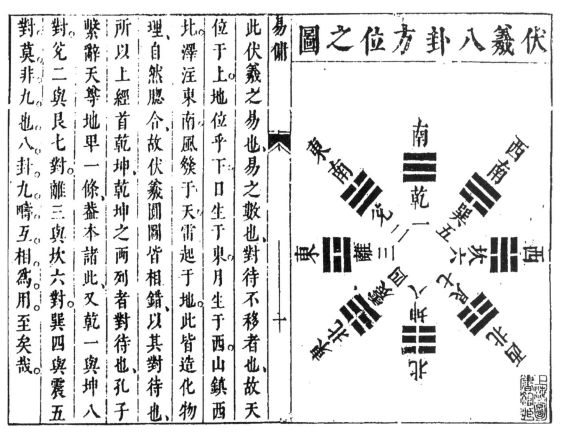

图1　伏羲八卦方位之图
（文安之《易偭》）

图 2 文王八卦方位之图
（文安之《易俑》）

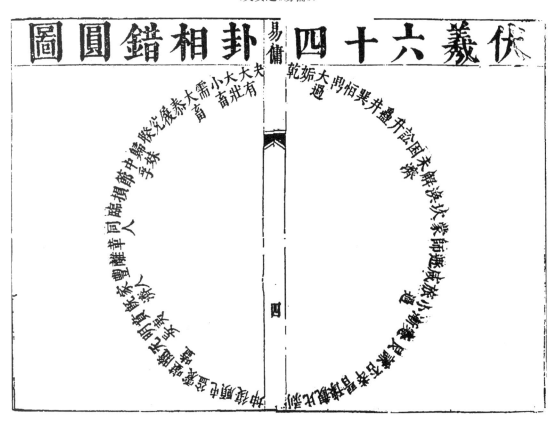

图 3 伏羲六十四卦相错圆图
（文安之《易俑》）

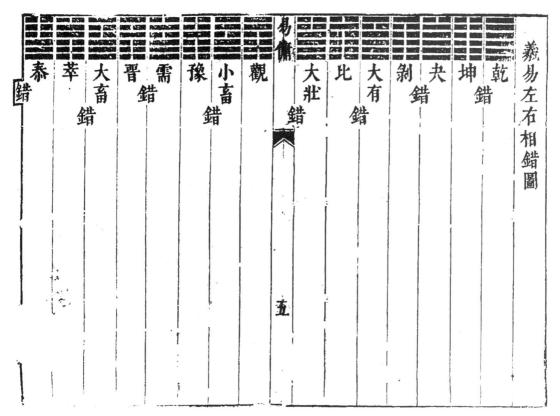

图 4-1 羲易左右相错图
（文安之《易俑》）

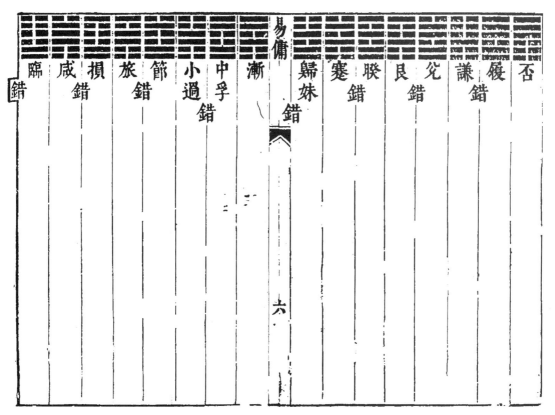

图 4-2 羲易左右相错图
（文安之《易俑》）

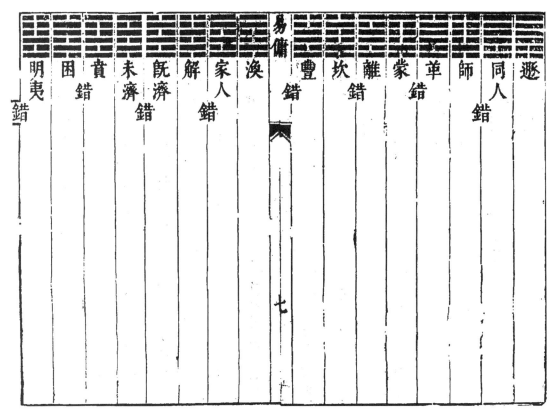
图 4-3 羲易左右相错图
（文安之《易傭》）

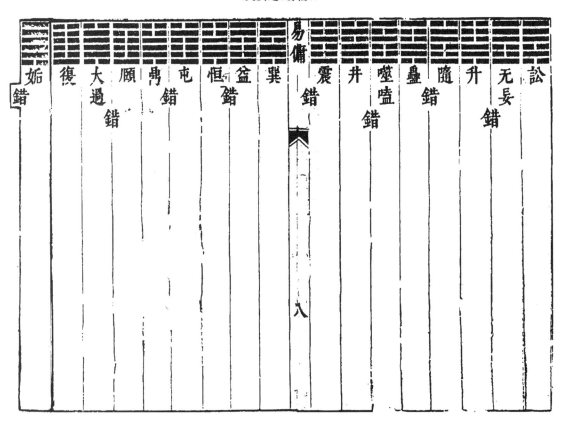
图 4-4 羲易左右相错图
（文安之《易傭》）

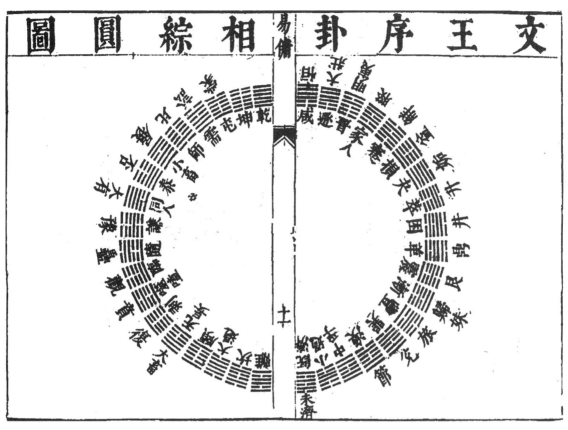

图5　文王序卦相综圆图
（文安之《易佣》）

倪元璐(1593—1644)

字玉汝,号鸿宝、园客,明浙江上虞人。天启二年(1622)进士,选入翰林为庶吉士。崇祯二年(1629),官南京国子监司业,后任左谕德充日讲官、国子祭酒。崇祯九年解职归里。十五年春,任兵部右侍郎,兼翰林院侍读学士。十六年五月特简为户部尚书兼翰林院学士。十七年李自成攻破京城时自缢而死,谥文正,清追谥文贞。著有《儿易内仪》六卷、《儿易外仪》十五卷。现存有《周易》图像共八幅。

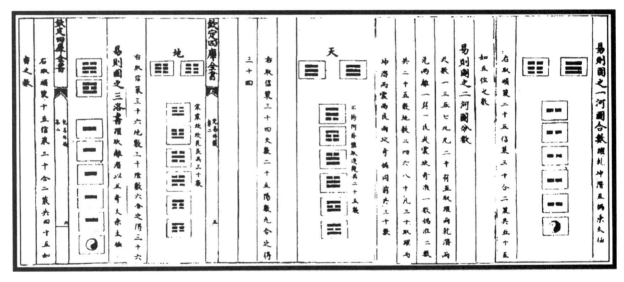

图1　易则图之三图
(倪元璐《儿易外仪》)

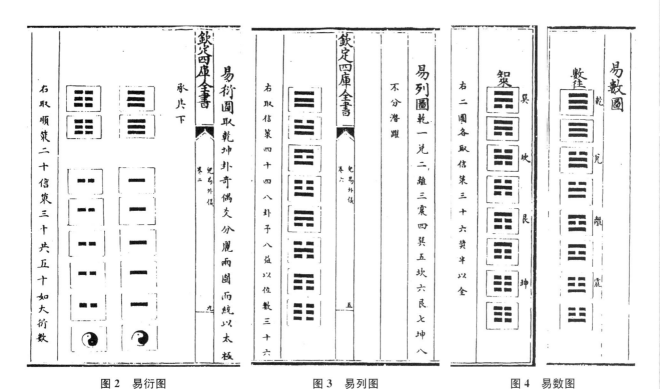

图2 易衍图
（倪元璐《儿易外仪》）

图3 易列图
（倪元璐《儿易外仪》）

图4 易数图
（倪元璐《儿易外仪》）

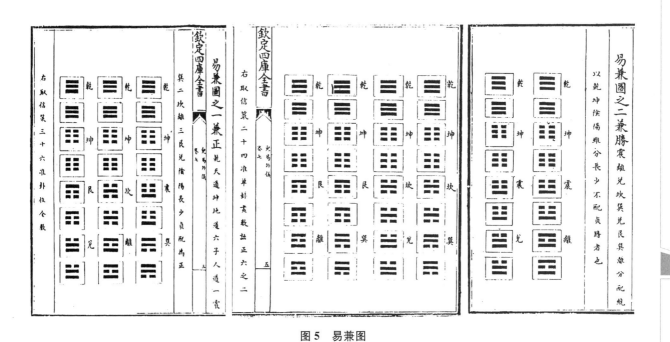

图5 易兼图
（倪元璐《儿易外仪》）

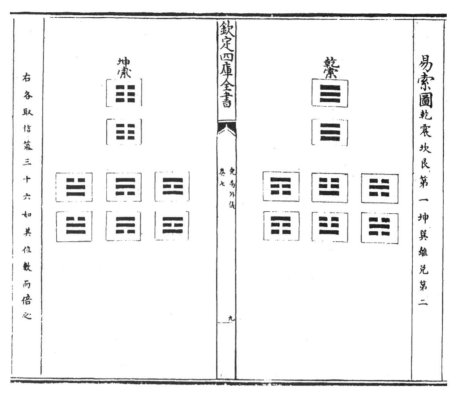

图 6　易索图
（倪元璐《儿易外仪》）

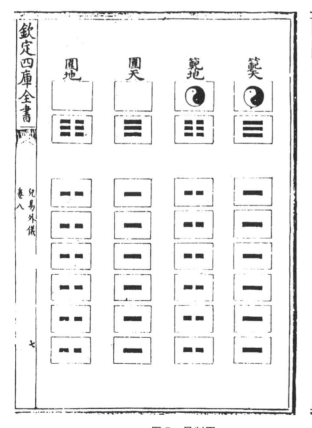

图 7　易制图
（倪元璐《儿易外仪》）

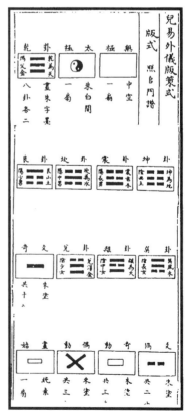

图 8　无极太极卦爻图（部分）
（倪元璐《儿易外仪》）

贺登选（？—1646）

号澹余，明江西鄱阳人。崇祯七年(1643)进士，官至监察御史，南京失守后，福王征召任河南道御史，户部右侍郎。通经，尤长于《易》。著有《易辰》九卷。现存有《周易》图像八幅。

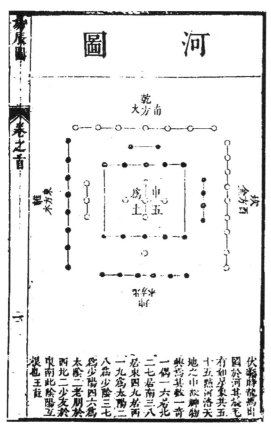

图1 河图
（贺登选《易辰图》）

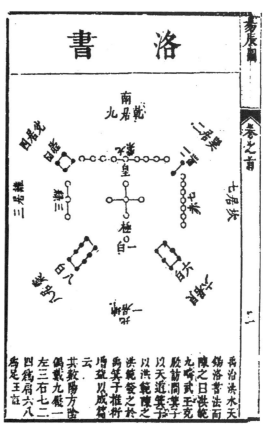

图2 洛书
（贺登选《易辰图》）

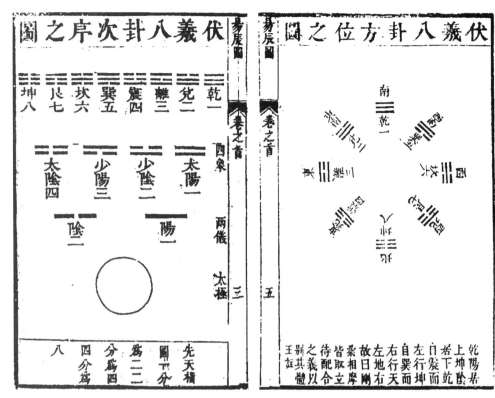

图3 伏羲八卦次序之图
（贺登选《易辰图》）

图4 伏羲八卦方位之图
（贺登选《易辰图》）

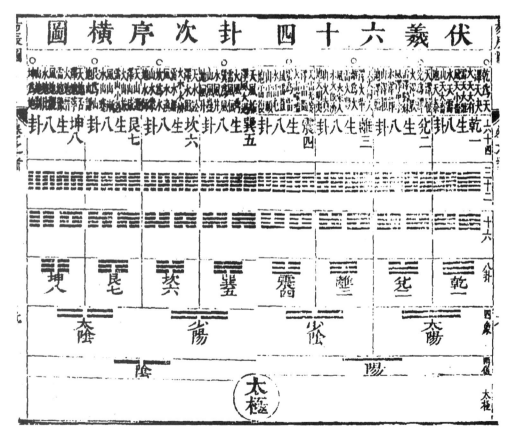

图5 伏羲六十四卦次序横图
（贺登选《易辰图》）

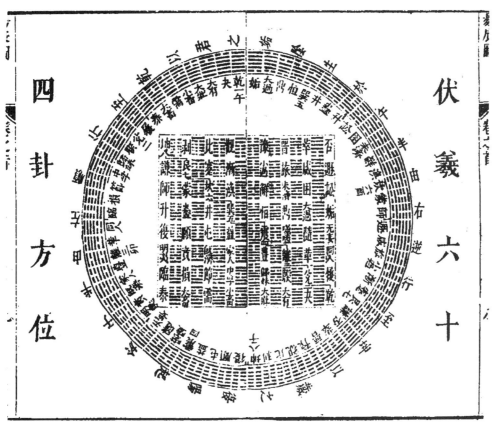

图6 伏羲六十四卦方位图
（贺登选《易辰图》）

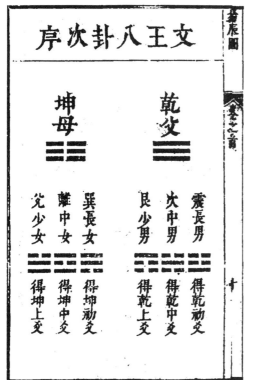

图7 文王八卦次序图
（贺登选《易辰图》）

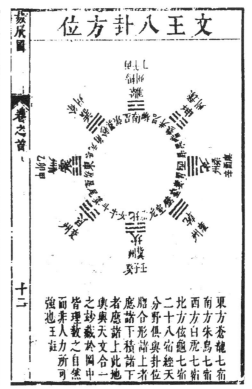

图8 文王八卦方位图
（贺登选《易辰图》）

胡世安（1593—1663）

字处静，号秀岩，又号菊潭，明四川井研人。崇祯元年（1628）进士，授庶吉士，后授官检讨。七年分校礼部，九年典浙江试，十年以册封蜀世子，因乞假省亲。累官詹事府少詹事兼翰林院侍读学士。入清，官至经筵讲官，武英殿大学士兼兵部尚书，加少师兼太子太师、加少傅兼太子太傅、秘书院大学士。著有《大易则通》十五卷、《易史》一卷、《梦易》、《原易》、《异鱼图赞笺》、《异鱼图赞补》等。现存有《周易》图像八十八幅。

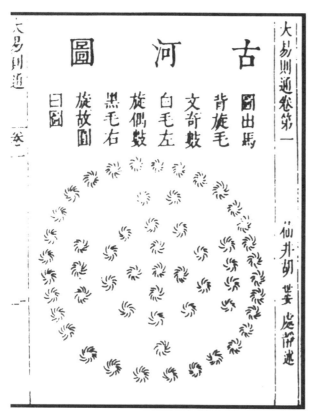

图1　古河图
（胡世安《大易则通》）

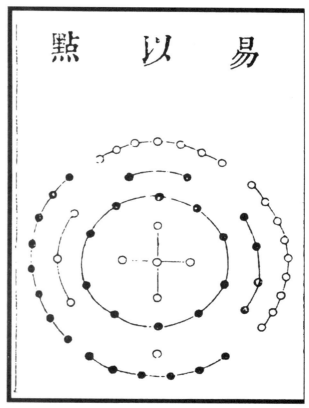

图2　易以点图
（胡世安《大易则通》）

图3　古洛书
（胡世安《大易则通》）

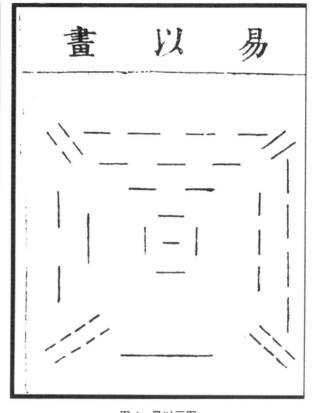

图4　易以画图
（胡世安《大易则通》）

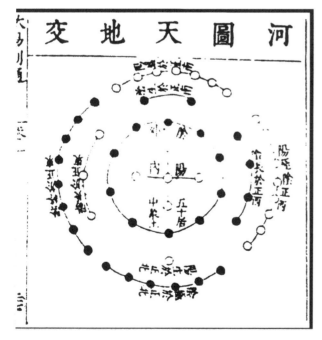

图5　河图天地交图
（胡世安《大易则通》）

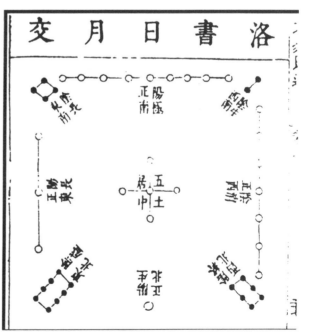

图6　洛书日月交图
（胡世安《大易则通》）

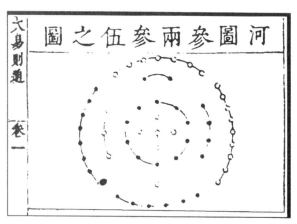

图 7　河图参两参伍之图
（胡世安《大易则通》）

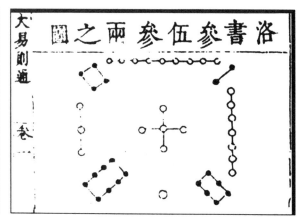

图 8　洛书参伍参两之图
（胡世安《大易则通》）

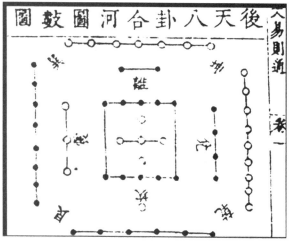

图 9　后天八卦合河图数图
（胡世安《大易则通》）

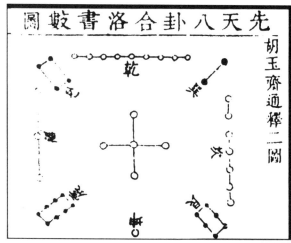

图 10　先天八卦合洛书数图
（胡世安《大易则通》）

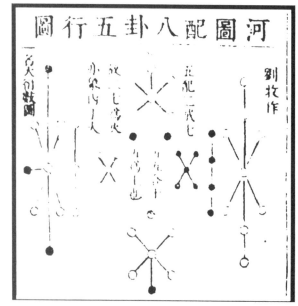

图 11　河图配八卦五行图
（胡世安《大易则通》）

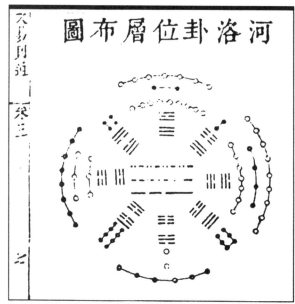

图 12　河洛卦位层布图
（胡世安《大易则通》）

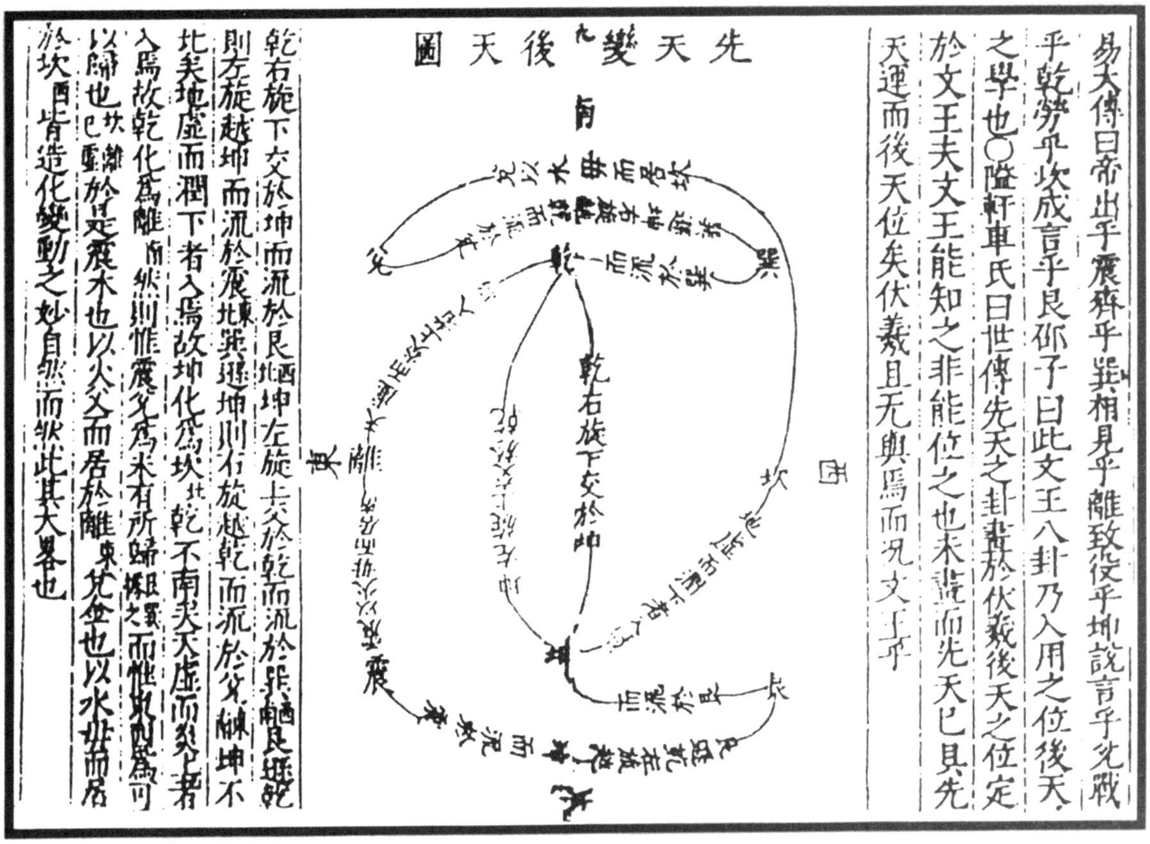

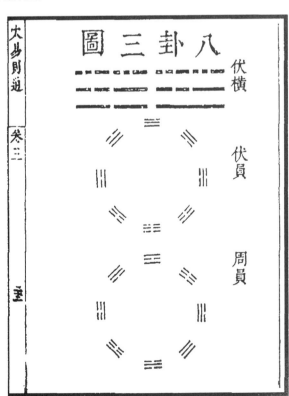

图 13　先天变后天图
（胡世安《大易则通》）

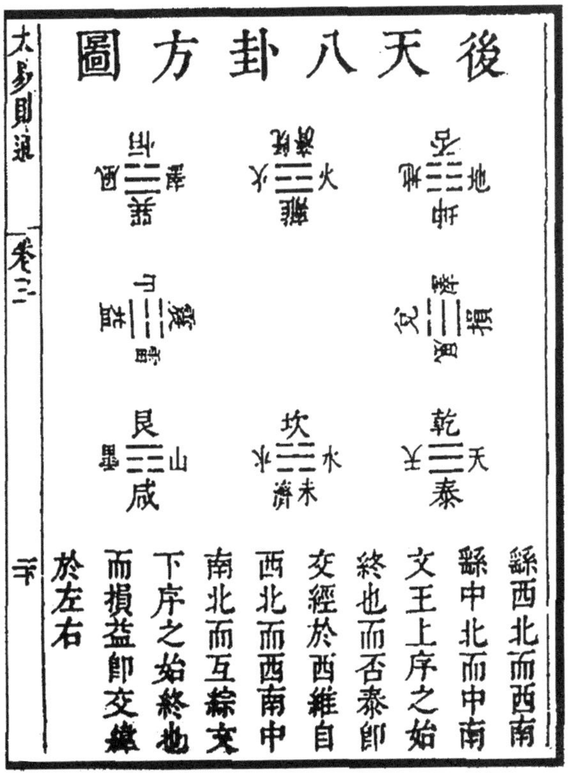

图 14　后天八卦方图
（胡世安《大易则通》）

图 15　八卦三图
（胡世安《大易则通》）

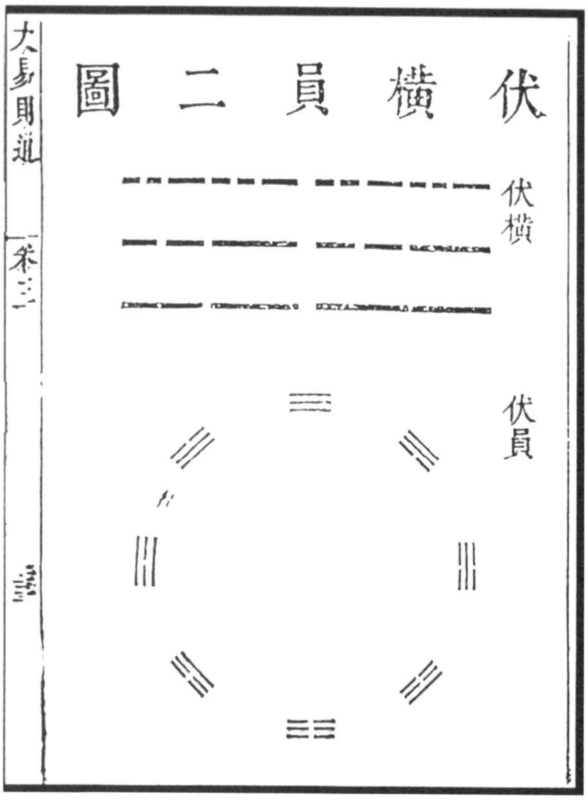

图 16　伏横员二图
（胡世安《大易则通》）

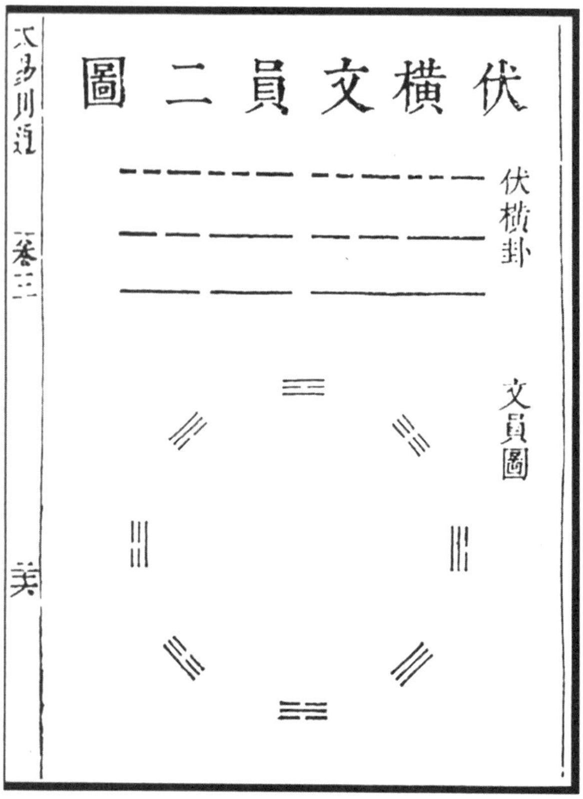

图 17　伏横文员二图
（胡世安《大易则通》）

图 18　伏员与文员图
（胡世安《大易则通》）

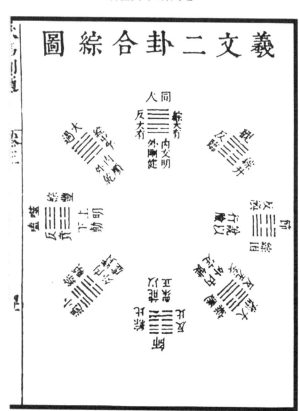

图 19　羲文二卦合综图
（胡世安《大易则通》）

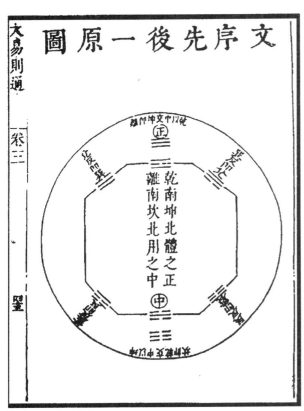

图 20 文序先后一原图
（胡世安《大易则通》）

图 21 先后天八卦配元亨利贞图
（胡世安《大易则通》）

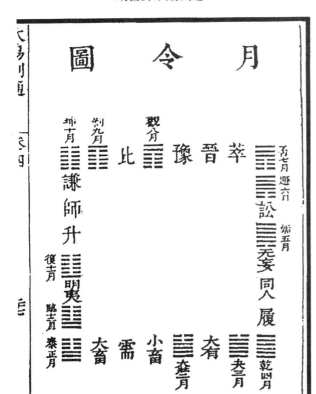

图 22 月令图
（胡世安《大易则通》）

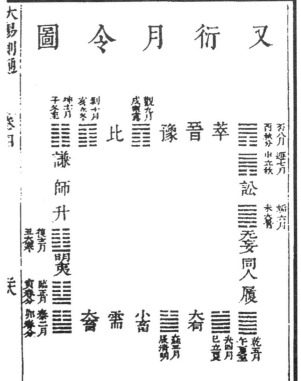

图 23 又衍月令图
（胡世安《大易则通》）

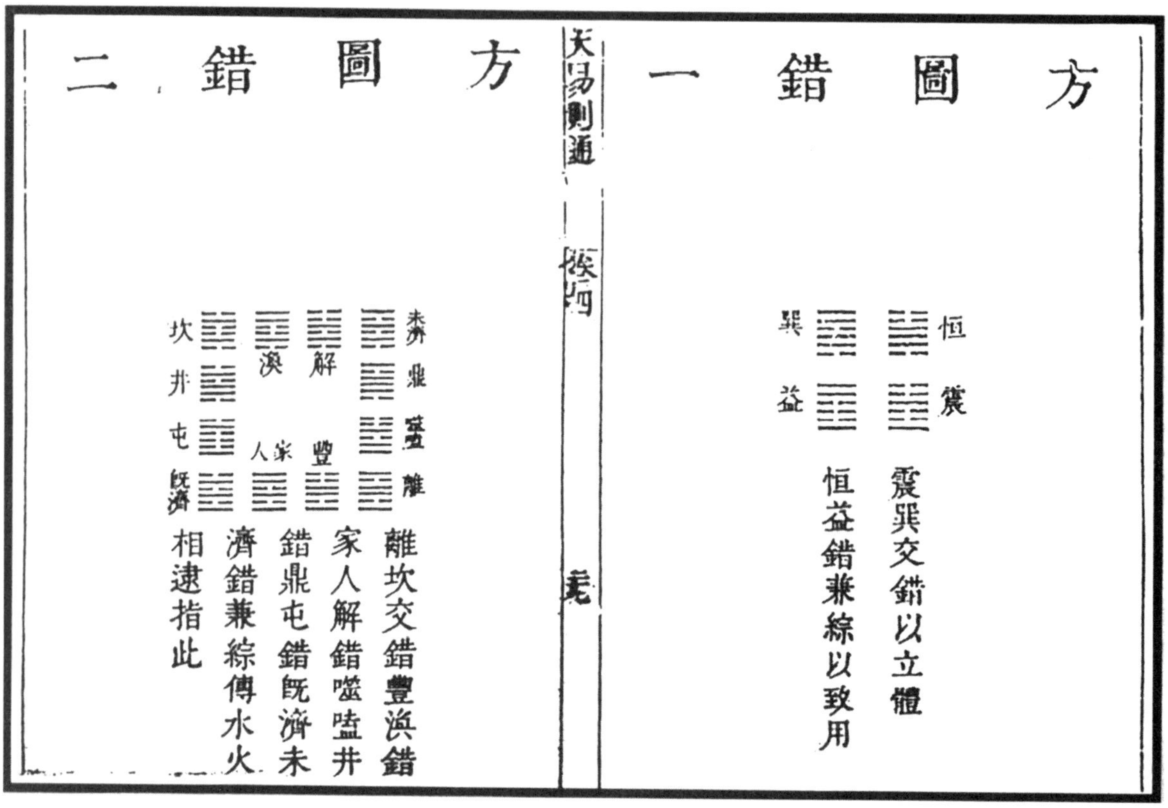

方圖錯一　　　　　　　　　方圖錯二

巽　恆震

震巽交錯以立體
恆益錯兼綜以致用

巽益

離坎交錯豐渙錯
家人解錯噬嗑井
錯鼎屯錯既濟未
濟錯兼綜傳水火
相逮指此

图 24-1　方图错四图
（胡世安《大易则通》）

方圖錯三　　　　　　　　　方圖錯四

咸困大過隨革兌
艮兌交錯咸損錯兼
綜旅節錯蹇暌錯小
過中孚錯漸歸妹錯
困賁錯蒙華錯大過
頤錯蠱隨錯傳明山
澤通氣指此

萃乾訟姤無妄同人履乾
乾坤貞錯之本否泰錯
晉兼綜萃大畜錯剝夬錯
觀畜錯觀大壯錯遯臨錯
比謙履錯訟明夷錯師同
剝人錯姤復錯升無妄錯
坤謙師升復明夷臨泰

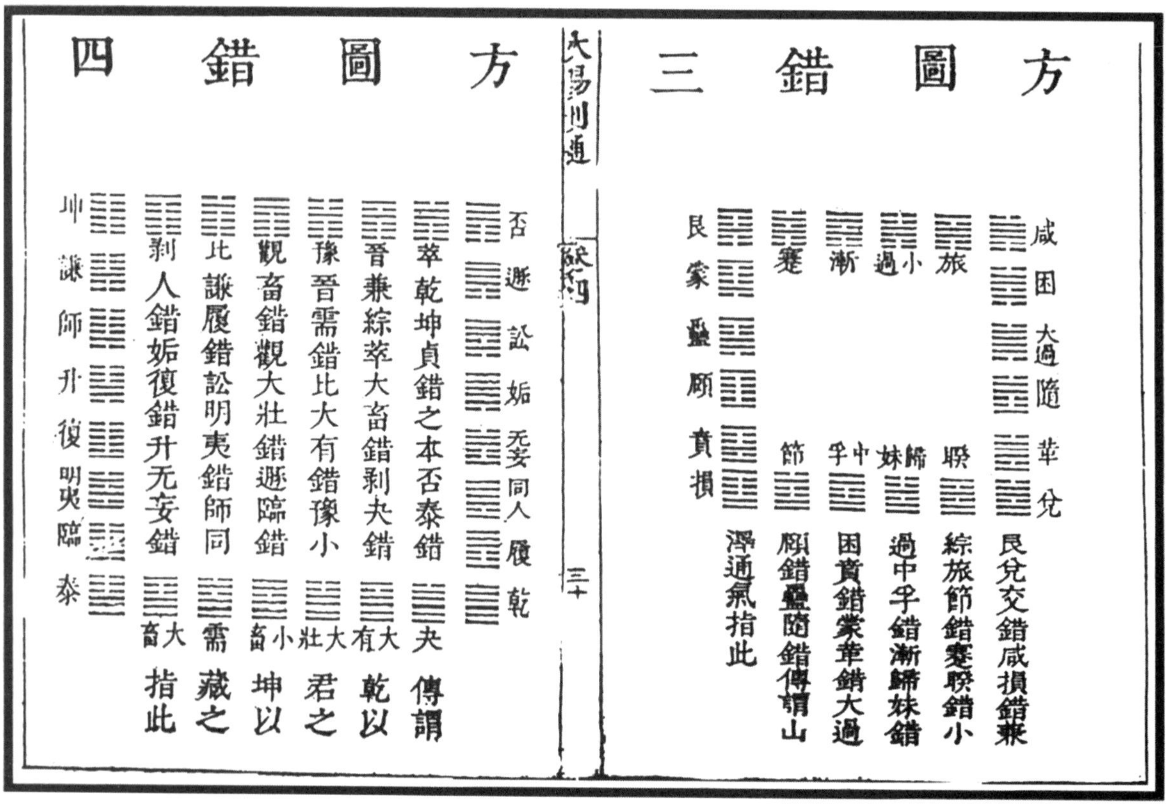

图 24-2　方图错四图
（胡世安《大易则通》）

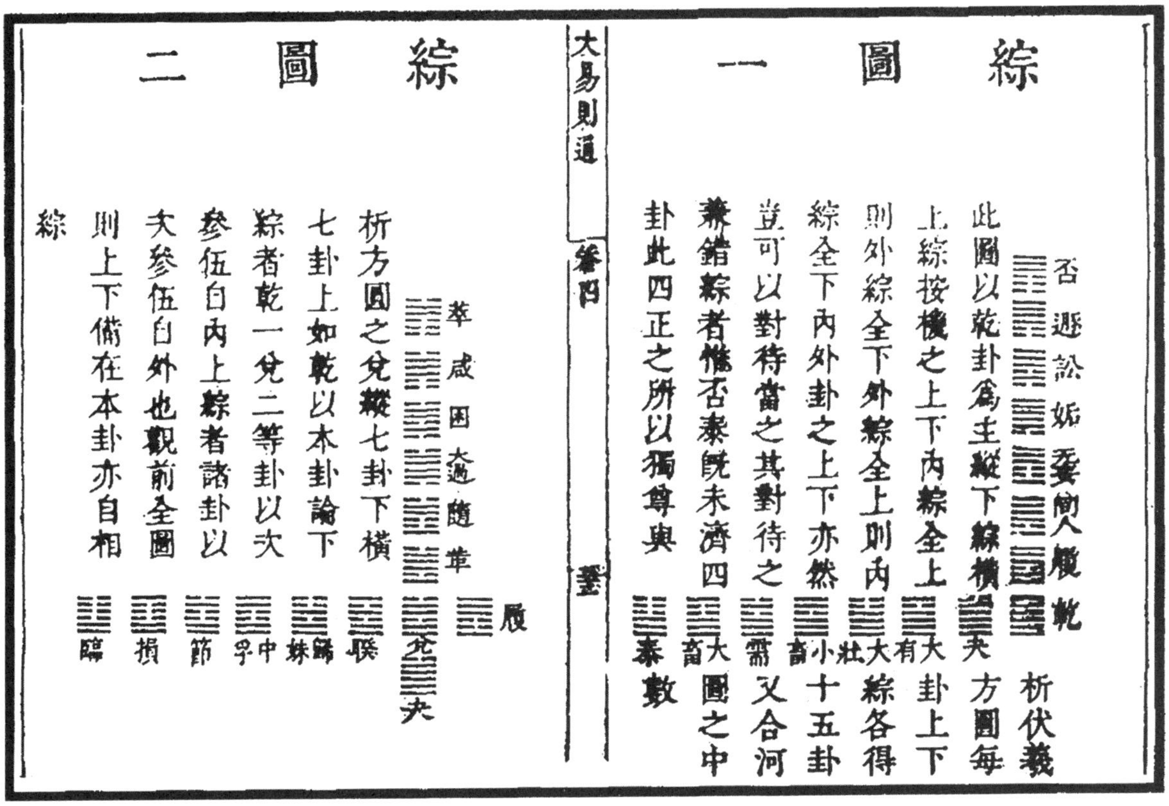

图 25－1　综图八图

（胡世安《大易则通》）

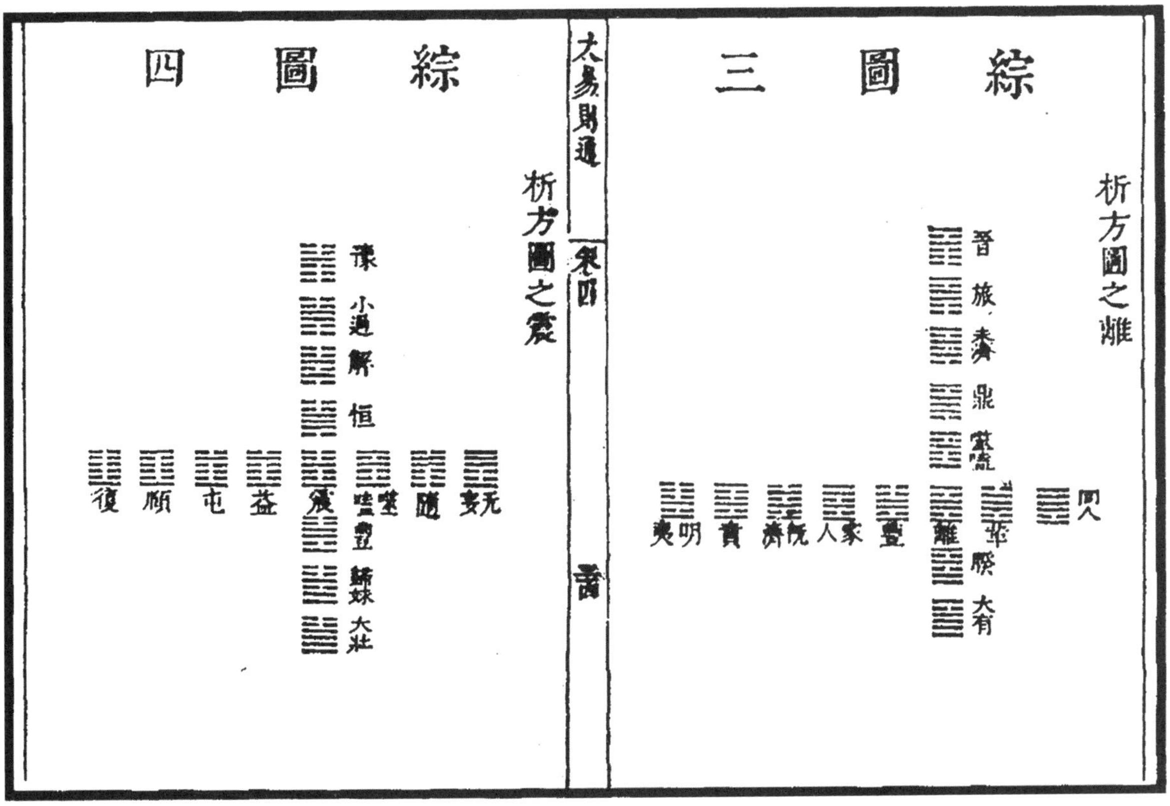

图 25－2　综图八图

（胡世安《大易则通》）

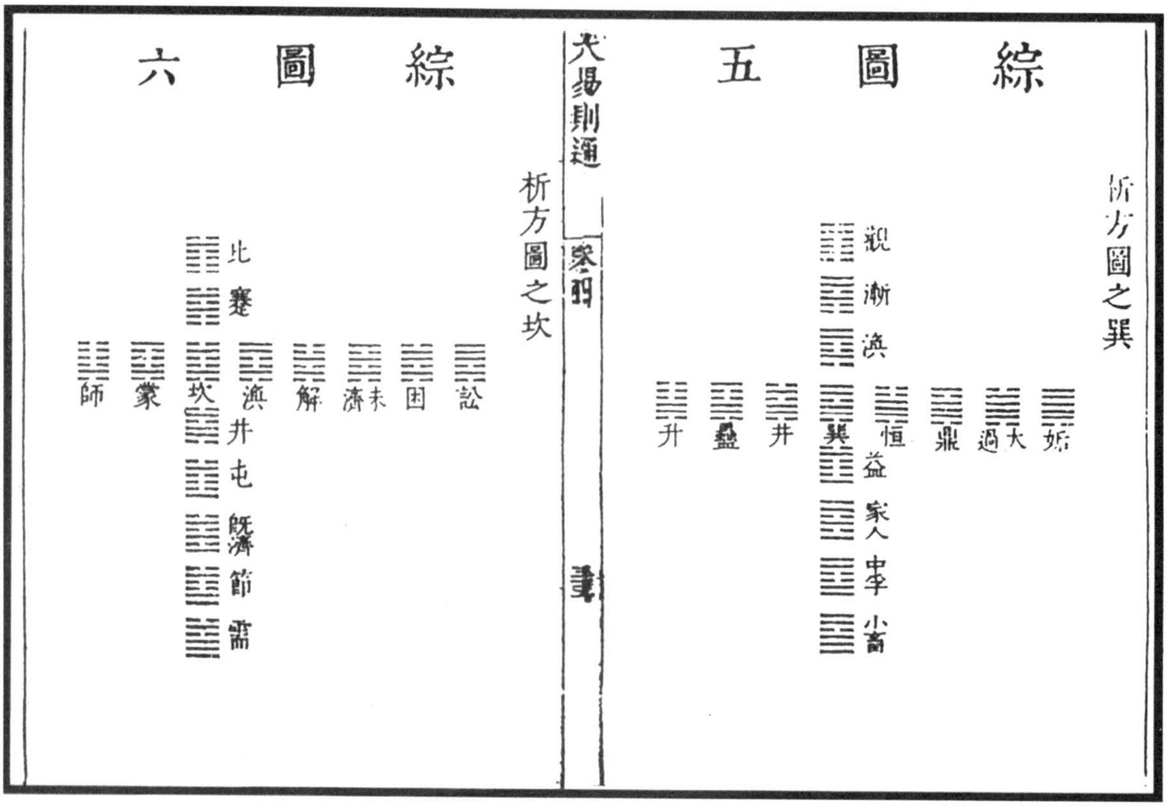

图 25-3　综图八图
（胡世安《大易则通》）

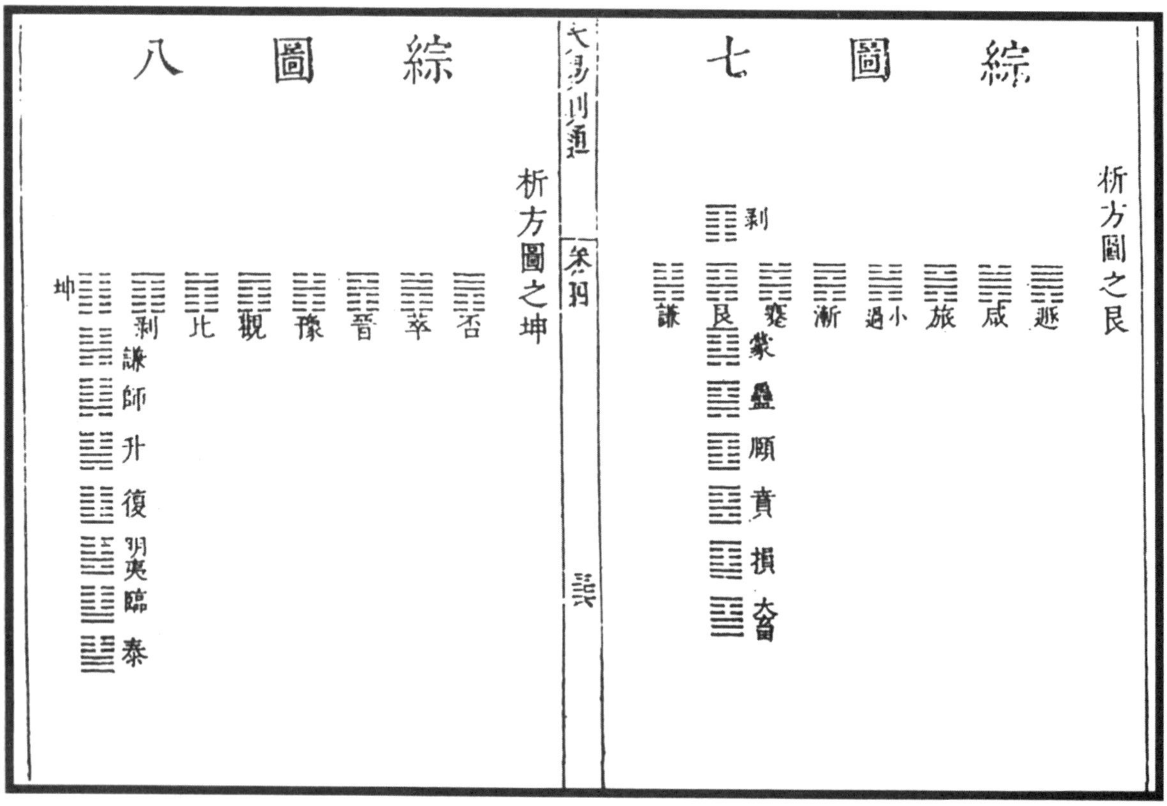

图 25-4　综图八图
（胡世安《大易则通》）

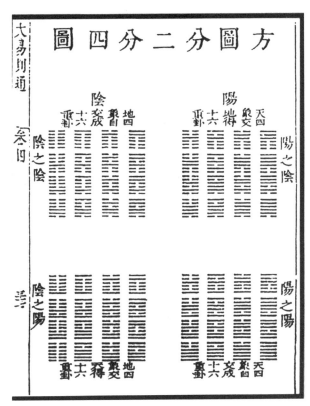

图 26　方图分二分四图
（胡世安《大易则通》）

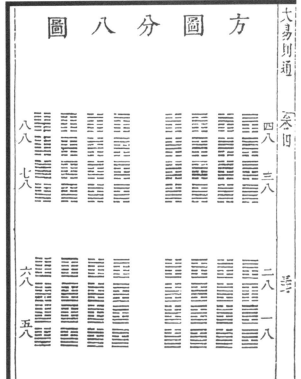

图 27　方图分八图
（胡世安《大易则通》）

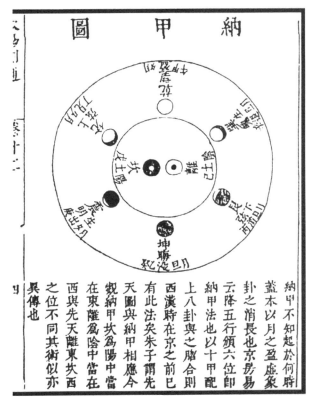

图 28　纳甲图
（胡世安《大易则通》）

图 29　后天太极图
（胡世安《大易则通》）

图 30 古太极图
（胡世安《大易则通》）

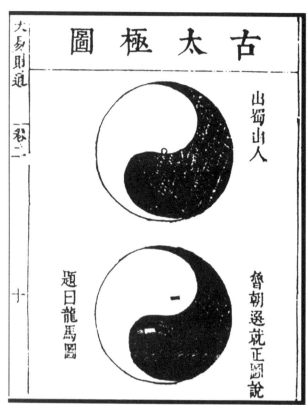

图 31 古太极图
（胡世安《大易则通》）

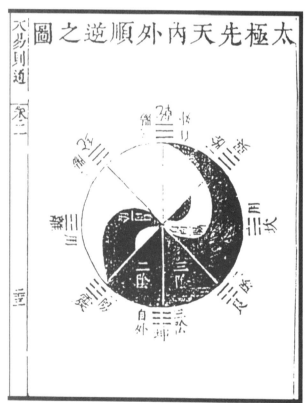

图 32 太极先天内外顺逆之图
（胡世安《大易则通》）

图 33 易知来数往图
（胡世安《大易则通》）

图 34 参伍错综图
（胡世安《大易则通》）

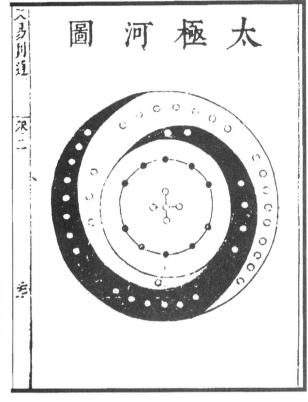

图 35 太极河图
（胡世安《大易则通》）

图 36 易有太极图一
（胡世安《大易则通》）

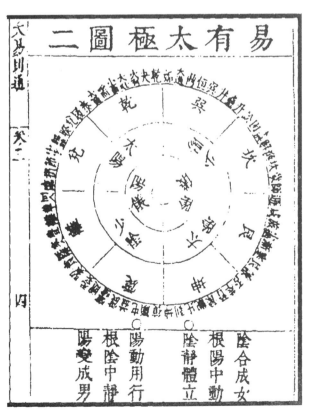

图 37 易有太极图二
（胡世安《大易则通》）

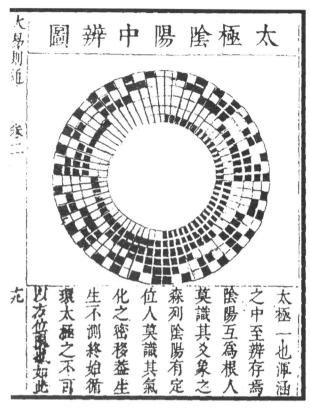

图 38　太极阴阳中辨图
（胡世安《大易则通》）

图 39　太极函生图
（胡世安《大易则通》）

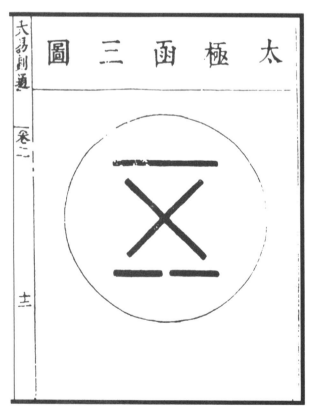

图 40　太极函三图
（胡世安《大易则通》）

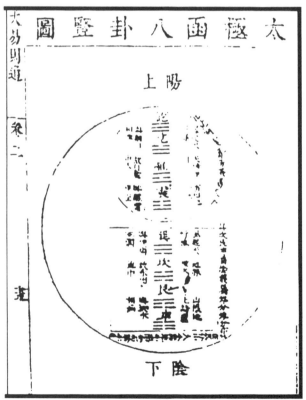

图 41　太极函八卦竖图
（胡世安《大易则通》）

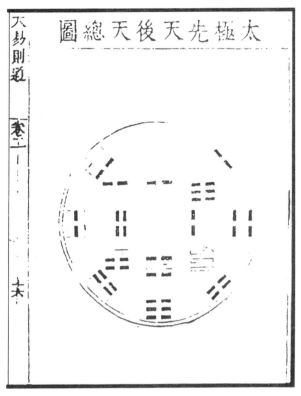

图 42　太极先天后天总图
（胡世安《大易则通》）

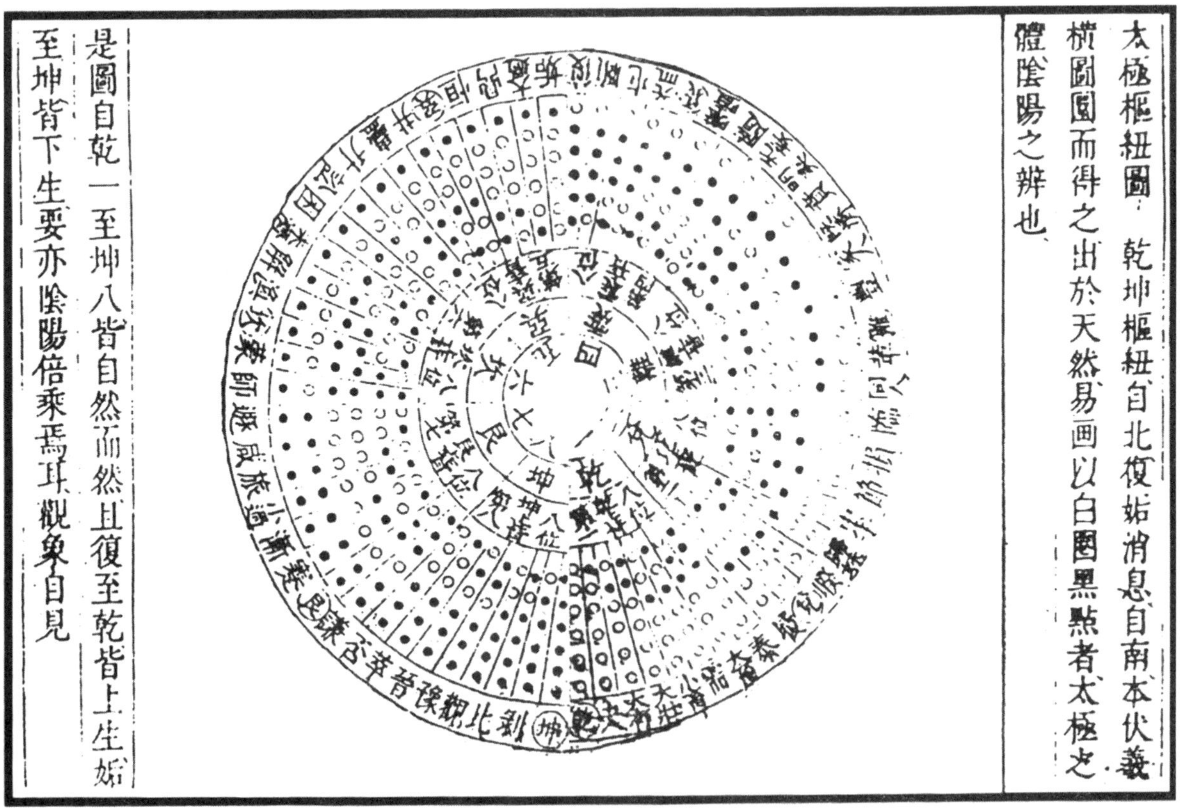

图 43　太极枢纽图
（胡世安《大易则通》）

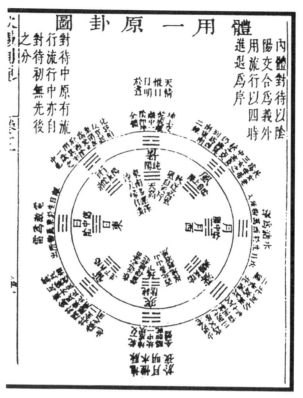

图44 体用一原卦图
(胡世安《大易则通》)

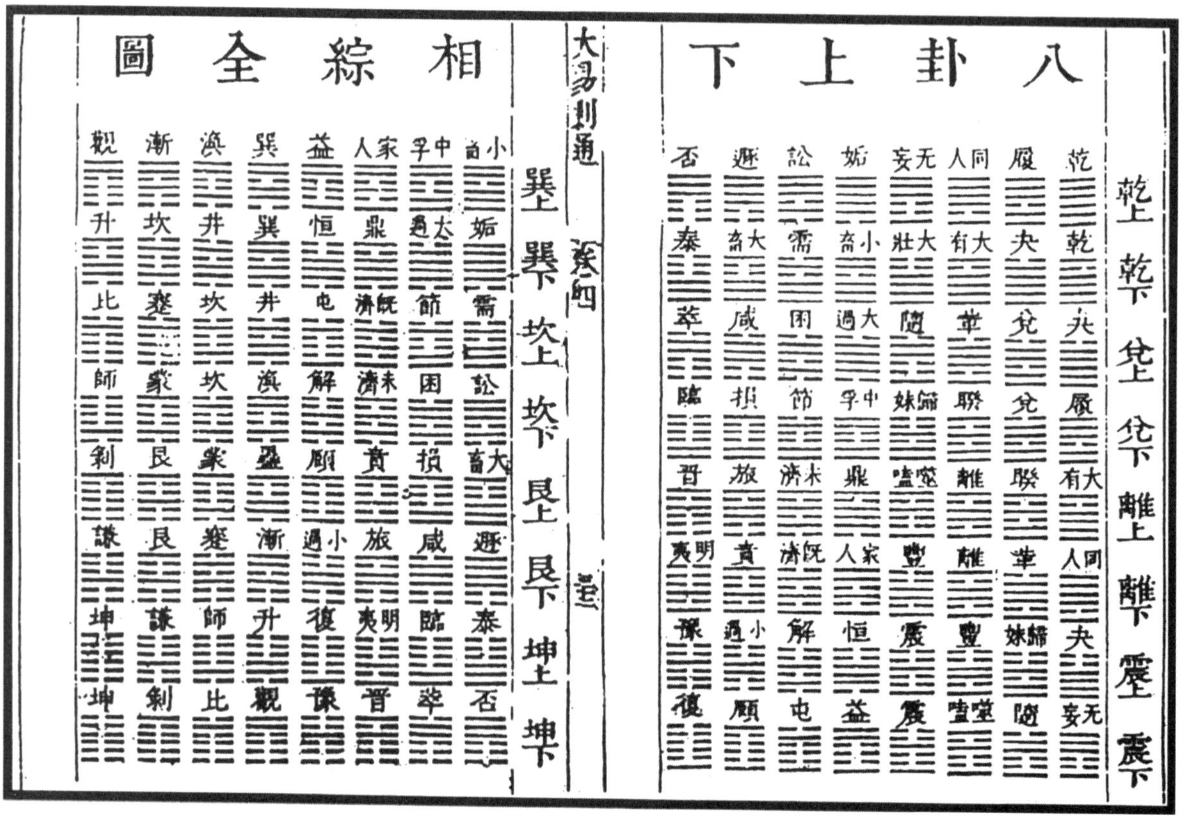

图45 八卦上下相综全图
(胡世安《大易则通》)

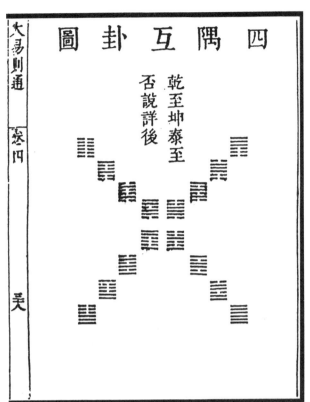

图 46　四隅互卦图
（胡世安《大易则通》）

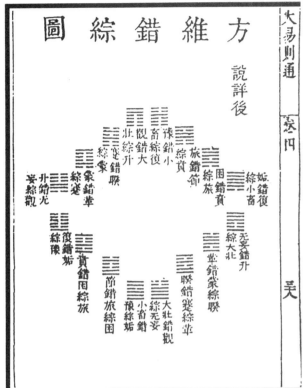

图 47　方维错综图
（胡世安《大易则通》）

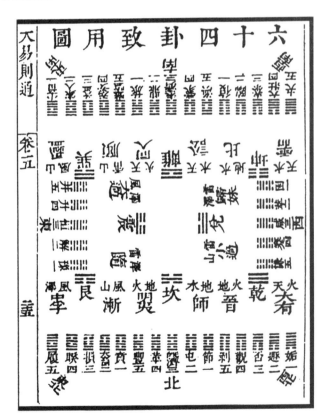

图 48　六十四卦致用图
（胡世安《大易则通》）

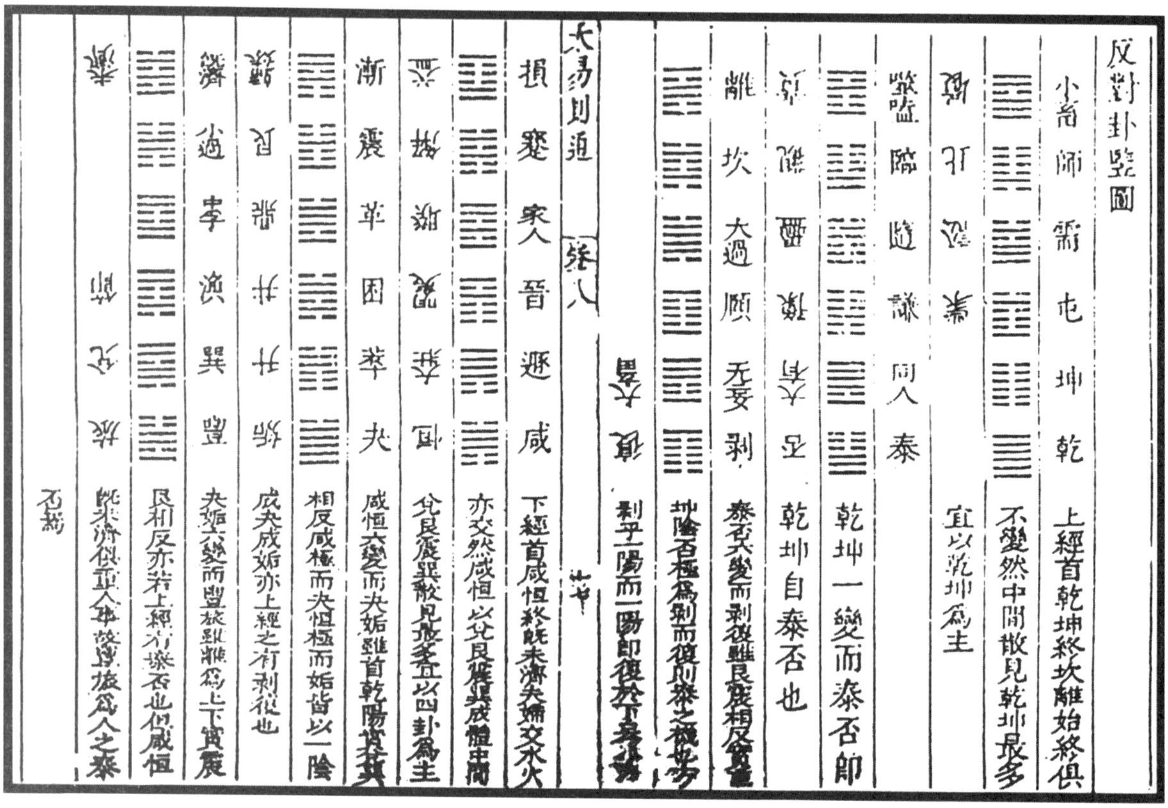

图49 反对卦竖图
（胡世安《大易则通》）

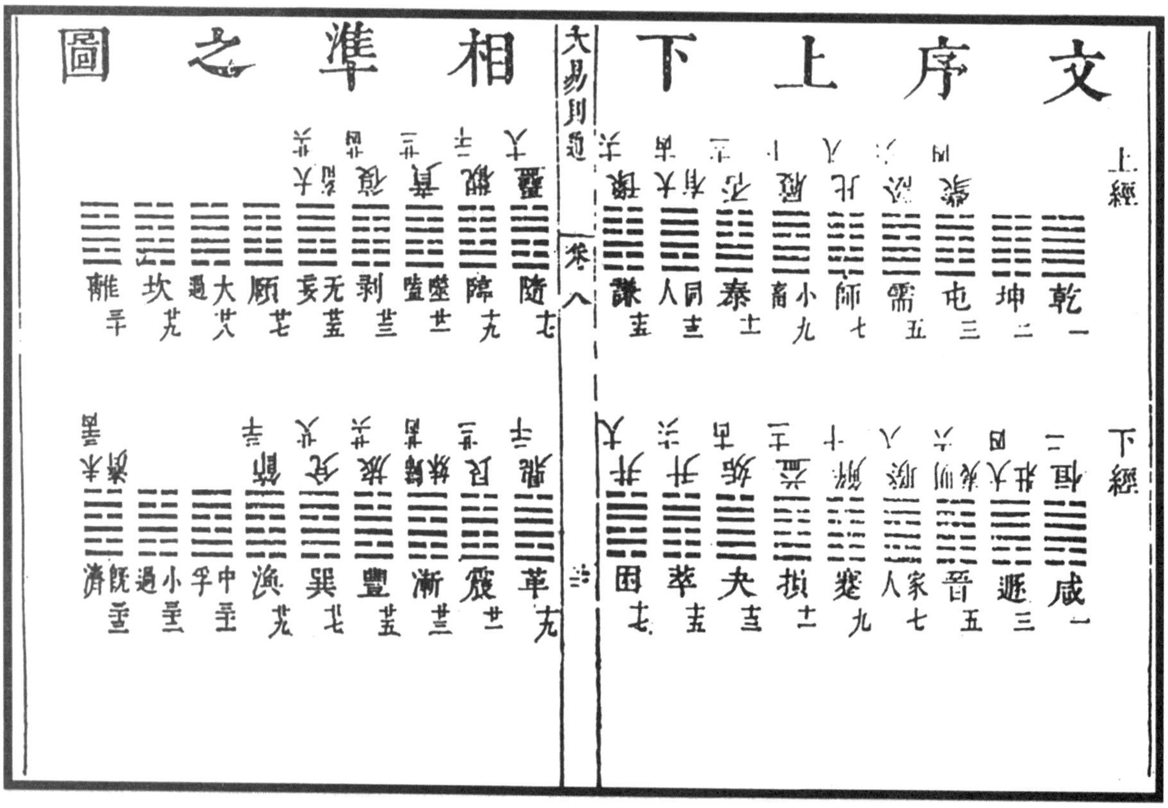

图50 文序上下相准之图
（胡世安《大易则通》）

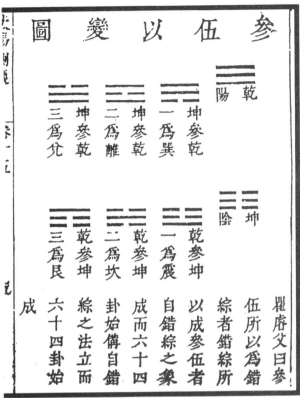

图51 参伍以变图
（胡世安《大易则通》）

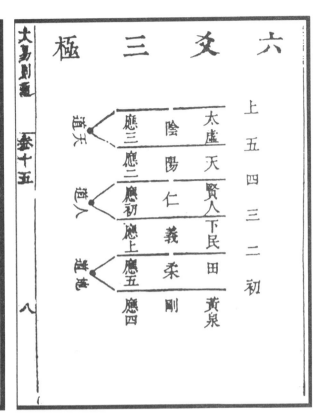

图52 六爻三极图
（胡世安《大易则通》）

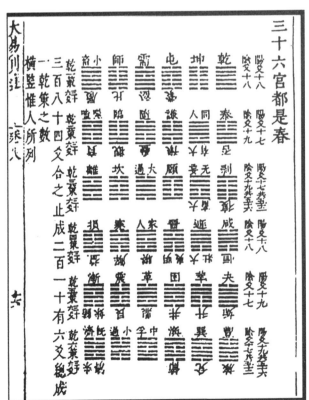

图53 三十六宫都是春图
（胡世安《大易则通》）

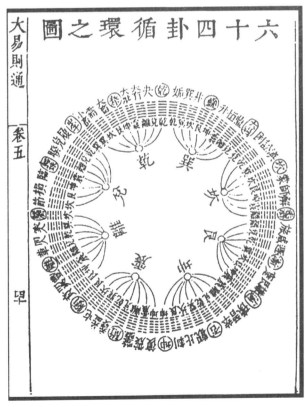

图54 六十四卦循环图
（胡世安《大易则通》）

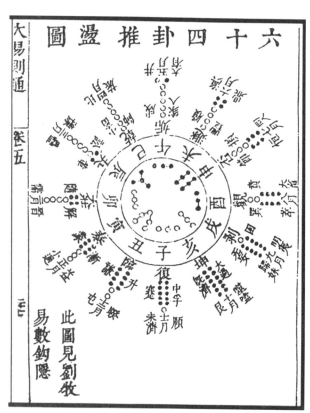

图 55　六十四卦推荡图
（胡世安《大易则通》）

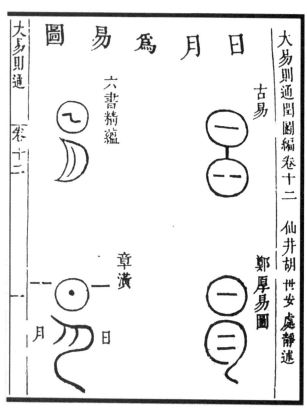

图 56　日月为易图
（胡世安《大易则通》）

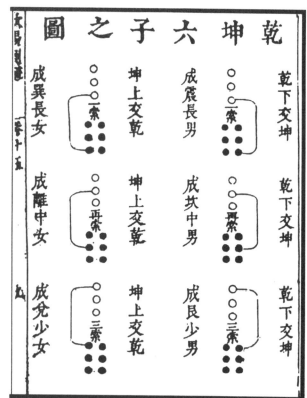

图 57　乾坤六子之图
（胡世安《大易则通》）

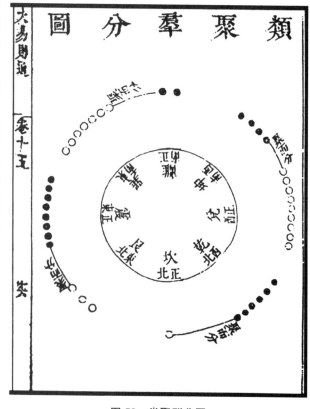

图 58　类聚群分图
（胡世安《大易则通》）

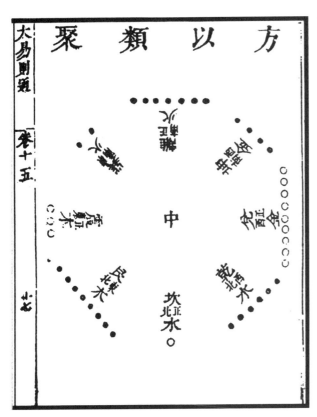

图 59　方以类聚图
（胡世安《大易则通》）

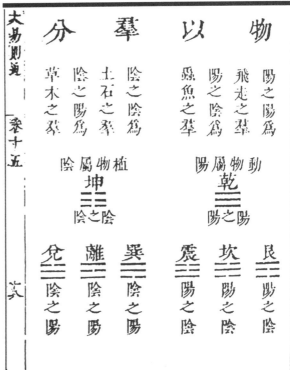

图 60　物以群分图
（胡世安《大易则通》）

图 61　易知来数往图
（胡世安《大易则通》）

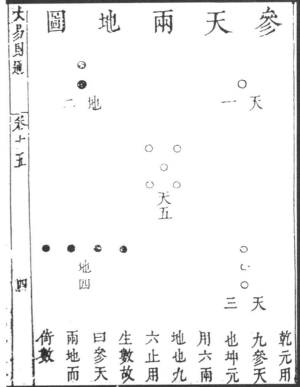

图 62　参天两地图
（胡世安《大易则通》）

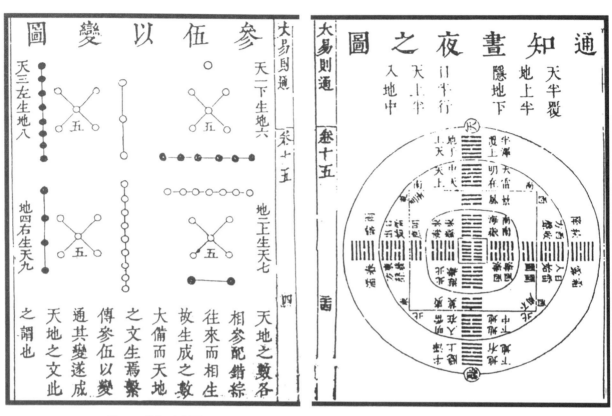

图 63　参伍以变图
（胡世安《大易则通》）

图 64　通知昼夜之图
（胡世安《大易则通》）

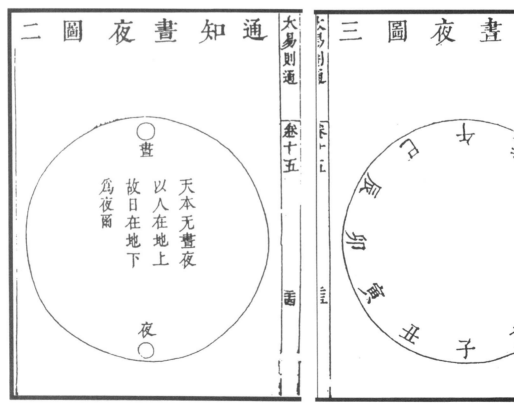

图 65　通知昼夜图二
（胡世安《大易则通》）

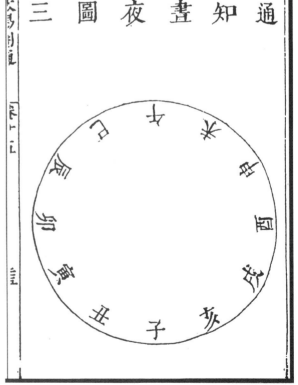

图 66　通知昼夜图三
（胡世安《大易则通》）

图 67　参伍错综图
（胡世安《大易则通》）

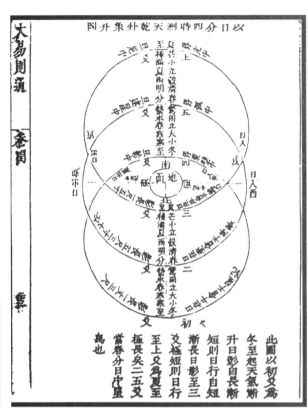

图 68　以日分四时测天乾卦象升图
（胡世安《大易则通》）

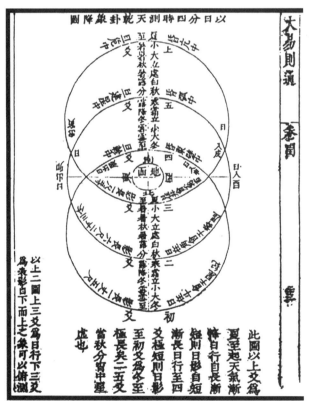

图 69　以日分四时测天乾卦象降图
（胡世安《大易则通》）

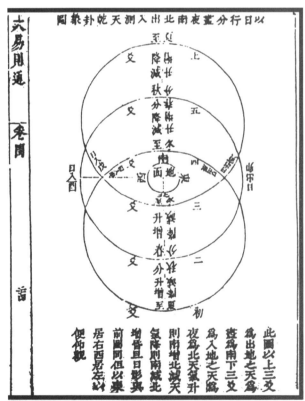

图 70　以日行分昼夜南北出入测天乾卦象图
（胡世安《大易则通》）

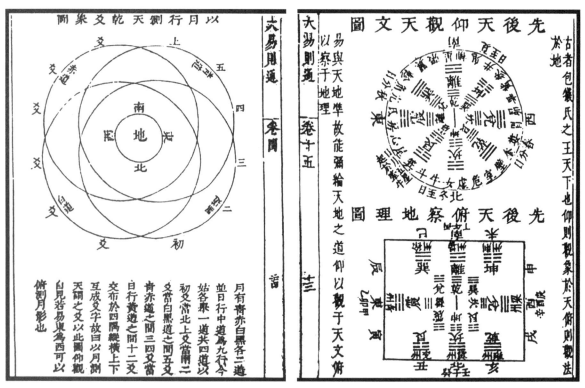

图 71　以月行测天乾爻象图
（胡世安《大易则通》）

图 72　先后天仰观天文图
图 73　先后天俯察地理图
（胡世安《大易则通》）

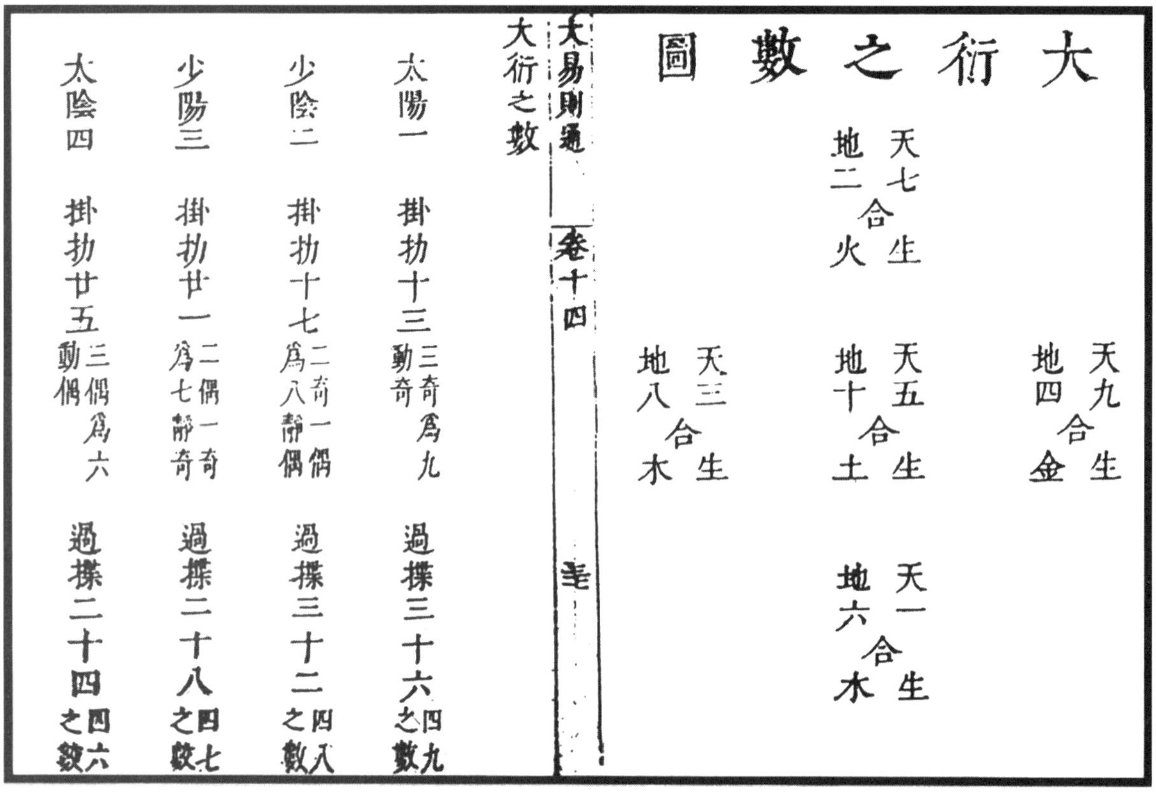

图 74　大衍之数图
（胡世安《大易则通》）

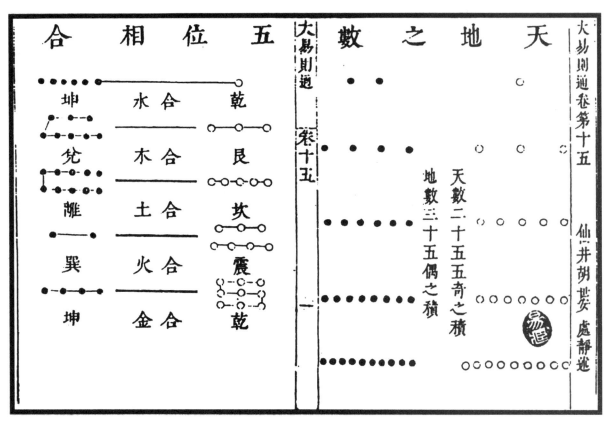

图 75 天地之数五位相合图
（胡世安《大易则通》）

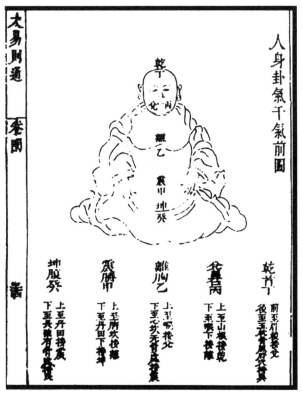

图 76 人身卦气干气前图
（胡世安《大易则通》）

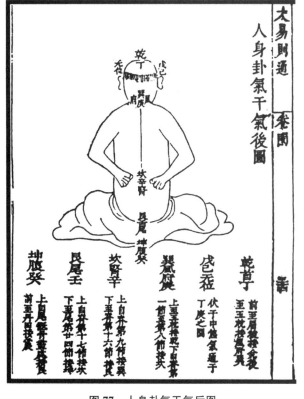

图 77 人身卦气干气后图
（胡世安《大易则通》）

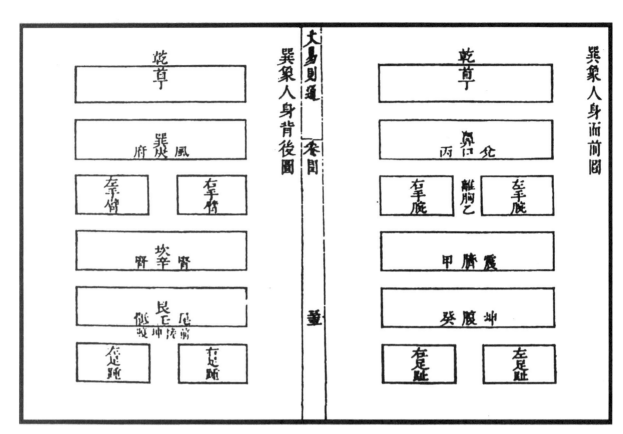

图 78 巽象人身前后图
（胡世安《大易则通》）

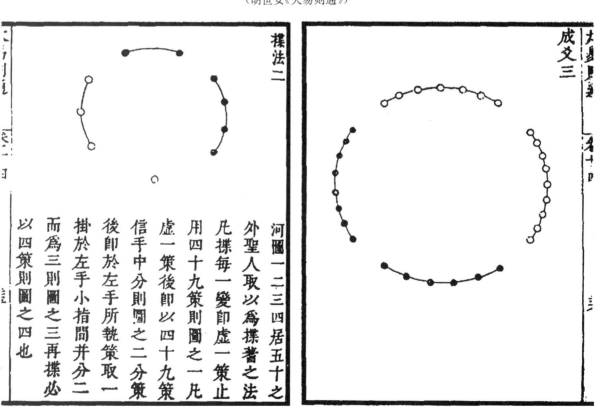

图 79-1 揲法六图
（胡世安《大易则通》）

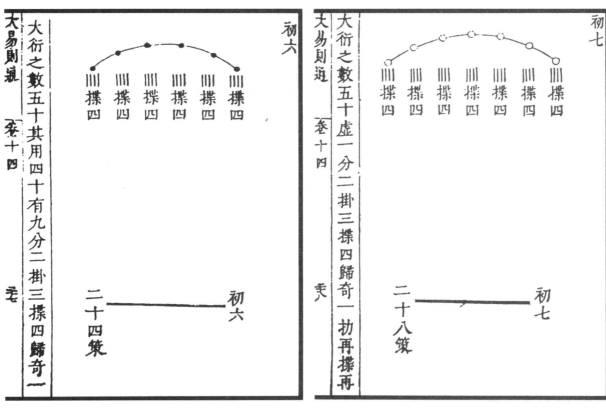

图 79-2 揲法六图
（胡世安《大易则通》）

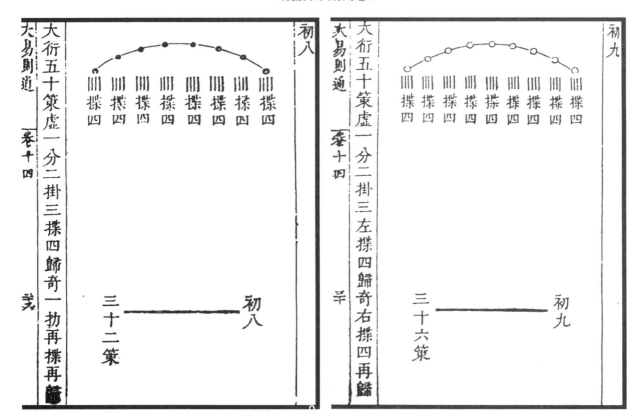

图 79-3 揲法六图
（胡世安《大易则通》）

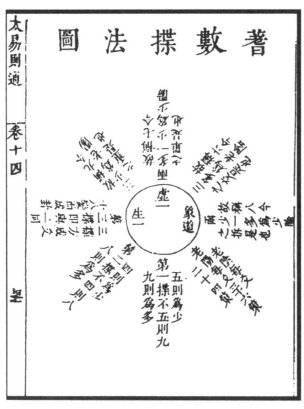

图 80　蓍数揲法图
（胡世安《大易则通》）

图 81　蓍卦之图
（胡世安《大易则通》）

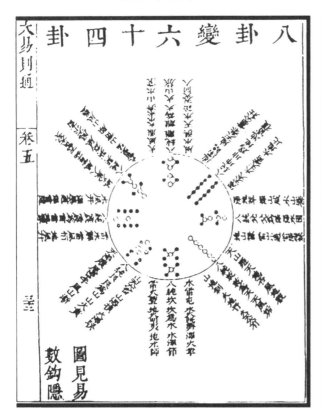

图 82　八卦变六十四卦图
（胡世安《大易则通》）

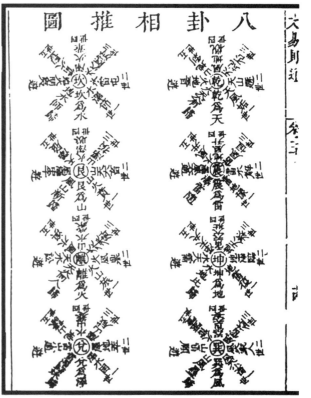

图 83　八卦相推图
（胡世安《大易则通》）

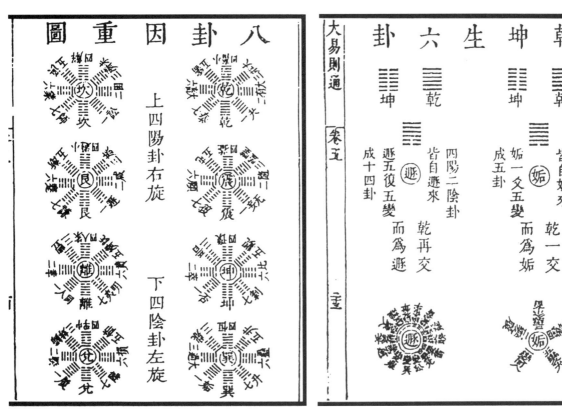

图 84　八卦因重图
（胡世安《大易则通》）

图 85　乾坤生六卦图
（胡世安《大易则通》）

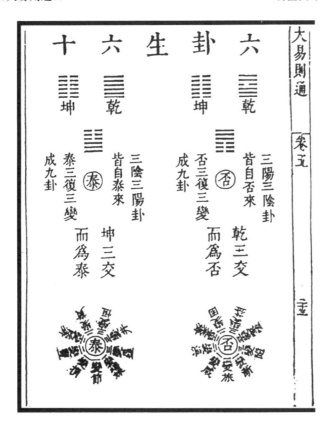

图 86-1　六卦生六十四卦总图
（胡世安《大易则通》）

四卦總圖

乾 ䷀　坤 ䷁
坤 ䷁　乾 ䷀

四陰二陽卦　皆自臨來　坤再交
五陰一陽卦　皆自復來　坤一交
臨五復五變而成十四卦
復一爻五變而為臨

《大易則通》卷五

六經圖尚載一圓者更渾而晰謂李之才挺傳於邵子
邵傳之河陽陳氏舊註謂是圖可信不獨八卦能生
六十四卦又旁通相生得此然後易之彖辭可知其
所從來所謂象學也

图 86-2　六卦生六十四卦总图
（胡世安《大易则通》）

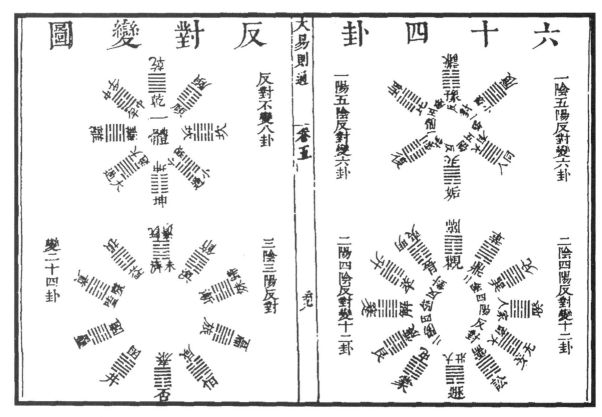

图 87　六十四卦反对变图
（胡世安《大易则通》）

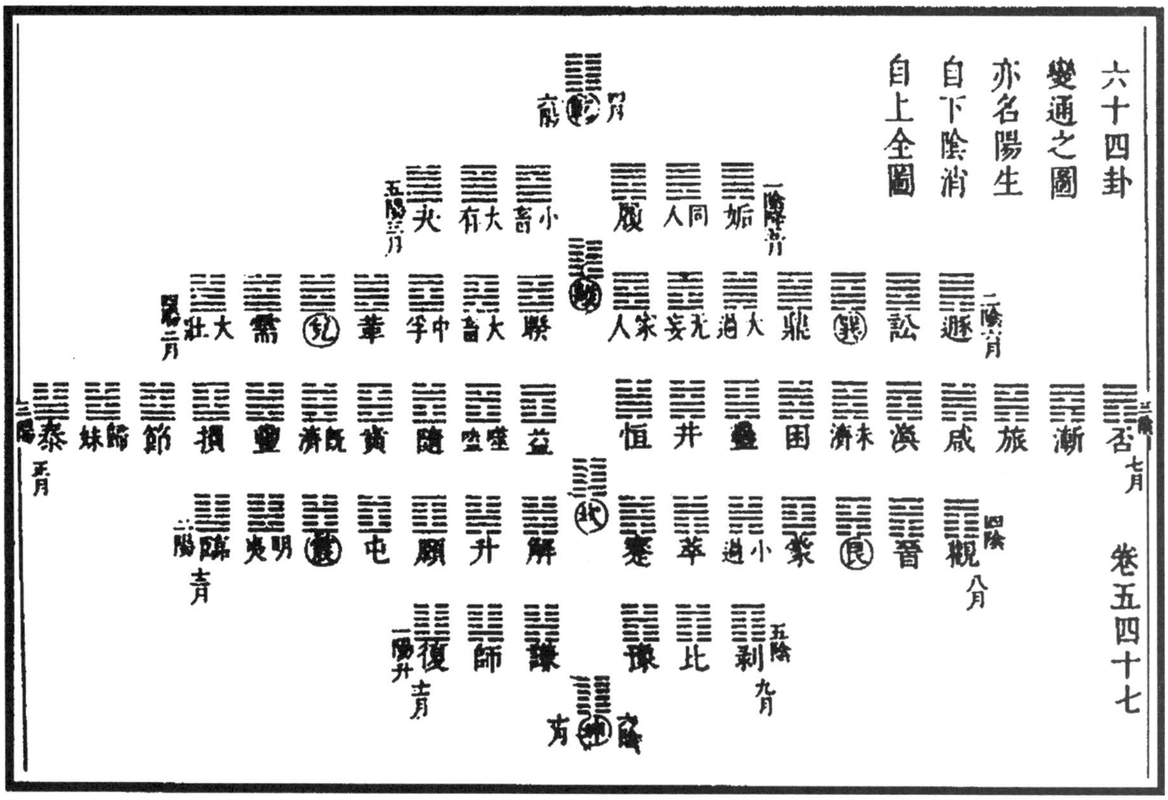

图 88 六十四卦变通之图
（胡世安《大易则通》）